O Diabo Revelado

Laurence Gardner

O Diabo Revelado

Tradução:
Eduardo Soma

Publicado originalmente em inglês sob o título *Revelation of the Devil*, por Dash House Publishing.
© 2010, Angela Gardner.
Direitos de edição e tradução para todos os países de língua portuguesa.
Tradução autorizada do inglês.
© 2013, Madras Editora Ltda.

Editor:
Wagner Veneziani Costa

Produção e Capa:
Equipe Técnica Madras

Tradução:
Eduardo Soma

Revisão da Tradução:
Soraya Borges de Freitas

Revisão:
Silvia Massimini Felix
Neuza Rosa
Maria Cristina Scomparini

Dados Internacionais de Catalogação na Publicação (CIP)

(Câmara Brasileira do Livro, SP, Brasil)

Gardner, Laurence
O diabo revelado / Laurence Gardner ; tradução
Eduardo Soma. -- São Paulo : Madras, 2013.

Título original: Revelation of the devil.
Bibliografia.
ISBN 978-85-370-0883-6

1. Diabo - História 2. Diabo - História das
doutrinas I. Título.

13-11350   CDD-235.4

Índices para catálogo sistemático:
1. Diabo : Teologia dogmática cristã 235.4

É proibida a reprodução total ou parcial desta obra, de qualquer forma ou por qualquer meio eletrônico, mecânico, inclusive por meio de processos xerográficos, incluindo ainda o uso da internet, sem a permissão expressa da Madras Editora, na pessoa de seu editor (Lei nº 9.610, de 19.2.98).

Todos os direitos desta edição, em língua portuguesa, reservados pela

MADRAS EDITORA LTDA.
Rua Paulo Gonçalves, 88 – Santana
CEP: 02403-020 – São Paulo/SP
Caixa Postal: 12183 – CEP: 02013-970
Tel.: (11) 2281-5555 – Fax: (11) 2959-3090
www.madras.com.br

Agradecimentos

Reitero todos os agradecimentos à Dash House, por seu inestimável auxílio na realização desta obra. Muitíssimo obrigado a Edmund Marriage, do The Golden Age Project, por sua amizade e apoio ao longo dos anos.

Índice

INTRODUÇÃO 11

Parte I   O Diabo da Mesopotâmia e do Antigo Testamento

1. O MALIGNO 17
   Rei dos demônios 17
   Sedução hostil 21
   A aposta de Satanás 22
   O Julgamento Final 24
2. OS PORTÕES DO INFERNO 28
   Um anjo caído 28
   No mundo inferior 33
   Os guardiões 36
   Os filhos do Diabo 38

Parte II   O Diabo do Novo Testamento e do Corão

3. CONFRONTO COM SATANÁS 42
   Percepção diabólica 42
   A tentação 47
   O Apocalipse 50
4. UM REINADO DE TERROR 56
   O adversário 56
   O milênio 59
   Libertando o Anticristo 61

A magia do Diabo 65
Os possuídos 69

Parte III   O Diabo do Clero

5. PRÍNCIPE DO MUNDO 73
   Feitiçaria e pecado 73
   A face da transgressão 76
   O cornífero 79
   A maldição da serpente 82
   Pacto com o Diabo 84
   As armadilhas de Satanás 85
6. INQUISIÇÃO 88
   Orgias demoníacas 88
   Filhas da escuridão 90
   Uma Igreja de malignos 95
   A queda de Satanás 97
   Cães de caça do Senhor 101

Parte IV   O Diabo da Bruxaria e da Inquisição

7. A ERA DAS FOGUEIRAS 104
   Artimanhas perigosas 104
   Sumo sacerdote de Satanás 105
   Invocações do Inferno 111
   A imundície diabólica 112
   Morte na fogueira 114
   O aprendiz do Diabo 117
8. FESTIM DIABÓLICO 119
   O culto dos amaldiçoados 119
   Os chifres da Igreja 124
   A via da mão esquerda 125
   As Artes Diabólicas 129
9. UM DECRETO DIABÓLICO 133
   Risco mortal 133
   Sob o comando de Satanás 135
   O número da besta 140
   Concílio de bruxas 142
   O Diabo solto 144

Parte V   O Diabo da Reforma

10. REFORMA SATÂNICA 147
    Os dentes da besta 147
    Consignado ao Diabo 151
    Um reino de imoralidade 157
11. NEGÓCIOS INFERNAIS 161
    Promessa ao Diabo 161
    Sangue para Satanás 163
    O Diabo interno 166
    O senhor da dança 168
    Guerra irreconciliável 173
12. O CAMINHO DO DIABO 175
    Pai das mentiras 175
    Escravos do Diabo 178
    Poder desenfreado 183
    A teia abominável 186

Parte VI   O Diabo das Bruxas Inglesas e Além

13. ASSEMBLEIA DEGENERADA 188
    O Diabo no cofre 188
    Ministros do Demônio 190
    Infectado com o mal 195
    A condição das bruxas 199
14. A REBELIÃO DE SATANÁS 202
    O rei e o Diabo 202
    Desígnios demoníacos 205
    O caçador de bruxas 207
    Conferência com o Diabo 210
    A maldição dos mortos-vivos 212

Parte VII   O Diabo do Iluminismo

15. O DIABO E A RAZÃO 217
    Filho da aurora 217
    A marca de Satanás 222
    A missa negra 227
    Integridade hipócrita 229

16. UMA TRANSIÇÃO DEMONÍACA 232
    Uma fraude eclesiástica 232
    Espírito do mal 236
    O novo mundo do Diabo 239
17. A LUZ DE LÚCIFER 246
    Uma questão de fé 246
    Fogo do Inferno 249
    A luxúria do vampiro 255

Parte VIII   O Diabo do Mundo Moderno

18. UMA ERA DE HORROR 261
    Contos da cripta 261
    O terror final 264
    O bode de Mendes 272
19. A MARÉ BAIXA 275
    Nas asas do Diabo 275
    Dança da morte 277
    A sinagoga de Satanás 278
    O ritual profano 282
    O Diabo vai além 286
20. A ÚLTIMA BATALHA DE SATANÁS 288
    A grande besta 288
    A "arte" emergente 291
    O templo do desejo 292
    O Diabo nas telas 293
    Segmentos de uma lenda 295
    A última queda 297

BIBLIOGRAFIA 302
ÍNDICE REMISSIVO 317

Introdução

No Evangelho de Mateus, primeiro livro do Novo Testamento cristão, uma figura conhecida como o Diabo é apresentada como o tentador de Jesus. Em uma série de locais ele é visto provocando Cristo (no deserto, em um templo e no topo de uma montanha), desafiando-o a realizar milagres e chegando a lhe prometer todos os reinos do mundo em troca de sua lealdade. Evidentemente a proposta foi recusada, e esse é o fim da história, em meras 246 palavras distribuídas entre parcos 11 versículos.[1] O Diabo não é descrito, e sua origem e identidade permanecem incógnitas. Exceto pela repetição dessa mesma história no Evangelho de Lucas,[2] essa é a única aparição pessoal do Diabo em toda a Bíblia. Ele não é mencionado no Antigo Testamento, aparece apenas em rápidas alusões no Novo Testamento e o fim do Livro do Apocalipse narra que, durante uma guerra entre os anjos, o Diabo é aprisionado por mil anos em uma profundeza infinita de "fogo perpétuo".[3] Mas, mesmo confinado nesse abismo flamejante, o Diabo segue sendo chamado de "príncipe do mundo".[4]

Assim é retratado o Diabo na Bíblia: um personagem indefinido, cujo nome em inglês deriva da palavra anglo-saxã deofol, relativa a um "incômodo". Além dessa definição, outras línguas recorrem a variantes do termo grego Diabolos, ou "acusador". Sob esse aspecto, o Diabo

---

1. Mateus 4:1-11.
2. Lucas 4:1-13.
3. Mateus 24:21.
4. João 12:31.

é tradicionalmente associado pelos cristãos – ainda que sem base bíblica – a um "filho de Deus" rebelde chamado Satanás.[5] O vocábulo hebraico satan significa "adversário". Considerando essas denominações e as limitadas citações bíblicas, o Diabo das Escrituras não parece ser particularmente maligno. Pode ser um incômodo, um acusador, um adversário e um tentador, mas não parece ser especialmente perigoso ou perverso. Apesar disso, criou-se ao redor de sua figura uma cultura de medo e temor que já dura 2 mil anos, sobre a qual foi fundada a Doutrina da Salvação.

Retratado durante séculos no dogma cristão como o Anticristo e, de alguma forma, um oponente direto de Deus com poderes inimagináveis (repito: sem nenhuma base bíblica), o Diabo ainda faz parte do nosso imaginário supersticioso. Nos relatos dos ataques terroristas ao World Trade Center de Nova York, em 11 de setembro de 2001, alguns repórteres velhacos de jornais e da televisão alimentaram um frenesi generalizado ao publicar uma foto em que supostamente se via a imagem de Satanás em meio à fumaça que envolvia as torres gêmeas, acompanhada da manchete "A Face do Mal". Logo depois disso, o tenente-general William Boykin, subsecretário de Defesa dos Estados Unidos, anunciou que "a guerra ao terrorismo é uma luta cristã contra Satanás".

Em 16 de abril de 2007, o estudante sul-coreano Seung-Hui Cho matou a tiros 32 pessoas, entre estudantes e funcionários, e feriu muitos outros do Virginia Polytechnic Institute and State University, em Blacksburg, antes de se suicidar. Assim como aconteceu depois dos ataques de 11 de setembro em 2001, do tsunami na Ásia e dos atentados a bomba nos trens de Madri em 2004, dos bombardeios no metrô londrino e da passagem do furacão Katrina em 2005, a população, a imprensa e a mídia perguntaram: "Por que Deus deixou isso acontecer?". Como resposta, Franklin Graham, presidente da Associação Evangélica Billy Graham, afirmou à NBC News: "Atribuo tudo isso ao Diabo. Ele é o responsável (...) É ele que quer destruir".[6]

Partindo do pressuposto religioso de que Deus criou todas as criaturas no céu e na terra, muitas pessoas então se perguntam: "Por que Deus criou o Diabo, seu antagonista?". Esse tema já era abordado em 1215, quando o IV Concílio de Latrão em Roma concluiu: "Diabolus enim et alii dæmones a Deo quidem naturâ creati sunt boni, sed ipsi per se facti sunt mali":

---

5. Jó 1:6.
6. "Where was God during the Virginia Tech Shootings?" Lilian Kwon, *Christian Post*, 19 de abril de 2007.

O Diabo e outros demônios foram criados por
Deus bons por natureza, mas eles se fizeram a si
mesmos malignos.

Esse decreto do Palácio de Latrão pretendia isentar Deus de qualquer responsabilidade pelas ações do Diabo, mas acabou por demonstrar também a ineficácia de Deus contra esse oponente todo-poderoso. Desse modo, ainda que o Diabo e suas artimanhas não fossem ignorados até então, o culto ao redor da figura diabólica atingiu níveis sem precedentes a partir do século XIII. Que chance tinha o homem comum se até mesmo Deus era impotente diante dele? Até os dias de hoje, a Igreja Católica Romana mantém uma relação algo medieval com a ideia do Diabo. Em 1993, o papa João Paulo II proferiu o Catecismo da Igreja Católica, publicado em forma de compêndio em inglês no ano de 2005. O penúltimo, e fundamental, item do Compêndio do Catecismo da Igreja Católica afirma:

> O Mal é indício da pessoa de Satanás que se opõe a Deus e que ilude ao mundo todo. Cristo já venceu o Diabo. Nós rogamos, contudo, para que a família humana seja libertada de Satanás e de seus ardis. Pedimos também o dom precioso da paz e a graça da perseverança, enquanto aguardamos a vinda de Cristo, que nos libertará em definitivo do Maligno.[7]

Dada a escassez de referências ao Diabo na Bíblia, fica claro o fato de que o mito popular não é uma interpretação fiel das Escrituras. Quase tudo escrito e ensinado sobre o Diabo, na forma como ele passou a ser interpretado, é fruto da doutrina da Igreja, não possuindo qualquer autenticidade bíblica. Esse personagem ameaçador e perverso, do qual os fiéis seriam protegidos, foi criado no século IV, em uma tentativa de dar suporte à Doutrina da Salvação. O primeiro requisito quanto a isso era o ritual do batismo, que liga seus candidatos à fé.

Para fundamentar o batismo, introduziu-se o conceito de "pecado original", uma doutrina que persiste até hoje. A esse respeito, a Igreja Católica declarou que a serpente do Gênesis, que seduziu Eva no Jardim do Éden, era na verdade Satanás. Desse modo, determinou-se que,

---

7. Artigo 598, *Compendium of the Cathechism of the Catholic Church*, Libreria Editrice Vaticana, 2005.

por causa da transgressão de Eva, todas as pessoas nascem em pecado só por terem mães! Por consequência, uma criança na pia batismal era, e ainda é, considerada pecadora por ter nascido. O padrinho, portanto, deve renunciar a Satanás em nome da criança,[8] retirando-a do domínio do mal e unindo-se a ela na promessa de "renunciar ao Diabo e a todas as suas obras, às pompas e à vaidade deste mundo perverso, e a todos os desejos pecaminosos da carne".

A partir desse início estratégico, a Igreja passou a associar todas as formas de pecado ao Diabo. Então, no fim do século VI, o papa Gregório Magno afirmou: "O Diabo tem poder sobre o clima" e assim Satanás passou a ser responsável pelas tempestades e tormentas. No ano 590, Gregório deu a primeira descrição física do Diabo, dizendo que "Satanás possui chifres, cascos e um fedor terrível".

Com o passar dos séculos, uma lista cada vez maior de perversidades foi sendo creditada ao Diabo. Ele passou a ser responsabilizado por todo tipo de tragédia, natural ou provocada, de terremotos a homicídios. Deus não parecia ter qualquer controle sobre o Maligno. Apenas a Igreja tinha o poder necessário para intervir, e o preço pela proteção era a submissão total. Aqueles que não compactuavam com o poder dos bispos acabavam taxados de feiticeiros, bruxas e adoradores do Diabo. Por um período de mais de 500 anos desde a Idade Média, centenas de milhares de pessoas foram brutalmente torturadas, enforcadas e queimadas em fogueiras.

Mesmo após a proibição de tais perseguições e execuções pelas cortes laicas da Europa desde o fim do século XVII, o Diabo e seus demônios continuaram sendo considerados uma enorme ameaça à ordem social. Os movimentos católico e protestante continuaram sua guerra contra a influência satânica com a lucrativa realização de exorcismos, prática ainda existente. O padre Gabriele Amorth, exorcista-chefe do Vaticano, relatou recentemente ter realizado mais de 50 mil exorcismos. Além disso, Amorth criou polêmica ao relacionar a série de livros infantis Harry Potter ao satanismo. Em 4 de janeiro de 2002, o periódico Catholic News publicou uma entrevista em que o padre afirma que "por trás dos livros de Harry Potter se esconde a marca do rei das trevas, o Diabo."[9]

---

8. *Catholic Encyclopedia*, Robert Appleton Co, New York, NY, 1908, volume XI, em Pecado Original.
9. Artigo publicado como "Rome's Chief Exorcist warns parents against *Harry Potter*", em *Catholic News*, Catholic Telecommunications, Church Resources, Crows Nest, NSW, 4 de janeiro de 2002.

Assim como nos tempos medievais, as superstições baseadas no Diabo permanecem um aspecto da crença cristã. Ainda que já não seja tão difundida quanto no passado, essa crença continua sendo utilizada com grande efeito em pregações "apocalípticas", manipulando congregações com a ameaça e o medo de uma presença diabólica oculta. Em contrapartida, o mundo publicitário busca seduzir um público-alvo mais destemido (ainda que não menos ingênuo), com a associação entre o Diabo e as ideias de prazer e esperteza, transformando-o em um importante instrumento de marketing. Portanto, suas tentações diabólicas são alardeadas como uma rota para excessos de satisfação pessoal completamente fora de qualquer contexto religioso.

Dentre todos os personagens já criados, o Diabo é certamente o que mais exerceu influência no comportamento social dos últimos dois milênios. De fato, ele deixou uma marca mais profunda do que a maior parte das figuras históricas reais.

Como disse Ivan, personagem de Fiódor Dostoiévski em Os Irmãos Karamázov, "o Diabo não existe, mas o homem o criou à sua imagem e semelhança". A história de sua criação e evolução estratégica pelos séculos é tão fascinante quanto qualquer biografia real. Apesar do envolvimento erroneamente presumido do Diabo nos atuais eventos catastróficos da natureza e do terrorismo, milhões de inocentes foram torturados e mortos após serem considerados seguidores de Satanás. O absurdo dessas acusações é que elas partem da mesma Igreja que inventou o Diabo para começo de conversa.

Laurence Gardner

"Baphomet" (ver capítulo 18)
Representação popular do Diabo no fim do século XIX.

1

O Maligno

Rei dos demônios

Por quase 2 mil anos, a cultura cristã apresentou um personagem sobrenatural chamado Diabo como a epítome do mal em oposição ao Deus judaico-cristão. Na posição de Anticristo, o Diabo cumpre um papel central na tradição cristã, apesar de não estar presente de maneira semelhante na Bíblia hebraica. Sob esse aspecto, ele é associado no Antigo Testamento a um "filho de Deus" rebelde chamado Satanás.[10] No Novo Testamento, há um grande dragão chamado de "o Diabo e Satanás",[11] e também de Belzebu, "príncipe dos diabos".[12]

Surgem então as questões: Quem ou o que eram os diabos? Teriam eles surgido da mitologia israelita ou de alguma outra tradição demonológica antiga?

Os "diabos" são mencionados em apenas quatro passagens do Antigo Testamento da Bíblia cristã.[13] Mas, nesses mesmos trechos da Bíblia hebraica,[14] usam-se os termos "sátiros" e "demônios", não dia-

---

10. Jó 1:6, 2:1.
11. Apocalipse 12:9, 20:2.
12. Mateus 12:24, Marcos 3:22.
13. Versão do Rei James, Levítico 17:7, Deuteronômio 32:17, 2 Coríntios 11:15, Salmos 106:37.
14. A Bíblia hebraica consolidada (O *Tanakh*) em sua forma atual só apareceu no início do século X. A partir do século VIII, um grupo de estudiosos judeus, conhecidos como os Massoretas, havia acrescentado o Massorá (um conjunto de diretrizes tradicionais) aos textos anteriores. A ideia era garantir a consistência dos ensinamentos rabínicos em vez de deixar que as Escrituras (em especial a *Torá*, os primeiros cinco livros de Moisés) fossem

bos. Poderíamos concluir portanto que, no sentido bíblico original, a definição de um diabo refere-se a um sátiro, ou talvez uma das entidades demoníacas para quem, segundo vários registros textuais, sacrifícios eram realizados. A palavra inglesa devils tem origem no termo hebraico se'irim, ou "os peludos", um tipo de demônio coberto de pelos que, de acordo com a lenda, vivia em terras devastadas.[15] Nenhuma dessas definições, no entanto, remete ao príncipe das trevas surgido na tradição cristã.

Na interpretação bíblica israelita, a ideia de que o mal tinha qualquer outra fonte além do próprio Deus estava fora de questão, pois Ele é considerado o incitador de tudo. Portanto, nenhuma outra divindade seria capaz de competir com Ele na criação. Desse modo, em Isaías 45:7, Deus diz: "Eu gero a paz e crio o mal". Em Amós 3:6, encontramos a questão: "Ocorrerá algum mal na cidade, sem que o Senhor o tenha criado?". Os antigos cristãos, contudo, discordavam. Para eles, Deus tem um oponente maligno, de quem as pessoas podem ser salvas, e eles chamaram esse adversário de Diabo. Tendo em vista que Jesus era considerado o filho de Deus na Terra, então o Diabo (como o Anticristo) era sem dúvida um filho sobrenatural de Deus – um anjo caído, talvez aquele anjo rebelde do Antigo Testamento, chamado de Satanás em Jó 1:6. Mais tarde, na cultura da Bulgária do século X, o padre Bogomil definiu a Trindade de divindades da seguinte maneira: Deus, o Pai, e seus dois filhos, Satanael (Satanás) e Jesus Cristo.[16]

De acordo com o dicionário Oxford de inglês, a palavra devil (diabo) deriva do termo do inglês antigo deofol (um incômodo), relativo ao grego diabolos (um acusador ou caluniador). Portanto, uma pessoa poderia ser taxada de "endiabrada" ou "diabólica" caso suas ações fossem difamatórias ou inconvenientes.

Como vimos, a raiz do termo está na tradição hebraica do se'irim, que, na mitologia grega, eram sátiros luxuriosos e selvagens, dotados de orelhas e pernas de bode, de um rabo e até mesmo de chifres, com uma descrição bastante semelhante àquela surgida em relação ao Diabo na tradição cristã.

Em suma, os sátiros eram espíritos da natureza pagãos, como aqueles personificados por Pã, o deus árcade dos pastores. Em Isaías

---
interpretadas livremente. A cópia mais antiga existente da Bíblia de Massorá data de 916, porém os manuscritos originais usados pelos massoretas já não existem mais.
15. *Jewish Encyclopedia,* Funk e Wagnalls, New York, NY, 1906, em Demonologia.
16. Yuri Stoyanov, *The Other God*, Yale University Press, New Heaven, CT, 2000, capítulo 3, p. 158, 173.

13:21, há uma passagem sobre a Babilônia, cidade do cativeiro israelita, que traz a seguinte profecia: "Bestas selvagens do deserto ali repousarão; e suas casas se encherão de criaturas sombrias; e corujas lá habitarão, e sátiros lá dançarão".

Assim como os se'irim, os shedim são criaturas da mitologia bíblica. Eles são mencionados em Deuteronômio 32:17, quando Moisés explica as antigas práticas pagãs aos israelitas: "Eles sacrificavam em nome dos shedim, não em nome de Deus; a deuses que não conheciam (...) deuses a que seus pais não temiam", e também no Salmo 106:37, quando se afirma que os israelitas "sacrificaram os seus filhos e as suas filhas a shedim" ao ignorar Moisés e abandonar o Senhor. Em ambos os casos, a Bíblia cristã traduz o termo hebraico shedim como "diabos", ao passo que a tradução mais precisa da Bíblia judaica é "demônios". De acordo com a Enciclopédia Judaica, os shedim eram demônios das tormentas, cuja forma se assemelhava à de um boi.[17]

Nas regiões da antiga Mesopotâmia da Babilônia e da Assíria, shedim era um termo genérico, tal como "espírito". A palavra deriva de shedu – criaturas espirituais aladas, semelhantes a animais e possivelmente parecidas com os querubins da tradição bíblica. Referindo-se a essas criaturas enigmáticas, o historiador hebraico Flávio Josefo afirmava no século I em seu Antiquities of the Jews: "Ninguém pode afirmar, ou sequer supor, qual era a aparência desses querubins".[18] Hoje, o termo shedu refere-se em geral às imponentes estátuas de touros alados que guardavam os portões dos palácios reais assírios. É importante notar que nas descrições feitas dos "quatro seres vivos" avistados por Ezequiel próximas ao Rio Quebar, em Ezequiel 1:10, elas possuem um rosto humano, um de leão, um de boi e um de águia; já em Ezequiel 10:14, a face bovina é substituída pela de um querubim.

Não há consenso entre os textos de várias culturas distantes quanto às particularidades das criaturas espirituais mitológicas. Elas tinham aparências diferentes e eram boas ou más de acordo com o período, local e propósito de sua representação. Contudo, elas foram todas taxadas de pagãs e demonizadas pelo Cristianismo. É com a definição de demônio, portanto, que nossa investigação sobre a ideia de um Diabo satânico e todo-poderoso deve começar.

As referências a demônios mais antigas de que se tem registro foram encontradas em tabuletas da Mesopotâmia antiga, datadas do ter-

---

17. *Jewish Encyclopedia,* em Demonologia.
18. Flavius Josephus, *The Antiquities of the Jews* (trans. William Whiston), Milner & Sowerby, London, 1870, VI, 2:5.

ceiro milênio antes de Cristo, muito mais antigas do que qualquer texto bíblico original. Desde aquela época existia a ideia de que o mundo da existência era um campo de poderes opostos, dividido no conflito entre a luz e a escuridão, entre o bem e o mal. Nesse ambiente competitivo, nem todos os deuses eram bons e muito se escrevia sobre as batalhas travadas entre as facções rivais. No início, os emissários divinos foram chamados de gênios, devas, semideuses, etc., mas com o tempo ficaram conhecidos como anjos. Os anjos também podiam ser bons ou maus e estes eram às vezes chamados de demônios.

Os demônios eram, em linhas gerais, seres travessos ou malvados, de aparência horrenda e com habilidades sobrenaturais. Ainda que nem sempre fossem perversos ao extremo, eles eram considerados extremamente incômodos, causando dor, angústia e desentendimentos.[19] Nesse primeiro momento, eles não eram retratados em nenhum contexto religioso, mas apareciam apenas como espíritos maléficos da mitologia e do folclore.

Em dado momento, os demônios passaram a ser retratados na literatura como criaturas invasivas capazes de possuir o corpo das pessoas. Assim, eles eram responsabilizados por doenças, desequilíbrios mentais e comportamentos antissociais, e o termo grego daimon (relacionado ao verbo "dividir") passou a ser utilizado nesse contexto por causa da relação traçada entre essas criaturas e transtornos de múltiplas personalidades.

De maneira geral, no mundo antigo os demônios eram descritos como criaturas híbridas e bípedes, enquanto os monstros eram representados como animais amalgamados e quadrúpedes.[20]

Exemplos de seres sobrenaturais alados também datam da Antiguidade. Um dos demônios originários dos reinos mesopotâmicos da Acádia (região atualmente ocupada pela cidade de Bagdá, no Iraque) era Pazuzu, o "demônio do vento sudoeste".[21] Representado com traços caninos, olhos esbugalhados e garras nos pés, ele era associado a enfermidades, pragas e corrupção e considerado o rei dos demônios. De fato, é possível que Pazuzu tenha sido um modelo arquetípico utilizado na concepção do Diabo cristão.

---

19. James Hastings (ed), *Dictionary of the Bible*, T&T Clark, Edinburgh, 1909, em Demônios ou Diabos.
20. Jeremy Black e Anthony Green, *Gods, Demons and Symbols of Ancient Mesopotamia*, British Museum Press, London, 1992, p. 63.
21. Pazuzu é o demônio que possuiu a jovem Reagan McNeil no filme de Hollywood *O Exorcista*.

De acordo com a mitologia da Suméria (região no sul da Mesopotâmia, acima do Golfo Pérsico), Pazuzu não era totalmente maligno. Ele desafiou Lamastu, a rainha demoníaca com cabeça de leão, que atacava mulheres que amamentavam e causava a morte de inúmeras crianças, e a enviou de volta ao mundo inferior. Durante o primeiro milênio antes de Cristo, muitas mulheres babilônicas usavam amuletos em homenagem a Pazuzu como proteção contra a intervenção de Lamastu. Perto dali, na região da Assíria, ela era considerada uma deusa, ainda que maligna.

Há inúmeros demônios, masculinos e femininos, mencionados nas tabuletas da Mesopotâmia antiga. Mas, ao contrário dos deuses e de certas figuras transcendentes, os demônios não faziam parte dos registros históricos. Eles eram considerados essencialmente membros do mundo espiritual e apareciam principalmente em feitiços. Muitos amuletos, pingentes, vasilhas entalhadas e estatuetas foram produzidos para afastar esses espíritos malignos, confrontando-os com suas imagens selvagens. Além disso, um demônio inferior poderia ficar intimidado ao ver a representação de um ser espiritual mais poderoso.

Ainda que a presença demoníaca de Pazuzu tenha precedido algumas características diabólicas, nada até esse ponto na história pode ser comparado ao Diabo surgido depois. Pazuzu e os outros demônios antigos não estavam à altura dos deuses verdadeiros de suas respectivas tradições. O Diabo da demonologia cristã, por outro lado, foi concebido como uma figura quase divina: o ser diabólico todo-poderoso capaz de antagonizar o Deus bíblico.

Sedução hostil

Os livros do Antigo Testamento cristão (a Bíblia hebraica) foram escritos entre os séculos VI e II a.C. Eles começaram a ser escritos durante o período de escravidão dos israelitas na Babilônia e foram concluídos pelas gerações posteriores na Judeia – trata-se, portanto, de uma coleção de relatos independentes de fontes babilônicas, cananeias e judaicas. A partir do ano 586 a.C., milhares de israelitas foram feitos escravos pelo príncipe Nabucodonosor da Babilônia,[22] que planejava restaurar e reconstruir a cidade grandiosa, mas não dispunha dos operários, arquitetos, construtores e engenheiros necessários. Ele resolveu

---

22. 2 Reis 24:14.

deslocar essa força de trabalho de Jerusalém e isso deu aos escravos acesso às antigas bibliotecas dessa capital mesopotâmica. Lá, eles encontraram tabuletas com registros sobre sua herança ancestral – as histórias sobre Adão e Eva, o Grande Dilúvio e a Torre de Babel. Foi a partir desses registros que surgiu o livro do Gênesis.

Nem todos os livros escritos para a Bíblia judaica nessa época foram incluídos no cânone final da Bíblia judaica. Uma das obras omitidas foi o Livro dos Jubileus, escrita por um fariseu por volta de 120 a.C.[23] Entre 1947 e 1956, cerca de 15 manuscritos desse livro foram descobertos em cinco cavernas em Qumran, na Judeia, dentre as centenas de textos dos Manuscritos do Mar Morto.[24] Nos Jubileus, há uma personagem que também pode ter servido de base para a criação do Diabo cristão. Ele é chamado de Mastema.

Mastema, cujo nome significa "ódio" ou "hostilidade", era considerado o comandante dos espíritos malignos. Ele teria negociado com Deus o controle sobre a décima parte dos anjos: "E o príncipe Mastema enviou seus servos para cometer todo tipo de maldade, crime e pecado, para destruir e para derramar sangue sobre a Terra".[25]

Mastema é importante por ser descrito como subserviente a Deus: o mal causado por ele e pelos anjos que lhe foram concedidos tinha como objetivo tentar a humanidade e levar as pessoas ao pecado. Esse artifício literário foi um meio para confrontar a questão persistente de como o mal poderia existir com um Deus bondoso e onipotente. Ele teve o efeito de manter Deus no controle enquanto os fiéis tinham sua lealdade testada. Serviu de alguma forma para explicar que o mal existia não porque Deus não podia evitar, mas porque o permitiu e encorajou. Assim, conquistavam sua virtude com a resistência à sedução de Mastema.

A aposta de Satanás

A situação é bastante parecida no Antigo Testamento, que apresenta Satanás como um filho de Deus obediente. Há um entendimento entre ambos e Deus permite seu comportamento agressivo, ainda que o censure e contenha. Na mitologia bíblica antiga, nada, nem mesmo o mal diabólico, poderia existir sem o consentimento divino. Só mantendo esse

---

23. *O Livro dos Jubileus* hebraico foi escrito por um escriba fariseu no século II a.C., durante o reinado macabeu de João Hircano em Jerusalém.
24. Reverendo George H. Schodde (tradução), *O Livro dos Jubileus*, Capital University, Columbus, OH, 1888; reedição do original, CA, 1992.
25. *O Livro dos Jubileus* 10:1-14, 11:1-5.

princípio os escribas poderiam explicar a anomalia constante pela qual os humanos, imaginados e criados por Deus, têm uma tendência inerente ao mal. Deus claramente não poderia ser visto como o instigador imediato, mas poderia encarregar outros, como Mastema e Satanás, de liderarem o que pareciam ser esquemas em oposição a seus objetivos.

Um bom exemplo dessa relação pode ser encontrado no Livro de Jó. Ele começa com Deus reunindo seus filhos. Um deles, Satanás, questiona a virtude de Jó diante da assembleia celeste. (Nesse contexto, o termo satanás assume seu significado original hebraico: o "acusador".)[26]

Jó aparece em cena como um homem rico e bem-sucedido, sempre disposto a oferecer sacrifícios em nome de Deus. Chamado de "o maior entre todos os homens do Oriente", ele é pai de uma grande família e dono de numerosas cabeças de gado, além de possuir uma casa esplêndida. Seu infortúnio começa quando Satanás sugere que a fé de Jó seja testada e ele aposta com Deus se a fé de Jó pode ou não ser destruída. Jó então é submetido a uma série de julgamentos injustos e perseguições para medir sua virtude. A única mensagem da história de Jó parece ser a de que a verdadeira virtude só pode ser alcançada por meio da intimidação e da obediência cega.

O nome de Satanás só é mencionado outras duas vezes no Antigo Testamento. Em 1 Crônicas 21:1, é dito que "Satanás se levantou contra Israel e induziu Davi a numerar Israel". A passagem alude ao censo realizado por Davi por volta do ano 1000 a.C., relacionado à introdução da cobrança de impostos. Por alguma razão, contudo, o conceito de arrecadação e uso de dinheiro público na gestão do novo reinado foi considerado pecado e "Deus ficou desgostoso com isso". O rei Davi então se desculpou, dizendo ter "pecado gravemente". Ainda que Davi tenha sido julgado culpado, considerou-se que sua transgressão foi provocada por Satanás. Apesar disso, "o Senhor enviou a peste a Israel e pereceram 70 mil homens em Israel".[27]

Em Zacarias 3:1-10, Satanás é visto à direita de Deus, discutindo com ele uma questão social. A cena narra o retorno dos israelitas após as cinco décadas de exílio na Babilônia: ao retornarem à sua terra natal, em 536 a.C., os israelitas tentaram recuperar as terras que lhes pertenciam em Jerusalém, mas enfrentaram a resistência de um sumo sacerdote e de um governo que não reconheciam esse direito ancestral

---

26. David Freeman (ed), *Anchor Bible Dictionary,* Doubleday, Garden City, NY, 1992, sob Satanás.
27. I Crônicas 21:1-14.

à terra. Satanás logo acusou o sumo sacerdote, Josué, de representar mal os judeus descontentes, mas Deus tomou o partido de Josué e dos israelitas que então residiam em Jerusalém.

Nesse último exemplo, Satanás não age como aquele provocador divino, mas como um debatedor que confronta Deus, argumentando com certa legitimidade. Entretanto, apesar do impasse ideológico, não há qualquer indício de traços obscuros ou sinistros em sua personalidade. Essa é, contudo, sua última aparição no Antigo Testamento.

O Julgamento Final

Com uma referência cronológica aos personagens e à história israelita, o Antigo Testamento termina em cerca de 400 a.C. Os registros começaram a ser feitos no Gênesis em meados do século VI a.C. e foram concluídos em 164 a.C., com o livro retrospectivo de Daniel.[28] Não há, até esse ponto, qualquer registro literário da imagem original de Satanás que tenha a mais remota ligação com a caracterização feita depois na doutrina cristã. Ele não é descrito como um ser demoníaco nem é associado a demônios, apenas com o tribunal celestial, atuando como promotor de justiça. Não há qualquer registro anterior ao Novo Testamento que relacione o Diabo àquela figura maligna autônoma, soberana de um reino demoníaco.

De acordo com o dicionário bíblico Anchor, "a transformação de Satanás, de acusador subordinado a tentador autônomo, se deu no período intertestamentário".[29] Isso pode ter ocorrido por diversos fatores. Uma das teorias sustentadas atualmente pela teologia é a de que o "dualismo" persa, o conceito da oposição entre dois deuses igualmente poderosos, tenha exercido grande influência no Cristianismo.[30] No zoroastrismo, doutrina do profeta persa Zaratustra,[31] os líderes dos dois espíritos cardeais eram Ahura Mazda, deus da vida e da luz,[32] e seu

---

28. Geza Vermes, *The Complete Dead Sea Scrolls in English*, Penguin, London, 1997, p. 161.
29. D. Freeman (ed), *Anchor Bible Dictionary*, em Satanás.
30. O dualismo, como refletido no Cristianismo evolutivo, é analisado com mais profundidade por Yuri Stoyanov em *The Hidden Tradition in Europe*, Arkana/Penguin, London, 1995.
31. A data precisa do Zoroastro (Zaratrusta) é desconhecida, mas é comumente datada em cerca de 1200 a.C.
32. Ahura Mazda é também conhecido como Ormuzd.

oponente Arimã, senhor da morte e das trevas.³³ Essas divindades estavam fadadas a travar uma guerra ininterrupta até o dia do Julgamento Final, quando a luz venceria e Ahura Mazda criaria o reino encantado do Paraíso (Pairi Daize) na Terra.

A diferença fundamental entre Satanás e Arimã consiste no fato de que este era considerado um deus. Mas isso não descarta uma mudança estratégica de ênfase para salientar o domínio terrível de Satanás.

A influência persa sobre elementos da cultura judaico-cristã fica evidente nas referências apócrifas a Aeshma, o "demônio da ira", que recebeu o nome hebraico de Asmodai.³⁴ Ele aparece nos não canônicos Livro de Tobias e no Talmude (tradicional codificação da lei judaica)³⁵ como um célebre príncipe das trevas e da luxúria e um dos anjos do deus Arimã. Asmodai é mais conhecido por sua ajuda mitológica na construção do Templo do rei Salomão,³⁶ como descrito no Testamento de Salomão no século II. Assim como Pazuzu na tradição acadiana, Asmodai era considerado o rei dos demônios na narrativa judaica.³⁷

Fica claro no Manuscrito da Guerra de Qumran, do século I a.C., que o culto aos reis magos persas teve um impacto importante sobre a comunidade da Judeia no período intertestamentário. A noção de uma guerra iminente entre os Filhos da Luz e os Filhos das Trevas detalhada nessa obra sobreviveu ao tempo e chegou até o Livro do Apocalipse, do Novo Testamento. O Dia do Julgamento Zoroastrista descrito no manuscrito ocorreria em Har-Megiddo (as montanhas de Megiddo), um campo de batalha historicamente relevante, onde uma fortaleza militar protegia o Vale de Jizreel, ao sul dos montes da Galileia. O nome foi corrompido na transcrição, tornando-se Armagedom,³⁸ e muitos cristãos creem que esse dia ainda está por vir.

---

33. Arimã também é conhecido como Angra Mainyu.
34. Asmodai também recebe os nomes alternativos de Asmodeus ou Ashmedai.
35. O *Talmude* ("Ensinamentos") é essencialmente um comentário sobre a *Mishná*, compilado originalmente em língua hebraica e aramaico, e deriva de duas linhagens importantes e independentes da tradição judaica: a "Palestina" e a "Babilônica". A *Mishná* – ou repetição – é uma primeira codificação da lei judaica, baseada na antiga compilação e edição na Palestina pelo *Ethnarca* (governador) Judah I no século III. Ela consiste em regras tradicionais (*Halaká*) relacionadas a diversos assuntos, derivadas em parte dos antigos costumes e em parte da lei bíblica (*Tannaim*) interpretada pelos rabinos (professores).
36. James H. Charlesworth (ed), "The Testament of Solomon" (tradução Dennis C. Duling), in *Old Testament Pseudepigrapha*, Doubleday, Garden City, NY, 1983, volume 1, p. 935.
37. *Jewish Encyclopedia,* em Demonologia.
38. Apocalipse 16:14-16.

Junto com Asmodai, o rei Salomão é ligado a vários outros demônios, incluindo Belial, identificado no Manuscrito da Guerra como líder dos Filhos das Trevas: "Sua autoridade está nas trevas, e sua ambição é trazer o mal e a perversidade".[39]

O nome Belial (do hebraico beli ya'al) pode ser interpretado como "destruidor perverso e sem valor",[40] e seus seguidores são mencionados em várias passagens da Bíblia hebraica. No Livro dos Jubileus, é feita a distinção entre Belial e Mastema e, embora os dois nomes sejam muitas vezes substituídos pelo de Satanás na literatura cristã, isso não acontecia nos anos do Antigo Testamento. Há algumas semelhanças entre Mastema e Satanás, como o fato de ambos atuarem dentro dos parâmetros estabelecidos por Deus, mas o espírito mais formidável, Belial, por outro lado, era considerado uma força maligna que não se submetia às sanções divinas.[41]

Ao discutir questões sobre a virtude no Novo Testamento, a Epístola de São Paulo aos Coríntios menciona especificamente Belial em oposição a Jesus Cristo.[42] Um antigo manuscrito judaico-cristão chamado "O Testamento dos Doze Patriarcas", datado de aproximadamente 150, explica que Belial é o príncipe das trevas, que virá como o Anticristo.[43]

Os Oráculos Sibilinos, escritos entre os séculos II e V, são um conjunto de 12 livros escritos em grego alexandrino, detalhando várias profecias atribuídas às diferentes Sibilas (profetisas).[44] Nessa compilação, Belial é caracterizado como o Anticristo que virá no momento da batalha final entre o bem e o mal.[45] Nesse contexto, é pertinente notar que em 1 Reis 21:10,13 da Bíblia Vulgata, tradução da Bíblia para o

---

39. G. Vermes, "The War Scroll" em *The Complete Dead Sea Scrolls in English*, 1QM, XIII, p. 177.
40. J. Hastings (ed), *Dictionary of the Bible*, em Belial.
41. Jubileus 1:20.
42. 2 Coríntios, 6:14-15.
43. Reverendo Robert Sinker (tradução), "Testaments of the Twelve Patriarchs III" em *Ante-Nicene Fathers* (ed, A. Cleveland Coxe, 1886), Eerdmans, Grand Rapids, MI, 1988, volume 8 (Belial mencionado na forma alternativa, Beliar). Ver também *Catholic Encyclopedia*, Robert Appleton Co, New York, NY, 1908, volume II, em Belial.
44. Cinco das nove sibilas foram retratadas nos afrescos de Michelangelo na Capela Cistina em Roma em 1509-11 – estão dispostas as Sibilas Délfica, Eritreia, Cumas, Persa e a Sibila Líbia.
45. Milton S. Terry (tradução), *The Sibylline Oracles,* Eaton & Mains, New York, NY, 1899, livro II, p. 44:211.

latim do século V,⁴⁶ um mesmo termo hebraico é traduzido como belial (sem valor) e duas vezes como diaboli (diabo).⁴⁷

Descrito no Manuscrito da Guerra como o "senhor do Inferno" e "príncipe do reino da maldade", Belial aparece ainda em outro manuscrito de Qumran, conhecido como Documento de Damasco.⁴⁸ Escrito em cerca de 100 a.C., o documento trata da Aliança do Senhor – selada com os antigos patriarcas – e descreve um período iminente de tentação, dizendo que "durante aqueles anos todos Belial será lançado sobre Israel".⁴⁹

Ao comparar os vários documentos judaicos anteriores a Cristo àqueles escritos do período dos Evangelhos em diante, Belial aparece como o modelo evidente para o Diabo da doutrina cristã, surgido cerca de um século após os relevantes Manuscritos do Mar Morto.

---

46. Por ordem do papa Damasco I, São Jerônimo traduziu o cânone do Novo Testamento e o Antigo Testamento Judaico para o latim. A obra ficou conhecida como a *Vulgata* – uma compilação das Escrituras que tomou esse nome da expressão latina *Vulgata,* "a versão comum".
47. *Catholic Encyclopedia*, volume 2, em Belial.
48. O *Damascus Document* foi assim chamado pela referência feita a uma Nova Aliança realizada "na terra de Damasco".
49. G. Vermes, "The Damascus Document" em *The Complete Dead Sea Scrolls in English,* 4Q265-73, IV, p. 130.

2

Os Portões do Inferno

Um anjo caído

Antes de embarcarmos na trilha de evolução do Diabo, talvez devêssemos considerar a noção mais ampla de "anjo caído", categoria à qual ele costuma ser associado. O conceito de que alguns anjos podem entrar em desgraça não tem origem bíblica. Uma passagem em Jó 4:18 em que Deus acusa seus anjos de estarem loucos é o único comentário acusatório encontrado na Bíblia hebraica. No Novo Testamento, Jesus diz a Seus seguidores: "Eu vi Satanás cair dos céus como um relâmpago".[50] Mas essa é apenas uma resposta figurativa aos discípulos após eles afirmarem ter conseguido expulsar demônios.

Uma visão teológica comum é a de que certos anjos desagradaram a Deus dias antes do Dilúvio. Uma breve história a esse respeito é uma das mais enigmáticas do Antigo Testamento, ainda que se refira a "filhos de Deus", e não especificamente a anjos.[51] Em Gênesis 6:1-2, temos:

> Aconteceu, quando os homens começaram a multiplicar-se sobre a face da Terra, e filhas lhes nasciam, que os filhos de Deus viam as filhas dos homens e como elas eram belas; e eles tomaram suas escolhidas como esposas.

---
50. Lucas 10:18.
51. A passagem no Gênesis traduzida como "filhos de Deus" é, no original em hebraico, *bene ha-elohim*. Como *elohim* é plural, *bene ha-elohim* na verdade se traduz como "filhos dos deuses".

A passagem não faz menção ao Diabo, Satanás ou qualquer outro indivíduo. Nem afirma que depois disso Deus censurou tais "filhos", apenas que Ele puniu a humanidade com o Grande Dilúvio. Mas há, na passagem seguinte, um termo hebraico bastante particular relacionado a isso: "Naqueles dias havia nephilim na Terra". Nas Bíblias cristãs, nephilim é traduzido erroneamente como "gigantes", mas o termo diz respeito "àqueles que caíram", ou "aqueles que desceram".[52] A raiz consonantal original da palavra, NFL, significa "lançar para baixo,"[53] e durante o período intertestamentário desenvolveu-se a teoria de que "lançar para baixo" equivalia a "cair em desgraça".

Um primeiro exemplo disso vem do antigo Livro de Enoque, que, assim como o Livro dos Jubileus hebraico, foi excluído do cânone do Antigo Testamento. Produzida por uma seita de ascetas tradicionais que ocuparam a primeira colônia em Qumran a partir de 130 a.C., fragmentos dessa obra em aramaico foram descobertos na coleção do Mar Morto em 1947.[54]

Dado que aqueles chamados "filhos de Deus" causaram sua própria desonra ao unirem-se a mulheres terrenas, o Livro de Enoque[55] afirma que eles caíram da graça divina. Antes disso, os "filhos de Deus" foram chamados de anjos (oi aggeloi tou theou) na Septuaginta grega. Essa mais antiga compilação de textos bíblicos foi traduzida do hebraico entre os séculos III e I a.C. e começou com a ordem do faraó Ptolomeu II Filadelfo em cerca de 250 a.C. A tradução foi realizada em Alexandria e acredita-se que ao todo 72 sábios participaram dos trabalhos. É por isso que a coletânea é chamada de Septuaginta (relativo a "setenta").[56]

---

52. O erro na tradução aconteceu porque não há tradução em uma única palavra para *nephilim*, e os tradutores chegaram a "gigantes" como uma alternativa possível apresentada por Flávio Josefo em seu livro do século I *Antiguidades Judaicas*. Ele explicou que esses filhos divinos (os *bene ha-elohim*) "geraram filhos que se tornaram injustos por confiarem em sua força, pois a tradição diz que esses homens se assemelhavam àqueles que os gregos chamam de gigantes". Josefo não afirmou, na verdade, que os *nephilim* eram gigantes. Referindo-se aos mitológicos Titãs, ele disse apenas que sua força lembrava a daqueles "que os gregos chamavam gigantes". *Veja* F. Josephus, *Antiquities of the Jews,* livro 1, capítulo III:1.
53. Zecharia Sitchin, *The 12th Planet*, Avon Books, New York, NY, 1978, introdução, p. vii.
54. G. Vermes, *The Complete Dead Sea Scrolls in English,* manuscrito 4Q201, p. 51 3-14. Alguns fragmentos gregos do Livro de Enoque foram encontrados antes na cidade do Cairo, em 1886, mas a edição mais completa é uma tradução para a língua etíope, descoberta na Abissínia em 1773.
55. 1 Enoque 6. *Veja* R.H. Charles (tradução), *The Book of Enoch* (da edição de Dillmann's de 1893, dos textos etíopes), Oxford University Press, 1906-1912.
56. As informações sobre a origem da *Septuaginta* vêm de documentos da era conhecida

Em decorrência da ambiguidade do trecho do Gênesis, não é claro se os nephilim e os "filhos de Deus" são os mesmos indivíduos. Também não fica claro se os filhos de Deus eram os anjos descritos na Septuaginta. No século II, o rabino Simeon ben Jochai não tinha dúvidas de que eles não eram[57] e os judeus tradicionalmente se alinhavam com essa posição. Mas, qualquer que seja a interpretação, uma espécie totalmente nova de seres extraordinários surgia das Escrituras durante a era de Qumran. Eles eram os "anjos caídos", e o Livro de Enoque afirma a existência de cerca de 200 deles.

Uma vez estabelecido o conceito de anjos caídos, Enoque os relaciona a um grupo celestial chamado de "guardiões", também mencionado no Antigo Testamento no livro de Daniel.[58] Enoque explica ainda que os guardiões eram aqueles mesmos seres deiformes que copularam com as mulheres terrenas,[59] enquanto em Daniel descobrimos que os guardiões tinham parentesco com os nephilim (aqueles que caíram):

> Veja, um guardião e um santo desceram dos céus.[60]
> O rei viu um guardião e um santo descendo dos céus.[61]

O Livro dos Jubileus afirma que Enoque "foi o primeiro dentre os filhos dos homens nascidos na Terra a aprender a escrita e o conhecimento da sabedoria e a escrever os sinais do céu".[62] Esses sinais são descritos como a "ciência dos guardiões", que foram entalhados em rocha em tempos remotos.[63] O Livro de Enoque conta que os guardiões eram os "anjos sagrados que guardam".[64]

---

como a *Carta de Aristeas*. O documento narra como o faráo Ptolomeu Filadelfo (285-247 a.C.) foi aconselhado por seu bibliotecário a traduzir as leis dos judeus para sua biblioteca e Aristeas foi encarregado a pedir ao sumo sacerdote, Eliezer, para mandar um grupo de estudiosos traduzir as sagradas Escrituras para o grego.
57. Andrew Collins, *From the Ashes of Angles,* Michael Joseph, London, 1996, capítulo 1, p. 10.
58. Ver também André Dupont-Sommer, *The Essene Writings from Qumrâm* (tradução de Geza Vermes), Basil Blackwell, Oxford, 1961, capítulo 5, p. 167.
59. 1 Enoque 10:16.
60. Daniel 4:13.
61. Daniel 4:23.
62. Jubileus 4:16-18.
63. Jubileus 8:3
64. 1 Enoque 20:20. *The Book of Jubilees* (escrito na mesma época que os livros de Daniel e Enoque) também utiliza o termo "guardiões" em vez de *nephilim*.

O Documento de Damasco é um pouco posterior aos livros de Enoque e dos Jubileus. Esse manuscrito também relaciona a figura do "anjo caído" à do "guardião":

> Eu vou descobrir os seus olhos (...) que você não seja atraído por pensamentos de inclinação culposa e por olhos luxuriosos. Pois muitos foram perdidos por causa disso (...) Os guardiões do céu caíram por isso.[65]

Outra obra do início da era cristã é conhecida como o Livro dos Segredos de Enoque (sem ligação com o Livro de Enoque citado anteriormente).[66] Dessa obra só resta hoje uma versão escrita em eslavo com uma evidente influência cristã e é um bom exemplo de como Satanás era identificado com o Diabo na época:

> O Diabo é um espírito maligno do mundo inferior, um fugitivo. Seu nome era Satanael. Assim ele se tornou diferente dos anjos, mas sua natureza não alterou sua inteligência, no que diz respeito ao entendimento das coisas justas e das coisas pecaminosas.[67]

O mesmo texto descreve que Satanael tentou colocar seu trono acima das nuvens para igualar-se a Deus. Em resposta, Deus "atirou-o das alturas e ele voou continuamente por sobre o abismo".[68] Esse conceito parece vir de uma passagem do Antigo Testamento encontrada no Livro de Isaías 14:13-15:

> Exaltarei meu trono acima das estrelas de Deus (...) Ascenderei acima da altura das nuvens; serei como o Altíssimo. E contudo serás levado ao inferno, aos cantos do abismo.

---

65. G. Vermes, "The Damascus Document", Manuscript A, 2:17-19, em *The Complete Dead Sea Scrolls in English,* capítulo 5, p. 124.
66. *Os Segredos de Enoque* normalmente se refere ao livro de Enoque 2, para distinguir-se do Livro de Enoque, conhecido como Enoque 1.
67. 2 Enoque XXXI. Ver "The Secrets of Enoch: Creation of the World" em Willis Barnstone (ed), *The Other Bible*, HarperSanFrancisco, San Francisco, CA, 1984, p. 6.
68. *Ibid.*, p. 5.

Apesar de às vezes se presumir sua relação com o Diabo, esses versículos dizem respeito ao rei Nabonido da Babilônia.[69] Seu reinado chegou ao fim em 539 a.C., quando seu império foi aniquilado pelo xá Ciro II da Pérsia. Sobre essa derrota humilhante, o profeta Isaías exclamou: "Como caíste dos céus, ó estrela do dia, filho da aurora! Como foste atirado à terra, tu vencedor das nações!".[70] Ao contrário dessa tradução grosseira, o original hebraico para "estrela do dia, filho da aurora" era *heilel bem-shachar*, que literalmente significa "o presunçoso, filho de Shahar".[71] Naquele tempo, as palavras "presunçoso" e "brilhante" eram intercambiáveis e Shahar era o deus babilônio da aurora.

Cerca de um milênio depois que essa passagem foi escrita, São Jerônimo produziu a Bíblia latina *Vulgata* para a Igreja católica no século V. Nessa tradução, a referência a Nabonido como o *heilel bem-shachar* foi erroneamente transferida ao planeta Vênus, que aparece no céu na aurora. A *Septuaginta* grega referiu-se a Shahar como o *heosphoros* ("aquele que traz a aurora") e a transcrição para o latim transformou a palavra em lúcifer, "o portador da luz". Isso resultou na passagem: "Quomodo cecidisti de caelo lucifer qui mane oriebaris corruisti in terram qui vulnerabas gentes".

Na Bíblia do rei James de 1611, o "portador da luz" recebeu a conotação de substantivo próprio e a seguinte interpretação: "Como caíste dos céus, ó Lúcifer, que se erguia nas manhãs! Como caíste à Terra, tu que feriu as nações!". Então, em 1667, outra interpretação satânica foi feita pelo escritor protestante John Milton, em seu poema épico *Paraíso Perdido*.[72]

> De Lúcifer, assim chamado por alusão,
> Daquela brilhante estrela a Satanás comparado.[73]

A noção de Satanás (um anjo caído, como no Segredos de Enoque) estava agora firmemente associada ao versículo de Isaías com a consequência de que, a partir do século XVII, Lúcifer tornou-se outro nome para o Diabo. Antes disso, o termo latino lúcifer (*lux-fer*) nunca havia

---

69. Como mencionado em Isaías 14:4.
70. Isaías 14:12 – tradução da Bíblia hebraica.
71. A palavra hebraica *heilel* deriva da primitiva *halal* e é empregada 165 vezes no Antigo Testamento. Exemplos podem ser vistos em 1 Reis 20:11, Salmos 10:3 e Provérbios 20:14, e em cada um desses casos (com vários outros) *heilel* se refere a vanglória.
72. Elaine Pagels, *The Origin of Satan*, Random House, New York, NY, 1995, capítulo 2, p. 48.
73. John Milton, *Paradise Lost*, Jacob Tonson, London, 1730, Livro 10, linhas 425-26.

sido associado a uma entidade masculina – e certamente também não a um demônio maligno. Mesmo após a morte de Milton, a definição correta ainda estava presente em dicionários do século XVIII. O *Bailey"s Etymological Dictionary*, de 1721, afirma: "Lúcifer: A estrela d'alva ou da manhã; o planeta Vênus, quando este se ergue antes do Sol".[74]

A ambiguidade da tradução da *Vulgata* pode ser percebida na palavra *heosphoros* ("aquele que traz a aurora"), reinterpretada erroneamente como "Lúcifer". O equivalente grego direto para Lúcifer (em latim: *lux-fer* – "o portador da luz") era *phos phoros*, de onde derivou o termo fósforo. No Novo Testamento original, encontramos (em 2 Pedro 1:19) o termo traduzido corretamente, relacionado a Vênus, a "estrela diurna". *Lux-fer* e *phos phoros* são idênticos ao se referirem ao portador da luz e a palavra "fósforo" é corretamente definida no atual *Oxford English Dictionary* como relativa à estrela d'alva. Nem *lux-fer*, nem *phos phorus* foram jamais utilizados como termos depreciativos e foram até mesmo utilizados para qualificar o Messias em Apocalipse 22:16: "Eu sou a raiz e o rebento de Davi, e a geração e a brilhante estrela da manhã". A *Jewish Encyclopedia* afirma: "É óbvio que o profeta Isaías, ao atribuir ao rei babilônio um orgulho presunçoso seguido da queda, inspirou-se em uma lenda popular ligada à estrela d'alva".[75]

Não apenas o uso que Milton fez do termo *lux-fer* é totalmente mal interpretado, como também o próprio termo (derivado da tradução errônea da *Vulgata*) é totalmente inadequado. De todo modo, Lúcifer, como Satanás, Mastema e Belial, tornou-se desde então um dos nomes comumente usados para o Diabo.

No mundo inferior

Nos evangelhos do Novo Testamento, Jesus é acusado pelos sacerdotes fariseus de usar o poder de Belzebu para expulsar demônios. Nesse contexto, Belzebu é descrito como "príncipe dos demônios"[76] e "chefe dos demônios".[77] Jesus responde à acusação dizendo: "Como poderia Satanás expulsar Satanás?".[78] Assim, outro nome satânico, Belzebu, é adicionado à lista.

---

74. Nathan Bailey (ed), *Bailey's Universal Etymological Dictionary*, T Cox at The Lamb, Royal Exchange, London, 1721.
75. *Jewish Encyclopedia*, em Lúcifer.
76. Mateus 12:24.
77. Lucas 11:15.
78. Marcos 3:23.

Como *beel* deriva do termo fenício *baal*, que significa "senhor", e *zebûb* era o substantivo coletivo semítico relativo a "coisas voando", costuma-se aceitar a teoria de que Belzebu (ou Baalzebub) refere-se ao "senhor das coisas voadoras". O nome apareceu pela primeira vez no livro do Antigo Testamento 2 Reis 1:2-3, quando o rei Ocozias de Israel estava doente: "Ele enviou mensageiros e disse-lhes: 'Ide consultar Baalzebub, o deus de Acaron, para saber se ficarei curado dessa doença'".

Belzebu também é mencionado no Evangelho de Nicodemos (*Evangelium Nicodemi*) do século III, que também o caracteriza como "príncipe dos demônios" e "rei da glória". Nesse contexto apócrifo, Satanás é chamado por Hades (o guardião do inferno) de "Belzebu, herdeiro do fogo e do tormento".[79] Isso levanta a questão: se Satanás era o senhor do Inferno, quem então era Hades?

Na mitologia grega, Hades foi descrito na *Odisseia* de Homero como o deus do mundo inferior e manteve esse posto em parte da literatura cristã inicial de Alexandria e do mundo grego. Seu reino era o destino universal de todos os mortos e também era conhecido como Hades. Em hebraico, o termo equivalente era *Sheol*, a morada dos mortos. Essa designação tornou-se um problema duradouro para a Igreja Católica, pois os bispos associaram dois locais à morte: o Paraíso era a morada das almas justas e reino de Deus, enquanto as almas pecadoras eram condenadas à eternidade de fogo e tormento do Inferno. Essa diferença cultural é perceptível nas interpretações do termo *Sheol* em Salmos 16:10. A tradução do Texto Massorético (do hebraico) é:

> Pois não abandonarás minha alma no mundo inferior [*sheol*]; nem permitirás que tua divindade veja o abismo.

Na Bíblia do rei James:

> Pois não deixarás minha alma no inferno [*sheol*]; nem permitirás que teu Santo veja a corrupção.[80]

Por algum tempo, os primeiros cristãos associavam o mundo inferior grego, o Hades, com o Inferno – e seu senhor tinha o mesmo nome, como no evangelho de Nicodemos. Mas muitos não poderiam considerar

---

79. "Gospel of Nicodemus" em W. Barnstone (ed), *The Other Bible,* Cristo descendo ao Inferno VII, p. 377.
80. Essa passagem de Salmos é repetida em Atos 2:27 no Novo Testamento: "Pois não deixarás minha alma no Inferno, nem permitirás que teu Santo veja a corrupção".

os lugares iguais, pois supostamente Hades acomodava tanto os justos quanto os pecadores após a morte. Dentre esses confusos estava o padre *Tertuliano de Cartago* (155-230), que tratou desse dilema em seu *Treatise on the Soul*. Após alguma reflexão, ele determinou que, enquanto o Inferno era um reino sobrenatural dos ímpios, Hades era um domínio subterrâneo: "É um espaço profundo e vasto no interior da Terra (...) podes supor que Hades seja uma região subterrânea".[81]

Na crença judaica, *Sheol* era também um domínio subterrâneo de almas protegido por portões e ferrolhos.[82] No fim do século V, no entanto, houve alguma confusão relacionada à identidade do Diabo definitivo: era ele Hades ou Satanás? Para resolver a questão, o nome pessoal Hades foi abandonado, assim como referências à região infernal de Hades, e Satanás tomou seu lugar como guardião do Inferno na literatura cristã.

Em termos etimológicos rígidos, o Inferno (assim como Hades) também define qualquer tipo de moradia subterrânea em vez do estranho reino frequentemente imaginado. A palavra inglesa *hell* (inferno) relaciona-se a um abismo ou buraco e deriva do verbo anglo-saxão *helan* (esconder-se). Na interpretação doutrinal, por outro lado, o inferno é o domínio infernal (o *infernus*) dos condenados.[83]

A Bíblia parece indicar que o Inferno é um local subterrâneo, pois o descreve como um abismo no qual os seres perversos caem. Nós até lemos sobre "coisas sob a terra".[84] Mas é impossível saber se a palavra "sob" refere-se a um lugar nos confins da Terra ou a alguma dimensão "inferior" a ela. No tempo em que essa passagem foi escrita, o conhecimento sobre a estrutura geológica da Terra era escasso. Todos esses escritos surgiram no hemisfério norte e a ideia de uma Terra plana era comumente aceita. Santo Agostinho de Hipona (354-430),[85] no norte da África, escreveu: "Minha opinião é a de que nenhum homem conhece a natureza do Fogo Infernal e a localização do Inferno, a não ser que o Espírito Santo tenha feito com que ele saiba por uma revelação". A Igreja Católica não possui uma opinião enfática sobre o assunto e afirma que

---

81. Tertuliano, "Treatise on the Soul", in Reverendo Alexander Roberts & James Donaldson (eds), *The Ante-Nicene Fathers – The Writings of the Father down to AD 325*, T&T Clark, Edinburgh, 1867, volume III, capítulo LV.
82. *Jewish Encyclopedia,* em Sheol.
83. *Catholic Encyclopedia,* Volume VI, em Inferno.
84. Filipenses 2:10.
85. Hipona, África do Norte, agora é Annaba na Algéria.

não é importante saber a localização do Inferno, mas sim como não ser mandado para lá!⁸⁶

Sobre o papel do Diabo como guardião do Inferno, temos em Mateus 10:28: "Não temais os que matam o corpo, mas não podem matar a alma; mas temei aquele que é capaz de destruir tanto corpo quanto alma no inferno". Depois, quando Jesus proclamou a eternidade de sua missão, ele decretou que "os portões do inferno não a vencerão".⁸⁷

Os guardiões

Uma vez estabelecido que os guardiões e os anjos caídos eram sinônimos e Satanás era definido como um anjo caído, podemos inferir que ele era, por definição, um guardião. Para reforçar essa ideia, podemos consultar o Livro de Enoque. Além do Livro de Noé, do qual restaram apenas fragmentos, o Livro de Enoque (que menciona o manuscrito perdido de Noé) é a única obra existente a listar um por um os nomes dos guardiões. A Seção I da coletânea (36 de seus 98 capítulos) é chamada de Livro dos Guardiões.

Ao nomear os 18 comandantes dos guardiões, que cobiçavam as filhas dos homens, Enoque identifica o comandante superior como um anjo chamado Semjaza.⁸⁸ Muito mais é escrito, contudo, sobre seu rebelde camarada Azazel. Diz-se que ele "inspirou toda a injustiça na Terra e revelou os segredos eternos que eram preservados no céu".⁸⁹ Deus desaprovou suas ações e deu as seguintes instruções ao seu arcanjo: "ata mãos e pés de Azazel e lança-o à escuridão (...) deixa-o lá para sempre e cobre sua face para que ele não possa ver a luz. E no dia do grande julgamento ele será lançado no fogo (...) Toda a Terra foi corrompida pelos procedimentos ensinados por Azazel. Todo pecado deve ser atribuído a ele".⁹⁰

Em seguida, ao ver a fornicação entre os guardiões e as mulheres terrenas, Deus ficou furioso com todos eles. Enquanto no Gênesis apenas a humanidade foi punida, Enoque descreve que os anjos criminosos também foram: "Ele instruiu seu arcanjo: Vai e prende Semjaza e seus parceiros que se uniram às mulheres e que assim se corromperam com elas em sua

---

86. *Ibid.*
87. Mateus 16:18.
88. 1 Enoque, sessão I, capítulo VI:3.
89. *Ibid.*, capítulo VIII:6.
90. *Ibid.*, capítulo IX:11-13.

impureza". Prende-os "nos vales da terra, até o dia do julgamento (...) Naqueles dias eles devem ser levados ao abismo de fogo, ao tormento e à prisão à qual devem ser confinados para sempre".[91] No Novo Testamento, esse confinamento é descrito na epístola de Judas 1:6: "E os anjos que não guardaram seu principado, mas deixaram sua habitação, Ele os guardou em prisões eternas na escuridão até o jugalmento do grande dia".

Os nomes de Satanás e dos outros demônios que já mencionamos não aparecem na lista de Enoque dos comandantes dos guardiões. Semjaza e Azazel são os principais responsabilizados por Deus, mas eles não estão diretamente ligados ao Diabo na tradição judaico-cristã. Ainda assim, Azazel é mencionado na Bíblia. Em Levítico 16:8, Deus ordena que o sumo sacerdote Arão "traçará a sorte de dois bodes, atribuindo um ao Senhor e o outro a Azazel". O bode destinado por sorte ao Senhor nesse Dia do Perdão (*Yom Kippur*) deve ser oferecido para a "expiação do pecado", enquanto o bode destinado a Azazel "deve ser apresentado vivo perante o Senhor para a expiação em cima dele, para que seja enviado ao deserto para Azazel".[92] Aarão deverá "colocar as duas mão sobre a cabeça do bode vivo e sobre ele confessar todas as iniquidades dos filhos de Israel, todas as suas transgressões e até mesmo seus pecados. Depois deverá colocá-los sobre a cabeça do bode e enviá-lo ao deserto pelas mãos de um homem escolhido. E o bode carregará sobre si todas as iniquidades até a terra desolada".[93]

Em uma tradução da Bíblia para o inglês de 1530, o reformador protestante William Tyndale dividiu o nome de Azazel em unidades constituintes, *ez ozel* ("bode que escapa"). Em razão disso, o nome de Azazel foi excluído da posterior Bíblia do rei James e seu nome passou a ser substituído por "bode expiatório".[94]

O que resulta disso tudo é a associação direta entre o pecado e um bode errante – um conceito que de fato se instalou na tradição satânica. Isso se encaixou bem com a imagem diabólica de um sátiro cornífero com pernas e pés de bode. Como Satanás não é descrito fisicamente na Bíblia, ele tradicionalmente era imaginado como um anjo com asas de morcego, em alusão à sua ligação com as trevas. Mas, no ano de 590, o papa Gregório I deu uma declaração instrutiva sobre o Diabo,

---

91. *Ibid.*, capítulo X:4-8.
92. Levítico 16:10.
93. Levítico 16:21-22.
94. Como esse bode, que possuía todos os pecados que as pessoas lhe transferiam, era jogado de um abismo ou levado até o meio do deserto para ser morto, o termo "bode expiatório" começou a significar o indivíduo que, embora seja inocente, é acusado e punido pelos pecados, crimes ou sofrimentos dos outros.

estabelecendo assim a personalidade satírica pela qual é conhecido até hoje. "Satanás tem chifres e cascos", afirmou Gregório, acrescentando que "ele tem poder sobre o clima e um fedor terrível".[95]

Os filhos do Diabo

Embora não seja listado como um dos comandantes dos guardiões, Satanás é representado no Livro de Enoque como uma figura elevada entre eles. Descreve que em "um profundo vale com fogo ardente", um anjo faz "correntes de ferro de peso incalculável" para "prender o bando de Azazel (...) em um abismo de condenação absoluta". O anjo explica esse confinamento dizendo que os prisioneiros devem ser lançados "na fornalha ardente (...) por sua iniquidade ao se submeterem a Satanás".[96] Nesse sentido, Satanás é apresentado como mestre dos comandantes e o formidável oponente de Deus, o Senhor dos Espíritos.

Duas mulheres foram consideradas diretamente responsáveis pela queda dos guardiões. A primeira (no início da linhagem de Caim) foi Noema, descrita no Gênesis como filha de Lamec e irmã de Tubalcaim.[97] Diz-se que sua beleza "tentava os anjos ao pecado". No caso de Azazel e Semjaza, suas virtudes foram postas à prova por uma jovem chamada Istahar. No plano terreno, os guardiões sucumbiram à volúpia dessas e de outras mulheres e acabaram lançados ao abismo, incapazes de retornar ao Paraíso. Até mesmo do abismo, Azazel prosseguiu com a maldade, "negociando adornos ricos e trajes finos para mulheres e levando homens à perdição por meio desses artigos requintados". Por isso o bode carregando a sorte de todas essas transgressões foi enviado especialmente para Azazel no Dia do Perdão.[98]

Essa história da Queda dos Anjos é semelhante à da Queda dos Homens. Como muitas vezes era o caso na tradição judaico-cristã, as mulheres eram vistas como as principais provocadoras do pecado. Na tradição católica, isso está relacionado principalmente com o termo "pecado original", aquele cometido por Eva e que, de acordo com a Igreja, todos nós herdamos por descendermos dela. Por causa desse pecado, Adão foi privado da imortalidade, o que levou ao pecado final: a

---

95. Phyllis Siefker, *Santa Claus, Last of the Wild Men,* MacFarland, Jefferson, NC, 1997, capítulo 4, p. 65-66.
96. 1 Enoque, sessão II, capítulo LIV:1-6.
97. Gênesis 4:22.
98. *Jewish Encyclopedia,* em Queda dos Anjos.

morte. Dessa forma, considera-se que não apenas nascemos em pecado, mas provamos nossa natureza pecadora no ato da morte: "Eis como por meio de um homem o pecado entrou no mundo e, pelo pecado, a morte; então a morte passou a todos os homens, pois todos pecaram".[99]

Para explicar essa suposição peculiar, no século IV Santo Agostinho de Hipona pronunciou pela primeira vez a doutrina católica do "pecado original", que sobrevive até hoje. Ela afirma que, por causa da transgressão de Eva, todas as pessoas nascem em pecado pelo simples fato de terem mães! Uma criança na pia batismal é considerada pecadora por ter nascido. De acordo com Efésios 2:1-3, todos estão espiritualmente mortos por causa das ofensas e pecados cometidos em tempos passados em virtude dos desejos carnais. Isso é atribuído ao "príncipe do poder do ar, o espírito que agora opera nos filhos da desobediência". De acordo com o Evangelho de João, o príncipe do poder, o "príncipe desse mundo" é Satanás.[100] O batismo cristão, portanto, supõe que o candidato esteja sob o domínio do mal e que o padrinho deve renunciar a Satanás em nome da criança.[101] Assim, o padrinho e o candidato se unem na promessa de "renunciar ao Diabo e a todas as suas obras, às pompas e à vaidade deste mundo perverso e a todos os desejos pecaminosos da carne".

Na raiz de tudo isso está a crença cristã de que o termo "pecado original" e a queda resultante de Adão tivessem algo a ver com um mau comportamento sexual de Eva no Jardim do Éden, o que é um absurdo. Até o momento em que Adão é expulso do jardim, depois de comer o fruto da Árvore do Conhecimento do Bem e do Mal, não há qualquer menção a algum contato físico entre ele e Eva. Sua prole foi concebida em seu novo ambiente algum tempo depois de o Gênesis explicar que eles deixaram o Jardim do Éden. Apesar disso, Gênesis 2:24 deixa claro que Eva era a "esposa" de Adão, fato repetido numerosas vezes junto com a instrução de que o homem "deve unir-se à sua esposa e eles devem ser uma só carne".

O que tudo isso tem a ver com Satanás ou o Diabo? Absolutamente nada, pois ele não é mencionado em nenhum ponto do processo. A única outra personagem na narrativa do Éden é uma serpente sem nome. A história relata que Deus advertiu Adão a ficar longe da Árvore do Conhecimento, dizendo que ele morreria se comesse seu fruto. A serpente então disse a Eva que isso era mentira e que eles deveriam tomar parte no conhecimento: "Não, não morrereis, pois Deus sabe

---

99. Romanos 5:12.
100. João 14:30.
101. *Catholic Encyclopedia*, em Pecado Original.

que, no dia em que comerdes dele, vossos olhos abrirão e sereis como deuses".[102] Nesse caso, a serpente estava certa – o homem e a mulher comeram da árvore e não morreram. Eles ganharam o conhecimento do bem e do mal, depois do que Deus ordenou que Adão arasse a terra como punição por sua desobediência.[103]

Levando em conta o texto hebraico, fica claro que a criatura no jardim não é realmente uma serpente. O termo bíblico traduzido erroneamente como serpente era *nahash*. Antes da adição das vogais, a raiz consonantal era NHSH, que significa "decifrar" ou "descobrir".[104] Não havia, portanto, nenhuma serpente no sentido comum da palavra e uma interpretação mais correta de NHSH seria relacionada a um "sábio". Isso fica especialmente claro ao observarmos que a expressão hebraica antiga para designar anjos era *há'neshim*, enquanto o termo para designar serpentes era *há'neshek*.[105]

O único pecado de que Eva poderia ser acusada era o de comer da árvore proibida junto de Adão. Nesse sentido, ela aceitou o conselho do sábio de que eles não morreriam – em vez de dar ouvidos a Deus, que os alertou do contrário.[106] O fato é, contudo, que Deus não alertou Eva em relação à árvore; ele apenas alertou Adão, antes mesmo da criação de Eva.[107] Por isso, apenas Adão foi expulso do Éden, por "dar ouvidos à sua mulher".[108] Apenas no capítulo 4 do Gênesis é revelado que Eva seguiu Adão para fora do jardim.

Mesmo após comer o fruto da Árvore do Conhecimento, outra árvore representou um problema para Adão: a Árvore da Vida. Diz-se que Deus baniu Adão do jardim "para que agora ele não estenda sua mão e colha também o fruto da Árvore da Vida, coma e viva para sempre". Não satisfeito, Deus instalou uma espada giratória flamejante para evitar que Adão tivesse acesso à árvore.[109] Para completar o castigo, Deus então disse a Eva: "Multiplicarei muito tua dor e tua concepção; com dores darás luz a filhos". Então, ainda que Adão não tenha tocado a Árvore da Vida, ele foi expulso e privado de seus privilégios de qualquer maneira.[110]

---

102. Gênesis 3:3-4.
103. Gênesis 3:24.
104. Z. Sitchin, *The 12th Planet*, capítulo 13, p. 371.
105. Christian e Barbara Joy O'Brien, *The Genius of the Few*, Dianthus, Cirencester, 1999, capítulo 6, p. 136.
106. Gênesis 3:3-6.
107. Gênesis 2:17.
108. Gênesis 3:17.
109. Gênesis 3:22-24.
110. Gênesis 3:16-19.

O que a narrativa do Gênesis sobre Adão e Eva consegue, graças a essa história de expulsão, é estabelecer a imagem da mulher como uma tentadora. A dita transgressão de Eva (assim como a de Noema e Istahar) é ter colocado Adão no caminho da perversão com sua sedução. Desse modo, esse raciocínio é usado para estabelecer uma supremacia masculina que permeia o restante da escritura patriarcal. Por essa suposta má conduta em relação à fruta e por ousar influenciar Adão a desobedecer a Deus, foi dito a Eva que dali em diante "teu marido (...) te dominará".[111] O pecado de Adão foi ter escutado Eva em vez de obedecer a Deus. Como punição por esse pecado, Eva passaria a sofrer a dor e o sofrimento de dar à luz.

Em total contraste à história narrada no Gênesis, a visão doutrinária cristã é a de que, como a serpente (*nahash*) era poderosa o bastante para se opor a Deus no jardim, ela deveria ser Satanás. Dado que a partir da transgressão de Eva todas as crianças passaram a nascer em pecado, o primeiro passo em direção à salvação é comprometer-se com Deus e com a Igreja pelo batismo e a renúncia pública ao Diabo. A primeira declaração explícita nesse sentido vem do texto de Tertuliano, *De Corona* (O Terço). Escrito no fim do século II por esse eminente líder da então jovem Igreja Norte-Africana, o documento diz:

> Quando estamos prestes a entrar na água, na presença da congregação e sob a mão do sacerdote, juramos solenemente que renegamos ao Diabo, à sua pompa e aos seus anjos.[112]

---

111. Gênesis 3:16.
112. Reverendo A. Roberts e J. Donaldson (eds), *The Ante-Nicene Fathers,* volume III, "De Corona" por Tertuliano, capítulo III.2.

3

Confronto com Satanás

Percepção diabólica

Nos anos formadores da Igreja Católica, considerava-se necessário reescrever algumas das histórias do Antigo Testamento para aumentar a participação do Diabo. A história de Adão e Eva foi a primeira nessa reforma, já que, para se encaixar em seu novo ideal, o Diabo tinha de estar presente desde o início. A serpente do jardim do Éden era descrita de forma vaga e pouco definida no Gênesis. Isso fez dela uma candidata ideal e os escribas revisionistas do Cristianismo começaram seu trabalho. Dessa forma, a partir do século V, a serpente sem nome (o *nahash*: "o sábio") passou a ser Satanás, o Diabo.

Essa mudança na imagem física do Diabo causou certa dificuldade na produção de retratos e descrições literárias. Satanás era por um lado representado como um anjo das trevas, com asas de morcego, e por outro como um sátiro semelhante a um bode, com chifres e cascos. Agora havia um terceiro aspecto em sua aparência: uma figura semelhante a um dragão, coberta de escamas e dotada de garras. Nos séculos seguintes, qualquer um desses retratos, ou uma combinação de dois ou três deles, foi usado para identificar a presença satânica do Diabo.

A princípio, ao apresentar a ideia de que Deus e o Diabo estavam no Éden, criou-se uma problemática: já que Deus havia criado tudo, ele também teria de ter criado o Diabo. Assim, surgia a questão: Por que Deus criaria um problema tão grande para si mesmo? Isso só se tornou uma área para debate complexa por causa da maneira com que a Bíblia latina havia sido traduzida. No Antigo Testamento da Bíblia hebraica, há pelo menos 2.570 passagens em que o termo "deuses" (*elohim*) é usado no plural.[113] Mas, na Bíblia cristã, a maior parte delas foi alterada, com a substituição do termo por seu singular, "Deus". Dentre as poucas passagens em que se manteve a forma original, uma delas é o já mencionado encontro da serpente com Adão e Eva: "Não, não morrereis, pois Deus sabe que, no dia em que comerdes dele, vossos olhos abrirão e sereis como deuses".[114] De forma semelhante, o Salmo 82 do Antigo Testamento se inicia, na Bíblia do rei James, com: "Deus se levanta na congregação dos poderosos; Ele julga entre os deuses". Também é interessante notar que, quando Adão comeu o fruto do conhecimento, Deus disse à serpente (*nahash*): "Eis que o homem se tornou como *um de nós*",[115] indicando que o sábio era também um deus.

Claramente, como o livro do Gênesis teve origem em textos mesopotâmicos muito mais antigos, vários deuses se faziam presentes. O Deus judaico (El-Yahweh), portanto, não poderia ser considerado o único Deus, pois todas as outras tradições contradiziam isso. Na melhor das hipóteses, ele poderia ser retratado no Antigo Testamento como o único Deus que importava para os hebreus e para os israelitas. A Igreja cristã, todavia, rejeitou todas as outras divindades, o que criou um dilema em relação ao Diabo. Havia uma vantagem, contudo; por muitos séculos as pessoas em geral não tinham suas próprias bíblias, de modo que os padres e bispos podiam pregar o que eles bem entendessem. Além disso, poucos ousavam questionar a autoridade da Igreja e por conta disso a problemática em torno do Diabo foi basicamente ignorada.

Foi apenas em 1215 que a posição oficial da Igreja em relação ao assunto foi estabelecida pelo IV Concílio de Latrão. O decreto afirmava que "No início, Deus criou dois tipos de criatura, as espirituais e as corpóreas [as angelicais e as terrenas]". E ainda que: "O Diabo e outros demônios foram criados por Deus bons por natureza, mas eles se fizeram a si mesmos malignos" (*Diabolus enim et alii dæmones a Deo quidem naturâ creati sunt boni, sed ipsi per se facti sunt mali*).[116] Acrescentou-se então que "o homem pecou por sugestão do Diabo e no outro mundo os injustos sofrerão castigo eterno com o Diabo". Por esse decreto, estabeleceu-se ainda que:

---

113. Incluindo 32 vezes no Gênesis. Também em Gênesis 6:18, 9:15, 17:7, 50:24; 1 Reis 8:23, Jeremias 31:33, Isaías 40:1, além de inúmeras menções em Eclesiastes, Daniel e Jonas.
114. Gênesis 3:3-4.
115. Gênesis 3:22.
116. *Catholic Encyclopedia,* volume IX, em Diabo.

> O Diabo e os outros demônios apenas fazem parte
> da criação angelical e seus poderes naturais não di-
> ferem daqueles dos anjos que se mantiveram fiéis.
> Assim como os outros anjos, eles são seres espiri-
> tuais puros desprovidos de corpo e em seu estado
> original são dotados de graça sobrenatural e colo-
> cados sob provação. Foi apenas com sua queda que
> eles se tornaram diabos.

Para apoiar tanto essa ideia fabricada quanto a teoria de que a morte é resultado do pecado, um texto chamado Livro da Sabedoria foi inserido na Bíblia *Vulgata*. Ele segue como parte de algumas Bíblias católicas até hoje,[117] e afirma: "Por inveja do Diabo a morte veio ao mundo".[118]

A doutrina de Latrão foi bem-sucedida até certo ponto, mas havia um problema relacionado à descrição dos anjos como "seres espirituais puros, desprovidos de corpo". Essa descrição simplesmente não era compatível com os anjos do Antigo Testamento, que eram figuras materialmente vivas e presentes. Entre eles, o anjo que encontrou Agar, esposa de Abraão, junto à fonte d'água no deserto,[119] o anjo que visitou a casa de Ló e jantou com ele,[120] aquele que impediu a passagem da jumenta de Balaão,[121] aquele que falou com Manoá e sua esposa,[122] e o anjo que se sentou debaixo do carvalho com Gideão.[123]

Além disso, afirma-se sobre alguns anjos que "foi apenas com sua queda que eles se tornaram diabos". Dentre esses anjos caídos estava Satanás, o que criou outro problema: como ele poderia ser um ser espiritual, desprovido de corpo, se apareceu para Adão e Eva no jardim? Como poderia ser puramente espiritual se foi encontrar Jesus no deserto, como narrado em Mateus 4:1-11? Aliás, como o papa Gregório poderia ter descrito os chifres e cascos do Diabo se este sequer possuía um corpo? Todas essas perguntas continuaram sem resposta em uma série de declarações dogmáticas inconsistentes. Mas essas perguntas surgiram apenas por causa da estratégia de diferenciar os anjos de seus pares do Antigo Testamento para criar uma nova percepção dogmática de Satanás para o Cristianismo.

---

117. Ver, para essa passagem, *The Jerusalem Bible,* Darton, Longman & Todd, London.
118. Livro da Sabedoria 2:24.
119. Gênesis 16:7-12.
120. Gênesis 19:1-3.
121. Números 22:21-35.
122. Juízes 13:3-19.
123. Juízes 6:11-22.

A transição de serpente para diabo foi facilitada em um primeiro momento por uma história conhecida como o "Moses Apocalypse". Escrita em fins do século I a.C., tratava-se de um manuscrito curto sobre Adão e Eva após sua expulsão do jardim. Nessa obra, o Diabo e a serpente aparecem como entidades separadas. A serpente (em uma interpretação mais correta de *nahash*) é caracterizada como um sábio conselheiro:

> E o diabo dirigiu-se à serpente, dizendo: Levanta-te! Vem até mim e eu te direi algo que será de teu proveito. E ele se levantou e veio até o outro. E o diabo disse-lhe: Eu ouvi dizer que és mais inteligente do que todas as bestas e vim para aconselhar-te.[124]

Alguns anos depois, no século I, surgiu uma versão revisada dessa obra. Ela ficou conhecida em latim como *Vita Adae et Evae* (A Vida de Adão e Eva).[125] Nessa adaptação, o Diabo e a serpente foram combinados em um só personagem e a serpente sequer aparece sozinha. O relato se foca na busca por comida de Adão e Eva e como Satanás se aproximou de Eva enquanto ela chorava:

> Satanás irou-se e transformou-se no esplendor dos anjos, foi até o Rio Tigre até Eva e encontrou-a chorando. E o próprio Diabo fingiu sofrer com ela, começou a chorar e disse a ela: Vem até o rio e para de lamentar.[126]

Após uma discussão entre Adão, Eva e o Diabo, que convenientemente aproxima Satanás da serpente bíblica, Adão pergunta a ele a razão de ter sido banido por Deus. "Com um forte suspiro, o diabo falou: Oh, Adão! Toda minha hostilidade, inveja e dor são voltadas a ti, pois é por tua causa que eu fui expulso de minha glória, que eu possuía nos céus entre os anjos e foi por tua causa que eu fui lançado à Terra."[127] Assim, todas as conexões desejadas foram feitas: a serpente tornou-se sinônimo do Diabo e caiu em desgraça por ter aconselhado Eva a comer o fruto, contrariando as ordens de Deus.

---

124. *Apocalipse de Moisés* XVI:1-3.
125. *Apocalipse de Moisés* e *A Vida de Adão e Eva* foram traduzidos em RH. Charles, *The Apocrypha and Pseudepigrapha of the Old Testament,* Clarendon Press, Oxford, 1913.
126. A Vida de Adão e Eva, IX:1-2.
127. *Ibid.*, XII:1-2.

O cenário agora estava completo e era chegada a hora de reescrever completamente a história de Adão e Eva. Enquanto o relato bíblico sobre a expulsão do Éden se dá em apenas 1.900 palavras, a nova versão cristã possuía 33 mil palavras divididas entre 79 capítulos. A obra veio do norte da África, uma importante base inicial do Cristianismo. Da região surgiram os eminentes pais da Igreja, como Tertuliano de Cartago e Orígenes de Alexandria, onde a Sé Episcopal se tornou a segunda mais importante, atrás apenas do Vaticano, em Roma. Produzida no século V, a narrativa revisada sobre o Éden foi intitulada *The Conflict of Adam and Eve with Satan*.[128]

Essa obra planejada com tática, também conhecida como *The First Book of Adam and Eve*, amalgama engenhosamente Satanás e a serpente. Mas não são, de acordo com a obra, a mesma criatura (como era o caso em *Vita Adae e Evae*). O livro explica como a serpente havia sido possuída pelo Diabo. O próprio confidencia o fato a Adão:

> Sou eu aquele que se escondeu dentro da serpente, que falou com Eva e a convenceu a seguir minhas ordens. Sou eu aquele que a enviou, pela astúcia de minha lábia, a te iludir e fazer com que ambos comessem o fruto da árvore e com que deixassem o domínio de Deus.[129]

Quanto à aparência e ao nome do Diabo, afirma-se: "sua figura é terrível; ele se tornou abominável entre os anjos; e ele ficou conhecido como Satanás".[130] A anomalia quanto a como Deus deixou Satanás existir também é abordada nesse texto, com a seguinte fala de Deus: "Se não fosse por minha misericórdia, Eu teria te destruído e varrido teus seguidores da face da terra. Mas Eu tive e terei paciência contigo até o fim dos tempos".[131]

Com Satanás descrito como "de enorme perversidade" e uma fonte de constante embaraço aos anjos celestiais, a maior parte da história foca em uma série de casos em que ele se esforça para insultar e atormentar Adão e Eva na caverna em que passam a residir:

---

128. Reverendo S.C. Malan (tradutor), *O Livro de Adão e Eva* (dos textos etíopes), Williams & Norgate, London, 1882. Ver também "O primeiro livro de Adão e Eva: O Conflito de Adão e Eva contra Satanás", em Rutherford H Platt (ed), *The Lost Books of the Bible and the Forgotten Books of Eden,* New American Library, New York, NY, 1974, p. 3-59.
129. 1 Adão e Eva, LVII:2.
130. 1 Adão e Eva, LI:7.
131. 1 Adão e Eva XLIV:5.

Ele juntou árvores e folhas secas, carregou-as até a caverna e ateou fogo nelas para queimar a caverna e o que nela residia.¹³² Ele então disse ao seu bando: Sabeis que este é Adão, criado por Deus a partir do pó, é ele que tomou nosso reino. Vinde, vamos todos cercá-lo e matá-lo ou arremessemos uma rocha nele e em Eva, para esmagá-los.¹³³

Uma obra semelhante, intitulada *The Book of the Cave of Treasures*, foi produzida no século VI.¹³⁴ Tratava-se de um compêndio siríaco da história do mundo, de sua criação até a crucificação de Jesus. Mais uma vez, Satanás aparece como um perseguidor implacável. Ele chega 14 vezes na caverna para atormentar Adão e Eva, mas é sempre afugentado por um anjo de Deus. Um dos principais objetivos dessa obra era mostrar que a tradição cristã foi prenunciada nos tempos mais antigos. Afirma-se até mesmo que uma vara cortada da Árvore da Vida por Adão é mais tarde usada como cajado por Jesus e então roubada pelo apóstolo Judas Iscariotes.

De muitas formas, *The Book of Adam and Eve* e *The Cave of Treasures* conseguiram o efeito desejado de estabelecer uma base de operações para Satanás, a partir da qual ele poderia promover sua violenta campanha. Mas, para tudo isso acontecer, perderam-se o encantamento celestial antigo dos guardiões e os luxuriosos *nephilim*. Não havia nada de etéreo ou transcendental nesse novo personagem, que agia mais como um vizinho grosseiro do que como um anjo caído. Ele não era sombrio nem sinistro, e não era nada aterrorizante. Ele atacava Adão e Eva com fogueiras, pedras e paus e atraía animais selvagens à porta deles, mas nada conseguia e era constantemente humilhado. Estava longe de ser o temível guardião do Inferno ou a poderosa besta do Apocalipse, que lideraria os Filhos das Trevas na grande Guerra dos Céus.

A tentação

Passando para referências mais originais ao Diabo e Satanás, sua primeira e única aparição verdadeira se dá nos evangelhos do Novo Testamento, quando ele se encontra com Jesus no deserto. A

---

132. 1 Adão e Eva XLIII:14.
133. 1 Adão e Eva XLVIII:3.
134. *Sir* Ernest A. Wallis Budge (tradutor), *The Book of the Cave of Treasures,* The Religious Tract Society, London, 1927.

história aparece em Mateus 4:1-11 e é repetida em Lucas 4:1-13. Ela inicia com: "Então Jesus foi levado pelo Espírito ao deserto para que fosse tentado pelo Diabo". A narrativa relata como o tentador questionou a legitimidade de Jesus como filho de Deus, pedindo que ele provasse isso transformando pedras em pão. Ele então levou Jesus ao pináculo de um templo, sugerindo que ele saltasse para provar que os anjos o salvariam. Depois disso, "o Diabo o levou a um monte muito alto e mostrou-lhe todos os reinos da terra, com toda a sua glória; e disse-lhe: Tudo isso te darei, caso te prostres e me veneres". Como resultado da negativa de Jesus a todos esses pedidos, "o Diabo deixou-o, e eis que surgiram anjos e puseram-se a servi-lo".

O tentador diabólico dessa passagem não é apresentado como um ser persuasivo ou influente e ele desiste com notável facilidade. Ele não possui qualquer semelhança com o terrível demônio que surgiu na mitologia satânica dos pregadores de "fogo e enxofre". De fato, assim como no Antigo Testamento, não há nada assustador nas menções feitas a Satanás nas epístolas e evangelhos do Novo Testamento e não há a mais remota referência a uma descrição física.

Exceto pela narrativa sobre o Diabo e Jesus no deserto, todas as outras referências a Satanás no Novo Testamento são simbólicas. Na Última Ceia, é dito que "então entrou Satanás em Judas, de sobrenome Iscariotes".[135] Em outra passagem, quando foi repreendido pelos escribas por realizar exorcismos por não ser um sacerdote, Jesus "chamou-os para si e disse por parábolas: como pode Satanás expulsar Satanás?".[136] Algumas outras referências, como as feitas nos Atos e nas Epístolas, compartilham dessa natureza obscura.[137] O Apocalipse de São João refere-se aos blasfemos como "a sinagoga de Satanás",[138] enquanto afirma que, após ser expulso dos céus, Satanás ficaria aprisionado por mil anos.[139]

Em meio a essas citações, a que mais se destaca no tocante à natureza obstrutiva do termo satanás ("acusador") aparece em Mateus 16:23, quando Jesus acusa Pedro de satanismo. Pedro censura Jesus por ser complacente demais e este "virou-se para Pedro e disse: Retira-te de minha frente, Satanás; tu és para mim uma ofensa, pois não te regozijas nas coisas de Deus, mas nas dos homens".[140]

---
135. Lucas 22:3 e João 13:27.
136. Marcos 3:23 e Lucas 11:18.
137. Nesse caso, Atos 5:3, 26:18, Romanos 16:20 e 1 Coríntios 5:5.
138. Apocalipse 2:9.
139. Apocalipse 12:9, 20:2, 20:7.
140. Ver também Marcos 8:33.

A evolução estratégica do papel de Satanás nesse momento inicial da fé católica foi inteiramente baseada na necessidade de criar uma relação de dependência entre as massas e os bispos. Para facilitar isso, uma figura como a do Anticristo era necessária, pois sua ira representava uma ameaça da qual os fiéis poderiam ser salvos. A ameaça foi chamada de Satanás, "o maligno", que tomaria as almas daqueles que não ofertassem obediência cega à Igreja. A reputação foi então estabelecida depois de uma afirmação de São Paulo em sua Epístola aos Romanos:

> Que toda alma se submeta aos poderes superiores. Pois não há nenhum poder que não venha de Deus e aqueles que existem foram ordenados por Deus. Portanto, aquele que resiste ao poder resiste à ordenação de Deus; e aqueles que resistem receberão a danação.[141]

Assim, restou à Igreja se autoproclamar a ponte entre Deus e as pessoas. Isso foi feito concedendo um cargo vicarial inviolável ao papa, que se tornou o Vigário do Filho de Deus (*Vicarius Filii Dei*).

Já o Anticristo, tão proclamado para inspirar terror e obediência, não se faz presente no Novo Testamento. A palavra "anticristo" aparece apenas nas epístolas de João, mas não diz respeito a um personagem específico. É usada apenas para definir aqueles que se opõem aos ensinamentos de Jesus. Em 1 João 2:18, temos: "Mesmo agora há muitos anticristos". E 1 João 2:22 continua: "Ele que negou que Jesus é o Cristo; ele é o anticristo".[142] Nada aqui faz referência a nenhum ser satânico e o autor das epístolas de João reconhece claramente que Jesus tinha muitos opositores.

A palavra "satanista" foi usada de maneira semelhante durante milhares de anos, até o tempo do Protestantismo. Assim como "anticristo", "ateu" e "infiel", esse era um termo muito usado para descrever pessoas não crentes, e esse significado só começou a mudar durante a caça às bruxas do século XV.[143] Até mesmo em 1559, em meados do século XVI, o panfleto *An Harbour for Faithful and*

---

141. Romanos 13:1-2.
142. Uma passagem posterior em 2 João 1:7 afirma: "Porque muitos sedutores existem no mundo, que não confessam a Jesus Cristo encarnado. Este é o sedutor e um anticristo".
143. Leonard RN. Ashley, *The Complete Book of Devils and Demons,* Robson Books, London, 1997, capítulo 1, p. 15.

True Subjects, escrito por John Aylmer, Bispo de Londres, refere-se a todos os não cristãos como "satanistas".[144]

O Apocalipse

No Novo Testamento há várias referências a pessoas doentes consideradas possuídas por demônios e diabos. Mas, exceto pelo já mencionado incidente da tentação de Cristo, são poucas as passagens a respeito do Diabo satânico propriamente dito. Uma delas é a parábola sobre o joio do campo, na qual Jesus diz: "O campo é o mundo; a boa semente são os filhos do reino; mas o joio são os filhos do maligno; o inimigo que o semeou é o Diabo".[145] Em outra passagem, Jesus, pregando a Seus discípulos no Monte das Oliveiras, perto de Betânia, menciona o "fogo eterno preparado para o Diabo e seus anjos".[146]

A obra mais associada ao Diabo é o Livro do Apocalipse. Vale a pena considerar as passagens relevantes dessa obra em detalhes, dado que elas estão na base da tradição satânica e das superstições relacionadas ao Diabo que surgiram a partir do século I.

Durante o reinado do imperador romano Domiciano (81-96), João Evangelista foi sentenciado à prisão na ilha grega de Patmos,[147] onde se acredita que ele compilou o Livro da Revelação.[148] Os títulos alternativos "O Livro do Apocalipse" e "O Apocalipse de São João" derivam do termo grego *apocalipse*, que significa precisamente "revelação". Poucas palavras são tão mal usadas no linguajar moderno quanto "apocalipse" e "apocalíptico", com frequência utilizadas para denotar eventos terríveis ou desastrosos.

O Apocalipse é apresentado como uma série de visões, descritas como uma peça fragmentada com os vários atos explicados por João. Enquanto ele assiste às cenas, João registra o que testemunha e envia os detalhes aos líderes das sete principais igrejas, em Éfeso, Esmirna, Pérgamo, Tiatira, Sardes, Filadélfia e Laodiceia.

---

144. John Awlmer escreveu *An Harborowe for Faithful and Trewe Subjects* em 1559, para defender a monarquia da rainha Elizabeth I contra a nova e emergente facção puritana, que se opunha à ideia de mulheres ocupando posições de autoridade e no governo.
145. Mateus 13:38-39.
146. Mateus 25:41.
147. Eusébio de Cesareia, *The History of the Church from Christ to Constantine*, Penguin, London, 1989, Livro 3, capítulo 20, p. 81.
148. Apocalipse 1:9.

Por sua natureza, o Apocalipse é uma obra alegórica, na qual as passagens estritamente esotéricas são anunciadas pela expressão: "Quem tem ouvidos, ouça". Essa foi uma estratégia muito usada por Jesus ao narrar suas parábolas. Além disso, é comum encontrar nos Manuscritos do Mar Morto construções frasais que seriam incompreensíveis aos dominadores romanos durante períodos de uma ocupação cruel. Era uma forma eficiente de transmitir informações politicamente delicadas àqueles que compreendiam o jargão local. Como disse Jesus aos discípulos em Marcos 4:11-12:

> A vós é dado o saber sobre os mistérios do reino de Deus; mas aos de fora, todas essas coisas são ditas em parábolas: para que vendo, vejam e não percebam; e ouvindo, ouçam e não entendam.

Apenas após a descoberta e tradução dos Manuscritos do Mar Morto, em 1947, foi possível decifrar alguns dos elementos codificados desta técnica enigmática, presente em boa parte do Novo Testamento.[149] Uma análise dos manuscritos (principalmente do Manual da Disciplina, Regra da Comunidade, Regra da Guerra e Liturgia Angélica) revela várias palavras codificadas e pseudônimos, antes incompreendidos ou ignorados. Os "pobres", por exemplo, não eram cidadãos desprivilegiados, afetados pela miséria, mas sim os iniciados no alto escalão da comunidade, que abandonaram suas propriedades e bens materiais. Já "muitos" era um título concedido ao líder da comunidade celibatária, enquanto "grupo" designava o tetrarca (governador) regional e "multidão" significava conselho de governo. Aprendizes e estudantes do sistema eram chamados de "filhos". A doutrina da comunidade de Nazaré era conhecida como o Caminho e aqueles que seguiam o Caminho eram chamados de Filhos da Luz. O termo "leprosos" era muito utilizado para denotar aqueles que não foram iniciados na comunidade ou que foram denunciados por ela. Os "cegos" eram aqueles que não aderiram ao Caminho e, portanto, não enxergavam a Luz.

Com isso, podemos compreender melhor a terminologia utilizada no Apocalipse. A grande batalha entre os Filhos da Luz e os Filhos das Trevas, mencionada antes em relação ao Pergaminho da Guerra, profetizada para acontecer em Har-Megiddo (Armagedom), em Jezreel, era uma disputa entre a comunidade que seguia o Caminho e a poderosa Roma imperial. Isso é reforçado, por exemplo, em Apocalipse 12:3:

---

149. Para uma descrição detalhada desses códigos e sua operação, ver Barbara Thiering, *Jesus the Man,* Doubleday, London, 1992, passim.

E apareceu outro sinal no céu; e eis que surgiu um grande dragão, com sete cabeças e dez chifres, e sete coroas em suas cabeças.

Por inferência natural, somos levados a pensar em uma besta sobrenatural, mas se trata na verdade de uma referência bastante específica a uma força de ocupação romana. Não apenas os romanos carregavam bandeiras com imagens de dragões vermelhos, mas Roma também era conhecida como a Cidade dos Sete Reis, o número de "coroas" antes da formação da república em 509 a.C.[150]

Há muitos casos como esse no Apocalipse de São João, em que expressões como "o acusador de nossos irmãos"[151] recebem um significado satânico simbólico. Todavia, para João e todos os israelitas daquele tempo, não havia diabo maior do que a máquina romana que demolira Jerusalém antes de João e os outros serem expulsos por ordem imperial. O que João previa e profetizava em sua obra era o dia da desforra, quando o dragão de sete cabeças seria derrotado, quando o regime satânico seria esmagado e quando a paz prevaleceria na Judeia:

> E o grande dragão foi expulso, a antiga serpente, chamada de Diabo e Satanás, sedutor de todo o mundo: ele foi expulso para a terra, e seus anjos foram expulsos com ele.[152]

O simbolismo codificado para Roma não quer dizer que o nome de Satanás esteja inteiramente ausente do Apocalipse, como evidenciado pela passagem citada. Mas, nesse e em outros contextos, seu nome é usado para personificar o mal, não para se referir ao sátiro com chifres ou ao guardião angelical caído. Em um exemplo, João usa o nome de Satanás para criticar os sacerdotes hebreus, que tinham o prazer de se beneficiar com o lucrativo emprego romano, à custa de seus vizinhos judeus, dizendo: "Vou te entregar os da sinagoga de Satanás, que dizem ser judeus, mas não são, pois mentem".[153]

---

150. A partir de 753 a.C., foi dito que esses reis foram Romulus, Numa Pompilius, Tullius Hostilius, Ancus Marcius, Lucius Tarquinius Priscus, Servius Tullius e Tarquinius Superbus. As histórias desses reis estão em Tito Livius ("Livy" c.59 a.C. – 17d.C.) *Ab Urbe Condita* (Da fundação da Cidade) – volume 1, Loeb Classical Library, Harvard University Press, Cambridge, MA, 1919; volume 2, Bristol Classical Press, Bristol, 1998, volumes 3, 4, Loeb Classical Library, 1989.
151. Apocalipse 12:10.
152. Apocalipse 12:9.
153. Apocalipse 3:9.

Curiosamente, João não apenas vaticinou a queda de Roma e a expulsão da besta, como também previu que um poder diabólico retornaria no futuro:

> E eu vi um anjo descer do céu, trazendo nas mãos a chave do abismo sem fim e uma corrente. Ele agarrou o dragão, aquela antiga serpente, que é o Diabo e Satanás, e acorrentou-o por mil anos. E atirou-o dentro do abismo, e prendeu-o lá, e lacrou-o, para que ele não mais seduzisse as nações, até que se acabem os mil anos (...) E quando se acabarem os mil anos, Satanás será solto de sua prisão. E sairá a seduzir nações dos quatro cantos da terra.[154]

Ao descrever o anjo carregando a grande corrente e a chave do abismo, João parece se referir à cena do Livro de Enoque na qual o anjo acorrenta Azazel e seus anjos caídos no abismo flamejante. Eles foram confinados "por sua iniquidade ao se submeterem a Satanás.[155] Passagens como essa do Apocalipse têm o claro objetivo de traçar paralelos entre a tradição mitológica e a realidade histórica.[156] Assim, pode-se dizer que, embora o Apocalipse tenha sido criado como um texto alegórico destinado àqueles "com ouvidos para ouvir", é sem dúvida um livro profético sobre uma guerra que deve ser travada constantemente contra um mal que sempre existirá, mesmo que temporariamente confinado a um abismo. Nesse caso em particular, contudo, João não diz ser Satanás o guardião do abismo. Ele diz, sobre os habitantes do abismo:

> E eles tinham um rei sobre si, o anjo do abismo insondável, cujo nome na língua hebraica é Abadom, mas em grego tem o nome Apoliom.[157]

Abadom (ou Apoliom) significa "destruidor" e tornou-se, por causa dessa passagem, mais um dos nomes popularmente atribuídos ao Diabo. Na prática, João provavelmente usaria o nome Satanás (como fez em outras partes do texto), caso estivesse de fato se referindo ao Diabo. Podemos supor, portanto, que Abadom é uma personagem independente. Mas as descrições do exército de Aba-

---
154. Apocalipse 20:1-3, 8.
155. 1 Enoque, sessão II, capítulo LVI:1-6
156. Barbara Thiering, *Jesus of the Apocalypse*, Doubleday, London, 1996, Introdução, p. vi.
157. Apocalipse 9:11.

dom, com suas armaduras de ferro, dentes de leão, asas e cauda de escorpião, eram bem medonhas para acrescentar à lista de atributos assustadores atribuídos depois ao Diabo.

Há inúmeras bestas descritas de diversas formas no Apocalipse, cada uma delas com suas características horrendas. Nenhuma delas é o Diabo, mas a doutrina da Igreja costuma extrair passagens explicatórias individuais de cada descrição e apontá-las no púlpito como se todas se referissem a uma única presença satânica. Em Apocalipse 13, contudo, uma besta surge do mar e recebe seu poder de um grande dragão, que se torna objeto de adoração. Embora João chame de Satanás o dragão de sete cabeças de Roma, esse novo dragão assemelha-se mais à figura satânica maligna criada depois pelos clérigos guiados pela ira. Sobre essa besta, afirma-se:

> Foi-lhe dada uma boca para proferir palavras arrogantes e blasfêmias (...) E ele abriu sua boca em blasfêmias contra Deus, para blasfemar seu nome, seu tabernáculo e os que habitam no céu. Deram-lhe permissão para guerrear contra os santos e superá-los; e foi-lhe dado poder sobre todas as tribos, línguas e nações. Adoraram-na então todos os habitantes da terra cujos nomes não estão escritos desde a fundação do mundo no livro da vida do Cordeiro imolado.[158]

Quando resuminos o livro do Apocalipse partindo de uma perspectiva cristã perplexa contra sua construção nazarena bem esotérica, fica evidente nos escritos literários dos antigos Pais da Igreja que eles não compreendiam as alegorias da terminologia do livro. A esse respeito, nada melhor do que citar Dionísio, bispo de Alexandria de 247-265, que, aproximadamente 160 anos depois da compilação do Apocalipse, escreveu:

> Eu jamais ousaria rejeitar esse livro, muito apreciado por tantos bons cristãos. Mas, reconhecendo que minhas capacidades mentais são insuficientes para julgá-lo adequadamente, considero que a interpretação de várias de suas passagens permanece um mistério, algo por demais magnífico para nossa compreensão. Eu não o entendo, mas suspeito que,

---

158. Apocalipse 13:5-8.

oculto em suas páginas, há um significado mais profundo.[159]

Tempos depois, foi precisamente esse aspecto incompreensível do Apocalipse que o tornou mais útil aos padres e pregadores cristãos subjugadores. Se os bispos não podiam compreendê-lo, certamente o povo também não seria capaz. Portanto, o texto poderia ser interpretado pelas congregações da maneira que bem entendessem. Assim, com certas passagens isoladas sendo apresentadas estrategicamente fora de contexto, o Apocalipse foi transformado em uma assustadora proclamação de presságios e destruição – a ferramenta de ameaça, intimidação e controle definitiva.

Para garantir poder às palavras dos bispos, declarou-se que a guerra dos anjos e o Dia do Julgamento Final profetizados ainda estavam por vir. Aqueles que obedecessem às regras da Igreja teriam o direito de entrar no Reino dos Céus, de acordo com o Vaticano. O resto seria condenado à danação eterna no Inferno. Nesse processo, a fortaleza palestina na colina de Har-Megiddo ganhou ares sobrenaturais sombrios e a palavra *Armagedom* passou a inspirar terror. Insinuava-se que o terrível fim de todas as coisas seria causado pelo Diabo e a única rota de salvação era a obediência absoluta às regras de Roma. Essa estratégia provou ser uma das manobras políticas mais engenhosas já criadas e essa doutrina ardilosa está em vigor até os dias de hoje.

---

159. Eusébio, *The History of the Church from Christ to Constantine,* livro 7, capítulo 25, p. 241.

4

Um Reinado de Terror

O adversário

Em 1945, dois anos antes da descoberta dos Manuscritos do Mar Morto, uma singular coleção de documentos foi desenterrada na cidade de Nag Hammadi, próxima a Luxor, no Egito. Não se tratava de rolos de pergaminhos, mas de códices – livros com folhas de pergaminho e encadernação em couro, escritos na antiga língua copta, no Alto Egito,[160] nos séculos II e III. Provenientes da tradição do gnosticismo, movimento relacionado ao estudo esotérico, com uma linguagem imbuída de alegoria, simbologia e metáfora. São escrituras e ensinamentos de uma seita cristã filosófica criada antes do estabelecimento da Igreja de Roma, no século IV.

Nessas obras, a ideia de espíritos opostos – luz e trevas, bem e mal – é bastante evidente. Mas entre os 60 tratados há surpreendentemente poucas menções ao Diabo ou Satanás – só 12, ao todo. Devemos salientar, contudo, que o Diabo era considerado real pelos cristãos gnósticos. Ele era chamado de "o adversário" e "o sedutor". Ele era um anjo caído e, assim como na *Vita Adae et Evae*, foi associado à serpente do Éden, por sua oposição ao espírito de Deus:

---

160. O copta foi uma linguagem coloquial no Egito até o fim do século IX, quando foi substituído pelo árabe. O museu copta na cidade do Cairo afirma que certas palavras e a terminologia geral dos códices indicam que alguns deles foram copiados de antigos trabalhos compostos originalmente em grego.

No Apócrifo de Tiago, os discípulos pedem a Jesus: "Permita que não sejamos tentados pelo Diabo".[161]

No Evangelho da Verdade, Jesus diz aos Seus discípulos: "Não se tornem a morada do Diabo".[162]

Em Ensinamentos de Silvano, prega-se: "Expulse os artifícios do Diabo de si (...) As intrigas do Adversário não são poucas e seus truques são variados".[163]

Em Testemunho da Verdade, Eva relata: "Foi a serpente que me instruiu. E Ele [Deus] amaldiçoou a serpente e a chamou de Diabo".[164]

Assim como no Novo Testamento, esses vários comentários não têm muito significado. O nome do Diabo é usado para personificar as tentações do lado obscuro, mas ele não faz nenhuma aparição física nem tem sua aparência física descrita.

* * *

A primeira obra de doutrina religiosa a surgir, após a confirmação dos livros selecionados que fariam parte do Novo Testamento no Sínodo de Cartago, em 397, foi o Corão islâmico (Al-Qur'an),[165] no século VII. No livro sagrado dos mulçumanos, Deus é chamado de Alá (o "Único Deus") e o Diabo é chamado de Shaitãn.

O Corão relata que Adão foi criado por Alá para ser seu representante na Terra e os anjos foram instruídos a curvar-se perante Adão. Todos eles consentiram de bom grado, exceto Shaitãn, que enganou Adão e Eva, fazendo com que eles comessem da Árvore da Transgressão proibida.[166] Essa narrativa assemelha-se à de *Vita Adae et Evae*, na qual Deus ordena que os anjos se curvem perante

---

161. James M. Robinson (ed), *The Nag Hammadi Library*, Coptic Gnostic Project, Institute for Antiquity and Christianity, Ej Brill, Leiden, NL, 1977, tratados I (2) 4:30, p. 31.
162. *Ibid.*, tratados I (3) 33:20, p. 44.
163. *Ibid.*, tratados VII (4) 88:12, p. 348, VII (4) 95:1, p. 351.
164. *Ibid.*, tratados IX (3) 47:6, p. 412.
165. Em 610 é dito que o mercador árabe Muhammad ibn Abdallah recebeu diretamente de *Allah* a recitação de todo o *Al-Qur'an*. Após a morte de Maomé, o *Corão* foi transcrito e agrupado durante o segundo califado de Umar e autorizado por seu sucessor, Uthmãn (644-56 d.C.).
166. Corão 2:35-39.

Adão. Todos obedecem, exceto Satanás, que exclama: "Eu não adorarei aquele que é mais jovem e inferior a mim. É ele quem deve me adorar".[167]

Assim como o Diabo bíblico é acompanhado por seus demônios, o Shaitãn do Corão é acompanhado por shaitãns. Rigorosamente, o Diabo é chamado de Al-Shaitãn (o Satanás), com 87 menções no total. Às vezes é chamado de Iblis, um *jinn* (gênio) feito de "fogo sem fumaça" por Alá, mas expulso de sua graça. Ele é caracterizado como o comandante de todos os espíritos malignos, vagando pela terra e tentando seduzir e desviar os humanos.

O personagem de Shaitãn não desempenha um papel de destaque no Corão. Exceto pela história de Adão e Eva, as menções feitas a ele são mais advertências contra sua influência maligna. Por exemplo:

> Ó, fiéis! Obedecei todos e não sigais os passos de Shaitãn, pois certamente ele é vosso inimigo declarado.[168]
>
> Shaitãn vos ameaça com a miséria e vos induz à mesquinhez e Alá vos promete Seu perdão e abundância.[169]
>
> Shaitãn só deseja causar inimizade e ódio entre vós por meio de substâncias inebriantes e jogos de azar.[170]
>
> Então, quando recitardes o Al-Qu'ran, buscai abrigo em Alá, contra Shaitãn, o maldito.[171]

---

167. *Life of Adam and Eve* XIV:3. Ver também E. Pagels, *A Origem de Satanás*, capítulo 2, p. 49.
168. Corão 2:208.
169. Corão 2:268.
170. Corão 5:91.
171. Corão 16:98.

O milênio

Nós agora conhecemos o Satanás da Bíblia hebraica, o do Novo Testamento cristão e o do Corão islâmico. Também aludimos a suas menções nas obras apócrifas judaicas e cristãs, assim como na tradição gnóstica. Por tudo isso, fica evidente que, embora Satanás esteja presente nos livros das três principais religiões monoteístas, ele está longe de se parecer com o incrível senhor das trevas todo-poderoso que depois viria a causar tanto medo e agitação. A figura que conhecemos até esse ponto sequer começaria a competir no universo maligno do terror gótico e não há qualquer sinal de que algum grupo a veneraria a ponto de provocar as perseguições e execuções sofridas pelos supostos satanistas em épocas posteriores. Chegamos agora ao século VII e é evidente que o Diabo ainda está longe de seu auge.

Nos séculos VIII e IX, o Diabo cresceu em importância quando o batismo cristão, a passagem para uma vida correta e espiritual, tornou-se também um ritual de exorcismo. Em 743, no Sínodo de Liptina, a renúncia ao Diabo foi acrescentada à confissão da fé católica e anunciou-se que os não batizados seriam atormentados eternamente no Inferno. Mas foi só com a aproximação do ano 1000 que o medo do Diabo realmente começou a se alastrar entre os cristãos.

Antes desse período, as pessoas não pensavam com tanta frequência, ou nunca pensavam, no Diabo. As pessoas religiosas sentiam-se seguras sabendo que, de acordo com o Apocalipse de São João (escrito por volta do ano 90), Satanás foi aprisionado no abismo por mil anos. Ele foi acorrentado, preso em um abismo insondável, que foi então lacrado. Mas se aproximava a virada do primeiro milênio e com ela chegava o momento em que o Diabo estaria livre de suas correntes, destinado a iniciar um novo reino de terror.

Rodulfus Glaber, um monge de St. Bénigne em Dijon na virada do milênio, escreveu sobre os acontecimentos daquele período:

> Uma multidão partiu de todas as partes do mundo em direção ao sepulcro do nosso Salvador em Jerusalém (...) As classes mais baixas do povo foram na frente, seguidas da classe média e então pelos mais nobres reis, condes e bispos. Por fim, muitas damas da nobreza e mulheres comuns se dirigiram para lá. Pois muitos tencionaram e desejaram morrer antes de ver suas casas novamente

> (...) Além disso, aqueles mais ligados a essas questões respondiam, com alguma cautela, que se tratava de um presságio do advento do infame Anticristo, cujo retorno no fim do mundo está profetizado nas Escrituras Sagradas.[172]

A profecia feita em Apocalipse 20:3 afirma que o Diabo seria solto por "algum tempo", mas a duração desse período não é especificada, não sabiam se seria curto ou longo. Em todo caso, supunha-se que esse fato seria seguido do retorno de Cristo, o que levaria à guerra do Armagedom, ao Dia do Julgamento Final e ao fim do mundo. Isso representava uma enorme ameaça na cabeça de muitos que se imaginavam julgados, talvez injustamente, como pecadores e condenados à danação eterna no Inferno. O tumulto e a miséria resultantes dos atos cometidos por causa da aproximação da ira de Deus na virada do milênio foram consideráveis. Muitos daqueles que queriam aproveitar seus últimos dias ao máximo venderam suas propriedades por valores irrisórios, outros venderam tudo o que tinham e doaram o dinheiro aos pobres, alguns investiram todas as suas posses em doações a missas ou à Igreja e, com isso, muitas pessoas caíram em grandes dificuldades e até mesmo na pobreza extrema.[173]

O conceito flamejante e atormentador de Inferno, mesmo não definido na Bíblia, foi muito bem compreendido depois de eras de sermões subjugadores no púlpito. As vívidas descrições do Inferno surgiram de um documento pseudoepigráfico do século II, intitulado Apocalipse de Pedro. De autoria desconhecida, o texto existe apenas em versão incompleta e descreve como os condenados seriam obrigados a se apresentarem nos portões do Inferno. Lido nas igrejas católicas a partir do século V, o texto foi escrito nas supostas palavras reveladoras de São Pedro, e as pessoas acreditavam que a obra fora escrita por ele. A história narrada é selvagem e tão aterradora quanto o necessário para manter as pessoas sob o domínio da Igreja, sem espaço para questionamentos ou contemplação. Após observar aquele terrível lugar, o pseudo-Pedro diz:

---

172. CG Couton (ed), *Life in the Middle Ages*, Macmillam, New York, NY, 1910, volume 1, p. 1-7.
173. Paul Carus, *The History of the Devil and the Idea of Evil*, Gramercy, New York, NY, 1996, p. 167.

Eis agora o que eles sofrerão nos últimos dias (...) Mulheres são penduradas pelos pescoços e pelos cabelos e então lançadas ao abismo. Essas são as mulheres que não trançavam os cabelos para tornarem-se belas, mas para fornicar (...) Os homens que se deitavam com elas são pendurados pelas coxas naquele lugar ardente (...) Outros homens e mulheres ficam sobre as chamas até a metade de seus corpos e são jogados em um lugar escuro, onde são açoitados por espíritos malignos e têm suas entranhas devoradas por vermes (...) Outros homens e mulheres, que se jogaram do alto de uma encosta, são levados morro acima por seus torturadores e jogados de lá novamente e essa tortura se repete incessantemente (...) Outros homens e mulheres, ainda, eram assados no fogo.[174]

Libertando o Anticristo

Um dos problemas que afligia as pessoas naquela época era como diferenciar Cristo do Anticristo quando ambos surgissem. Afinal, está escrito em Mateus 24:23-24 que: "Se alguém vos disser: Eis que o Cristo está aqui, ou ali; não creiais. Pois hão de surgir falsos Cristos e falsos profetas, que apresentarão grandes sinais e prodígios". Alguns se lembram também das palavras de Jesus em Mateus 7:15: "Guardai-vos dos falsos profetas, que vêm a vós disfarçados de ovelhas, mas por dentro são lobos vorazes". Sendo assim, Satanás poderia muito bem chegar disfarçado de bispo cristão, de freira ou até mesmo de Cristo. De fato, especulava-se muito se o Anticristo seria o próprio Satanás ou apenas um emissário enviado para preparar o terreno.

A "febre do milênio" parece ter tido início no ano 950, quando o monge beneditino Adso de Montièr-en-Der escreveu seu tratado, *Libellus de Antichristo*, sobre a chegada do Maligno. Adso parecia preferir a ideia de que o Anticristo seria o filho do Diabo, não o próprio Satanás:

---

174. *"Apocalypse of Peter"* em W. Barnstone (ed), *The Other Bible,* p. 532-36.

> Ele nascerá da união entre uma mãe e um pai, assim como os outros homens, não de uma mãe virgem, como dizem alguns. Ainda, ele será integralmente concebido em pecado, será gerado em pecado e nascerá em pecado. No momento preciso do início de sua concepção, o Diabo entrará no ventre materno. O poder do Diabo irá nutri-lo e protegê-lo no ventre materno e o acompanhará para sempre.
>
> Assim como o Espírito Santo veio até a mãe de Nosso Salvador Jesus Cristo e a cobriu com seu poder e a encheu de divindade para que ela concebesse do Espírito Santo e para que seu filho fosse divino e sagrado, o Diabo virá até a mãe do Anticristo, impregnalá-a por completo, envolvelá-a por completo, dominalá-a por completo e a possuirá por completo por dentro e por fora, para que com a cooperação do Diabo ela conceba de um homem e seu filho seja totalmente perverso, totalmente mau, totalmente perdido. É por isso que esse homem é chamado Filho da Perdição, pois destruirá a humanidade tanto quanto puder e então será destruído no último dos dias.[175]

O conceito do Anticristo como o Filho da Perdição (o "homem do pecado") veio da interpretação de Adso da Segunda Espístola de São Paulo aos Tessalonicenses 2:3-10, que diz:

> Não vos deixeis enganar de modo algum por pessoa alguma, porque deve vir primeiro a apostasia e a revelação do "homem do pecado", do Filho da Perdição, que se opõe e se levanta contra tudo o que se chama Deus, ou recebe um culto; de modo que ele, como Deus, sentará no templo de Deus, alardeando ser ele Deus. Não vos lembrais que, quando eu ainda estava convosco, vos dizia isso? Agora também sabeis o que é que o retém para ser revelado em seu tempo. Pois o mistério da iniquidade já opera: só é necessário que seja afastado aquele que

---

175. O texto completo dessa obra é dado por Claude Carozzi, *Apocalipse et salut dans Le christianisme ancien et médiéval,* Collection Historique, Aubier, Paris, 1999. Ver também detalhes em Michael Frasseto, *The Year 1000: Religious and Social Response to the Turning of the First Millennium,* Palgrave Macmillan, London, 2003.

ainda o retém. Então aparecerá o Maligno, a quem o Senhor consumirá com o sopro de sua boca e destruirá com a luz de sua chegada: até ele, cuja vinda é obra de Satanás, com todo poder e sinais, e prodígios mentirosos, e com todo o engano da injustiça daqueles que perecem; porque eles não receberam o amor da verdade, que poderia tê-los salvo.

Muito do que se passou nos séculos seguintes com a Inquisição, a caça às bruxas e a chamada Era das Fogueiras foi resultado das profecias de Adso. Até hoje podemos observar a influência de seu tratado em filmes como *O Bebê de Rosemary*, *A Profecia* e *O Chamado do Anticristo*. Portanto, vale a pena extrair mais um trecho do texto, pois foi a partir desse início literário que nasceu o Diabo como o conhecemos:

Primeiro ele converterá reis e príncipes para sua causa e então, por meio destes, os outros homens. Ele atacará os lugares visitados por Nosso Senhor Jesus Cristo e destruirá tudo aquilo que o Senhor tornou famoso. Ele então enviará por todo o mundo seus mensageiros e missionários. Suas palavras e seu poderio se estenderão de um mar a outro, de leste a oeste, de norte a sul. Ele também criará muitos sinais e prodígios grandiosos, nunca vistos até então. Ele fará descer do céu um fogo horrível, as árvores florescerão e secarão e o mar se tornará furioso e se acalmará repentinamente.

Ele transformará os elementos, inverterá o fluxo das águas, agitará o ar com ventanias de todas as maneiras possíveis e criará inúmeros outros eventos assombrosos. Ele levantará os mortos perante os homens, para confundir a todos, se possível, até mesmo aos escolhidos. Pois vendo sinais de tamanha grandeza, até mesmo aqueles que são perfeitos e eleitos por Deus duvidarão, imaginando se ele não seria o Cristo que, de acordo com as Escrituras, virá no fim dos tempos.

Ele provocará uma perseguição universal contra os cristãos e todos os eleitos. Ele suplantará os fiéis de três maneiras: o terror, os presentes e os prodígios. Presenteará com ouro e prata aqueles que nele creem. Dominará aqueles que não puderem ser corrompidos pelo terror; aqueles que resistirem ao terror, ele tentará seduzir com seus sinais e prodígios. Aqueles que não puderem ser seduzidos com prodígios serão torturados cruelmente e mortos na frente de todos. Depois virão sofrimentos jamais vistos desde que foram criadas as nações.

E então aqueles que estão nos campos fugirão para as montanhas e aquele que está no telhado não descerá à casa para levar dela algo. E então cada cristão fiel que for descoberto negará a Deus, ou, caso se mantenha fiel, será morto pela espada, pela fornalha, por serpentes, por bestas ou por alguma outra espécie de tortura. Esse terrível tormento durará três anos e meio no mundo todo. E então os dias terminarão, para o bem dos eleitos, pois, caso Deus não termine aqueles dias, a humanidade não será salva.[176]

Cinco anos depois, outro monge beneditino, Abbo of Fleury, ouviu um pregador na França anunciar que o Anticristo seria libertado no ano 1000 e que o Julgamento Final ocorreria em seguida. Na mesma época, o exército alemão do imperador Otto I foi tomado pelo pânico por causa de um eclipse, interpretado pelos soldados como um sinal do fim do mundo. Na França do ano 987, muitos viram a queda da dinastia carolíngia com a morte do rei Luís V como um prenúncio da chegada do Anticristo. Tanto a passagem de um cometa (mais tarde conhecido como cometa Halley) em 989 quanto uma supernova no ano 1006 foram interpretadas como sinais do fim do mundo. O cometa foi visto novamente em 1066, quando o rei saxão Harold foi morto na batalha de Hastings, e isso foi considerado o presságio definitivo.[177]

---

176. Essa carta de Adso foi escrita a pedido da rainha Gerbera da França, com explicações sobre os detalhes do nascimento e da vida do Anticristo. Ela é concluída: "Então, Vossa Majestade, eu, seu leal servo, tenho fielmente cumprido aquilo que tem me ordenado. Eu estou preparado para lhe obedecer em quaisquer outros assuntos que Vossa Majestade achar válido ordenar".
177. Os registros da supernova de 1006 e da aparência do cometa Halley em 1066 demonstram que os fenômenos astronômicos eram percebidos e registrados pelos europeus do século XI. Ver mais em George W. Collins II, William P. Claspy e John C. Martim, "A Reinterpretation of Historical

Todo um século ou mais de "febre do milênio" foi bem conveniente ao estabelecimento da Igreja. Fez maravilhas para os cofres da penitência e do batismo, arrastando multidões à confissão e à pia batismal para "renunciar ao Diabo e a todas as suas obras". Na data marcada, contudo, absolutamente nada aconteceu; não houve nenhuma revelação impactante do Anticristo. Mas houve aqueles que disseram que isso era apenas uma ilusão, pois o Diabo tinha muitas cartas na manga e surgiria quando estivesse bom e pronto. Como sugeriu o poeta francês Charles Pierre Baudelaire no século XIX, "o maior truque do Diabo é o de convencer o mundo de que ele não existe".[178]

Justamente por isso, pode-se dizer que o maior truque da Igreja foi o de convencer tantas pessoas de que o Diabo realmente existe. O mais desprezível de todos os legados eclesiásticos é o de que o sistema prosperou ao deixar as pessoas com medo da morte e suas consequências. Supostamente, as pessoas sempre se preocuparam com o evento de sua morte. Mas não há registros de que a morte, como o resultado inevitável da vida, fosse temida antes dessa campanha estratégica de propaganda religiosa. Os guerreiros até mesmo consideravam a morte em batalha uma situação nobre. O dogma cristão, contudo, introduziu o medo baseado nas possibilidades dos dois reinos do além-vida, sendo que um deles, o Inferno, era tão terrível que a subserviência em vida total aos bispos era vista como o único caminho possível, como pregado pela Doutrina da Salvação.

A magia do Diabo

Dado que o Diabo era visto como um trapaceiro habilidoso, parece natural que a Igreja tenha proclamado a magia como obra do Demônio. Mas, muito além dos bem conhecidos milagres de Jesus Cristo, há muitas passagens dos evangelhos em que Jesus e Seus apóstolos realizaram exorcismos e curaram pessoas com imposição das mãos ou com alguma outra expressão de fé. Marcos (3:14-15) explica que Jesus "constituiu 12 para que ficassem ao seu lado, para enviá-los para pregar, e terem o poder de curar enfermidades e expulsar demônios".

References to the Supernova of 1054 d.C." em *Publications of the Astronomical Society of the Pacific* (PASP), Chicago, IL, julho de 1999, número 111, p. 871-80.
178. De Charles Pierre Baudelaire, *Le Joueur Généreux* (The Generous Gambler, 1864) em Frank J. Finamore (ed), *Devilish Doings*, Gramercy Books, New York, NY, 1997.

De uma perspectiva cristã, esses feitos são vistos como santos milagres, mas, quando são realizados por pessoas de outras religiões, são considerados algum tipo de bruxaria ou magia inaceitáveis. Jesus se viu do outro lado dessa questão ao ser acusado pelos escribas do Templo de Jerusalém de incorporar um espírito diabólico para fazer suas curas.[179] A diferença perceptível na atitude está simplesmente na legitimidade reconhecida do ato de acordo com vários pontos de vista de crença religiosa. Se um santo ou sacerdote cristão realiza um ato de cura, considera-se que este foi realizado com o auxílio de Deus. Mas, se um herege chegar ao mesmo resultado, consideram-no um ato de magia, a obra do Diabo. O primeiro é alardeado como uma glória da Igreja; o segundo é denunciado como uma abominação.

O próprio fato de uma religião se propor a obter sucesso e salvação com sacramentos, peregrinações, missas, exorcismos e a aspersão de água-benta pressupõe uma expectativa de um resultado antinatural. Esse fato automaticamente a torna uma "religião de magia", alterada apenas nas mentes dos religiosos substituindo a premissa da ação divina. Uma vez que a religião (no caso, o Cristianismo) se torna a instituição estabelecida, ela passa a distinguir entre seus próprios milagres e aqueles das outras religiões, condenando estes últimos como diabólicos.[180]

Determinou-se que não seria possível, em hipótese alguma, instigar Deus e seus anjos, mas apenas suplicar a eles. Os espíritos diabólicos e demônios, por outro lado, deveriam necessariamente ser instigados, como demonstrado pela cerimônia oficial do exorcismo. Mas o Diabo poderia ser instigado apenas por Deus ou por Seus representantes oficiais. O poder de Satanás era tão incrível, tão extraordinário, que qualquer um que tentasse dominá-lo ou ordenar Seus emissários acabaria, em vez disso, sendo controlado por ele.[181] Assim, aqueles que praticavam magia sem a autorização de Deus ou da Igreja eram vistos como feiticeiros que atraíam os espíritos malignos com seus rituais de invocação. Assim, eles se tornariam servos de demônios e, como tais, escravos do próprio Satanás.

O direito dos devotos de punir esses feiticeiros desviados foi supostamente sancionado pela passagem do Livro dos Atos dos Apóstolos, do Novo Testamento, em que São Paulo enfrenta o mago Elimas:

---

179. Marcos 3:22.
180. P. Carus, *The History of the Devil and the Idea of Evil*, p. 274.
181. Jeffrey Burton Russel, *A History of Witchcraft*, Thames and Hudson, London, 1980, capítulo 1, p. 35.

> Então Saulo, que também é Paulo, repleto do Espírito Santo, fixando nele seus olhos, disse: "Homem cheio de sutileza e artimanha, você, filho do Diabo, inimigo de toda justiça, não cessará de perverter os caminhos retos do Senhor? Pois agora, eis que a mão do Senhor está sobre ti e ficarás cego, por um tempo não verás o sol". No mesmo instante, trevas e escuridão caíram sobre ele e ele começou a procurar alguém para levá-lo pela mão.[182]

O conceito de prece (do francês antigo *preie*, e do latim *precarius*: "obter por súplica")[183] é uma forma de misticismo, na qual se suplica pelo auxílio ou apoio de uma fonte sobrenatural ou fenomenal. Em todo o Antigo Testamento, a prece é associada ao costume israelita de sacrificar e queimar animais como sacrifícios a Deus. Essa tradição judaica também era comum a muitas outras culturas religiosas, mas, se realizada hoje, seria considerada desnecessariamente cruel e perversa. Em contrapartida, a prática cristã de perseguir mulheres inocentes acusadas de bruxaria e queimá-las vivas era considerada uma forma de exorcismo aprovada por Deus!

Ao recitar seus mantras, os antigos místicos asiáticos manuseavam ritualisticamente contas circulares presas a um fio. As contas refletiam várias cores e substâncias que tinham um sentido religioso. São Basílio, o bispo de Cesareia do século IV, introduziu um dispositivo semelhante no Cristianismo – um cordão feito de lã com cem nós, chamado *chokti*,[184] dividido a cada 25 nós por um nó maior ou uma conta. Mas acredita-se que, na mesma época, o monge oriental São Pacômio rezava com um cordão com nós, porém o Diabo conseguia desfazer os nós. Pacômio então criou um método secreto de costurar os nós. Um de seus contemporâneos, São Paulo, o Eremita, usava pedregulhos para acompanhar suas preces. Os pedregulhos foram usados pelos cristãos até o século XII, junto com feijões, nozes, grãos e fragmentos de ossos. Então, em dado momento, São Domingo, o fundador dos frades pregadores, reintroduziu os cordões com nós. A partir deles surgiu o agora famoso rosário católico. Isso trouxe o conceito de volta ao ponto de partida com os místicos asiáticos, cujo uso de contas fora condenado pela Igreja como uma forma de feitiçaria.

---

182. Atos 13:9-11.
183. *Oxford Concise English Dictionary*, em Orações.
184. *Catholic Encyclopedia*, volume XIII, em Rosário.

Todos esses itens (contas, nozes, pedregulhos, nós, feijões, grãos e ossos) são talismãs ritualísticos, derivados do grego *telesma*, um "objeto consagrado ou sagrado". Usados para a contagem, adivinhação ou como auxílio para meditação, considera-se que eles representem extensões lógicas de um processo espiritual. O mesmo pode ser dito sobre a água-benta, crucifixos e outros dispositivos cristãos. Eles são todos "amuletos" projetados para influenciar pessoas e situações por meio de algum desígnio religioso. Mais uma vez, como no caso de todos os sacramentos e exorcismos, tais amuletos fazem do Cristianismo uma "religião de magia" incontestável por empregar "uma influência inexplicável ou extraordinária para produzir resultados inesperados".[185] Mas, mesmo assim, a Igreja denuncia a magia realizada por qualquer outro grupo ou religião como profana. A teologia católica chega até mesmo a afirmar que a magia de outras culturas é uma "tentativa de realizar milagres por meios outros que não pela graça de Deus". Determina-se, portanto, que a invocação do nome de Jesus ou de Sua mãe por um fiel constitui um "rito legítimo". Mas a doutrina diz ainda que:

> A magia é a arte de realizar ações que estão além da capacidade humana, contando com o auxílio de poderes que não são divinos. A Igreja condena a magia (...) pois todo ato mágico, se levado a sério, é baseado na expectativa de uma interferência de demônios ou de almas perdidas.[186]

Aqueles que realizavam tais atos mágicos ilegítimos eram chamados de hereges, feiticeiros, magos e bruxas. Eles realizavam milagres sem a autorização da instituição cristã, que supõe ter direito ao monopólio sobre o sobrenatural. A Igreja defende assim essa posição autoproclamada de instituição da magia sagrada.

Ao enfrentar inúmeros problemas que supostamente tinham origem diabólica, a Igreja era obrigada a reconhecer que ela mesma criava muitos deles. Os monges e bispos basicamente criaram a imagem associada ao Diabo no auge de sua influência. Leis foram criadas para impedir que as pessoas lidassem com o oculto, mas essas leis serviram como avisos às margens de um rio dizendo "Proibido Pescar", no sentido de que um aviso como esse serve apenas para

---
185. *Oxford Concise English Dictionary*, em Magia.
186. *Catholic Encyclopedia*, volume XI, em Artes Ocultas, Ocultismo.

criar a impressão de que os poucos que se arriscarem encontrarão muitos peixes ali. Desde os primórdios, os clérigos foram capazes de se assustar com as próprias superstições. Em uma ocasião no fim do século VI, o papa Gregório estava consagrando uma antiga igreja ariana ao culto católico quando, com o auxílio de relíquias sagradas, realizou um exorcismo do Diabo. Porém, o ritual foi interrompido quando Satanás surgiu na forma de um grande porco, fazendo com que o local fosse imediatamente evacuado.[187]

Os possuídos

O exorcismo é descrito como uma forma de expulsar os demônios daqueles que foram possuídos. A realização de um exorcismo contra as supostas moléstias causadas por espíritos malignos naturalmente requer uma crença em sua existência. Mesmo os clérigos que estavam convencidos também admitiam que a maior parte dos casos que enfrentavam tinha mais a ver com alucinações e histeria do que com demônios. Nesse contexto, o teólogo beneditino do século XVIII Dominic Schram escreveu: "Em muitas ocasiões, as obsessões demoníacas nada mais são do que enfermidades naturais, ou fantasias mórbidas, ou até mesmo traços de loucura".[188] Dada a natureza obscura da condição, não era raro criminosos alegarem possessão demoníaca para escapar de suas penas.

A visão racionalista oposta afirmava que não existiam demônios. Mas a Igreja respondia a esses argumentos com inúmeras citações dos evangelhos, em que o próprio Jesus falava sobre demônios e espíritos malignos.[189] De fato, Mateus (4:24) define até a demência como resultado da possessão demoníaca e Lucas (13:32) mostra Jesus dizendo: "Eis que Eu expulso demônios e realizo curas". Em outras ocasiões, afirma-se que Jesus "curou muitos doentes de diversas enfermidades, e expulsou muitos demônios; mas não permitia que falassem os demônios, pois eles o conheciam".[190] A Igreja dizia que quem afirmasse que Jesus e seus apóstolos contavam mentiras

---

187. P. Carus, *The History of the Devil and the Idea of Evil*, p. 274.
188. Montague Summers, *The History of Witchcraft and Demonology*, Castle Book, Edison, NJ, 1992, capítulo 6, p. 203.
189. Por exemplo, Mateus 10:8, 12:28.
190. Marcos 1:34.

deliberadamente cometia uma heresia digna de punição, e assim os dissidentes guardaram suas opiniões para si.

Antigos especialistas no assunto afirmavam que não apenas clérigos, mas também cristãos leigos eram capazes de invocar o poder de Cristo para libertar os possuídos. Alguns, como o apologista cristão do século II Justino Mártir, admitiram ter usado magia no passado[191] e seu aparente sucesso tornou-se um poderoso argumento a favor da divindade da religião cristã. Contava-se que os exorcistas se dirigiam aos demônios de forma simples e autoritária em nome de Deus, ou mais precisamente em nome de Jesus Cristo. Aparentemente, isso era o bastante para cumprir com a tarefa e afastar os volúveis demônios.

Às vezes, quando os demônios eram mais difíceis, empregavam-se várias práticas simbólicas, como inspirar fundo e expirar por três vezes, para então cuspir o Demônio no chão![192] Também era comum a imposição das mãos sobre o indivíduo. Justino Mártir escreveu que demônios fugiam impotentes do toque e da respiração de bons cristãos.[193] O crucifixo também era exaltado por muitos padres por sua eficácia contra todo tipo de moléstia demoníaca. Diziam que ele expulsava o poder maligno do Diabo, que era denunciado por repetidas vezes por fomentar o paganismo e a feitiçaria em sua luta contra o Reino de Deus e o plano divino da salvação.[194] O ritual moderno do exorcismo, ditado no *Rituale Romanum* do século XVII, concorda com esses ensinamentos antigos e apoia uma continuidade nessa tradição católica.[195]

Embora o exorcismo tenha se tornado parte do sacramento do batismo, o candidato não é considerado um possuído, apenas vítima de um nascimento posterior ao "pecado original", estando assim sujeito ao poder do Diabo, a cujas pompas e obras o candidato e o padrinho devem renunciar. No século IV, São Cirilo de Jerusalém deu uma descrição detalhada do exorcismo batismal, indicando que ocasionalmente se aplicava óleo consagrado. Ao mesmo tempo, a

---

191. Justin Martyr, "First Apology" in Rev. A. Roberts & J. Donaldson (eds), *The Ante-Nicene Fathers – The Writings of the Fathers down to AD 325,* volume I, capítulo XIV.
192. P. Carus, *The History of the Devil and the Idea of Evil,* p. 280.
193. Justin Martyr, "Second Apology" in Rev. A. Roberts e J. Donaldson (eds) *The Ante-Nicene Fathers – The Writings of the Fathers down to AD 325*, volume I, capítulo VI.
194. Y. Stoyanov, *The Other God,* capítulo 2, p. 85.
195. *Catholic Encyclopedia,* volume V, em Exorcismo.

"expiração" do Diabo era acompanhada pela "inspiração" do Espírito Santo pelos demais presentes.

De acordo com a tradição católica, os demônios e anjos caídos mantêm seus poderes naturais e sua inteligência e podem utilizar objetos para direcionar forças poderosas em direção aos seus objetivos maléficos. Embora essas forças sejam consideradas limitadas pelo controle da divina providência, acredita-se que o "pecado original" aumentou seu alcance.[196] Assim, ficou determinado que lugares e objetos estão tão sujeitos à possessão diabólica quanto as pessoas.

Entre as coisas mais suscetíveis a esses ataques e, portanto, as mais comumente exorcizadas, estão a água, o sal e o óleo. Uma vez consagradas e livres de qualquer infestação demoníaca, essas substâncias são usadas no ritual de exorcismo. Assim, elas são empregadas para abençoar e consagrar igrejas, altares, recipientes sagrados, sinos da igreja e objetos desse tipo, assim como para exorcizar pessoas. A produção de água-benta sacramental consiste na mistura de água exorcizada com sal exorcizado e roga-se a Deus para que dote essas substâncias com poderes sobrenaturais para proteger seus usuários dos ataques demoníacos.

O rito de ordenação de exorcistas foi estabelecido no ano 398, no IV Concílio de Cartago, no norte da África. Nesse ritual, o bispo presenteava o exorcista com um livro que continha as fórmulas do exorcismo, dizendo "Recebe e memoriza e possui o poder de impor suas mãos sobre os energúmenos [possessos], sejam eles batizados ou catecúmenos [noviços]". Hoje em dia, o Pontifical ou Missal são usados no lugar do Livro dos Exorcismos.[197] Contudo, sempre se afirmou que o exorcismo deve ser realizado apenas em membros da fé católica. O ministério da Igreja a esse respeito não é planejado para pagãos ou membros de outras religiões.

As Constituições Apostólicas do início da Era Cristã afirmam claramente que, além da ordenação com propósito do exorcismo, qualquer um que possua o poder carismático para tal ofício deve ser reconhecido e ordenado ao cargo de diácono ou subdiácono, se for

---

196. *Ibid.*
197. M. Summers, *The History of Witchcraft and Demonology,* capítulo 6, p. 208.

preciso[198]. Hoje, apenas padres são autorizados a usar o poder de exorcizar conferido pela ordenação.

Existem muitas histórias e relatos estranhos sobre exorcismos. Muitas eram usadas em sermões para transmitir o poder da Igreja ou às vezes como simples anedotas. Uma dessas histórias vem do início do século XIII, quando o prior monástico alemão César de Heisterbach escreveu:

> Em uma missa próxima a Aaachen, uma mulher possuída foi levada ao abade. Quando ele colocou sua mão sobre a cabeça da mulher, o Diabo deu um urro tão terrível que todos ficamos apavorados. "Te ordeno que saia", ele gritou, "o Altíssimo não tolerará". Quando questionado sobre a maneira com que entrou na mulher, o Diabo não respondeu. Mas a mulher confessou que, enraivecido, seu marido dissera-lhe que "fosse para o Diabo", e que ela sentia que o Maligno havia penetrado seu corpo pelo ouvido.[199]

Embora a Igreja diga que possessões demoníacas sejam frequentes em ambientes pagãos, ela admite com certa relutância que alguns casos às vezes possam ocorrer em países cristãos. Portanto, todo padre, principalmente párocos, pode ser convocado para cumprir o papel de exorcista. Nesse caso, ele é instruído a seguir as recomendações do *Rituale Romanum* e as leis dos sínodos provinciais ou diocesanos. Estas exigem que um bispo seja consultado e dê sua autorização antes de qualquer tentativa de exorcismo.

---

198. Cesar de Heisterbach, Ceasarii Heisterbacensis Monachi Ordinis Cisterciensis Dialogus Miraculroum (Ed Strange) Paris, 1851, volume I, sessão (distinctione) V, capítulo XI, página 291. Este e outros contos iguais podem ser encontrados em Translations and Reprints from the Original Sources of European History, University of Pennsylvania Department of History, Pennsylvania University Press, Philadelphia, PA, 1897-1907, volume II, número 4, páginas 7-11.

199. Cesar de Heisterbach, *Ceasarii Heisterbacensis Monachi Ordinis Cisterciensis Dialogus Miraculroum* (Ed Strange) Paris, 1851, volume I, sessão (distinctione) V, capítulo XI, p. 291. Esse e outros contos iguais podem ser encontrados em *Translations and Reprints from the Original Sources of European History,* University of Pennsylvania Department of History, Pennsylvania University Press, Philadelphia, PA, 1897-1907, volume II, número 4, p. 7-11.

5

Príncipe do Mundo

Feitiçaria e pecado

Desde o início da Era Cristã, a magia foi interpretada como uma ferramenta do Diabo, e uma crença na influência satânica sobre as forças da natureza levou facilmente ao medo da magia negra. Para confrontar esse panorama e distinguir a magia maligna de seus milagres divinos, a Igreja medieval se utilizou de diversos escritos e decretos eclesiásticos.

Em um tratado do século II chamado *Didache* (Ensinamento), foram encontradas advertências enfáticas contra a prática da magia. Ao descrever práticas pecaminosas, como o assassinato, o estupro e o adultério,[200] consideradas "malignas e abomináveis", o texto cita as artes mágicas e a feitiçaria. Na mesma época foi escrita a Epístola de Barnabás, que também lista a magia e a feitiçaria entre as transgressões que são "o costume trapaceiro e amaldiçoado do Diabo".[201]

Os clérigos da Idade Média conheciam bem as passagens do Antigo Testamento a respeito da abominação da magia. Deuteronômio (18:11) adverte contra encantadores, feiticeiros e necromantes, enquanto Êxodo (22:18) afirma: "Não deixarás uma bruxa viva". Além disso, Levítico (20:27) diz que "o homem ou a mulher que

---

200. Didache V:1-2, *Veja* em James A. Kleist (tradução), "The Didache, Epistle of Barnabas, Epistle and Martyrdom of St. Polycarp, Fragments of Papias, Epistle to Diognetus", *Ancient Christian Writers,* Paulist Press Internacional, Mahwah, NJ, 1948.
201. Epistle of Barnabas, capítulo XX:1 em *ibid.* (A Epístola de Barnabás foi incluída na Bíblia do *Codex Sinaiticus* no século IV e no *Jerusalem Codex* no século XI, que também inclui o Didaquê.)

tiver em si um espírito familiar, ou que for um feiticeiro, certamente será morto". No Novo Testamento, Gálatas (5:20) censura a feitiçaria e a heresia e Apocalipse (21:8) aconselha os justos a temerem os feiticeiros. Claramente, essa crença em magia e feitiçaria não era apenas uma leve superstição. Em nenhuma dessas passagens se sugere que o mal observado nessas práticas fosse pensado como um mero pretexto de poderes considerados inexistentes.[202]

O Concílio de Elvira, no ano 306, negou o direito a um sacramento *Viaticum* (como os Últimos Ritos) a qualquer um que tivesse matado um homem com um feitiço, pois tal crime não poderia ser cometido sem o auxílio do Diabo. O Concílio de Ancira, em 314, impôs uma penitência de cinco anos a todos aqueles que consultassem magos. E o Concílio de Paderborn, em 785, decretou que feiticeiros deveriam ser reduzidos à servidão e entregues ao serviço da Igreja. Houve também um estranho decreto dizendo que "qualquer um que, cego pelo Diabo e contaminado por erros pagãos, segure outra pessoa para que uma bruxa devoradora de carne humana queime e coma sua carne, será punido com a morte".

Nos primeiros séculos da Era Cristã, aconteceram alguns julgamentos por bruxaria e feitiçaria com interrogatórios que envolviam tortura, como permitido pela lei civil romana. No ano 385, encontramos o primeiro caso registrado de tortura e execução de um herege em consequência de acusações civis de feitiçaria e prática de mágica, como determinado pela Igreja. A vítima foi o pregador gnóstico Prisciliano de Ávila, na Espanha.[203] Um cristão profundamente ascético e espiritual, Prisciliano interessou-se por textos apócrifos que na época não faziam parte do cânone do Novo Testamento. Baseados nas filosofias nazarenas da antiga Judeia, esses documentos foram considerados ocultos e pecaminosos por discutirem temas que contradiziam as novas doutrinas da Igreja. Além disso, de todas as coisas diabólicas, um dos principais discípulos de Prisciliano era uma mulher! Seu nome era Egéria, e ela obteve alguns dos manuscritos proibidos enquanto viajava pelo Oriente. Por envolvimento no estudo das práticas diabólicas de invocação de espíritos e feitiçaria, Prisciliano e seis de seus companheiros foram condenados, torturados e queimados vivos em Trier, na Alemanha.[204]

---

202. *Catholic Encyclopedia*, volume XI, em Feitiçaria.
203. P. Carus, *The History of the Devil and the Idea of Evil*, p. 308.
204. Um relato completo da vida de Priciliano está em Henry Chadwick, *Priscillian of Avila: The Occult and the Charismatic in the Early Church*, Clarendon Press, Oxford, 1997.

No ano 866, o papa Nicolau I proibiu o uso da tortura, mas permitiu que suspeitas de bruxaria tivessem pés e mãos atados e fossem imersas na água. Dado que o afundamento ou o afogamento da vítima era considerado prova de inocência, é provável que a maioria das acusadas foi absolvida *post mortem*.

Durante o período medieval, o conceito de bruxas malignas cresceu tanto na cabeça das pessoas que até mesmo alguns clérigos passaram a tentar convencer o público de que nem tudo o que se dizia sobre o assunto era verdade. No ano 906, o abade beneditino Regino de Prum abordou o tema em seu manual de procedimentos eclesiásticos, intitulado *De Ecclesiasticis Disciplinis*:

> Não é de se ignorar o fato de que algumas mulheres abandonadas desviam-se para seguir Satanás, seduzidas por ilusões e visões de demônios, acreditando e professando abertamente voar nas costas de bestas, ao lado da deusa pagã Diana e de uma bando incontável de mulheres. E que nessas horas silenciosas elas voam sobre vastos campos e a obedecem como sua ama e em outras noites ainda são convocadas para prestar-lhe homenagens.

Regino então observava:

> Se iludissem apenas essas mulheres, esta seria uma questão de pequena importância, mas, infelizmente, um número imenso de pessoas acredita nessas mentiras. É dever dos padres dar garantias ao povo de que nada disso é verdade e que essas ideias são plantadas na mente de pessoas descrentes não por um espírito divino, mas pelo espírito do mal.[205]

Essa não é, evidentemente, uma indicação de que os clérigos não acreditassem em feitiçaria, apenas que havia limites para o que poderia se considerar possível. Porém, ao sugerir uma causa para esse tipo de fantasia louca, admite-se claramente a crença na existência de espíritos malignos.

Por volta de 1020, surgiu o extenso *Decretum* de Burchard, bispo de Worms. Uma de suas divisões, conhecida como *The Corrector*,

---

205. Jaques-Paul Migne (ed), *Patrologiae Latinae Cursus Completus* (Patrologia Latina) Foucher, Paris, 1844-55, vol CXXXII: 352. (A *Patrologia Latina* contém escritos publicados de autores latinos essenciais, desde Tertuliano em 200 até a morte do papa Inocêncio em 1216.)

circulou muito como um texto individual e passou a ser considerada um guia prático do confessor.²⁰⁶ A crença de Burchard em bruxaria não era segredo: ele acreditava, por exemplo, em poções mágicas, e em sua capacidade de causar debilidades e enfermidades. Mas, assim como Regino, ele rejeitava a possibilidade dos muitos poderes maravilhosos creditados às bruxas pelo povo: o voo noturno pelos céus, a metamorfose e o controle sobre o clima. Burchard sugeria que a crença nesse tipo de poder constituía um pecado passivo de penitência severa. No ano 1080, em resposta a escritores como Regino e Burchard, o papa Gregório proibiu a execução de bruxas pelas acusações de causar tempestades, fracassos nas colheitas e pestes. Mas esse período de moderação foi relativamente curto e a partir do século XIII as mudanças seriam dramáticas, com a instituição da Inquisição católica.

A face da transgressão

No período que antecedeu os séculos de horror, tortura e execuções, a antiga questão em torno da condição diabólica seguia sem respostas, assim como foi na Idade das Trevas. Bruxas e feiticeiros eram considerados instrumentos do Diabo. Mas por que existia um Diabo, para começo de conversa? Se Deus é a fonte de todo o bem e todo-poderoso, por que o mal existe? Como ele poderia existir? Argumentou-se, portanto: talvez Deus não seja a fonte de todo o bem ou talvez ele não seja todo-poderoso. Documentos antigos foram esmiuçados em busca de uma solução, principalmente porque havia um consenso geral de que o Diabo foi criado por Deus, que deve ter tido um motivo justificável para isso. Talvez no início o Diabo fosse bom, mas se tornou maligno e saiu do controle divino. Todas essas possibilidades, é claro, sugeriam que Deus não era todo-poderoso ou que existiam motivos ocultos em Sua tolerância ao mal.

No primeiro caso, os escritos do padre Clemente de Alexandria, do século II, provaram-se úteis a esse respeito. Ele afirmava que o Diabo havia sido criado bom, pois é impossível que Deus odeie uma de suas criações. Logo, fica evidente que o Diabo se tornou mau por livre e espontânea vontade. Então, após sua desgraça, ele passou a fazer todo o possível para afastar as pessoas de Deus. Mas Clemente

---

206. *The Corrector* aparece em J-P Migne, *ibid.*, volume CXL.

frisava que, como as pessoas também possuíam o livre-arbítrio, o Diabo pode apenas tentar, mas não forçar alguém a pecar.[207]

A suposição de que o Diabo é um dos mais antigos anjos caídos foi apurada por um contemporâneo de Clemente, chamado Orígenes de Alexandria. Ao catalogar as crenças cristãs não bíblicas, Orígenes afirma que o Diabo, "que na língua hebraica é chamado Satanás (...), foi o primeiro dentre aqueles que viviam uma vida pacífica e feliz a perder suas asas e cair em desgraça".[208]

Outro escritor antigo cuja obra examinada ajudou na pesquisa foi o apologista cristão do século III Lactantius, um professor de retórica em Nicomédia, na Ásia Menor. Sua teoria era a de que a existência de Deus tornava obrigatória a existência do Diabo, pois as pessoas não poderiam entender o bem se não conhecessem o mal. "Deus assim deseja", escreveu ele, pois afinal "por que ele teria criado, no início, um príncipe dos demônios, que corromperia e destruiria tudo?". Lactantius explicou que, caso Deus excluísse o mal, ele também eliminaria a bondade, pois em um mundo sem alternativas a liberdade de escolha seria impossível. Sendo assim, dado que o mal não pode vir de Deus, o Diabo teve de ser criado.[209] Assim, Deus encoraja o Diabo a fazer o mal, mas Ele mesmo nunca faz o mal.

Essas foram as melhores explicações possíveis. As perguntas foram respondidas e, ainda que Deus tenha criado o Diabo para que este tentasse a humanidade, suas palavras do Antigo Testamento deixavam claro: "Não deixarás uma bruxa viva".[210]

Outras questões que apareceram eram relativas à aparência do Diabo. Se as bruxas e os feiticeiros eram obviamente seus escravos, então eles deveriam conhecê-lo e saber qual era sua aparência. Os bispos medievais usavam como desculpa sua ignorância, afinal eles nunca foram tentados pelo mal. Mas eles se viram obrigados a investigar, para que as pessoas pudessem reconhecer Satanás quando o vissem. Obviamente ele era um anjo caído das trevas, mas o papa Gregório o descrevera como um sátiro semelhante a um bode, com chifres e cascos. Outros pensavam nele como um dragão, com garras e coberto de escamas. O caminho para uma resposta definitiva estaria

---

207. Jeffrey Burton Russel, *Satan: The Early Christian Tradition,* Cornell University Press, Ithaca, NY, 1987, capítulo 5, p. 112-13.
208. Orígens, "Against Celsus", em Reverendo A. Roberts e J. Donaldson (eds), *The Ante-Nicene Fathers – The Writings of the Fathers down to AD 325,* volume IV, livro VI, capítulo XLII.
209. J.B. Russell, *Satan: The Early Christian Tradition,* capítulo 6, p. 150-52.
210. Êxodo 22:18.

mais uma vez nos escritos dos antigos pais da Igreja. Mas, dessa vez, os clérigos não foram tão bem-sucedidos em sua investigação.

Uma das obras consultadas foi a de Atanásio, bispo de Alexandria a partir do ano 328. Ele foi o responsável por compilar a lista final de evangelhos e epístolas para o Novo Testamento canônico e escreveu uma das principais obras da demonologia, intitulada *The Life of Anthony*. Atanásio era obviamente o homem confiável para uma descrição oficial do Diabo. Mas, como os clérigos vieram a descobrir, a descrição que ele fazia do Diabo não era aquela que eles esperavam. Segundo Atanásio, o Diabo era um gigante descomunal e "príncipe do poder do ar", além de ser capaz de metamorfosear-se quando quisesse. Sobre sua forma satânica, Atanásio escreveu: "De sua boca saem lamparinas flamejantes e fornalhas. Ele exala de suas narinas a fumaça de um forno com carvão ardente. Ele bafeja carvão e lança chamas pela boca."[211] Sem sombra de dúvida, seria fácil reconhecer uma figura gigantesca arrotando fogo e fumaça. Mas, como tal criatura jamais havia sido vista e o Diabo era capaz de assumir a aparência que quisesse, o documento de Atanásio não teve nenhuma serventia.

Uma alternativa seria talvez o Evangelho de Bartolomeu, do século V. Esse documento também descrevia Satanás, baseando-se na suposição de que o apóstolo Bartolomeu realmente o vira. Mas essa versão também não foi de grande ajuda, pois foi claramente inspirada na visão de Atanásio de um gigante de 4.800 pés [1.488 quilômetros] de altura: "Ele tinha 1.600 jardas [1.460 metros] de altura e 40 jardas [36,5 metros] de largura. Seu rosto era como um relâmpago flamejante, seus olhos faiscavam e suas narinas exalavam uma fumaça fétida. Sua boca assemelhava-se a uma fenda em uma rocha e cada uma de suas asas tinha 80 jardas [73 metros] de comprimento".[212]

No fim das contas, ninguém estava bem informado e as várias descrições do Diabo como um dragão ou um bode continuaram em voga.

---

211. Atanásio, "Life of Anthony", in Philip Schaff & Henry Wace (eds), *Nicene and Post--Nicene Fathers,* Eerdmans Publishing, Grand Rapids, MI, 1997, Série II, volume IV, capítulo 24.
212. "Evangelho de Bartolomeu" em W. Barstone (ed), *The Other Bible,* capítulo IV, p. 355.

O cornífero

Durante a agitação geral em torno de feiticeiros e adoradores do Diabo na Europa continental, esse foi igualmente o caso na Inglaterra, que era um país católico durante a Idade Média, estando portanto submetida à lei papal. Em junho de 1162, o rei Henrique II nomeou o clérigo Thomas Becket ao cargo de arcebispo de Canterbury. Mas, desde o início, Becket tentou antagonizar o rei a cada oportunidade. O pior debate entre os dois se deu por causa de uma norma da Igreja, que isentava os clérigos das sentenças e punições para ações criminais proferidas por tribunais seculares. Para Henrique, os clérigos que cometessem crimes deveriam ser julgados por um tribunal, como todas as outras pessoas. Mas Thomas Becket se opunha a isso, assim como o papa. Defendendo o direito de decidir as leis de seu próprio reino, Henrique confiscou as propriedades de Becket e o arcebispo fugiu para a França desacreditado.

Oito anos depois e sob uma ameaça de ser excomungado pelo papa Alexandre, Becket voltou à Inglaterra. Ele não só renovou sua hostilidade para com o rei, como também denunciou muitos dos clérigos ingleses, levando um enfurecido Henrique a exclamar: "Quem me livrará desse padre turbulento?". Em uma desmedida tentativa de agradar ao rei, quatro cavaleiros dirigiram-se à catedral de Canterbury, onde, em 29 de dezembro de 1170, mataram Becket nos degraus do altar.[213] Esse infeliz incidente não teve grande impacto sobre a reputação e popularidade de Henrique fora da Igreja e ele permaneceu no posto de rei mais poderoso da Europa. Mas sua disputa com Becket foi em vão. Ele continuava sujeito à lei de Roma e foi instruído a iniciar a perseguição aos hereges.

Por sua oposição veemente à interferência papal nas questões da Coroa inglesa, o rei Henrique não obedeceu. Mas ele ouvira um debate em sua corte sobre as bruxas na terra. Um de seus relatos favoritos vinha do cronista William de Malmesbury, então recém-falecido. Ele falava de uma bruxa que vivia em Berkley. Praticante de antigos rituais de adivinhação e da libertinagem desmedida, ela morreu depois de ter seu fim profetizado por um corvo. A pedido da bruxa, seus filhos costuraram seu corpo na pele de um veado e a enterraram em um caixão de pedra atado por uma corrente de ferro. Por duas noites, durante as quais um coro de padres cantou hinos ao redor

---

213. Os cavaleiros eram Reginaldo Fitzurse, Hugh de Moreville, William de Tracy e Richard le Breton.

da sepultura, demônios tentaram desenterrar a mulher, sem sucesso. Na terceira noite, o Diabo chegou cavalgando um grande cavalo e gritou: "Eu vim buscar a bruxa de Berkeley". E a mulher clamou por ele de sua tumba. O Diabo então arrebentou a corrente, abriu o caixão e rasgou a pele de veado. Em seguida, ele jogou a feiticeira em seu cavalo e partiu, e a bruxa de Berkeley nunca mais foi vista.

Interessado por esse tipo de história, o chanceler do rei Henrique, Walter Map, arquidiáocono de Oxford, compilou algumas delas em seu livro *De Nugis Curialium*.[214] Nele, Walter descreve as assembleias de bruxas:

> Por volta da primeira vigília da noite, depois de portões, portas e janelas serem fechados, os grupos esperam sentados em suas sinagogas e um gato preto de tamanho extraordinário desce por uma corda pendurada no meio deles. Ao vê-lo, todos apagam as luzes. Eles não cantam hinos nem recitam suas palavras com clareza, apenas murmuram com os dentes cerrados, tateando na escuridão até o lugar em que se encontra o seu Senhor.[215]

A origem desse estranho relato é desconhecida, mas ele parece ter se baseado em certos costumes da população rural. De fato, ao contrário do Cristianismo, ainda havia uma crença difundida nos antigos deuses e forças da natureza. A vida pastoral se centrava em colheitas, incêndios domésticos, fertilidade, agricultura e clima. Era um ambiente carregado de superstição, manifestada em cânticos, poções, músicas, danças, rituais e bailes de máscara. Tudo girava em torno da sobrevivência. Dizia-se que um homem não deveria desejar coisas belas, mas climas favoráveis. Ouro e riqueza estavam fora de questão, mas, contando com a clemência dos deuses, uma boa colheita e a sobrevivência da maior parte dos filhos eram uma possibilidade.

Na mitologia rural pagã, a principal divindade masculina não era Satanás, nem ao menos singular. Na verdade, existiam dois deuses mágicos, chamados Rei do Carvalho e Rei do Azevinho.[216]

---

214. Walter Map, *De Nugis Curialium* (tradução, Christopher Brooke), Clarendon Press, Oxford, 1983.
215. Walter Wakefield & Austin P. Evans, *Heresies of the High Middle Ages*, Columbia University Press, New York, NY, 1969, p. 254.
216. John Williamson, *the Oak King, The Holly King and the Unicorn*, Harper & Row, New

Descrito com uma galhada sobre sua cabeça, o Rei do Carvalho era o Senhor da Floresta. Desde esse tempo até hoje se comemora todo o ano a Dança do Chifre, em Abbots Bromley, Staffordshire.[217] Entre os fantasiados há seis homens com galhadas e dois deles lutam entre si, em um ritual que celebra a colheita de outono.

O antigo deus gaulês Kerne, também conhecido como Cernuno, "cornífero", assemelhava-se a ele. Deus da fertilidade e da abundância,[218] Cernuno nascia no solstício de inverno para se casar com a deusa lunar no festival de Beltane, em maio, e morria no solstício de verão. Dessa forma, ele representava o ciclo eterno de nascimento, morte e renascimento – uma base cultural de toda fé pagã. Na época da Inquisição, Cernuno foi transformado em vilão pela Igreja, junto com Pã, o deus árcade dos pastores. Pã era retratado como um sátiro semelhante a um bode e era mais um denominado "cornífero". Mas os bispos e frades associavam chifres e galhadas diretamente com o Diabo. Por isso, bodes e veados eram vistos como animais satânicos.

Desde aproximadamente 2800 a.C., na cidade de Mendes, no Delta do Nilo, Raneb, faraó da segunda dinastia egípcia, introduziu a ideia de um bode sagrado.[219] Conhecido como o Bode de Mendes, ele foi associado a períodos ritualísticos de estudo e reflexão. Tais períodos, inspirados no *sabbaton* (descanso) grego, eram chamados de sabáticos, termo usado em círculos acadêmicos até hoje. O Bode de Mendes, portanto, também passou a ser conhecido como o Bode Sabático. Na tradição esotérica, seu emblema era o pentagrama, a estrela da iluminação, com duas pontas na parte superior (ver página 299). Quando representado com uma ponta na parte superior, o pentagrama era um símbolo de deusas, comumente associado a Vênus.[220] Tudo isso mudou após a declaração do papa Gregório, no século VI, que deu "chifres e cascos" a Satanás. A partir de então, o pentagrama virado para cima passou a ser considerado uma imagem diabólica, sendo proscrito pela Igreja como o símbolo definitivo do Diabo chifrudo.

York, NY, 1986, capítulo 5, p. 58-78.
217. A "Dança do Chifre de Abbot Bromley" (em uma rota de 14 milhas [22,5 quilômetros]) acontece na segunda do advento, um dia depois do domingo do advento, que é o primeiro domingo após o 4 de setembro. Ou seja, a segunda entre o dia 6 e 12 de setembro.
218. Richard Cavendish, *The Black Arts*, Perigee, New York, NY, 1983, capítulo 7, p. 316.
219. Peter A. Clayton, *Chronicle of the Pharaohs,* Thames e Hudson, London, 1994, p. 26.
220. Manly P. Hall, *Masonic, Hermetic, Qabbalistic and Rosicrucian Symbolical Philosophy – The Secret Teachigs of All Ages,* Philosophical Research Society, Los Angeles, CA, 1989, p. CIV.

A maldição da serpente

Gervase of Tilbury, um estadista de Essex e parente do conde de Salisbury, era outro membro da corte de Henrique II. Assim como Henrique, filho de Geoffrey Plantagenet de Anjou, Gervase tinha ascendência francesa da Casa Lusignan, em Potiou, onde a esposa de Henrique, Eleanor de Aquitaine, possuía sua própria corte. Gervase alegava descender da lendária Mélusine, Senhora de Lusignan.[221] Em 1198, Gervase tornou-se marechal de Arles e, assim como Walter Map, compilou histórias do folclore local em seu livro de anedotas, intitulado *Liber Facetiarum*. Nessa obra há muitos supostos testemunhos oculares sobre feiticeiros e o Diabo. Gervase relata casos de homens e mulheres capazes de voar por longas distâncias sobre terra e mar durante a noite, desde que não cometessem o erro de proferir o nome de Cristo, pois, caso o fizessem, despencariam todos no chão! "Eles invadem a casa das pessoas durante o sono e sentam-se sobre elas, provocando pesadelos e sufocando-as. Eles também sugam seu sangue e roubam crianças das camas."

A popularidade dessas histórias foi confirmada pelo monge cisterciense Cesário de Heisterbach. Ele contou sobre um cavaleiro de Liège que perdeu todo o seu dinheiro, mas depois o recuperou ao renunciar a Deus para receber auxílio financeiro do Diabo. Parece ter se tratado, contudo, de uma moratória de curta duração porque a Santa Virgem interveio e salvou o cavaleiro.[222] Em sua obra *Dialoguus Miraculorum* (um manual de treinamento para jovens monges), Cesário atribuiu tempestades, granizo, ventanias, inundações, enfermidades e ruídos inexplicáveis ao Diabo.[223]

Histórias fantásticas como essa, coletadas por outros como Map e Gervase, eram recontadas como diversão nos púlpitos, embora fossem apresentadas pelos clérigos como relatos reais de feitiçaria diabólica e práticas satânicas. Dessa forma, surgiu o conceito de uma grande conspiração de culto ao demônio. Curiosamente, os antepassados do próprio Gervase, em especial lady Mélusine, tornaram-se alvos dessas acusações.

Em 1387, Jean de Berry, da Casa de Valois, encomendou ao seu secretário, Jean d'Arras, a história da família Lusignan. Ele prontamente

---

221. C.C. Oman, "The English Folklore of Gervase of Tilbury" in *Folklore*, Taylor & Francis, London, volume 55, número 1, março de 1944, p. 2-15.
222. J.B. Russel, *The History of Witchcraft*, capítulo 3, p. 64.
223. P. Carus, *The History of the Devi and the Idea of Evil*, p. 283.

compilou *Le Noble Hystoire de Lusignan*,²²⁴ que continha a *Chronique de Mélusine*. O texto certamente foi escrito em um estilo romântico, mas o enredo tinha uma base tradicional e Jean d'Arras citou uma versão anterior do texto escrita em italiano por um certo William de Portenach.²²⁵

A lenda original de Mélusine surgiu no século VIII, na região do Vale do Loire, próxima a St Étienne.²²⁶ Ela voltou a ganhar popularidade no século XII, quando Gui de Lusignan, que alegava ser descendente de Mélusine, tornou-se o rei cruzado de Jerusalém. Segundo a tradição, Mélusine era um demônio capaz de se metamorfosear, além de ser dotada de uma cauda de serpente e, assim como o próprio Satanás, ela tinha asas de morcego. Ela foi transformada injustamente nesse ser terrível por uma maldição após aprisionar seu próprio pai, um infiel; passou a viver como uma dama da fonte na floresta de Poitou e acabou se casando com um jovem nobre. Mas ele teve de prometer nunca vê-la aos sábados. Vencido pela curiosidade, o jovem acabou entrando no banheiro da esposa em um sábado, descobrindo a verdade. Ele exclamou surpreso: "Ah! Serpente", e Mélusine se despediu, voando janela afora. Ela então circulou o castelo três vezes, soltando um terrível e doloroso grito. Dizem que esse som, o *Cri de Mélusine*, é ouvido no momento da morte de seus descendentes.²²⁷

A Fonte encantada de Mélusine ficava bem no meio de uma densa floresta em Verrières em Forez, em um lugar chamado "Lusina", que deu origem à associação entre Mélusine e Satanás. Lusina significa "portadora da luz", assim como o latim *lux fer*, transcrito como "Lúcifer". Na demonologia, Mélusine foi considerada um súcubo, uma

---

224. Em 1478, a *Hystorie of Lusignan* estava guardada na Reserva de Genebra de livros raros e preciosos.
225. Sabine Baring-Gould, *Myths of the Middle Ages* (ed, John Matthews), Blandford, London, 1996, capítulo 8, p. 82.
226. A história completa é dada por *sir* Algernon Tudor-Craig, *Mélusine and the Lukin Family*, Century House, London, 1932.
227. Após a publicação da história de Mélusine (publicada em Paris, Troyes, Lyons e Toulouse), inúmeras traduções foram feitas e, entre 1478 e 1838, o conto se tornou bastante popular nas edições de Genebra, Copenhagen, Praga, Augsburgo, Estrasburgo, Heidelberg, Nuremberg, Lepzig e Antuérpia. Não apenas a Casa Britânica de Plantagenet foi rápida em perceber a importância de promover os descendentes de Mélusine, mas outras casas reais e nobres (como as de Luxemburgo, Rogam e Sassenaye) também reivindicaram para si essa honraria. Ver S. Baring-Gould, *Myths of the Middle Ages*, capítulo 8, p. 82. Ver também *sir* Iain Moncreiffe, *Royal Highness Ancestry of The Royal Child*, Hamish Hamilton, London, 1982, p. 62, a respeito da herança ancestral da lady Diana Spencer por H. M. Albany, Herald at Arms.

filha do Diabo que invade os sonhos dos homens para atacar-lhes sexualmente. Ela foi comparada à rainha Lamia, da mitologia grega antiga. Lamia foi amante de Zeus, mas foi punida por Hera, que a transformou em uma serpente com seios e rosto de mulher.

Pacto com o Diabo

Em 1140, o jurista romano Graciano produziu a *Concordia Discordantium Canonum*. Essa compilação do direito canônico enfatizava a condenação da heresia e da magia, mostrando como elas estavam ligadas a Satanás e como a magia constituía um pacto cabal com o Diabo.[228] Em reação ao documento, tribunais seculares passaram a organizar grupos de linchamento para rastrear e executar hereges. Em 1184, a bula pontifícia *Ad Abolendum*, publicada pelo papa Lúcio III, estabeleceu uma cooperação entre o Estado e a Igreja com o objetivo de extinguir a adoração ao Diabo. No mesmo ano, o Concílio de Verona amaldiçoou todos os hereges e ordenou que eles fossem entregues às autoridades seculares para que fossem executados.[229]

Depois, em março de 1199, o papa Inocêncio III publicou o decreto *Vergentis in Senium*, que chegou a ponto de classificar a heresia como uma traição contra Deus. A partir desse momento, pecado e crime passaram a ser oficialmente interligados pelas cláusulas conjuntas da lei civil romana e da lei eclesiástica. Os culpados por heresia teriam suas posses confiscadas em primeira instância e seus filhos sofreriam privações por toda a vida.

Em 1207, o papa Inocêncio afirmou: "Meu lugar é entre Deus e o homem; abaixo de Deus e acima do homem, como o juiz de todos os homens que não pode ser julgado por nenhum deles". E confirmou no decreto *Cum ex Officii Nostri* que:

---

228. Y. Stoyanov, *The Other God*, capítulo 5, p. 235.
229. P. Carus, *The History of the Devil and the Idea of Evil*, p. 309.

> Todo e qualquer herege deve ser imediatamente levado e entregue para o tribunal secular para ser julgado de acordo com a lei; todos os seus bens serão vendidos (...) A casa em que o herege residiu será destruída e ninguém deverá reconstruí-la; mas se deve abandonar aquela que foi o covil de criminosos e o lar da imundície.²³⁰

Mais tarde, no ano 1215, o IV Concílio de Latrão reafirmou e estendeu substancialmente as cláusulas legais da heresia, da blasfêmia, do culto ao Diabo e da impiedade. Esses novos aspectos do direito canônico foram incorporados à lei secular pelo sacro imperador romano Frederico II em 1220. A partir de então, todo pecado que fosse considerado um pacto com o Diabo passou a ser punido com a morte. Em relação a isso, a antiga lei bíblica do livro de Deuteronômio, no Antigo Testamento, foi considerada apropriada:

> Se teu irmão, filho de tua mãe, teu filho, tua filha, a mulher que repousa em teu seio ou teu amigo, que é como tua própria alma, te seduzir em segredo, dizendo: Vamos e sirvamos a outros deuses (...) Não consentirás com ele nem o ouvirás; nem devem teus olhos ter dele piedade, nem terás dele piedade, nem o esconderás. Mas certamente o matarás.²³¹

As armadilhas de Satanás

No século VIII, o liturgista Alcuin de Nortúmbria afirmou que "aquele que acusa a si mesmo de seus pecados não terá o Diabo como seu acusador no dia do julgamento". Ele se referia aqui a uma prática antiga que viria a ser conhecida como Sacramento da Penitência ou, mais comumente, "Confissão". A partir do século IV, passou-se a acreditar que o perdão pode ser estendido a todos os pecados e que "Deus garantiu aos seus padres o direito de perdoar, sem exceção".²³² Antes do advento da Igreja de Roma, contudo, não

---

230. Maureen Fiedler e Linda Rabben (eds), *Rome Has Spoken,* Crossroad Publishing, New York, NY, 1998, p. 47.
231. Deuteronômio 13:6-9.
232. *Catholic Encyclopedia,* volume XI, em Sacramento de Confissão.

se perdoava com tanta facilidade. Por volta do ano 200, o apologista cristão Tertuliano afirmou que, após o batismo, apenas um perdão deveria ser concedido a certos atos pecaminosos graves cometidos depois do batismo. Ele destacou a apostasia, o homicídio e o adultério, chamando-os de venenos do Maligno. Tertuliano afirmava que, se um criminoso cometesse algum desses pecados de novo após um perdão, teria optado por ir contra a lei de Deus, tornando-se um servo de Satanás. Portanto, uma nova remissão não serviria a Deus, mas daria grande satisfação a seu rival, o Diabo.[233]

Pouco tempo depois, em 250, Cipriano, o bispo de Cartago, escreveu que "a confissão não torna o homem livre das armadilhas do Diabo (...) pelo contrário, jamais ouviríamos confissões de novas fraudes, fornicações e adultérios".[234]

Ao construir seus sistemas teológicos, os clérigos medievais se depararam com inúmeros problemas relacionados ao Sacramento da Penitência. Praticamente todos acreditavam que a confissão deveria ser obrigatória, pois "sem a confissão não existe o perdão (...) e não se pode entrar no Paraíso". Alguns questionavam os direitos dos padres de substituir Deus no papel de juízes e absolventes, mas esse debate foi solucionado no século XIII por São Tomás de Aquino:

> A instituição da confissão é necessária para que o pecado do penitente seja revelado ao ministro de Cristo. Dessa forma, o ministro a quem a confissão é feita deve ter o poder judicial de representar Cristo, o juiz dos vivos e dos mortos. Esse poder exige duas qualidades: autoridade de conhecimento e o direito de absolver ou condenar. Essas são as chamadas Chaves do Reino dos Céus, conferidas a São Pedro pelo Senhor. Mas elas não foram entregues apenas a Pedro, mas para que fossem passadas a outros, caso contrário as cláusulas criadas para a salvação dos fiéis seriam insuficientes.[235]

---

233. Tertuliano, "De Poenitentia" (On Repentance) em Reverendo A. Roberts e J. Donaldson (eds), *The Ante-Nicene Fathers – The Writings of the Fathers down to AD 325,* volume III, capítulo VII.
234. Cipriano, "On the Unity of the Church" em *ibid.*, volume V, Item XX.
235. Tomás de Aquino, *Summa Contra Gentiles* (Summary Against the Gentiles – The Book on the Truth of the Catholic Faith against the Errors of the Infidels, c.1264 – ed, Joseph Richaby), Burns e Oates, London, 1905, livro IV, capítulo 72.

Claramente, essa era apenas a opinião pessoal de um indivíduo, baseada em sua interpretação de Mateus 16:19, em que Jesus diz a Pedro: "Eu te darei as chaves do Reino dos Céus, e tudo que ligares na terra será ligado no céus". Não foi premissa tão boa assim na qual se afirma que os padres do século XIII herdaram de alguma forma um direito divino de julgamento de Jesus via Pedro, mas era o suficiente para ganhar uma inclusão na aplicação do dogma, já que ninguém teve uma ideia melhor.

Contudo, a confissão seguia sendo um assunto exclusivamente católico, não dizendo respeito nem sendo aplicada aos membros de quaisquer outras religiões. Até mesmo outros cristãos que, desde a época dos primeiros gnósticos, seguiam outras tradições religiosas foram excluídos. Na prática, esses grupos tendiam a uma forma mais original de Cristianismo, baseada nos costumes nazarenos da antiga Judeia e não nos romanos.

Considerando que a Igreja de Roma medieval acreditava ser a única Igreja de Deus verdadeira, todos os outros ramos do Cristianismo, além do Islã e do Judaísmo, eram considerados tocas de pagãos e pecadores. Como essas religiões não representavam Deus, elas só poderiam estar em conluio com o Diabo. Por isso, o Catolicismo declarou guerra contra todas elas, declarando-as heréticas.

Em 1229, a Igreja formalizou essa doutrina no Sínodo de Toulouse, que fundou um tribunal eclesiástico especial para combater a heresia. A definição de heresia é "uma crença ou prática contrária à doutrina ortodoxa". O termo deriva do grego *hairesis*, que significa "escolha".[236] Em outras palavras, a Igreja negava violentamente o direito à escolha e qualquer um que não se submetesse aos dogmas romanos era considerado um herege. Em 1252, o papa sancionou a tortura de hereges, que eram julgados em segredo. Aqueles que confessavam a heresia eram presos e então estrangulados ou queimados. Aqueles que não confessavam eram punidos exatamente da mesma maneira por sua desobediência.

---

236. *Oxford Concise English Dictionary*, em Heresia.

6

Inquisição

Orgias demoníacas

No Livro de Jó do Antigo Testamento, uma grande criatura chamada "Beemot" é mencionada: "Vê agora o Beemot, que eu criei contigo; alimenta-se de grama como um boi. Vê a força de suas ancas e o vigor no centro de seu ventre".[237] Tradicionalmente, pensava-se que essa passagem fazia referência a um hipopótamo.[238] Mas o Livro de Enoque identifica a criatura como o par masculino terrestre do "leviatã", um dragão marinho fêmea:

> E naquele dia partiram dois monstros. A fêmea, chamada Leviatã, foi morar no abismo do oceano sobre as fontes das águas. Já o macho, chamado Beemot, ocupou com seu seio um vasto deserto chamado Duidain, a leste do jardim onde vivem os eleitos e os justos.[239]

Existe um longo debate teológico sobre se Beemot seria um hipopótamo, ou talvez um elefante. São Tomás de Aquino tinha uma teoria a respeito. Ele escreveu em seu *Commentary on Job* que "o Beemot (o elefante) representava o Diabo", argumentando que:

> Muitas vezes os demônios aparecem aos homens sob o disfarce de bestas. Prevendo isso, Deus deu

---

237. Jó 40:15-16.
238. J. Hastings (ed), *Dictionary of the Bible*, em Behemoth.
239. 1 Enoque 60:7-8.

a eles a capacidade de assumir a imagem de corpos que representassem sua condição (...) Dentre todos os animais terrestres, o elefante distingue-se por seu tamanho e força (...) Então o Senhor usa a metáfora do elefante para descrever o Diabo (...) Porque Beemot se alimenta de grama e de outras ervas, como o boi, e essa é uma imagem de onde Satanás se alimenta, pois ele se deleita com o domínio sobre as coisas terrestres.[240]

Após decidir que o Beemot bíblico era uma representação do Diabo, São Tomás cita Jó 40:16: "Vê a força de suas ancas e o vigor no centro de seu ventre". De acordo com ele, isso indicava que o Diabo mantém relações sexuais com mulheres mortais. Portanto, seus filhos são servos de Satanás – mais astutos do que crianças normais por causa da influência demoníaca exercida sobre eles antes do nascimento.[241]

A partir dessas afirmações absolutamente infundadas do venerado santo, determinou-se que nessas reuniões de bruxas aconteciam atividades diabólicas. Nessas sinagogas do mal havia orgias demoníacas em que aquelas mulheres devassas faziam sexo com o Diabo.[242] Na França, registros de um antigo julgamento de hereges em Orléans, datado de 1022, serviram como evidência desse tipo de atividade. Os réus foram acusados de promover orgias em um prédio abandonado e adorar o Diabo, que se manifestava na forma de uma grande besta. No julgamento, afirmou-se que as crianças nascidas desses festins demoníacos eram queimadas oito dias após o nascimento.

A boa notícia para as pessoas em geral era que esse tipo de atividade só poderia acontecer durante a noite, pois nenhum demônio era capaz de aparecer durante o dia. Há muito tempo sabia-se disso, por causa de um hino escrito no século IV do poeta romano Prudêncio:

> Dizem que espíritos malignos vagam
> Pelas ruas, sob a vasta cúpula da escuridão
> Mas, quando canta o galo, fogem para longe
> Subitamente dispersos em absoluto terror.[243]

---

240. St. Thomas Aquinas, *A Literal Exposition on Job,* Oxford University Press, Oxford, 1989, capítulo 40:10.
241. P. Carus, *The History of the Devil na the Idea of Evil,* p. 283.
242. J.B. Russell, *A History of Witchcraft,* capítulo 4, p. 79.
243. Aurelius Clemens Prudentius, "Hymn at Cock Crown", em *The Hymns of Prudentius* (tradução, R. Martin Pope), J.M. Dent, London, 1905.

A explicação dada para esse fenômeno era que os ritos de Satanás precisavam cessar no momento em que os ritos da Santa Igreja começavam. As preces matinais *Matins* e *Lauds* eram feitas ao amanhecer e eram conhecidas como *Gallicinium*, ou "canto do galo". Acreditava-se que os adoradores do Diabo odiassem o galo, o arauto do amanhecer, pois o bater de suas asas quebrava seus encantos. Para impedir a entrada de demônios, portanto, galos de metal eram instalados sobre os cata-ventos nos campanários de igrejas.[244]

Filhas da escuridão

A noção de heresia não foi criada fim no século XII. O conceito surgiu nos primeiros dias do Cristianismo formalizado por causa de divergências entre os modelos de crença. A Igreja de Roma, estabelecida no século IV pelo imperador Constantino, focava mais nos ensinamentos de São Paulo (como em suas epístolas do Novo Testamento) do que nos ensinamentos originais dos evangelhos. Os padres do movimento nos séculos antes de Constantino traçaram uma clara distinção entre as filosofias paulinas e a filosofia de Jesus, considerada judaica demais por eles. Essa forma particular de Judaísmo nazareno de Cristo surgiu das tradições de Qumran, na Judeia, e dos essênios, comunidade ligada aos nazarenos. O cronista hebraico Flávio Josefo explicou em *Antiquities of the Jews*, do século I, que a diferença fundamental entre os essênios, os fariseus e os saduceus de Jerusalém era a de que os essênios "vivem como aqueles a quem os gregos chamam de pitagóricos".[245] As culturas desses três principais grupos filosóficos eram bem distintas em muitos de seus aspectos, e Josefo dizia que os essênios possuíam "uma maior afeição ao próximo, em comparação às outras seitas".[246]

Embora Paulo fosse judeu como Jesus, ele passou sua vida de missionário além das fronteiras da Judeia no mundo mediterrâneo, onde os costumes relacionados aos deuses gregos e romanos influenciaram-no profundamente. Assim, enquanto Jesus propagava a filosofia essênia, São Paulo promovia o próprio Jesus, anunciando-o como uma divindade na Terra e criando uma nova religião ao seu

---

244. M. Summers, *The History of Witchcraft and Demonology*, capítulo IV, p. 119-20.
245. Flavius Josephus, *Antiquities of the Jews*, livro XV, capítulo X:4.
246. Flavius Josephus, *The Wars of the Jews* (tradução William Whiston), Milner & Sowerby, London, 1870, livro II, capítulo VIII:2.

redor. No ano 44, a religião de Paulo viria a receber o nome de Cristianismo, em Antioquia, Síria.²⁴⁷ Inicialmente baseada nas regiões de Alexandria e Cartago, no norte da África, a doutrina paulina foi assimilada por Roma, tornando-se a religião oficial do Império. A partir de então, os escritores passaram a rejeitar os cristãos que seguiam o modelo nazareno original. Os Pais da Igreja os classificaram como hereges, acusando-os de todo tipo de prática satânica. Em seu *Adversus Haereses*, do século II, o bispo Ireneu de Lyon declarou:

> Eles praticam também as artes da magia e do encantamento; fazem afrodisíacos e poções do amor; além de invocarem espíritos, demônios dos sonhos e outras abominações, declarando possuírem poder para, mesmo nos dias de hoje, dominar os príncipes e formadores do mundo; e não apenas sobre eles, mas sobre todas as coisas. Esses homens, mesmo que gentios, foram enviados por Satanás para desonrar a Igreja, com o intuito de seduzir as pessoas que lhes dão ouvidos e, imaginando que somos todos como eles, possamos parar de ouvir a pregação da verdade.
>
> Eles dizem que o adversário é um daqueles anjos que estão no mundo e o chamam de Diabo, afirmando que ele foi criado com esse propósito, para levar as almas dos mortos até o líder supremo [Satanás]. Eles também o descrevem como o comandante dos criadores do mundo.²⁴⁸

Tertuliano de Cartago também escreveu um longo tratado, intitulado *Prescription Against Heretics*, no qual também afirmava que o Diabo ajudava a manipular a leitura que tais hereges faziam das Escrituras:

> Eu também não me arrisco a cair em contradição dizendo que as próprias Escrituras foram sequer

---

247. O termo "Cristianismo" foi registrado pela primeira em Antioquia, na Síria, em 44 d.C. Ver "Establishment of the Antioch Christian movement" in Norman J. Bull, *The Rise of the Church,* Heinemann, London, 1967, capítulo 3, p. 58, 59.
248. Irenaeus "Adversus Haereses", in Rev. A. Roberts & J. Donaldson (eds), *The Ante-Nicene Fathers – The Writings of the Fathers down to AD 325,* volume I, livro 1, capítulo XXV:3,4.

> organizadas de acordo com a vontade de Deus e em tal modo para fornecerem material aos hereges, pois acredito que devam existir heresias e elas não podem existir sem as Escrituras. Surge o questionamento: por quem devem ser interpretadas as passagens que contribuem com as heresias? Pelo Diabo, é claro, dono das artimanhas que pervertem a verdade e que, pelos ritos místicos de seus ídolos, rivalizam até mesmo com porções essenciais dos sacramentos de Deus. Ele também batiza alguns (seus próprios fiéis e seguidores) (...) Ele, no reino de Satanás, põe sua marca na testa de seus soldados.[249]

No século II, Hipólito, um ancião dos primeiros dias do Cristianismo em Roma, também escreveu um tratado similar, intitulado *Refutation of all Heresies*. Assim como os escritores mencionados, ele acreditava que o Diabo corrompia pessoalmente a mente dos cristãos que não pertenciam ao movimento paulino:

> Esses hereges foram enviados por Satanás, com o objetivo de difamar o nome divino da Igreja perante os gentios. E o objetivo do Diabo é que os homens ouçam (ora de um modo, ora de outro) as doutrinas dos hereges e, imaginando que nós todos pertençamos ao mesmo grupo, rejeitem a pregação da verdade.[250]

Enquanto isso, surgiu uma nova onda de acusações de heresia quando os escritores se deram conta de que o conceito de "pecado original" também estava influenciando a mente dos homens, afastando-os daquilo que eles consideravam ser a verdade. Eva pode ter sido enganada pela serpente, mas foi ela quem seduziu Adão e o levou ao caminho do pecado. Eva era a culpada. Portanto, as mulheres devem ser as principais provocadoras da heresia com seu poder maligno de sedução. Surgiu uma nova série de escritos a respeito do assunto, iniciada por Tertuliano. Ele preparou o terreno para a falta de graça feminina, quando comparada à pureza masculina essencial. Ele sugeriu que, quando os anjos caídos vieram para a terra acasalar com

---

249. Tertullian, "Prescription Against Heretics" em *Ibid.*, volume III, capítulo XXXIX e XL.
250. Hippolytus, "The Refutation of all Heresies" em *ibid.*, volume V, capítulo XX.

as filhas dos homens, inspiraram nelas a luxúria e o desejo carnal. Eles as ensinavam a seguir o caminho da serpente e a enfeitar seus corpos com muitos ornamentos emprestados pelo Diabo. Falando às mulheres, Tertuliano disse:

> Não sabeis que cada uma de vós é uma Eva? A sentença de Deus sobre vosso sexo vive nesta era; a culpa também deve viver. Sois o portão do Diabo; aquelas que tocaram na árvore proibida; sois as primeiras desertoras da lei divina; sois aquelas a quem o Diabo não tinha coragem de atacar. Vós tão facilmente destruíram a imagem de Deus: o homem. Por vossa deserção, até mesmo o Filho de Deus teve de morrer.[251]

Em seguida, Cipriano de Cartago explicou como as mulheres tentam corromper os homens pelo modo com que se vestem e enfeitam seus corpos para o Diabo contra a vontade de Deus:

> Pois Deus não fez as ovelhas na cor escarlate ou roxa, nem ensinou a usar os sumos das ervas e crustáceos para tingir e colorir a lã, nem a confeccionar colares com pedras douradas. E com pérolas distribuídas em séries ou grupos costurados, ocultarás o pescoço feito por Ele, pois, se aquilo que é obra de Deus for coberto pelo homem, poderás ver sobre ele uma invenção do Diabo.
>
> Poluíste tua pele com falsos medicamentos; mudaste a cor dos teus cabelos com tintas adulterantes; tua face é deformada pela mentira; tua figura é corrupta; teu semblante não é verdadeiro. Não podes ver Deus, pois teus olhos não são aqueles feitos por Ele, mas aqueles que o Diabo confeccionou. Seguiste-o; imitaste os olhos vermelhos e pintados da serpente.[252]

---

251. Tertullian, "On the Apparel of Women" em *ibid.*, volume IV, livro 1, capítulo 1:1.
252. Cyprian, "On the Dress of Virgins" em *ibid*, volume V, tratado 11:14, 17.

Logo depois disso, as mulheres foram impedidas de assumir papéis de destaque na Igreja, como ainda é o caso hoje na doutrina católica. Mas, antes disso, as mulheres tinham liderado missões educacionais do movimento cristão e algumas delas foram até mesmo ordenadas diaconisas da Igreja pré-romana. Em seu *Commentary on 1-Corinthians*, do século II, o bispo Clemente de Alexandria escreveu que os apóstolos atuavam ao lado de mulheres, que eram suas "irmãs e copastoras". Orígenes de Alexandria, ao escrever sobre Febe, a assistente de Paulo, afirmou que as mulheres era "nomeadas diaconisas da igreja". Até mesmo a *Catholic Encyclopedia* descreve Febe como uma *diakonos* (diácono), afirmando que "não há dúvidas de que era permitido às mulheres exercer certas funções dentro da Igreja e elas eram conhecidas como *diakonoi* ou *diakonissai*".[253] Em 112, o senador romano Plínio, o Jovem, escreveu sobre diaconisas. Uma transcrição do Concílio de Niceia, datada do ano 325, discute a antiga função eclesiástica das diaconisas, assim como fizeram Epifânio de Salamina (315-403), São Basílio de Cesareia (329-379) e vários outros autores.[254]

A despeito desse histórico e tendo em mente a nova imagem da mulher como "instrumento do Diabo", Tertuliano defendeu uma série de ideias que viriam a se tornar diretrizes da Igreja de Roma:

> Essas mulheres hereges; como são audaciosas. Elas são despidas de modéstia. Atrevem-se a ensinar, a discutir.[255]

> Não é permitido a uma mulher falar dentro de uma igreja, nem é permitido a ela fazer um batismo, nem oferecer, nem participar de qualquer função masculina, nem opinar em qualquer cerimônia sagrada.[256]

Mil anos depois, após o Sínodo de Toulouse, em 1229 e no auge das perseguições da Igreja aos hereges, as mulheres voltaram a ser o alvo como as verdadeiras instigadoras da feitiçaria e do comportamento diabólico. O raciocínio por trás disso foi explicado pelo patrono católico Tomás de Aquino no século XIII em sua *Summa Theologica*. Ele escreveu que o maior pecado do Diabo era sua ambição impossível

---

253. *Catholic Encyclopedia,* volume IV, em Diaconisas.
254. J. Wijngaards, *No Women in Holy Orders,* Canterbury Press, Norwich, 2002, app: Os textos, p. 156-205.
255. Elaine Pagels, *The Gnostic Gospels,* Weidenfeld and Nicolson, London, 1980, capítulo 3, p. 60.
256. Tertullian, "On the Veiling of Virgins" (De virginibus velandis), in Reverendo A. Roberts & J. Donaldson (eds), *The Ante-Nicene Fathers,* volume IV, capítulo 9.

de querer ser como Deus.[257] Por isso ele invejava Adão, criado à imagem e semelhança de Deus, o que determina necessariamente que o Diabo não se parece com um homem. Mas o Diabo não estava sozinho, pois havia outra criatura diferente do homem e, portanto, também de Deus. Essa criatura, que seduziu Adão e o levou ao pecado, era chamada "mulher". Portanto, as mulheres eram consideradas as filhas da escuridão, as mensageiras sedutoras do Diabo.

Uma Igreja de malignos

Os hereges mais temidos pela Igreja não eram indivíduos, mas aqueles que se reuniam em grandes grupos influentes que eram uma ameaça real à sua hegemonia eclesiástica. O primeiro deles a causar um grande problema no início do século XIII era conhecido como valdenses. O grupo, originalmente conhecido como Pobres de Espírito, foi fundado em 1173 por um mercador abastado chamado Pierre Valdès. Ele doou suas terras e sua fortuna e passou a pregar o conceito de pobreza como o caminho para a perfeição em vida.[258] Após ter seu pedido de permissão para pregar negado pelo arcebispo de Lyon, Valdès e alguns de seus colegas foram até Roma, em 1179, buscando a bênção do papa Alexandre III. Mas a ideia de um voto de pobreza para os clérigos não agradava o Vaticano, e Alexandre os proibiu de continuar pregando essa ideia. Ignorando a ordem direta, o grupo prosseguiu com sua missão herética na França e na Boêmia. Isso levou, no Concílio de Verona, em 1184, o papa Lúcio III a proclamar os hereges passíveis de punição, por seu inaceitável "desprezo pelo poder eclesiástico".

Os valdenses ainda foram acusados de ousar traduzir os evangelhos da Bíblia *Vulgata* latina para o francês. Tal prática era expressamente proibida, o que não era de surpreender porque o ensinamento ortodoxo (supostamente da Bíblia) frequentemente tinha pouca relação com as Escrituras. Ao fazer uma tradução literal dos textos, Valdès descobriu que uma série de dogmas, ritos e cerimônias católicas não tinha qualquer fundamento na Bíblia, e em alguns casos era até mesmo condenada no Novo Testamento. Em especial, ele defendia que a Doutrina da Transubstanciação, como adotada pela corte de Roma, era "uma prática perniciosa de idolatria". (Segundo a doutrina, o pão e o vinho eucarísticos constituem, de fato,

---

257. St Thomas Aquinas, *Summa Theologica* (tradução, Pais da Província Dominicana Inglesa) R&T Washbourne, London, 1912, partes 1:3.
258. *Encyclopedia Brittanica,* 11 edição, 1911, em Valdenses.

o corpo e o sangue de Cristo.) Valdès anunciou publicamente que a expectativa da Igreja de que os cristãos adorassem uma mera hóstia consagrada como se ela fosse Deus não passava de uma estúpida invenção eclesiástica.²⁵⁹ O arcebispo de Lyons ficou indignadíssmo, pois a honra do papado estava em jogo. Por isso, os valdenses passaram a ser considerados uma ameaça real à hierarquia da Igreja, supostamente sancionada por Deus.²⁶⁰

Cientes da posição delicada em que se encontravam, Valdès e seus seguidores abandonaram as pregações públicas e começaram a viajar de cidade em cidade, reunindo-se em segredo com pequenos grupos locais. Ao contrário da Igreja Católica Romana, o grupo de pregação de Valdès (chamados de barbas) incluía tanto homens como mulheres. A princípio, os valdenses não se opunham diretamente à Igreja, mas tornaram-se cada vez mais anticatólicos após terem sido atacados por ela. Eles zombavam da necessidade por relíquias sagradas e outros ícones tradicionais de superstição, afirmando que a Bíblia não era prerrogativa dos bispos, mas um documento de domínio público que poderia ser lido por qualquer grupo.

Como retaliação, as autoridades da Igreja os acusaram de inúmeros ritos sacrílegos sagrados e diabolismo, alegando que os valdenses se entregavam aos excessos libertinos e exibiam-se ao Diabo em suas reuniões.²⁶¹ A posição oficial da Igreja em relação aos valdenses foi descrita para a Inquisição por um certo Reinerius Saccho, que relatou sobre o movimento ao papa Inocêncio III. Em sua *Summa de Catharis et Pauperibus de Lugdun*, a respeito das "seitas de hereges modernos", ele escreveu: "Os valdenses dizem que a Igreja Católica não é a Igreja de Jesus Cristo, mas uma Igreja de malignos". Em suas acusações, Saccho explicou que os herdeiros de Valdès se consideravam os verdadeiros representantes da fé cristã apostólica; que estátuas e decorações eram supérfluas; que juravam obediência a Deus e não a prelados cujos erros tinham origem no papa e que ninguém é maior do que ninguém dentro da Igreja.

Os valdenses acreditavam que o papa e seus bispos eram culpados de homicídio por causa da Inquisição e das Cruzadas e que

---

259. J.P. Perrin, *Historie des Vaudois* (Genebra, 1619). Tradução inglesa por R. Baird e S. Miller, Philadelphia, PA, 1847, capítulo 1.
260. William Jones, *The History of the Christian Church from the Birth of Christ to the 18th Century*, W. Myers, London, 1812, "History of the Waldenses and Albigenses", capítulo V.
261. Alain de Lille, *Ars fidei Catholicae contra haereticos* (c.1190), capítulo II:I em J-P Migne (ed), *Patrologiae Latinae Cursus Completus*, volume CCX.

os bispos não deveriam ter direitos semelhantes aos da realeza.[262] A acusação de heresia contra os valdenses foi ratificada pelo IV Concílio de Latrão em 1215, após o bispo de Estrasburgo ter clamado por vingança e ter mandado matá-los. Embora Valdès tenha escapado por pouco, 80 membros do movimento foram queimados vivos naquela cidade. Em outro incidente, 224 valdenses foram jogados em uma fogueira comunitária em Toulon.

A queda de Satanás

No capítulo 1, encontramos os hereges de Bogomil, da Bulgária, que definia a Trindade de divindades como "Deus, o Pai, e seus dois filhos, Satanás e Jesus Cristo". Um dos textos favoritos dos bogomilos era uma obra chamada *The Secret Book of John the Evangelist*, mais conhecida como *Liber Secretum*. Bem diferente em estilo do Apocalipse bíblico de São João e de uma composição mais tardia, parece ter se originado no século VII. No ano 1208, uma cópia do livro foi descoberta no sul da França pela Inquisição católica, em posse dos cátaros de Carcassonne. Uma anotação em latim foi adicionada ao manuscrito, dizendo: "Este é o livro secreto dos hereges de Cocoreze, trazido da Bulgária por seu bispo Nazarius".

Os cátaros (do grego *Katheroi*), também chamados de os puros, integravam uma seita herética originada na Itália e na Alemanha nas regiões da Lombardia, Toscana e Renânia[263] e que se estabeleceu em Languedoc, região da Provença. Foi de Concoreze, na Lombardia, que o líder bogomilo Nazarius levou o *Liber Secretum* aos cátaros de Carcassonne. Os cátaros eram um povo particularmente ascético, cuja principal doutrina afirmava que o espírito era puro, mas a matéria física era corrompida. Por essa razão, eles acreditavam (conforme o Evangelho de João, do Novo Testamento) que Satanás era o Príncipe do Mundo.[264] O *Liber Secretum* dos bogomilos coincidiu com isso e o Concílio Cátaro de St Félix-de-Caraman de 1176 promoveu o conceito de uma oposição inexorável entre Deus e o Diabo.

---

262. Reinerius Saccho, "Of the Sects of Modern Heretics" – *Summa de Catharis et Pauperibus de Lugduno,* 1254 (tradução SR. Maitland) em *Facts and Documents Illustrative of the History of the Albigenses and Waldensians,* CJG e F. Rivington, London, 1832, p. 407-13.
263. Y. Stoyanov, *The Other God,* capítulo 4, p. 190-91.
264. João 12:31, 14:30, 16:11.

Assim como os valdenses, os cátaros traduziram a Bíblia para seu idioma, a *langue d'oc*, língua occitana. O nome da região de Languedoc derivou desse singular idioma. Os cátaros *perfecti* (como os ascetas mais elevados eram chamados) vestiam túnicas negras, eram totalmente celibatários, mas promoviam a igualdade entre os sexos e toleravam claramente tanto a fé judaica quanto a muçulmana. Até mesmo os nobres condes de Toulouse, governantes da região, eram censurados pelo papado por dar aos judeus cargos públicos. Os seguidores imediatos dos *perfecti* chamavam-se *credentes* (crentes). Em Languedoc, eles geriam uma sociedade exemplar com seu próprio sistema assistencial de escolas e hospitais beneficentes. Consequentemente, a população não cátara se beneficiou muito de suas iniciativas altruístas. Mas, para a Igreja de Roma, os cátaros representavam uma ameaça ainda maior do que os valdenses.

O *Liber Secretum* é apresentado como uma suposta conversa entre São João e Jesus Cristo. Nela, João pergunta: "Senhor, antes da queda de Satanás, com que glória ele era visto por teu Pai?". Ao que Cristo responde:

> E ele disse a mim: em tamanha glória ele estava que comandava os poderes dos céus (...) E ele viu que sua glória era capaz de mover os céus e ele planejou colocar seu trono acima das nuvens do céu, desejando ser como o Altíssimo.[265]

João então pergunta: "Quando Satanás caiu, para onde ele foi?". Jesus responde:

> Meu Pai alterou sua [do Diabo] aparência em consequência de seu orgulho e a luz foi tirada dele. E sua face ficou como em ferro quente, e então sua face transformou-se completamente na de um homem. E com sua cauda ele arrastou um terço dos anjos de Deus e então foi expulso do trono de Deus e de toda a administração do céu. E Satanás desceu a este firmamento, onde não encontrou descanso nem para si nem para aqueles que com ele desceram.

---

265. "The Book of John the Evangelist" em Montague R. James (ed), *The Apocryphal New Testament,* Imprensa de Clarendon, Oxford, 1924.

O texto continua, relatando que não foi Deus, mas o Diabo, que criou Adão e Eva. Essa diferenciação entre os sexos (a criação de um masculino e de um feminino) foi o motivo da divisão entre os anjos no Céu. Não se sabe ao certo até que ponto os cátaros de Languedoc concordavam com esse aspecto da filosofia de Bogomil, mas eles com certeza concordavam que Deus era o Senhor dos céus, enquanto o Diabo era Senhor do mundo material.²⁶⁶ Esse conceito está evidente na obra cátara *Book of the Two Principles*, que descreve o caráter coeterno da existência: o reino celestial do Deus da bondade e o mundo corpóreo corrupto governado por Satanás.²⁶⁷

Tudo no sistema de crença cátara negava o culto ao Príncipe das Trevas e promovia a aliança com o Senhor da Luz. Mas, por não aderirem à doutrina da ressurreição física promovida por São Paulo e pelos bispos católicos, a Igreja declarou-os satanistas. Eles também não aprovavam o uso do pão e do vinho sacramentais nem o batismo pela água. Na visão cátara, toda matéria física é corrupta, não devendo ser usada em um ritual sagrado.

Os cátaros também discordavam da noção católica do Inferno, afirmando que o Inferno consistia, na verdade, na experiência da vida material na Terra:

> O deus maligno, Satanás, que inspirou as partes malévolas do Antigo Testamento, é o Senhor deste mundo, das coisas que são visíveis e temporais e especialmente do decadente exterior humano, do receptáculo terreno, do corpo mortal e da carne que nos faz reféns sob as leis do pecado e do desejo. O mundo é o único e verdadeiro purgatório e Inferno, por ser a antítese do mundo eterno (...) a paz e o reino de Cristo não pertencem a este mundo. Os homens são resultado de uma guerra celeste primitiva, quando anjos revoltosos, incitados por Satanás, foram expulsos e aprisionados a corpos terrenos, criados para eles pelo adversário.²⁶⁸

Na prática, os cátaros eram apenas não conformistas pregando sem autorização e sem qualquer condição para ser padres ordenados

---

266. Y. Stoyanov, *The Other God,* capítulo 6, p. 272.
267. A maior parte da literatura cátara foi destruída pela Inquisição, mas o *Rituel Cathare* de Lyons foi guardado na Bibliothèque Municipale de Lyon. Uma transcrição francesa do *Nouveau Testament em Provencal* (ed. Cledat) foi publicada em Paris, 1887.
268. *Encyclopedia Brittanica,* 11ª edição, 1911, em Cátaros.

ou ter as igrejas ricamente adornadas de seus vizinhos católicos. São Bernardo, o abade cisterciano de Clairvaux, afirmou que "nenhum sermão é mais cristão do que os deles e suas morais são puras".[269] Eles acreditavam em Deus e no Espírito Santo e recitavam o Pai-Nosso, mas suas convicções eram completamente não ortodoxas se comparadas às atividades mesquinhas da Igreja Romana. Ao contrário do clima geralmente opressor na Europa Ocidental, a sociedade de Languedoc era bem mais tolerante e cosmopolita, além de possuir estabilidade econômica e comercial.[270] Mas isso tudo viria a mudar quando as tropas papais chegassem às montanhas dos Pireneus.

De acordo com o rei Filipe II de França, os cátaros eram hereges abomináveis e o documento *Contra Haereticos* afirmava que eles se entregavam ao culto a Satanás.[271] Por conta disso, o papa Inocêncio III repreendeu-os em 1208 por mau comportamento. No ano seguinte, um exército de 30 mil soldados invadiu Languedoc sob o comando de Simon de Montfort. Eles se adornavam falsamente com a cruz vermelha dos Cruzados da Terra Santa, mas seu objetivo era muito diferente. Eles foram enviados pelo papa para exterminar os cátaros, cuja popularidade se espalhou tanto que a ordem de aniquilação emitida pelo Vaticano não se referia só aos ascéticos, mas a todos os seus simpatizantes. Isso incluía a maior parte das pessoas da região. Os comandantes militares consultaram o legado papal Arnaud Amaury, abade de Citeaux, sobre como diferenciar os adoradores do Diabo dos católicos locais. Sua resposta foi: "Matem todos; Deus reconhecerá os seus!".[272]

Em alusão a Albi, região central de Languedoc, essa campanha selvagem foi chamada de Cruzada Albigense. Os cátaros foram acusados de todo tipo de blasfêmia e desvio sexual. Ao contrário das acusações, as testemunhas convocadas para depor sobre tais acusações, contudo, falavam apenas da Igreja do Amor dos cátaros e de sua devoção ao ministério de Jesus. Ainda assim, o massacre continuou por 35 anos, custando mais de 30 mil vidas. O território foi devastado, colheitas foram destruídas, cidades e vilas foram arrasadas e toda

---

269. Denis de Rougemont, *Love in the Western World* (tradução Montgomery Belgion), Princeton University Press, NJ, 1983, p. 78.
270. Y. Stoyanov, *The Hidden Tradition in Europe,* capítulo 4, p. 159.
271. Alain de Lille, *Ars fidei Catholicae contra haereticos* (c.1190), capítulo I:lxiii em J-P Migne (ed), *Patrologiae Latinae Cursus Completus,* volume CCX.
272. Walter Birks e RA Gilbert, *The Treasure of Montségur,* Crucible/Aquarian, Wellingborough, 1987, parte 2, capítulo 7, p. 65.

a população foi assassinada.²⁷³ Em um dos episódios mais brutais, todos os cidadãos de Toulouse foram dizimados, quando cátaros e católicos – homens, mulheres e crianças – foram massacrados indiscriminadamente, culminando em um terrível massacre no seminário cátaro de Montségur, chamado de Sinagoga de Satanás pelo arcebispo de Narbonne. Foi nesse lugar que, em março de 1244, mais de 200 pessoas foram trancadas e queimadas vivas.

Cães de caça do Senhor

O precursor da Inquisição católica foi estabelecido pelo papa Gregório IX em 1124 como o Santo Ofício. Dois anos mais tarde, o rei Luís VIII da França decretou que "pessoas excomungadas pelo bispo diocesano, ou por seu delegado, receberão o castigo adequado (*debita animadversio*)". A esse respeito, a queima de hereges já era considerada aceitável e um decreto do Sínodo de Toulouse considerou que a morte na fogueira correspondia às exigências.

Na Itália, o édito imperial da Lombardia, de 1224, parece ser a primeira lei a sancionar formalmente a pena de morte na fogueira. Mas, antes disso, a queima de pessoas era comum na Alemanha, e os valdenses e os cátaros já haviam sido queimados na França.²⁷⁴

A Inquisição foi sistematizada em 1229, no Sínodo de Toulouse, com superintendentes escolhidos por prerrogativa do papa. Em 1232, a Ordem Dominicana dos Frades Pregadores foi colocada no comando do Tribunal da Inquisição e passou a ser conhecida em toda parte pelo apelido *Domini Canes* (Cães do Senhor).²⁷⁵

Uma antiga campanha iniciada por Gregório foi contra alguns pescadores de Friesland, na Holanda. Dizia-se que eles adoravam o Diabo, ou Asmodai, que, como vimos antes, se tornara amigo do rei Salomão. Os inquisidores alegaram que Asmodai fora visto e reconhecido disfarçado de pato ou de ganso ou às vezes como um jovem comum, com quem as bruxas dançavam! Quando elas o beijavam, eram envoltas por seu reino de escuridão, onde se entregavam à devassidão.²⁷⁶

---

273. Michael Baigent, Richard Leigh e Henry Lincoln, *The Holy Blood and the Holy Grail*, Jonathan Cape, London, 1982, capítulo 2, p. 20.
274. *Catholic Encyclopedia*, volume III, em Inquisição.
275. P. Carus, *The History of the Devil and the Idea of Evil*, p. 309-10.
276. Homer M. Smith, *Man and His Gods*, Little, Brown, Boston, MD, 1952, capítulo VI:iv.

Pouco tempo depois, o papa Gregório enviou o padre Conrad de Marburg à Alemanha, com poderes ilimitados para erradicar satanistas "mandando-os para a fogueira". A empolgação de Conrad era tamanha que ele encontrou bruxas e feiticeiros por toda parte, o que resultou na revolta dos arcebispos de Cologne, Treves e Mayence. Mas com a autoridade que lhe foi conferida diretamente pelo papa, Conrad abriu processos até mesmo contra esses membros do alto escalão da Igreja. Ele nomeou os priores dominicanos de Regensburgo, Friesach e Estrasburgo como seus principais ajudantes. As fogueiras ardiam em todos os lugares por onde Conrad passava e inúmeros inocentes foram vítimas de seu regime fanático. O arcebispo de Mayence escreveu uma carta queixando-se ao papa, sem resultado. Ele se vingou, contudo, quando Conrad foi emboscado e morto em uma estrada por uma turba de nobres revoltados, em 30 de julho de 1233. Em consequência disso, o inquisidor geral foi chamado de mártir da santa causa e canonizado como um santo.[277] A partir de então, Gregório instruiu seus inquisidores a redobrarem a vigilância e a repressão aos adoradores do Diabo. A Inquisição católica começou de verdade.

Existia agora um corpo legislativo que, sob o comando do papado e isento de jurisdição episcopal, punia os inimigos da fé. Criada na Alemanha, a Inquisição chegou até Aragão. Em seguida, Gregório comunicou depois aos arcebispos e bispos franceses que ele os livrava de seu fardo escolhendo os dominicanos e alguns frades franciscanos para combater a heresia. A princípio, dois inquisidores com poderes iguais foram encarregados de cada um dos tribunais. Na Borgonha, a partir de 1237, o Grande Inquisidor foi Robert le Bougre, com o dominicano prior de Besancon como agente da lei. Em um único dia, Robert condenou 180 pessoas da região de Champagne à fogueira.[278]

Além da heresia, outras atividades que chamavam a atenção dos inquisidores eram a feitiçaria e a idolatria. Todavia, em 1258, o papa Alexandre IV negou aos inquisidores jurisdição sobre esses casos apesar dos pedidos, declarando que a Inquisição deveria lidar apenas com os atos de feitiçaria que "fossem explicitamente relacionados à heresia".[279] Mas o documento *Concordia Discordantium Canonum*, escrito por Graciano em 1140, associava um ato ao outro em

---

277. Há quatro grandes obras sobre Conrad de Marburg: 1) ELT Henke, *Konrad von Marburg*, Marburg, 1861. 2) B. Kaltner, *Konrad von Marburg and die Inquisition in Deutschland*, Praga, 1882. 3) A. Hausrath, *Der Ketzermeister Konrad von Marburg*, Leipzig, 1883. 4) J. Beck, *Konrad von Marburg*, Breslau, 1871.
278. *Catholyc Encyclopedia*, volume VIII, em Inquisição.
279. Y. Stoyanov, *The Other God*, capítulo 5, p. 236-37.

qualquer ocasião, e o mais recente *Glossa Ordinaria* explicitamente relacionava *maleficium* (a prática da magia) à heresia.[280] O primeiro caso registrado na história da queima de uma pessoa especificamente identificada como "bruxa" ocorreu pouco tempo depois, em Toulouse, no ano 1275. A sentença foi proferida pelo inquisidor Hugues de Baniol. Após ser sujeita à tortura e mostrando sinais de demência, Angèle de Labarthe, de 65 anos, confessou ter dado à luz um monstro com cabeça de lobo, concebido pelo próprio Diabo.[281]

Quando um inquisidor chegava a um distrito supostamente afetado pela heresia, os cidadãos eram chamados a se apresentar diante dele. O padre da paróquia e as autoridades seculares eram obrigados a apresentar evidências incriminatórias recolhidas de vários informantes e acusações formais aos juízes. Começavam então os julgamentos. Os inquisidores tinham quatro métodos para extrair confissões: 1) O medo da morte na fogueira. 2) Prisão sem direito à alimentação. 3) Visitas de supostos homens libertados que tentavam usar a persuasão amigável. 4) Variados métodos de tortura. (Um dos métodos iniciais de tortura favoritos era prender o acusado a uma roda e girá-la lentamente sobre carvões em brasa. Até mesmo testemunhas eram torturadas para que fizessem acusações contra seus amigos e vizinhos.)[282]

O procedimento inquisitorial se diferenciava de todas as formas tradicionais de acusação ou denúncia. De acordo com esse novo conjunto de regras, diferentemente do direito romano costumeiro, o juiz podia processar qualquer indivíduo, ainda que este fosse apenas vagamente mencionado em um rumor. A identidade das testemunhas de acusação não era revelada ao acusado, o que impedia a contestação das acusações ou a acareação. O direito à apelação à Sé apostólica era enfaticamente negado pelo estatuto publicado pelo papa Gregório IX em 1231, intitulado *Excommunicamus*, que estabeleceu o Tribunal da Inquisição.[283] O réu era obrigado a sujeitar-se a toda e qualquer exigência feita pelos inquisidores, que tinham poderes extraordinários para torturar e encarcerar, dominando qualquer pretensa resistência proveniente da vontade diabólica de Satanás.

---

280. Atualmente publicado como David A. Salomon, *The Glossa Ordinaria: Medieval Hypertext*, Editora da Universidade do País de Gales, Cardiff, 2006. Ver também Edward Peters, *The Magician, The Witch and the Law*, Harvester Press, Brighton, 1978, p. 68.
281. P. Carus, *The History of the Devil and the Idea of Evil*, p. 314-15.
282. *Catholic Encyclopedia*, volume III, em Inquisição.
283. Y. Dossat, "Les Debuts de l'Inquisition a Montpellier em Provence", em *Bulletin philologieque et historique*, Paris, 1961, p. 561-79.

7

A Era das Fogueiras

Artimanhas perigosas

Em 1275, Jacopo de Voragine, arcebispo de Gênova, escreveu sua famosa obra a respeito das vidas de vários santos. Intitulada *The Golden Legend*, a obra era a oportunidade perfeita para utilizar a imagem do Diabo de maneira estratégica, mostrando como os santos foram capazes de superar suas perigosas artimanhas com facilidade. Apesar dos hábeis disfarces usados por Satanás (de mendiga ao próprio São Tiago), os santos sempre conseguiam reconhecê-lo em um instante:

> Uma vez, São Domingos acordou em uma igreja na Bolonha e o Diabo apareceu a ele disfarçado de frade. E São Domingos supôs estar na presença de um frade e fez-lhe um sinal indicando para que ele se juntasse aos outros frades. Então, São Domingos acendeu uma vela e observou-lhe o rosto. E ele confessou ser o Diabo.[284]

Em nenhum momento nessas histórias o Diabo é apresentado como um ser formidável. Na verdade, ele é retratado de forma divertida como um personagem fraco, que nunca alcança seus objetivos

---

284. "The Life of St. Dominic" in Jacobus de Voragine, Arcebispo de Genova, *The Golden Legend or Lives of the Saints* (1275), William Caxton, London, 1483 (ed FS Ellis), Dent, London, 1900.

e é sempre superado por pessoas mais inteligentes do que ele. Ele é sempre derrotado pelo sinal da cruz e tem um medo terrível de monges encapuzados. Certa ocasião, ele fugiu de uma cidade onde bebia, lamentando: "Aqui não posso mais morar, pois se aproximam os grandes encapuzados". Tudo isso era uma propaganda positiva para a imagem dos frades da Inquisição, mas menospreza completamente a figura do inimigo satânico.

No mesmo período, em contraste completo, a imagem diabólica e assustadora de um Satanás todo-poderoso era projetada enquanto as cortes seculares e os tribunais eclesiásticos instauravam processos contra a bruxaria com grande rigor. Empregava-se a tortura, e a morte na fogueira passou a ser a punição legal até mesmo àqueles que apenas "viram" o Diabo. Em *The Golden Legend*, contudo, os santos Nicolau, Tiago, Domingo, Francisco de Assis, Thomas Becket e vários outros foram mencionados vendo e conversando com Satanás. Mas eles não foram considerados bruxos ou feiticeiros por tê-lo visto, pois foram escolhidos por Deus e agiam a serviço da Igreja.

Dito isso, fato é que ser um clérigo (em oposição a ser um santo canonizado ou um inquisidor) não dava uma isenção automática de acusações de culto ao Diabo. Em 1278, o bispo Pedro de Bayeux foi acusado de feitiçaria contra vários aristocratas. O rei Edward I da Inglaterra entrou com uma ação por *maleficia* contra Walter Langton, bispo de Lichfield e Conventry:

> Há algum tempo, veio à nossa atenção o fato de que nosso venerável irmão (...) foi difamado e acusado, na região da Inglaterra e fora dela, de prestar homenagens ao Diabo e de beijar seu traseiro.[285]

Sumo sacerdote de Satanás

O inquisidor chefe de Toulouse entre 1307 e 1323 era Bernardo Gui, o famoso prior dominicano de Carcassonne, retratado no romance de Umberto Eco e no filme de 1986, ambos intitulados *O Nome da Rosa*. O tratado mais conhecido escrito por Bernardo, *Practica Inquisitionis Heretice Pravitatis* (Conduta da Inquisição Quanto à Perversidade Herética), enumera suas técnicas de

---

285. M. Summers, *The History of Witchcraft and Demonology*, capítulo 4, p. 138.

interrogação na forma de instruções aos inquisidores. O objetivo era confundir os réus a ponto de conseguir uma confissão involuntária. Uma das perguntas-chave era: "Você então jura jamais ter aprendido nada contrário à fé em que nós cremos?". Obviamente, era impossível fazer tal juramento honestamente. Qualquer pessoa, até mesmo Bernardo Gui, aprendeu outras coisas naturalmente ao longo da vida, mas isso não implica a crença nelas. De todo modo, o réu não poderia jurar jamais ter aprendido nada além da doutrina da Igreja. Caso respondesse: "Sim, eu ouvi sobre outras coisas", ele estaria em apuros. E caso dissesse "eu jamais aprendi nada contrário à fé" também, pois o inquisidor saberia que ele estava mentindo. Depois de levar a vítima a esse ponto, as instruções de Bernardo vão além:

> Então, tremendo por não conseguir fazer o juramento, ele hesitará como se falasse por si ou por outro, tentando retirar do juramento sua natureza absoluta e, ao mesmo tempo, dar a impressão de que está jurando. Se as palavras forem pronunciadas, elas estarão distorcidas a ponto de criar a impressão de que ele jura, ainda que não jure. Ou ele transformará o juramento em uma espécie de oração, como "me ajude, Deus, pois não sou um herege" ou algo assim. Ao ser ainda mais pressionado, ele suplicará, dizendo "senhor, se eu cometi algum engano, aceito a penitência de bom grado, mas me ajude a evitar a infâmia dessas acusações que recaem sobre mim por malícia e das quais não tenho qualquer culpa". Mas um bom inquisidor não deve se deixar manipular. Ele deve prosseguir com firmeza até fazer essas pessoas confessarem seus erros.[286]

No mesmo ano em que Bernardo Gui foi nomeado em Toulouse, a Ordem militar do Templo de Salomão, mais conhecida como os Cavaleiros Templários, tornou-se alvo da Inquisição na França. Fundada originalmente em Jerusalém por Hugues de Payens (primo e vassalo do conde de Champagne), o bispo de Chartres referiu-se aos cavaleiros em 1114 como Milice du Christi (Soldados de Cristo). Depois de serem embaixadores da linha de frente para o rei cruzado Balduíno II, eles retornaram à França em 1127 obedecendo às

---

286. H.C. Lea (tradução), *The History of the Inquisition of the Middle Ages,* Harper & Brothers, New York, NY, 1887, volume 1, p. 411-14.

ordens de seu patrono, São Bernardo de Claraval. Eles deveriam apresentar-se ao grande Concílio de Troyes, encabeçado pelo cardeal Legate, levando consigo um grande volume de tesouros e de documentos valiosos das câmaras escavadas do antigo Templo de Jerusalém. São Bernardo imaginava que as autoridades do Vaticano poderiam estar planejando confiscar os manuscritos e talvez os tesouros, pois dizia-se que eles continham registros em primeira mão sobre a antiga Judeia que contradiziam os ensinamentos da Igreja do século XII. Em relação a isso, Bernardo escreveu: "O trabalho foi realizado com o nosso auxílio e os cavaleiros foram enviados em uma jornada pela França e Borgonha, sob a proteção do conde de Champagne, e todas as precauções foram tomadas contra a interferência das autoridades públicas ou eclesiásticas".[287]

Depois do Concílio de Troyes, a ascensão dos Templários foi surpreendente e eles envolveram-se com a alta cúpula política e diplomática na Europa e no Oriente Médio. Apenas alguns anos depois, em 1139, o papa Inocêncio II proporcionou aos cavaleiros independência internacional de obrigações para com quaisquer autoridades além dele mesmo. Em detrimento de reis, cardeais ou governantes, o único superior da Ordem era o papa e eles receberam vastos territórios e grandes propriedades, desde a Grã-Bretanha até a Palestina. Os Templários passaram a ser reverenciados por todos e, apesar de sua fortuna trazida de Jerusalém, grandes doações recebidas vieram de todas as partes. A *Anglo-Saxon Chronicle* afirma, quando Hugues de Payens visitou o rei Henrique I de Inglaterra na Normandia, que "o rei recebeu-o com grandes honrarias, presenteando-o com grandes tesouros em ouro e prata".[288] O rei espanhol Afonso I de Aragão cedeu um terço de seu reino à Ordem, colocando o mundo cristão aos seus pés. Não havia preço para assegurar a afiliação aos Templários e menos de um século após o seu retorno de Jerusalém eles se tornaram a organização mais influente já vista. Graças aos seus enormes fundos, os Templários estabeleceram a primeira rede bancária internacional, tornando-se responsável pelas finanças não apenas do Levante, mas de praticamente todos os reinos europeus.

O poderio da Ordem tornou-se tamanho que, em 1306, o rei Filipe IV da França a via com enorme temor. Ele devia uma enorme soma aos cavaleiros e estava praticamente falido. Ele também temia

---

287. Louis Charpentier, *The Mysteries of Chartres Cathedral,* Research Into Lost Knowledge Organization and Thorsons, Wellingborough, 1992, capítulo 8, p. 69.
288. Michael Swanton (tradução). *The Anglo-Saxon Chronicle,* J.M. Dent, London, 1997, Peterborough MS (E) 1128, p. 259.

a influência política da organização, que ele sabia ser muito maior do que a sua, principalmente considerando a aliança entre os Templários e o papa Bonifácio VIII. Em 1296, Bonifácio publicou um decreto intitulado *Clerics Laicos*, proibindo que clérigos abrissem mão de rendimentos ou propriedades eclesiásticas sem a permissão da Sé Apostólica. O objetivo principal dessa medida era prejudicar o rei Filipe IV, excomungado por cobrar taxas indevidas do clero[289]. Filipe ordenou então que seu primeiro-ministro, William de Nogaret, assassinasse o papa. Seu sucessor, o papa Bento XI, também morreu sob circunstâncias misteriosas e foi substituído em 1305 pelo candidato apoiado por Philippe, o arcebispo de Bordeaux, Bertrand de Got, que passou a ser conhecido como papa Clemente V. Com esse novo papa francês aparentemente sob controle, Filipe fez uma série de acusações contra os Cavaleiros Templários e as mais fáceis de fazer eram as de heresia e culto ao Diabo.

Por sua associação com a Ordem, Filipe ordenou que Bonifácio "tivesse seu nome retirado da lista de papas por sua heresia, tivesse seus ossos desenterrados, queimados e lançados ao vento".[290] Ao mesmo tempo, ele acusou o bispo Guichard de Troyes de adorar Satanás e o prendeu por usar magia contra a rainha, Jeanne de Navarre.

Em 1311, após um longo julgamento, o papa Bonifácio recebeu uma condenação póstuma por ter feito um pacto com o Diabo.[291] Isso causou a inclusão do papa na *Divina Comédia*, de Dante Alighieri, na qual Bonifácio é lançado ao fosso Malebolge, o Oitavo Círculo do Inferno. Terminado em 1321, o poema épico italiano representa a visão da Idade Média dos três reinos dos mortos: o Paraíso (para os justos), o Purgatório (para os imperfeitos) e o Inferno (para os pecadores). O primeiro portão do Inferno no poema carrega o seguinte aviso: "*Lasciate ogne speranza, voi ch'intrate*" (Abandonai toda a esperança, vós que entrais).[292]

Na sexta-feira de 13 de outubro de 1307, os seguidores do rei Filipe atacaram e capturam os Templários e seus cúmplices em toda a França – um total de 15 mil prisioneiros em um único dia.[293] Eles foram então "entregues aos irmãos dominicanos, peritos em

---
289. *Catholic Encyclopedia*, volume II, sobre Bento XI e volume XIV, em Toulouse.
290. *Ibidem*, volume IV, em papa Clemente V.
291. J.B. Russell, *A History of Witchcraft*, capítulo 4, p. 76.
292. Atualmente publicado como: Dante Alighieri, *Dante's Divine Comedy* (ilustrações de Gustave Doré), Arcturus Foulsham, Slough, 2006.
293. Desmond Seward, *The Monks of War*, Paladin/Granada, St Albans, 1974, capítulo V, p. 202.

tortura",²⁹⁴ e a Inquisição foi instruída a reunir e investigar os culpados, utilizando a tortura quando necessário. Os cavaleiros capturados foram encarcerados, interrogados, torturados e queimados. Testemunhas foram compradas para que fizessem declarações contra a Ordem, o que resultou em alguns depoimentos realmente bizarros.

Os cavaleiros foram acusados de todo tipo de prática considerada abjeta, incluindo necromancia, perversão sexual, aborto, blasfêmia, culto ao Diabo e magia negra. Depois de darem seus depoimentos, sob circunstâncias de suborno ou coerção, as testemunhas desapareceram sem deixar rastros. Em 19 de outubro daquele ano, 140 Templários foram torturados ritualmente pelo inquisidor geral, Guillaume de Paris, resultando na morte de 36 deles. Os métodos de tortura relatados variavam entre o esmagamento de dedos, a roda para deslocar membros, o esmagamento do corpo por pesos de chumbo, o arrancamento de dentes, a inserção de cunhas sob as unhas e a cocção de pés untados em óleo.²⁹⁵

O Grão-Mestre dos Templários, Jacques de Molay, foi capturado com outros oficiais importantes em 1308 e interrogado por inquisidores no castelo Chinon, em Loire. Mas, nesse ponto da história, o descontentamento do papa Clemente V com os acontecimentos fica evidente, apesar de sua fidelidade ao rei Filipe. Isso foi revelado por um documento agora conhecido como o *Pergaminho de Chinon*,* descoberto recentemente nos Arquivos Secretos do Vaticano.²⁹⁶ A carta de Clemente, desconhecida até 2001, trata do interrogatório de Jacques de Molay e seus colegas. Endereçada a Filipe e datada de 20 de agosto de 1308, ela explica que, após uma investigação de Clemente em relação à validade das acusações feitas aos cavaleiros:

> Decretamos por meio desta que eles estão absolvidos pela Igreja e recolocados na comunhão,

---
294. Charles G. Addison, *The History of Knights Templars* (1842), Adventures Unlimited, Kempton, IL, 1997, capítulo IX, p. 201-204.
295. D. Seward, *The Monks of War*, capítulo V, p. 203.
*N.E.: Sugerimos a leitura de *Os Templários – E o Pergaminho de Chinon*, de Barbara Frale, Madras Editora.
296. *The Times*, London, 30 de março de 2002. O até então desconhecido *Chinon Parchment* foi descoberto pela dra. Barbara Frale, uma pesquisadora da Escola de Paleontologia do Vaticano, em 13 de setembro de 2001. Esse pergaminho foi publicado por E. Baluze durante o século XVII em *Vitae Paparum Avenionensis* (Vidas dos Papas de Avignon). Quando questionado após a descoberta em 2001 dos jornais diários católicos *L'Avenire*, o Vaticano afirmou que, embora as autoridades do Vaticano soubessem da existência deste, os pergaminhos haviam sido perdidos no início do século XIX, durante a Era Napoleônica.

podendo receber os santos sacramentos (...) Em nossa ausência você se voltou aos Cavaleiros Templários e às suas propriedades. Você chegou até mesmo a aprisioná-los e, o que nos causa ainda mais dor, não os libertou. Ao contrário, ouvimos dizer que você foi além, infligindo a eles suplícios ainda maiores.[297]

O protesto do papa foi formalizado pela bula, anterior à carta, *Subit Assidue*, de 5 de julho de 1308, no qual Clemente acusa o inquisidor francês Guillaume de Paris de não informar a autoridade papal sobre as prisões. Mas, infelizmente para os Templários, as palavras do papa foram completamente ignoradas pelo rei da França e seus inquisidores. Clemente, com sua nova sé em Avignon, não estava em posição de fazer valer os termos de seu decreto, e seus cardeais em Roma nada podiam fazer contra o despótico monarca francês.

Em consequência disso, algum tempo depois, no Concílio de Viena de 1312, o papa Clemente tentou uma estratégia liberal diferente. Ele despojou formalmente os Templários de seu título de cavaleiros para que Jacques de Molay e seus companheiros fossem entregues à cúria papal pelo direito à mais confortável prisão domiciliar. Dessa forma, ele imaginava que um julgamento oficial pudesse ser realizado sob sua jurisdição e a sentença dos cavaleiros pudesse ser suspensa temporariamente no devido tempo. Mas a estratégia não funcionou, resultando em um debate tão acalorado que quase resultou na morte de Clemente V.

O rei Filipe não perdeu mais tempo e mandou transferir Jacques de Molay e seus cavaleiros para uma ilha no Rio Sena. Apesar do *Pergaminho de Chinon*, os prisioneiros foram falsamente informados de que teriam sido denunciados formalmente pelo papa.[298] Em seguida, sem qualquer tipo de julgamento, Jacques de Molay foi declarado "sumo sacerdote de Satanás" e queimado na fogueira junto de seus colegas, em 18 de março de 1314.[299]

---

297. Ver artigo: Barbara Frale, "The Chinon Chart. Papal absolution to last Templar Jacques de Molay", em *The Journal of Medieval History,* número 30, abril de 2004, p. 109-34. Ver também Adriano Forgione e Francesco Garufi, "Templari: Assolti Con Formula Piena" em *Hera,* número 27, março de 2002.
298. Bertrand Russel, *History of Western Philosophy,* Routledge, London, 2004, p. 469-70.
299. Os relatos da Inquisição templária foram registrados com objetividade em Malclm Barber, *The Trial of the Templars*, Cambridge University Press, Cambridge, 2006.

Invocações do Inferno

Até aquele ponto no início do século XIV, a Inquisição formal se voltava especificamente aos hereges – aqueles cujas crenças religiosas contrastavam com as doutrinas da ortodoxia romana ou aqueles que desafiavam a autoridade absoluta da Igreja. Mas a linha entre a heresia e as outras práticas sacrílegas muitas vezes era difícil de determinar e não estava claro se a adoração ao Diabo constituía um ato de heresia segundo a lei da Inquisição.

Na Inglaterra, o bispo de Coventry foi levado à justiça em 1303 por homenagear uma divindade sobrenatural, mas acabou inocentado. Em 1324, a dama Alice Kyteler da Irlanda (considerada a mulher mais rica da cidade de Kilkenny) foi acusada de produzir unguentos sobrenaturais, envenenar seus maridos e fazer sexo com o Diabo. Na França, o frade carmelita Pierre Recordi foi julgado em 1329 por esculpir estátuas de mulheres em cera e sangue de sapo e enterrá-las sob suas soleiras como oferendas a Satanás. Ele foi condenado à prisão perpétua. Em 1335, Catherine Delort e Anne-Marie Georgel foram julgadas em Toulouse por entregarem-se ao Diabo, que lhes ensinou feitiços para ferir aqueles que as contrariavam.[300]

Para lidar com as anormalidades da definição acusatória, o papa João XXII ampliou o campo de operação da Inquisição, autorizando-a a processar feiticeiros, bruxas e magos ritualistas. Sua bula, intitulada *Super illis Specula*, de 1326, ameaçava qualquer um que fizesse um pacto com o Inferno ou praticasse magia com as mesmas penas aplicadas aos hereges. Em um ambiente teológico cada vez mais preocupado com o papel e o poder do Diabo, certos procedimentos de magia ritualística que envolviam invocações do Inferno e de seres maléficos estariam sujeitos à acusação criminal de *maleficia*.[301]

A implementação da bula começou devagar, pois os inquisidores estavam incertos do significado exato de *maleficia*. Contudo, uma definição adequada foi encontrada em 1388, quando a Inquisição torturou um homem que revelou informações sobre uma suposta seita valdense próxima a Turim. Ele admitiu que eles adoravam o "grande dragão do Apocalipse, que se chamava Diabo e Satanás",[302] dizendo que ele era "o criador deste mundo, que na Terra é mais

---
300. Dennis Wheatley, *The Devil and All His Works,* American Heritage Press, New York, NY, 1971, p. 245-46.
301. Y. Stoyanov, *The Other God,* capítulo 5, p. 237.
302. Apocalipse 12:9.

poderoso do que Deus".³⁰³ Essa era a diferença: um herege era uma pessoa cuja relação com Deus diferia das convenções da Igreja, enquanto uma bruxa não aceitava Deus de jeito nenhum, mas optava por adorar Satanás. A assimilação de várias formas de magia e heresia aumentou ainda mais em 1398, quando a faculdade de teologia da Universidade de Paris declarou que atos de magia ou práticas supersticiosas que buscavam resultados diferentes dos esperados de Deus e da natureza eram realizados por meio de um pacto com o Diabo, explícito ou implícito. Esses atos configuravam apostasia e, portanto, heresia.³⁰⁴

Apesar dos apuros por que passaram por mais de um século de perseguição contínua, os valdenses continuaram como um grupo em atividade. Em 1451, o poema épico *Le Champion des Dames*, de Martin Le Franc, narrou a nobreza e os feitos de várias mulheres ao longo da história. Ao tratar das mulheres valdenses, o poema descreve como a Igreja taxou-as de instrumentos pervertidos do Diabo, condenando-as por bruxaria.³⁰⁵ As mulheres e homens valdenses haviam sido totalmente erradicados na Provença, mas conseguiram sobreviver em outros lugares até se juntarem à Reforma Protestante no século XVI. Como resultado disso, a Igreja Valdense é até hoje membro do Concílio Ecumênico de Genebra e da Aliança Mundial das Igrejas Reformadas.

A imundície diabólica

O século XIV foi um período de discórdia e desordem na Grã-Bretanha e na Europa Continental. Em uma mudança rigorosa nos padrões climáticos, o hemisfério norte passou de um processo de três séculos de aquecimento, no chamado período de aquecimento medieval, para um significativo resfriamento da região. As colheitas foram arruinadas, animais morreram aos milhões e a catastrófica Grande Fome acometeu os países europeus. Como consequência, a escassez de alimentos resultou em fome e má nutrição generalizadas. Com o rebanho de ovelhas da nação dizimado, a produção de lã na Inglaterra parou e a consequente queda nas exportações resultou no colapso da indústria de tecelagem na região de Flandres.

---

303. R. Cavendish, *The Black Arts,* capítulo 7, p. 298.
304. Y. Stoyanov, *The Other God,* capítulo 5, p. 238.
305. A obra é reproduzida por Martin Le Franc, *Le Champion des Dantes,* 1451 (ed, Robert Deschaux), Honore Champion, Paris, 1999.

Como se não bastasse, os reis Edward II da Inglaterra e Carlos IV da França entraram em disputas por poder e territórios. Isso resultou na Batalha de Crécy, em 1346, que deu início à Guerra dos Cem Anos. Então, apenas dois anos depois, uma epidemia de febre tifoide e a peste atingiram os rebanhos de ovelhas e gado. Imediatamente após, adveio a peste bubônica da Morte Negra, desencadeada quando navios mercantes voltaram da China e da Ásia trazendo roedores infectados. A peste causou a morte de quase metade da população da Grã-Bretanha e da Europa durante o período conhecido como a Grande Mortandade.

As classes baixas rurais foram as mais afetadas, a ponto de até os pequenos suprimentos de grãos importados de países não afetados pela peste não chegarem até elas. Suas fazendas foram devastadas e até mesmo a pesca se tornou escassa. Eles rogavam por salvação, utilizavam quaisquer ervas e poções que encontrassem para combater a doença, aglomeravam-se ao redor de fogueiras durante a noite tentando se aquecer e compartilhar seu sofrimento. Eles foram denunciados pela Igreja como feiticeiros e bruxas que haviam evocado a imundície diabólica para contaminar o mundo!

Enquanto isso, o vocabulário europeu-ocidental foi enriquecido com uma nova definição para as congregações de feiticeiros (antes chamadas de sinagogas de Satanás). A partir de então, essas convenções ritualísticas passaram a ser chamadas de sabás. O mais antigo relato de um sabá de feiticeiros vem de Toulouse em 1355.[306] Em um grande julgamento de bruxas, das 63 pessoas acusadas de fazer pactos com o Diabo, oito foram entregues às autoridades seculares para que fossem queimadas e o resto foi encarcerado, pela vida inteira ou por uns bons anos. Sob tortura, duas mulheres idosas condenadas confessaram terem sido assistentes em sabás, nos quais adoravam o Diabo, além de terem sido consideradas culpadas de participarem de atos indecentes com ele. Também foram forçadas a admitir terem comido a carne de bebês que elas roubaram de seus berços durante a noite.[307]

O termo sabá geralmente é associado à referência familiar judaica ao sábado, o sétimo e último dia da semana. considerado a representação do dia do descanso de Deus; conhecido como sabá na narrativa da Criação no Gênesis, foi estabelecido formalmente nas leis do Êxodo.[308] Na prática, porém, a tradição teve origem na

---

306. R. Cavendish, *The Black Arts,* capítulo 7, p. 302.
307. *Catholic Encyclopedia,* volume XI, em Bruxaria.
308. Êxodo 16:23 e 20:8-11.

antiga Mesopotâmia, onde o *Sha-bat-um* definia o banquete mensal da Lua Cheia.[309] Na língua acadiana da Mesopotâmia (Iraque), o termo *sha-at-um* significava "uma passagem"[310] e era relativo ao ciclo solar – na prática, a um ano. O termo para uma passagem lunar (um mês) era *sha-bat-um*. A partir disso, embora aplicado a uma semana em vez de um mês, derivou-se o termo bíblico israelita *Shabath*.

Em geral, os calendários anteriores à intervenção romana eram lunares, e não solares, e baseavam-se nos ciclos lunares. Os quartos crescente e minguante da Lua eram bem discerníveis e bastante regulares. Dessa forma, havia 13 luas de 28 dias em cada ano e não 12 meses como nos calendários modernos. Nos campos da Grã-Bretanha e da Europa Ocidental, o calendário lunar foi perpetuado pelos aldeões em conjunção com o ciclo solar. A totalidade desses processos era vista como uma grande roda em movimento – uma sucessão de nascimento, vida, declínio, morte e renascimento das estações. Esse ciclo continha quatro grandes festivais, comemorados nos equinócios e solstícios solares, entremeados por outras quatro datas solares, chamadas de sabás maiores – todas comemoradas pelas comunidades rurais.[311] Com esses eventos específicos, as assembleias também incluíam a observação ritualística em todas as noites de Lua Cheia de acordo com os banquetes mesopotâmicos originais do *Sha-bat-um* – um momento de relaxamento e festa nas divisões dos meses.[312]

Morte na fogueira

Na Suíça do início do século XV, os julgamentos de bruxas eram realizados indiscriminadamente em Berne, pelo juiz secular Peter de Gruyères. No Cantão de Valais, 200 adoradores do Diabo

---

309. Raphael Patai, *The Hebrew Goddess,* Wayne State University Press, Detroit, IL, 1967, capítulo 11, p. 255. *Sha-ba-tu* deriva provavelmente da palavra babilônica *sha-patti:* "divisão do mês".
310. Z. Sitchin, *The 12th Planet,* capítulo 14, p. 392.
311. No culto moderno da Wicca, desde 1950, esses festivais são classificados como: *Samhain* (Halloween) – 31 de outubro, *Yule* (meio do inverno) – a partir de 21 de dezembro, *Imbolc* (Oimelc) – 2 de fevereiro, *Eostre (Ostara)* – 21 de março, *Beltane* (Bale-fire) – 1º de maio, *Midsummer (*Litha) – c.21 de junho, *Lammas* (Lughnasadh) – c.1º de agosto, *Mabon* (Alben Elfed) – c.22 de setembro.
312. Esses eventos realizados na Lua Cheia foram chamados *Esbats,* da língua francesa, em alusão a "folguedo". Ver Margaret Alice Murray, *The Witch Cult in Western Europe,* Oxford University Press, Oxford, 1971, capítulo 4, p. 97.

foram executados, assim como 150 pessoas em Briançon, na França.[313] Muitos supostos "feiticeiros" e bruxas morreram pela ingestão forçada de água antes mesmo do término de seus julgamentos. Nesse método de interrogação, as vítimas ficavam deitadas de costas com as narinas tampadas para evitar que respirassem, enquanto água era continuamente derramada em suas gargantas. Para evitar o afogamento, a vítima tinha de engolir a água, o que causava grande distensão estomacal e uma dor insuportável. A prática de tortura, conhecida como "interrogatório", foi descrita no livro de jurisprudência *Praxis Rerum Criminalium* pelo advogado flamengo Joost de Damhoudère.

Nos séculos seguintes, supostos feiticeiros e bruxas foram executados aos milhares – às vezes enforcados, estrangulados, afogados, mas principalmente queimados na fogueira ou em barris de alcatrão ou ainda assados em espetos em um período que ficou conhecido como a Era das Queimadas. Na visão dos inquisidores, o lado bom de coisas como bruxaria, feitiçaria e *maleficia* era que basicamente qualquer pessoa poderia ser pega. Para as autoridades legais, a acusação de adoração ao Diabo tornou-se um recurso substituto para acusações criminais e políticas. Em muitas ocasiões, a vaga e flexível acusação religiosa foi usada para frustrar qualquer tipo de julgamento. Essa prática conveniente foi utilizada contra algumas das figuras mais influentes da Inglaterra, onde a bruxaria era considerada uma ofensa contra o monarca, configurando, portanto, crime de traição.

De todos os personagens históricos que se tornaram vítimas da Época das Queimadas, talvez a mais conhecida seja Joana d'Arc, a famosa donzela de Orléans. Nascida em 1412, Joana era filha de um fazendeiro da cidade de Domrémy, no ducado de Bar, na França. No ano seguinte, Henrique V tornou-se rei da Inglaterra e, na época de sua ascensão ao trono, a guerra travada por alguns anos entre os Plantagenet e a França passava por um período de relativa calmaria, mas Henrique decidiu renovar a reivindicação da família Plantagenet à Coroa francesa, baseando-se no fato de que sua tataravó era filha do rei Felipe IV da França.

O rei Henrique, com seus 2 mil soldados e 6 mil arqueiros, varreu a Normandia e Ruão, derrotando os franceses na Batalha de Azincourt, em 1415. Depois ele foi proclamado regente da França pelo Tratado de Troyes. A seguir, contando com o auxílio da rainha francesa Isabel, ele se casou com a princesa Catarina de Valois, com

---
313. *Catholic Encyclopedia,* volume XI, em Bruxaria.

o objetivo de derrubar seu irmão, o delfim. Contudo, Henrique V morreu dois anos depois, assim como o rei Carlos VI da França. Na Inglaterra, o herdeiro do trono era o filho de Henrique, um bebê cujos tios – os duques de Bedford e de Gloucester – tornaram-se regentes da França. O povo francês estava compreensivelmente preocupado com as perspectivas de seu futuro, mas nem tudo estava perdido pois surgiu a inspirada Joana d'Arc. Em 1429, ela apareceu no forte de Vaucouleurs, próximo a Domrémy, e anunciou ter recebido instruções de santos para cercar os ingleses em Orléans.

Aos 17 anos, Joana partiu em direção à corte real, em Chinon no Loire, com o cunhado do delfim, René d'Anjou. Chegando lá, ela revelou sua missão divina de salvar a França dos invasores. A princípio, a corte resistiu às ambições militares de Joana, mas ela ganhou o apoio de Yolande d'Aragon, a sogra do delfim e mãe de René d'Anjou. Então, Joana foi encarregada de comandar mais de 7 mil homens, destruindo o bloqueio em Orléans e derrubando as tropas inglesas. Poucas semanas depois, o Vale do Loire voltou às mãos dos franceses e, em 17 de julho de 1429, o delfim foi coroado rei Carlos VII pelo arcebispo Regnault de Chartres, na Catedral de Reims.

Menos de um ano depois de sua bem-sucedida campanha, a Donzela de Orléans foi capturada pelos ingleses no cerco a Paris e o duque de Bedford preparou o julgamento, que seria chefiado por Pierre Cauchon, o bispo de Beauvais. Ela foi sentenciada à prisão perpétua a pão e água. Quando Joana se recusou a se submeter ao estupro por seus captores, o bispo a chamou de feiticeira ingrata. Ela foi acusada de ter utilizado poderes sobrenaturais durante a batalha e suas visões de santos foram consideradas manifestações de espíritos diabólicos. Ela foi condenada como uma herege por ter cabelos curtos e vestir roupas masculinas durante um sacramento. Joana não respondeu ao ser questionada se São Miguel havia aparecido a ela nu ou vestido. Contudo, uma testemunha afirmou tê-la visto dançando ao redor de uma árvore em Domrémy, o que foi toda a prova necessária para que ela fosse condenada como uma bruxa adoradora do Diabo! Sem um julgamento, Joana foi queimada viva na Praça do Mercado, em Ruão, no dia 30 de maio de 1431.[314]

---

314. Para um relato completo, ver Regine Pernoud e Marie-Veronique Clin, *Joan of Arc* (tradução, Jeremy du Quesnay Adams), Weidenfeld & Nicolson, London, 2000.

O aprendiz do Diabo

Em 1440, nove anos após a morte de Joana d'Arc, o nobre francês Gilles de Retz também foi julgado por feitiçaria, acusado de ter feito um pacto com o Diabo. Giles é citado muitas vezes como um dos comandantes militares de Joana, ou até mesmo seu guarda-costas no cerco de Orléans. Mas ele não ocupou nenhuma dessas posições. O guarda pessoal e estribeiro mor de Joana era Jean d'Aulon, que a acompanhou durante toda a sua carreira militar. De acordo com os registros da tesouraria real, Gilles de Retz simplesmente liderou um destacamento de 25 soldados e 11 arqueiros sob o comando de Joana e não era próximo a ela.[315]

Evidentemente, Gilles de Retz sequestrou um clérigo chamado Jean le Ferron durante uma contenda na Igreja de Saint Étienne de Mer Morte. Isso levou a uma investigação liderada pelo bispo de Nantes, durante a qual foram descobertas evidências dos crimes de Gilles. Além de feitiçaria e heresia, ele foi acusado de tortura e assassinato de dezenas, se não centenas, de meninos. Dizia-se que um certo Francesco Prelati prometera a Gilles que ele poderia recuperar sua fortuna perdida caso se tornasse um aprendiz do Diabo e sacrificasse meninos para ele.

Vários depoimentos convenceram os juízes de que as acusações tinham fundamento e até hoje Gilles de Retz encabeça a lista dos piores assassinos pedófilos de todos os tempos. Conta-se que Gilles confessou os crimes referidos, mas que a transcrição do julgamento (que aparentemente incluía os testemunhos dos pais das crianças desaparecidas) foi considerada tão lúgubre que os juízes ordenaram que a maior parte dela fosse destruída. Gilles e dois de seus cúmplices foram excomungados e enforcados sobre uma fogueira em Nantes, no dia 26 de outubro de 1440.[316]

Uma compilação de fragmentos de documentos daquele ano foi publicada recentemente com o objetivo de revelar o estado mental

---

315. *Royal Financial Records Concerning Payments for Twenty-Seven Contigents in the Portion of Joan of Arc's Army Which Arrived At Orléans on 4 May 1429,* Historical Academy for Joan of Arc Studies, 2006 (ed, Paul Charpentier e Charles Cuissard), traduzido de "Compte de Me Hémon Raguier" em *Journal du siège d'Orléans, 1428-1429: augmenté de plusieurs documents notamment des comptes de ville, 1429-1431,* H. Herluison, Orléans, 1896.
316. Os detalhes das acusações, do julgamento e da execução foram fornecidos por Reginald Hyatte, *Laughter for the Devil: The Trials of Gilles De Rais* (1440), Fairleigh Dickinson University Press, Madison, NJ, 1984.

de Gilles nos momentos que antecederam sua execução.³¹⁷ Alguns estudiosos não consideram os documentos legítimos, outros os consideram uma evidência histórica confiável. De todo modo, o debate continua, com historiadores e acadêmicos ainda discutindo sobre o tamanho da culpa de Gilles. Alguns estão convencidos de que tudo não passou de uma armação, outros o veem como o primeiro registro de um assassino em série na história.

Provavelmente, toda a verdade jamais será revelada, mas Gilles claramente tinha seus defensores. Após a corda se romper, derrubando o corpo de Gilles nas chamas, ele foi recuperado por um grupo de mulheres que o enterraram na igreja carmelita local. Dois anos depois, o rei Carlos VII da França, cuja causa recebera o apoio de Gilles em uma disputa contra os bispos franceses, conferiu-lhe Cartas de Reabilitação, afirmando: "o referido Gilles foi indevida e injustamente condenado à morte".³¹⁸ Mas pesam contra ele os relatos acerca de um grande número de crânios e esqueletos que teriam sido encontrados no fosso de seu castelo. Dada a gravidade de seus crimes, Gilles de Retz foi julgado e condenado por três tribunais diferentes: 1) a Santa Inquisição e o bispo de Nantes, por heresia e feitiçaria; 2) o Tribunal Episcopal, por sacrilégio e violação dos direitos eclesiásticos; 3) o Tribunal Civil do duque de Brittany, por múltiplas acusações de assassinato. Separadamente, cada um deles considerou-o culpado das acusações.³¹⁹

---

317. George Bataille, *Le Procès de Gilles de Rais* (Broché), Pauvert, Paris, 1977.
318. M.A. Murray, *The Witch Cult of Western Europe*, capítulo V, p. 161; apêndice IV, p. 276-279.
319. M. Summers, *The History of Witchcraft and Demonology*, capítulo 1, p. 34.

8

Festim Diabólico

O culto dos amaldiçoados

A partir de 1430, a bruxaria passou a ser explicitamente definida em uma série de tratados e a ser reconhecida como um culto específico. As punições para aqueles que se envolvessem com tal atividade eram deliberadas individualmente, assim como os métodos de detecção e julgamento das bruxas. Os casos de bruxaria deixaram de ser esporádicos ou excepcionais e agora eram vistos como manifestações de uma corporação altamente organizada, comandada por Satanás com o intuito de remover a fé da face da Terra.

Não restam dúvidas de que os papas da época foram os principais responsáveis pelo surgimento da obsessão sobre as bruxas. Cada um dos pontífices favoreceu e encorajou a crença e nenhum deles sequer tentou desmitificar o tema. Vários papas recorreram à Inquisição para identificar e punir as bruxas adoradoras do Diabo. Na primeira metade do século XV, foi publicada uma série de bulas papais exigindo que o Santo Ofício processasse magos, adivinhos e satanistas. A partir de 1434, em vários discursos o papa Eugênio IV discorreu longamente sobre aqueles que faziam pactos com o Diabo e sacrifícios demoníacos. Foi nesse cenário de julgamentos por bruxaria resultantes que a noção de satanismo começou a tomar formas definitivas. Dizia-se que os praticantes das artes mágicas adquiriram suas técnicas e poderes do próprio Diabo.[320]

---
320. Y. Stoyanov, *The Other God,* capítulo 5, p. 238.

Em 1450, o famoso ourives e gráfico alemão Johannes Gutenberg inventou a prensa móvel. A partir de então, a produção em massa de livros impressos tornou-se possível e imagens satânicas entraram em circulação.[321] O primeiro livro sobre bruxaria a ser publicado foi *Fortalitium Fidei*, escrito por Alphonsus de Spina, confessor do rei João de Castela, da Espanha. Publicado em cerca de 1470, o livro tratava dos vários tipos de demônio e explicava como as mulheres estavam sempre prontas e dispostas a se entregar ao mal. A obra também detalhava as assembleias malignas, chamadas de sabás no sul da França. Em consequência da publicação do livro, várias reuniões da comunidade foram atacadas, e muitas mulheres foram presas e queimadas.[322]

O segundo livro a aparecer sobre o assunto (ainda que tenha sido escrito em 1435) foi *Formicarius*, de Johannes Nider, um professor dominicano de teologia em Viena. Publicada em 1475, a obra também tratava dos sabás e explicava que os julgamentos, torturas e execuções de bruxas necessários já aconteciam.[323] Diziam que as culpadas fizeram pactos com o Diabo, renunciando a Deus na igreja, bebendo o sangue de crianças sacrificadas e juntando-se ao maléfico culto dos amaldiçoados.[324]

A opinião de Nider sobre as mulheres era diabólica e de seu púlpito ele pronunciava que "a mulher é mais amarga do que a morte". Ele listou dez razões pelas quais a coabitação de homens e mulheres era um pecado mortal e classificava o casamento como "lepra moral". Embora a Igreja celebrasse as cerimônias de casamento, isso acontecia porque deveria haver alguma forma de santificação para equilibrar uma instituição que existia por causa do "pecado original". Afirmava-se que "Deus permite a intervenção maléfica de Satanás por meio do leito matrimonial mais do que por qualquer outro meio, pois o primeiro pecado se deu pelo matrimônio".

John Geiler de Estrasburgo (o pregador mais influente da Alemanha) explicava que sempre seriam queimadas dez mulheres para cada homem, pois "a mulher é a porta para o Diabo e o caminho para a perversidade". Vários juízes eclesiásticos e pregadores da época enfatizavam que as bruxas malignas que cruzavam os céus,

---

321. Um dos primeiros trabalhos produzidos na prensa de Gutenberg em 1452 foi a agora famosa *Bíblia de Gutenberg*, uma versão da *Vulgata* latina de 1.300 páginas.
322. Alfonso de Spina, *Fortalitium Fidei*, Johann Mentelin, Strasbourg, 1470.
323. Johannes Nider, *Formicarius*, Anton Sorg, Augsburg, c.1484.
324. L.R.N. Ashley, *The complete Book of Devils and Demons*, capítulo 3, p. 106.

copulavam com o Diabo e assassinavam crianças não batizadas eram mulheres devotas de um culto, capazes de transformar seus maridos em demônios.

Nider escreveu que o Diabo surgia nos sabás na forma de um homem, mas o inquisidor dominicano Nicholas Jacquier afirmou, em 1458, que o Diabo aparecia disfarçado de bode.[325] Jacquier denunciou a bruxaria como a pior das heresias e os sabás eram o meio pelo qual Satanás estabeleceria seu reino na Terra. De um jeito ou de outro, o suposto pacto com o Diabo era o centro de todas as acusações de bruxaria, e a Inquisição dizia estar travando a guerra de Deus contra Satanás e os apóstolos da escuridão.

Na prática, as aparências parecidas com um bode do Diabo nos sabás estavam corretas. Os mestres dos sabás rurais de fato poderiam ser confundidos com diabos. Dentre aqueles na Grã-Bretanha, estavam Ould Birtles, seu irmão Roger, William Simpson, Thom Reid e William Soulis, que se tornou lorde Hermitage em 1318. Esses homens e seus parceiros vestiam trajes tradicionais, representando Kerne, o "cornífero", ou talvez um sátiro, como Pan. Muitas vezes, os trajes dos mestres tomavam a forma de um horrendo bode negro. No País Basco, o temo usado para descrever o local onde se dava o sabá era *akhelarre*, ou "pasto de bodes".[326]

Na Inglaterra, na França, e talvez em outros lugares, o número de membros exigidos para um *coven* era 13. O motivo para essa escolha é incerto. É possível que o número represente a quantidade de Luas Cheias contidas em um ano. Ou alguns sugeriram que seria para imitar o número de Jesus e Seus 12 apóstolos.[327] Com certeza, havia muito mais do que 13 pessoas presentes em um sabá, mas a maior parte delas era devota da comunidade sabática em vez de membros do *coven* central. Acontecia também de vários *covens* centrais e comunidades locais se reunirem em festanças.

Em 1567, um tal Estebène de Cambrue afirmou que havia algumas reuniões realizadas apenas pelos membros do *coven* central e fechadas ao público. Elas eram chamadas de *Esbats* e se assemelhavam mais a reuniões de negócio, em que os presentes apresentavam

---

325. R. Cavendish, *The Black Arts,* capítulo 7, p. 308.
326. M. Summers, *The History of Witchcraft and Demonology,* capítulo 1, p. 7, 10; capítulo 4, p. 134.
327. *Ibid.*, capítulo 1, p. 40.

relatórios de "todos os atos e proezas por nós realizados entre as grandes reuniões".[328]

Era o tempo do feudalismo, que atava as famílias à terra e às suas profissões, impedindo a mobilidade, enquanto ao mesmo tempo reforçava uma situação socioeconômica altamente instável. Nesse ambiente, os senhores feudais sempre retinham o direito de apreensão – um privilégio pelo qual eles podiam exigir de um vassalo para si qualquer animal, colheita ou filha que desejassem.[329] Por isso, um homem jamais poderia saber em que situação se encontraria sua casa, sua família, seu local de trabalho ou sua fazenda ao fim do dia. Os barões vorazes frequentemente invadiam os campos de seus vassalos e desconsideravam todos os seus direitos. Os camponeses muitas vezes eram privados de seus privilégios à caça e pesca ou até mesmo à coleta de lenha nas florestas para preservar a vida selvagem e a mata para a caça esportiva dos nobres e clérigos.

Considerando que esse regime opressivo sobrevivia dentro de uma Igreja estruturada pela autoridade do papa e dos bispos (que tecnicamente eram donos de muitas daquelas terras), é compreensível que grande parte da população camponesa e dos arrendatários visse o Cristianismo como um regime maligno. Eles viam o Deus cristão como uma força de repressão ao que lhes dizia respeito. Ele não os representava nem os dignificava, pois estava em conluio com os tiranos e fomentadores da guerra que moravam em mansões suntuosas e castelos monumentais. As divindades alternativas dos camponeses (que viriam a ser chamados de bruxas pela Inquisição) eram vistas como inimigas desse sistema cruel. Elas não eram malignas, mas sim fonte de força e amparo como a Igreja Cristã e seu Deus jamais haviam sido.

Como afirmou Geiler, para cada homem condenado por bruxaria havia cerca de dez mulheres. Dentre esses homens, encontrava-se um idoso chamado Pierre Vallin. Em 1438, ele foi capturado pela Inquisição no sul da França e passou a ser submetido à tortura. Seu tratamento foi tão severo que ele acabou por confessar ter invocado Belzebu e servido ao Diabo por 63 anos. Após cada confissão conseguida à força, ele era torturado de novo até admitir outros crimes. Ele confessou ter negado Deus, cuspido na cruz, comido a carne de

---

328. Margaret Alice Murray, "The Devil's Officers and the Witches' Covens" in *Man,* Royal Anthropological Institute of Great Britain and Ireland, London, setembro de 1919, volume 19, p. 137-140.
329. Jules Michelet, *Satanism and Witchcraft,* Tandem, London, 1970, capítulo 4, p. 37.

crianças e até de ter sacrificado sua própria filha. Dada a suposição de que bruxas mulheres copulavam ritualisticamente com o Diabo, Pierre foi forçado a admitir que, em seu caso, o Diabo assumira a forma de uma jovem sedutora. Após vários dias de tortura, Pierre passou a concordar com toda e qualquer acusação feita contra ele. Então, em seu julgamento, afirmou-se que todas as suas confissões haviam sido voluntárias. Ele foi condenado como um herege, um apóstata e um idólatra. Todos os seus bens foram confiscados e ele foi novamente torturado durante uma semana para que entregasse seus comparsas. Como o confisco valioso de bens e propriedades representava uma fonte significativa de renda para a Inquisição, Pierre foi pressionado a dar apenas os nomes de homens ricos.[330]

Na mesma época na Alemanha, as mulheres ricas também sofriam sob o pesado martelo da disciplina. Dizia-se que elas eram extravagantes demais com sua ornamentação diabólica. Foram formadas assembleias para decidir qual o número de vestidos e outros artigos de vestuário que uma mulher poderia possuir sem prejudicar a comunidade. Foram impostas medidas rígidas quanto ao número permitido de vestidos e acessórios. Também foram fixados os valores máximos de gastos na compra de cada item. Apesar disso, considerava-se normal que uma mulher se banhasse uma vez a cada duas semanas!

Os trens que traziam vestidos femininos eram descritos como "o vagão do Diabo, pois nem homens nem anjos, mas apenas o próprio Diabo possui uma cauda". John Geiler foi responsável por muitas das medidas legais tomadas na época, chegando a condenar mulheres que "vestissem dois vestidos em um único dia" e censurar "aquelas cujos longos cabelos caem sobre os ombros".[331] Não se deve dar chance à ganância do Diabo, Geiler dizia, pois ele frequenta os mercados disfarçado, vendendo suas mercadorias. Enquanto isso, às mulheres das classes baixas era permitido vestir apenas roupas feitas de um pano grosso.

Outra atividade duramente condenada pelas medidas tomadas por essas assembleias era a dança. Pregava-se que "o Diabo é o condutor de tais movimentos e quanto mais alto pulam os dançarinos, mais fundo cairão no Inferno. Quanto maior a força com que se prendem uns aos outros, maior é o vigor com que o Diabo os agarra".

---
330. J.B. Russel, *A History of Witchcraft*, capítulo 4, p. 78-79.
331. Philip Schaff, *History of the Christian Church*, Charles Scribner's Sons, New York, NY, 1910, volume 6, capítulo 10.

Os chifres da Igreja

Trajes que incluíam chifres e galhadas poderiam ser um costume dos sabás rurais, mas não eram exclusividade deles. Vestimentas parecidas também foram usadas por padres católicos. Há um relato extraordinário de 1445 sobre uma tradição da Igreja que sobrevivera à censura de parte dos bispos:

> Padres e sacristãos são vistos usando máscaras e visuais monstruosos durante o ofício (...) eles incensam uma fumaça fétida vinda da sola dos sapatos velhos. Eles correm e saltam pela igreja, sem qualquer rubor de vergonha (...) e arrancam gargalhadas de seus pares e dos transeuntes com suas demonstrações infames, gesticulando de maneira indecente e recitando versos grosseiros e impuros.[332]

Essa prática de Ano-Novo duradoura já era registrada no século VI, quando São Cesário de Arles observou:

> Alguns se vestem com as peles de animais de corte. Outros usam as cabeças de bestas com chifres, gritando e exprimindo enorme júbilo, como se estivessem metamorfoseando-se nos animais e abandonando sua forma humana por inteiro.

Em 585, o Concílio de Auxerre condenou todas as festas com máscaras de animais, tais como aquela realizada todo ano pelos clérigos no Ano-Novo. Algumas décadas depois, em 668, o arcebispo Theodore de Canterbury determinou na Inglaterra que o uso de chifres ou peles de animais constituía crime de transformação maligna. A sentença para a transgressão seria "uma pena de três anos, pois esse é um ato diabólico".[333]

Em 590, quando Gregório I chegou ao trono papal, o tema era objeto de debate entre os bispos. Gregório não gostava nada de ver seus padres se vestindo "de homens-bode, exalando odores putrefatos e distribuindo amuletos diabólicos". Ele via a prática como algo terrivelmente pagão, equivalente à metamorfose, e, sem dúvida, maligno. Não é de surpreender, portanto, que ele tenha redefinido o

---

332. P Siefker, *Santa Claus, Last of the Wild Men*, capítulo 4, p. 68.
333. M. Summers, *The History of Witchcraft and Demonology*, capítulo 4, p. 134.

papel tradicional do Diabo como um anjo caído, afirmando que "Satanás possui chifres e cascos (...) e um fedor terrível".

Apesar de ser alvo da desaprovação por parte da alta cúpula da Igreja, a antiga tradição das máscaras com chifres não podia ser fiscalizada com eficácia. A população das cidades e das vilas adorava as festas dos homens-cabra, e os padres mantiveram a tradição de se apresentar por mais alguns dias após o Natal. Em consequência disso, durante o período medieval em que a Igreja perseguiu pessoas que se vestiam como bodes, cervos e outros animais com chifres, ela estava antes de tudo direcionando seu desagrado contra membros de seu próprio clero.

Quando o Teatro de Moralidades e Mistérios se estabeleceu como um festival na Idade Média, o personagem com chifres tornou-se uma representação de Satanás e uma das figuras mais populares dos palcos – chegando a protagonizar muitas das peças.[334] Ele era o intrigante que, após liderar uma bem-sucedida revolução contra o Senhor, estabeleceu o próprio império no Inferno. A ideia era a de que, "sem as intrigas do Diabo, a queda e a salvação do homem, por meio de Jesus Cristo, não poderiam ser retratadas".[335]

Essas peças rodaram toda a Europa, de Roma a Londres, com apresentações em vários centros da Inglaterra, como York, Chester, Coventry e Wakefield. No contexto dessas peças, Jacob Grimm (um dos famosos irmãos Grimm, do século XIX) explicou que, na tradição natalina teutônica, a presença satânica era representada por um ser chamado Claus.[336] Ele aparecia como o travesso *alter ego* de São Nicolau e passou a ser conhecido como Velho Nick – nome utilizado até os dias de hoje para identificar o Diabo. Além disso, em sua própria forma de malandro que carrega presentes, ele foi o *Satan Claus* que, com a corruptela anagramática moderna, se tornou modelo para Santa Claus, o Papai Noel.

A via da mão esquerda

Outro antigo livro a tratar da bruxaria foi *De Lamiis et Pythonicis Mulieribus*. Publicada em 1489, a obra foi escrita por Ulrich Molitor,

---

334. P. Carus, *The History of the Devil and the Idea of Evil*, p. 288.
335. Karl Friedrich Flögel e Friedrich W. Ebeling, *Geschichte des Grotesk Komischen*, H. Barsdorf, Leipzig, 1887, p. 70-71, 119-20.
336. Jacob Grimm, *Teutonic Mythology*, Thoemmes Press, London, 1999, capítulo 17, p. 105, 115. Ver também P. Siefker, *Santa Claus, Last of the Wild Men*, capítulo 4, p. 69.

professor de direito da Universidade de Konstanz,[337] na Alemanha. Nessa obra, Molitor partiu do conceito de Atanásio, que dizia que o Diabo era capaz de alterar sua forma física, podendo assumir uma aparência de homem comum para seduzir mulheres, transformando-as em escravas involuntárias por meio de "pactos" que as ligavam a ele. A ilustração mais famosa do livro de Molitor mostra essa cena, mas, mesmo com o disfarce superficial, os traços satânicos continuam evidentes, como a cauda e os pés com garras.

Durante os julgamentos de bruxas na Grã-Bretanha, muitas mulheres descreviam o Diabo como um homem comum. Jonet Barker relatou que o Diabo apareceu a ela e a duas de suas amigas "disfarçado de um homem elegante e polido, bebeu vinho com as três, tomando Margaret Lauder em seus braços após tomar cerveja, e colocou seu braço ao redor da cintura da moça". Isobel Bardie narrou ter brindado com o homem em um incidente semelhante e Helen Guthrie afirmou que o Diabo era um homem com quem dançara no pátio de uma igreja. Marie Lamont lembrou-se da ocasião em que o Diabo se reuniu com ela e suas amigas para beber vinho, comer pão e depois cantou para elas. E Elspet Bruce explicou que o Diabo deu um beijo de boa-noite em todas as mulheres após um concerto noturno de gaita de fole, mas que ele apenas apertou a mão de Kettie Scott, pois eles tinham acabado de se conhecer.[338] Dentre todas essas mulheres, Helen Guthrie de Forfar tornou-se a mais conhecida. No intuito de proteger a própria filha, ela ajudou os promotores a acusar outras 11 mulheres de bruxaria, oito das quais foram executadas. Mas Helen não escapou. Ela foi estrangulada e seu corpo foi queimado em um barril de alcatrão.

A Inquisição via os pactos diabólicos como contratos formais, assinados pelas bruxas no momento de sua entrada no serviço a seu mestre. Em 1450, o documento anônimo intitulado *Errores Gazariorum* descrevia que o Diabo escrevia seus contratos com o sangue que extraía da mão esquerda da bruxa noviça, colocando-a na "via da mão esquerda". Desse modo, a vida e a energia da bruxa estavam ligadas a Satanás. A inspiração dos inquisidores para essa ideia veio de São Agostinho de Hipona, que afirmara no século IV que as artes ocultas surgiam da associação maléfica com demônios, "firmada por um pacto de amizade em que não há fé ou pudor".[339]

---

337. Ulrich Molitor, *De Lamiis et Pythonicis Mulieribus,* Johann Pruss, Reutlingen, 1489.
338. M.A. Murray, *The Witch Cult in Western Europe,* capítulo IV, p. 113-14, sobre os julgamentos escoceses e ingleses na metade do século XVII.
339. R. Cavendish, *The Black Arts,* capítulo 7, p. 318-20.

Apesar da ávida mania por bruxas no ambiente da Inquisição, algumas pessoas não acreditavam na existência da bruxaria como uma arte por si só. Guillaume Adelin, o prior de Saint-Germain-en-Laye, próximo a Paris, pregava com frequência contra a realidade da bruxaria, mas em 1453 ele fez um anúncio público surpreendente. Na capela episcopal em Evreux, Guillaume admitiu ter adorado Satanás durante algum tempo, tendo renunciado à sua fé na cruz. Assim, afirmou, ele soube que a bruxaria não passava de uma ilusão, porque ele descobriu que não havia um movimento na maneira como ele era descrito. Guillaume declarou, contudo, que essa mesma descoberta o havia convencido ainda mais da veracidade do Diabo. O envolvimento franco dos clérigos com suas noções quanto à bruxaria convenceu Guillaume de que eles foram enganados pelo Diabo, que plantou essa ideia tola em suas mentes para enganar a Igreja em uma tentativa de dominá-la.[340]

Também conhecido como William von Edelin, o prior de Saint-Germain-en-Laye, como monge carmelita e professor, participou do Concílio de Basle. Em 1453, ele foi acusado de heresia pela Inquisição e admitiu ter "prestado homenagens ao Diabo" e se unido a um grupo herege, além de ter frequentado assembleias satânicas. Apesar de suas abjurações, ficou preso até morrer.

Ainda que não existissem testamentos específicos, como os da Bíblia, escritos em nome de Satanás, ele era visto como o "príncipe deste mundo",[341] título que lhe garantia algum reconhecimento. Anne-Marie de Georgel (a primeira mulher acusada de cópula ritualística com o Diabo) admitira isso ao ser interrogada pela Inquisição de Bernardo Gui em 1335.[342] Como alguém poderia ignorar uma entidade tão poderosa depois de ver Deus abandonar as pessoas comuns e abraçar déspotas e torturadores? Em um ambiente como aquele, era possível ver Satanás como um aliado contra os opressores.

Havia inúmeros deuses e deusas nas várias tradições pagãs da Antiguidade e alguns deles foram venerados na Grã-Bretanha e na Europa ao longo dos séculos. Ainda que os seguidores dessas divindades fossem taxados de pagãos de algum tipo, seus deuses e deusas nunca foram retratados pela Igreja como seres tão obscuros e malignos quanto Satanás. Isso ocorreu porque o Diabo nunca foi uma entidade pagã, mas um produto do próprio Cristianismo.

---

340. P. Carus, *The History of the Devil and the Idea of Evil,* p. 318.
341. João 12:31, 14:20, 16:11.
342. H.T.F. Rhodes, *The Satanic Mass,* Rider, London, 1854, capítulo 4, p. 38.

Ele era, portanto, muito mais perigoso, pois, diferentemente de outras divindades que eram ridicularizadas e ignoradas com facilidade, os clérigos cristãos realmente acreditavam em sua existência. Para esses homens, Satanás era o deus ruim do Cristianismo, e eles o chamavam de Pai das Mentiras.

Não se sabe ao certo se a figura com chifres presente nos sabás era uma representação do Diabo bíblico. Essa versão foi confirmada apenas por pessoas que confessaram sob condições de dor e castigo extremos. Caso os camponeses de fato chamassem aquela figura de Satanás em suas assembleias e não de Kerne, Pan ou do nome de alguma outra divindade tradicional, então estariam utilizando o termo original hebraico de maneira adequada. Nos tempos bíblicos, a palavra *satan* era usada para identificar promotores e magistrados (além de ser o nome de um dos tribunais de Deus no Paraíso), pois significava "acusador". Nesse contexto, os mestres dos sabás sem dúvida estariam acusando os clérigos cristãos de ser malfeitores.

O termo "bruxa" deriva do inglês antigo *wicce* (que se referia a encantadoras e adivinhas) e de *wicca* (um equivalente masculino).[343] Assim como outras interpretações equivocadas comuns aos clérigos, a Igreja erroneamente associou as bruxas à adoração do Diabo. Em 1 Samuel 28:7-25, ficamos sabendo que o rei Saul de Israel consultou a "bruxa de Endor" na véspera da batalha de Gilboa. Mas a versão massorética da Bíblia emprega o termo "vaticinadora", enquanto a Bíblia *Vulgata* fala em "uma mulher com espírito de adivinhação". Não há nas escrituras qualquer passagem indicando que se tratava de uma bruxa diabólica. A "sábia de Endor" era basicamente um oráculo com poderes de adivinhação. Até mesmo o conceito de bruxas medievais utilizando ervas e poções em seus supostos atos malignos tem origem na tradição antiga. Gênesis (30:14-16) relata que uma das esposas de Jacó, neto de Abraão, teria usado mandrágora como afrodisíaco. Em sua crônica do século I, intitulada *Antiquities of the Jews*, Flávio Josefo explica que os essênios de Qumran praticavam o curandeirismo, tendo herdado seu conhecimento sobre raízes medicinais de antigas escrituras.[344]

Considerando que a maior parte dos camponeses foi acusada de bruxaria durante a Idade Média, com certeza havia pessoas boas e más entre eles, assim como em qualquer comunidade. Contudo, é impensável que um membro daquelas comunidades prejudicasse

---

343. *Concise Oxford English Dictionary,* em Bruxas.
344. F. Josephus, *The Works of Flavius Josephus,* "The Wars of the Jews", livro II, capítulo VIII:6.

propositalmente as coisas mais caras à sua própria existência: as crianças, os rebanhos e as colheitas. Portanto, ao incorporar esse tipo de comportamento às práticas criminosas das bruxas – o coito com o Diabo, a interferência em partos, o sacrifício de bebês, o poder maligno de causar dor e espalhar enfermidades, a destruição de colheitas e rebanhos –, os papas e inquisidores salientavam o caráter maligno e destrutivo da bruxaria em termos de seu propósito resolutamente anticristão.[345]

As artes diabólicas

No decorrer do tempo entre os séculos XII e XV, a Igreja passou por uma considerável mudança de ênfase, deixando de focar nas noções originais de heresia e passando a se concentrar na questão da bruxaria. A existência de hereges era evidente desde os primeiros dias da Igreja Católica no século IV. Eles eram facilmente definidos como aqueles que discordavam de certas doutrinas estabelecidas pelos concílios e sínodos ecumênicos. Poderiam ser talvez os arianos, que não aceitavam a ideia da Trindade, segundo a qual Pai, Filho e Espírito Santo eram três pessoas em uma. Poderiam ser também os nestorianos, que acreditavam que Jesus era um homem, não um agente divino. Ou poderiam ser ainda os gnósticos, cuja visão da fé era espiritualmente esotérica, diferentemente da visão materialista do ideal romano. Havia também outros grupos que não aceitaram a doutrina da perpétua virgindade de Maria ou que discordavam da interpretação ortodoxa da ressurreição de Cristo. Por fim, havia os valdenses, que rejeitavam a opulência eclesiástica, e os cátaros, com suas motivações dualistas. Mas todos esses grupos tinham algo em comum: eles eram cristãos. Eles apenas não eram católicos. A Igreja de Roma supôs ter o direito ao monopólio sobre a fé cristã por meio da perseguição e da coação brutal.

Ao dirigir seus olhares às bruxas, feiticeiros e todo tipo de culto de adoração ao Diabo, a Igreja na verdade mudou sua ênfase de punir os cristãos heterodoxos para atacar as fraternidades pagãs tradicionais – ou os seus supostos membros. Na prática, no século XV não restaram movimentos heréticos influentes e o Catolicismo possuía total controle sobre o Cristianismo. Sem as bruxas, a Inquisição não teria razão de ser e perderia sua força. As coisas mudaram mais

---

345. *Catholic Encyclopedia,* vol. XI, em Bruxaria.

uma vez, porém, em 1478, quando o papa Sisto IV ficou sabendo que havia outros alvos a ser considerados. Havia os judeus e os mulçumanos, muitos dos quais residiam na Espanha católica. Isso deu um novo ímpeto ao movimento, com a implementação da Inquisição espanhola.

Inicialmente, essa nova instituição voltou sua ira contra os membros de outras religiões que adotaram certos aspectos do Cristianismo, a ponto de ser considerados "convertidos parciais". Esse fenômeno não era visto com bons olhos pelo Vaticano. A alta cúpula católica considerou que essa "infiltração subversiva" representava um risco à fé romana. Os convertidos parciais judaicos eram chamados de *marranos*, enquanto os mulçumanos (mouros) eram chamados de *mouriscos*.

Em nenhuma outra parte da Europa os judeus eram tão numerosos quanto na Espanha, e lá eles prosperaram no comércio e alcançaram posições de destaque na sociedade como médicos e advogados. Processar judeus que mantinham suas crenças ancestrais estava além da jurisdição da Igreja, por isso eles nunca foram perseguidos com os considerados hereges. A lei canônica proibia explicitamente que judeus praticantes de sua religião tradicional fossem molestados. Mas, como acontecia na Espanha, a partir do momento em que judeus e mouros adotaram certos rituais cristãos, como a fonte batismal, ou apreciassem os festivais cristãos de seus vizinhos, eles ficaram sujeitos à disciplina eclesiástica.

As chamadas "conversões parciais" resultaram em uma onda nacional de antijudaísmo, incentivada pelas pregações perversas do arquidiácono don Fernando Martinez. A violência deixara um rastro de sangue que passava por Sevilha, Córdoba, Valência e Barcelona, onde sinagogas foram destruídas e centenas de pessoas foram massacradas. Como resultado, muitos judeus espanhóis flexibilizaram sua religiosidade, em uma tentativa de agradar as lideranças católicas do país. Mas de nada adiantou.

Claramente, seria impossível para os inquisidores provar casos de "conversão" contra a maioria, porque eles não se encaixavam nessa categoria. Mas em anos aparando suas presas em bruxas e feiticeiros, a Inquisição desenvolvera novos métodos. Quando não eram encontradas evidências de vínculo ou afiliação ao Cristianismo, as vítimas eram acusadas de crimes baseados no código penal, em vez de serem abertamente religiosos em sua aplicação. Dessa forma, todos os judeus e mouros, portanto, puderam ser arrastados pela rede e passaram a ser acusados, como no caso das bruxas, do sacrifício de crianças, "cujo sangue eles usavam em seus rituais de feitiçaria diabólica"!

Nenhum país do mundo estava mais preocupado em manter a pureza da fé católica do que a Espanha. E nenhuma causa era mais importante ao rei Fernando do que o combate aos adoradores do Diabo e inimigos da Igreja. Consequentemente, nenhuma organização eclesiástica jamais teve autoridade maior do que a Inquisição espanhola. Ao contrário dos tribunais do Santo Ofício estabelecidos antes, a Inquisição espanhola não foi estabelecida pelo papa, mas pelo monarca espanhol. Ela respondia apenas ao rei Fernando, agindo de forma independente de Roma e de seus bispos.[346]

A pedido de Fernando e da rainha Isabel, o papa Sisto concordou em designar um grande inquisidor para os reinos de Castela, Leão, Aragão, Catalunha e Valência. O cargo foi concedido ao confessor do monarca, o violento monge dominicano Tomás de Torquemada, cuja nomeação foi confirmada depois pelo papa Inocêncio VIII.[347] Sob o comando de Torquemada, a Inquisição tornou-se, ao lado da realeza, a instituição dominante da Espanha, cuja soberania ninguém ousava questionar.

Vários costumes judaicos e islâmicos, tais como se banhar durante o dia, abster-se da carne suína ou do vinho, cantar canções mouras, usar hena, possuir manuscritos árabes, além do interesse pela matemática ou filosofia, passaram a ser passíveis de prisão ou pena de morte.

O estudo da filosofia natural (a pesquisa da natureza e do Universo) fora proibido pelo papa Alexandre III em 1163. Essa medida foi provocada em parte porque os árabes, os maiores filósofos da época, eram considerados infiéis e porque a filosofia natural não era mencionada na Bíblia. No século XIII, os franciscanos e os dominicanos condenavam com veemência todos os experimentos relacionados à química, à física e à medicina. No ano 1380, Carlos V da França promulgou leis contra a posse de caldeiras, cadinhos, retortas e outros aparatos científicos. Medidas similares foram tomadas na Itália e na Espanha, onde os adeptos da ciência eram vistos

---
346. Para ler sobre o assunto, ver Joseph, F. Perez, *The Spanish Inquisition: A History* (trans. J. Lloyd), Profile Books, London, 2004, e Helen Rawlings, *The Spanish Inquisition*, Blackwell, Oxford, 2005.
347. *Catholic Encyclopedia,* volume III, em Inquisição. Torquemada manteve sua opinião até a morte, em 1498.

como os "temíveis seguidores de Satanás". Acreditava-se que aqueles que, em seus sótãos e porões, tentavam dissecar e compreender a obra de Deus eram praticantes das artes diabólicas e discípulos do Príncipe das Trevas. A matemática também era temida e, no fim do século XV, seus praticantes passaram a ser considerados os maiores de todos os feiticeiros.[348]

Não tardou para os horrores da Inquisição espanhola se estenderem à Sicília, Holanda e outras dependências espanholas na Europa e no Novo Mundo. Os chamados autos da fé, rituais de penitência pública e execução, eram realizados no México, em Cartagena, na Colômbia e em Lima, no Peru; as acusações eram na maior parte por magia diabólica e feitiçaria.[349] Na Espanha, os inquisidores também voltaram suas atenções à bruxaria, e a perseguição resultante, durante a qual milhares foram assassinados, durou mais de dois séculos. As vítimas confiantes eram descritas como "os hereges mais diabólicos que já conspiraram para destruir a Igreja Romana".[350]

---

348. H.W. Smith, *Man and His Gods,* capítulo VI:vi.
349. Y. Dossat, "Les Debuts de l'Inquisition a Montpellier em Provence", in *Bulletin philologique et historique,* Paris, 1961, p. 561-79.
350. A Inquisição espanhola existiu de 1478 até o começo do século XIX. Ela foi suprimida pelas autoridades francesas durante a Era Napoleônica (1808) e por Cortes de Cadiz (1813). Foi reestabelecida por Ferdinando VIII em 1813, mas isso não teve consequências práticas, já que o líder da Inquisição não assumiu seu posto. O último caso de execução pela Inquisição espanhola foi de um professor, Cayetano Ripoll, em 26 de julho de 1826, e a Inquisição foi definitivamente desmantelada por um decreto papal em 15 de julho de 1834.

9

Um Decreto Diabólico

Risco mortal

Em dezembro de 1484, o papa Inocêncio VIII publicou a bula mais abrangente sobre a bruxaria. Ele afirmava que tal atividade era "um vício herético que leva as pessoas, influenciadas pelo Diabo, a entregarem-se a animais, causando a ruína e a morte de crianças, rebanhos e colheitas". A bula, intitulada *Summis Desiderantes Affectibus*, extinguia quaisquer restrições que pudessem limitar o poder dos inquisidores. O notório documento tinha cerca de mil palavras e foi escrito em resposta às indagações feitas pelos inquisidores alemães. Ele afirma de maneira categórica que "as crenças atuais no que concerne à bruxaria demoníaca são inegáveis".[351]

Para os cristãos reconhecerem o Diabo caso o encontrassem, o papa Inocêncio descreveu-o em detalhes: "ele é corcunda, negro e peludo; ele se cobre com peles de bode, tem chifres, carrega uma clava e é viciado em sexo"![352]

O pontífice ficara sabendo que várias regiões estavam infestadas de pessoas que trocaram a fé católica por relações demoníacas: "eles fazem uso de feitiços, encantos e outras perversidades para impedir

---

351. A bula papal do papa Inocêncio VIII de 1484 foi traduzida por Heinrich Kraemer e James Sprenger, *The Malleus Maleficarum* (tradução de Montague Summers), Dover Publications, New York, NY, 1971, p. xliii-Xlv.
352. P. Siefker, *Santa Claus, Last of the Wild Men,* capítulo 4, p. 72.

o parto de mulheres e destruir a semente dos animais, os frutos da terra, as uvas das videiras e os frutos dos pomares". Homens, mulheres e rebanhos foram supostamente vitimados por esses feiticeiros diabólicos. Tanto homens como mulheres estavam tornando-se inférteis. Culpando o envolvimento do Diabo, Inocêncio escreveu:

> Instigados pelo inimigo, eles não hesitam em cometer e perpetrar as abominações mais imundas e os excessos mais obscenos, ofendendo a majestade divina e colocando suas próprias almas em risco mortal.

Em virtude dessa situação, o papa autorizou os inquisidores dominicanos Heinrich Kraemer e Jacob Sprenger a capturar esses hereges para levá-los a julgamento e puni-los. Ele recorreu ao bispo de Salzburgo para assegurar que seus oficiais não tivessem seus trabalhos impedidos e, alguns meses depois, mandou que o arcebispo da cidade de Mogúncia os apoiasse. Em outros documentos, Inocêncio recomendou a Sigismondo, arcebispo da Áustria, com o conde de Tirol e outros, que auxiliassem Kraemer e Sprenger em sua batalha contra o culto abominável. Declarou-se então que queimar bruxas era a política oficial do papado e os inquisidores deveriam seguir suas ordens "com um rigor infatigável e inclemente".

Dentre todos os documentos publicados por Roma em sua história, sejam imperiais ou papais, a bula de Inocêncio foi o que causou mais sofrimento. Ele poderia ter aplicado sua pretensa infalibilidade papal para negar ou, pelo menos, colocar em dúvida a credibilidade de inúmeras testemunhas. Mas, em todos os casos, ele aceitou todo tipo de acusação inconsistente como prova incontestável de culpa. Com uma simples palavra, ele poderia ter evitado horrores inenarráveis, mas nem ele nem seus sucessores jamais expressaram qualquer remorso pelo massacre que se seguiu. Qualquer um que se opusesse ao regime, ou até ousasse criticá-lo, era classificado como os outros malfeitores. Em uma declaração manuscrita pelo papa e distribuída pelas ruas, ele ameaçava: "Todos aqueles que tentarem atrapalhar ou perturbar os inquisidores; todos que se opuserem a eles; todos os rebeldes de todas as classes, situações, posições, distinções, precedências ou privilégios serão excomungados, suspensos, apreendidos e sofrerão penalidades, censuras ou punições terríveis".

Sob o comando de Satanás

Dois anos depois, em 1486, Kraemer e Sprenger publicaram um documento intitulado *Malleus Maleficarum*, com a bula papal de Inocêncio como prefácio. A esse respeito, as palavras do papa davam carta branca à Inquisição, permitindo que ela fizesse tudo o que considerasse necessário para exterminar as bruxas. O papa ainda declarou sobre esses autores:

> Portanto decretamos e ordenamos que os inquisidores supracitados, Heirich Kraemer e James Sprenger, professores de teologia e membros da Ordem dos Frades Pregadores, recebam a permissão para levar a cabo a justiça; aprisionar e punir quaisquer pessoas sem obstáculos ou impedimentos (...) para repreender, multar, encarcerar e punir aqueles que considerarem culpados de acordo com seus crimes, adaptando a pena para cada delito (...) sem direito a recurso.[353]

Com a bula do papa Inocêncio, o *Malleus Maleficarum* é o manifesto mais influente e nefando já escrito sobre a feitiçaria. Tornou-se o livro de referência no que diz respeito à perseguição autorizada, determinando os rumos e métodos da Inquisição por mais de 200 anos.

Segundo o livro, nunca antes o mundo ficou tão entregue ao Diabo quanto no último quarto do século XV. Estávamos "inundados por todo tipo de perversidade". Bruxas e feiticeiros, "cujo pai é o Diabo", uniam-se em uma corporação organizada de luxúria e destruição. Suas reuniões eram repletas de demônios de ambos os sexos. Eles ridicularizavam o batismo e a eucaristia e pisavam no crucifixo. Além disso, "após um enorme banquete, as luzes se extinguem e, sob o comando de Satanás, desenrolam-se cenas de indescritível lascívia. É comum todos os feiticeiros e bruxas entrarem em conjunção carnal com os demônios".

Eles justificavam a realidade dessas acusações com "sua própria experiência", declarando que em todos os processos de que haviam participado nos últimos cinco anos, "toda vítima confessou ter praticado tais idolatrias abomináveis". Os acusados foram todos, sem exceção, queimados vivos por seus pecados. Mais uma vez, afirmava-se que as bruxas se locomoviam pelo ar e matavam crianças não

---

353. H.W. Smith, *Man and His Gods,* capítulo VI:vii.

batizadas, sacrificando seus corpos durante os sabás para impedir que suas almas chegassem ao Paraíso.

A nociva, mas criativa, obra de Kraemer e Sprenger descrevia em detalhes a ameaça representada pelos praticantes do que passou a se chamar de "magia satânica". Assim como a bula papal de Inocêncio, o *Malleus Maleficarum* afirmava que os satanistas desprezíveis "devem ser torturados para que confessem". Estipularam-se também os poderes inquisitoriais de um modo que não deixava dúvidas sobre a permissão a confissões forçadas e que a execução, em todos os casos, era considerada inevitável:

> O método da investigação pela tortura deve ser iniciado da seguinte maneira: primeiro os sacerdotes devem preparar os instrumentos de tortura e então despir o prisioneiro. A razão para isso é que algum recurso de bruxaria pode ter sido costurado nas roupas, pois eles costumam fazer tais instrumentos, de acordo com as instruções de demônios, a partir dos corpos de crianças não batizadas, com o objetivo de impedir visões de salvação.
> Quando os instrumentos de tortura foram distribuídos, o juiz, com outros homens honestos e fervorosos na fé, tenta induzir o prisioneiro a confessar a verdade por livre e espontânea vontade. Caso o prisioneiro se recuse a confessar, ele é amarrado ao pêndulo ou a algum outro instrumento de tortura. Os assistentes obedecem sem demora, mas com uma agitação dissimulada, parecendo desgostosos com sua função. Em seguida, a pedido de um dos assistentes, o prisioneiro é solto do instrumento. Novamente, tenta-se argumentar com o preso, levando-o a acreditar que ele pode escapar da pena de morte caso faça a confissão.[354]

Um dos dispositivos utilizados para detectar a culpa é descrito como uma tira de papel do mesmo comprimento do corpo de Cristo, na qual eram inscritos os dizeres da Cruz,[355] e que deveria ser amarrada à bruxa antes da tortura. O teste de carregar um ferro quente também era recomendado, mas ele deveria ser introduzido com cuidado, pois o Diabo era capaz de cobrir as mãos das bruxas com um bálsamo mágico que as protegia da dor.

---

354. H. Kraemer e J. Sprenger, *The Malleus Maleficarum,* parte III, questão 14.
355. *Iesus Nazarennus Rex Iudaeorum* (Jesus de Nazaré, Rei do Judeus), João 19:19.

Como todos os inquisidores eram homens, determinou-se que o satanismo deveria ser uma forma de depravação ligada à "insaciável lascívia feminina". Explicava-se que as mulheres livres eram seduzidas a fazer sexo com o Diabo, abrindo o caminho para se tornarem bruxas. Segundo a teoria, homens e mulheres tinham naturezas dicotômicas, ou seja, enquanto os homens seriam sexualmente pacíficos, as mulheres seriam naturalmente ultrassexualizadas. Homens eram bons; mulheres eram más. Homens eram tementes a Deus; mulheres eram bruxas: "toda a bruxaria vem da luxúria, que na mulher é insaciável (...) Desse modo, para satisfazer seus desejos, as mulheres recorrem até mesmo aos diabos".[356] Os autores insistiam que a palavra *femina* (mulher) derivaria dos termos *fe* e *minus*, relacionados a *fides minus*, ou "de menor fé". As mulheres passavam a maior parte de seu tempo a fiar, afirmava-se, "o que prova a natureza tortuosa de suas mentiras"! O documento ia além, afirmando ser perfeitamente aceitável um juiz prometer poupar a vida de uma bruxa, mas ele poderia ser perdoado se repassasse o caso a outro juiz, que nada havia prometido. Uma vez estabelecido o fato de que os desejos carnais eram responsáveis pela queda dos homens, admitiu-se que os homens que se deixassem levar também deveriam ser punidos.

O *Malleus Maleficarum* divide-se em três partes: as primeiras duas tratam da maldição da bruxaria como estabelecido na Bíblia, bem como de sua natureza diabólica. A terceira lista as regras práticas do procedimento inquisitorial para tribunais eclesiásticos ou seculares. Graças à prensa de Gutenberg, o livro foi reproduzido em massa, tornando-se extremamente popular e influente. Ainda que nenhuma das ideias ali apresentadas fosse novidade, a obra tinha a seu favor a alegação mentirosa de que fora aprovada pela Universidade de Colônia, além de seu caráter sensacionalista, por estigmatizar o satanismo como um crime pior do que a heresia e a blasfêmia. O assunto imediatamente atraiu a atenção de público, mesmo no mundo da literatura, mexendo com a imaginação das pessoas.[357] Ao contrário da anotação enganosa no livro sobre sua aprovação acadêmica, a Faculdade de Teologia da Universidade de Colônia condenou o livro, declarando-o antiético e ilegal. Apesar disso, o *Malleus Maleficarum* recebeu a aprovação inequívoca do papa Inocêncio e uma patente real de Maximiliano, o sacro imperador romano.

---

356. H. Kraemer e J. Sprenger, *The Malleus Mafeficarum,* parte I, questão 6.
357. *Catholic Encyclopedia,* volume XI, em Bruxaria.

Nos 30 anos seguintes, 20 tiragens do *Malleus Maleficarum* foram publicadas e outras 16 edições revisadas foram impressas entre 1574 e 1669. Por conter descrições detalhadas de uma série de procedimentos inquisitórios, o livro foi muito utilizado por juízes como um manual para a perseguição e interrogatório de bruxas. Na obra até se declarava que qualquer mulher que não chorasse e admitisse suas abominações deveria ser automaticamente considerada culpada. Enfatizou-se que todas as bruxas possuíam intenções malignas e eram inspiradas pelo Diabo, argumentando que, como o Diabo tem o poder de fazer coisas assombrosas, as bruxas existem necessariamente para ajudá-lo. Para combater isso, eles ainda especificavam as regras das provas e os procedimentos canônicos que regiam a tortura e execução das bruxas. Como consequência, dezenas de milhares de pessoas (principalmente mulheres) foram assassinadas com o aval da justiça por apenas possuírem marcas de nascença incomuns, por viverem sozinhas, serem donas de animais de estimação, serem vítimas de alguma doença mental ou até mesmo por cultivarem ervas medicinais.

O *Malleus Maleficarum* advertia especificamente os juízes a não concluírem seus interrogatórios rápido demais, pois "a não ser que Deus, por meio de um anjo sagrado, obrigue o Diabo a abandonar a bruxa, ela se manterá em silêncio por teimosia com o auxílio do Diabo não apenas quando questionada, mas também quando torturada. E mesmo quando quebrar enfim seu silêncio, ela apenas declarará uma falsa inocência, pois muitas bruxas, em nome do Diabo, preferem ter seus membros arrancados um a um do que confessar a verdade". O juiz, portanto, recebia as seguintes instruções:

> Primeiro ela deve ser despida e revistada, pois não é incomum que bruxas preparem instrumentos de bruxaria a partir dos membros de crianças não batizadas, que elas costuram em suas vestes, escondem em seus cabelos ou até mesmo em lugares impronunciáveis para receber o auxílio do Diabo, resistir aos apelos dos homens honestos e adquirir força para resistir à tortura.[358]

A essência dessa obra desprezível, e agora infame, é resumida em sua declaração de que as bruxas costumam negar seu envolvimento nos crimes ou até mesmo a crença na bruxaria. Mas, de acordo

---

358. H. Kraemer e J. Sprenger, *The Malleus Maleficarum*, parte III, questão 14.

com o *Malleus Maleficarum*, "a maior das heresias é não acreditar em bruxaria". Alegar ignorância também constituía crime, e o estilo do procedimento de interrogatório deixava claro que, uma vez acusado e levado a julgamento, não havia qualquer escapatória.[359]

Embora o *Malleus Maleficarum* não explicasse os métodos individuais de tortura em muitos detalhes, deixava claro que, mesmo após a verificação da culpa, uma confissão completa deveria ser obtida. Em relação a isso, uma série de instrumentos era utilizada. Um dos principais itens era o balcão de estiramento – uma longa mesa na qual o acusado era amarrado pelas mãos e pelos pés, que eram então puxados até que todas as juntas do corpo do réu fossem deslocadas. A isso se acrescentavam cilindros cobertos de espinhos, colocados sob os quadris e os ombros, para em seguida mover seu corpo para a frente e para trás. Havia também o esmagador de dedos, um instrumento para desarticular dedos, pinças para arrancar unhas, botas de ferro ajustáveis para esmagar pernas e pés e um paletó de metal cujo interior era recoberto de lâminas pontudas. Isso sem contar os ferros de marcar, chicotes, as cunhas inseridas sob as unhas e os aparelhos utilizados para pendurar o preso de cabeça para baixo. Além disso, as mulheres tinham seus cabelos, mamilos e axilas queimados com fogo ou enxofre.[360]

Esses e outros instrumentos carregavam a inscrição *Soli Deo Gloria*.

Como vimos no capítulo 5, o abade beneditino Regino de Prüm criticava a crença popular de que algumas mulheres abandonadas cruzavam os céus noturnos ao lado da deusa da caça, Diana. Mas Kraemer e Sprenger discordavam do abade Regino e obtiveram sua informação contrária de *Concordância de Cânones Discordantes* (1140), de Graciano e de um regulamento antigo, chamado *Canon Episcopi* (c. 900) A esse respeito, o *Malleus Maleficarum* afirmava:

> Não devemos omitir o fato de que algumas mulheres perversas, desvirtuadas pelo Diabo e seduzidas por ilusões e visões demoníacas, acreditam e professam que voam nas costas de bestas com Diana, a deusa pagã, e uma horda gigantesca de mulheres e no silêncio das altas horas da noite atravessam grandes distâncias da Terra.[361]

---

359. P. Carus, *The History of the Devil and the Idea of Evil*, p. 322-24.
360. H.W. Smith, *Man and His Gods*, capítulo VI:viii.
361. R. Cavendish, *The Black Arts*, capítulo 7, p. 304.

Antes do tempo da Inquisição, Diana, a caçadora, deusa da floresta, nunca foi associada de forma alguma à feitiçaria. Mas ela era uma representação de uma mulher independente, razão suficiente para que a Igreja condenasse sua tradição, como fez no ano 906, com o documento *De Ecclesiasticis Disciplinis*.³⁶²

Histórias sobre bruxas capazes de voar, relacionadas ou não a Diana, eram aspecto importante de todos os processos inquisitórios. Já a partir de 1460, podemos encontrar figuras representando mulheres cruzando os céus, montando galhos de árvores, vassouras e bodes, e sendo carregadas por demônios. Dizia-se que o Diabo as ensinava a fazer a poção mágica do voo com cinzas de um sapo alimentado com o sangue de crianças assassinadas. Outros ingredientes incluíam sete tipos de ervas, cada uma colhida em um dia da semana. Matthias Widman, o pregador do tribunal da cidade de Heidelberg, que proclamava que as bruxas deveriam ser submetidas a "muito fogo, sem misericórdia", dizia ter ouvido muitos relatos sobre mulheres que voavam sobre galhos ou bodes. Diziam até que essas mulheres eram capazes de se transformar em animais quando se dirigiam aos sabás. Thomas de Chantimpré, um teólogo dominicano, relatou o caso da filha do conde de Schwanenburg, que todas as noites era carregada pelo ar, mesmo quando um forte frade franciscano tentava segurá-la.³⁶³

Apesar de seu impacto enorme na Europa Continental, o *Malleus Maleficarum* não se tornou popular na Inglaterra, onde foi publicado com 90 anos de atraso. Além disso, os clérigos ingleses não manifestavam o mesmo ódio às mulheres nutrido por seus colegas europeus. Mesmo quando os julgamentos de bruxas britânicas começaram, foram resultado da Reforma Protestante, não da Inquisição católica.

O número da besta

No início do século XVI, cerca de 500 anos após o milênio, o debate sobre o tema do Anticristo voltou à tona. Como vimos, o livro do Apocalipse associa "Satanás e o Diabo" a um dragão vermelho com sete cabeças e sete coroas, em uma clara alusão aos sete reis de

---

362. M.A. Murray, *The Witch in Western Europe*, Introdução, p. 12.
363. *British Educational Research Journal*, Routledge, London, volume 29, questão 2, abril de 2003, p. 175-87.

Roma, cujo estandarte tinha um dragão vermelho.[364] Posteriormente, embora mantivesse suas "sete cabeças", o dragão adquiriu outras coroas, uma para cada um de seus dez chifres, e passou a ser identificado como "besta da blasfêmia".[365] Até o momento em que São João escreveu o livro do Apocalipse (por volta do ano 90), dez imperadores romanos reinaram desde 44 a.C., depois dos sete reis originais. É possível que os imperadores estivessem sendo representados pelos chifres da besta, embora essa interpretação não seja incontestável.[366] São João, autor do livro, descreveu a aparência de outra besta da seguinte forma:

> Vi sair da terra outra besta; e ela tinha dois chifres como um cordeiro, e falava como um dragão (...) E fez com que todos, pequenos e grandes, ricos e pobres, livres e escravos recebam uma marca na mão direita ou na testa (...) Quem é inteligente calcule o número da besta, pois ele é o número de um homem e seu número é seiscentos e sessenta e seis.[367]

Como o número 666 é associado a "um homem" (interpretado pelo clero como sendo o Anticristo, assistente da besta satânica), inúmeras tentativas de descobrir sua identidade foram feitas desde então. Com a aplicação da antiga gematria hebraica (um sistema de substituição de números por letras correspondentes), chegou-se ao nome do imperador Nero. Contudo, como Domiciano era o soberano à época da publicação dessa teoria em grego, a aplicação estratégica de uma forma grega de gematria chegou ao nome de Domiciano. Descobriu-se também que os primeiros seis algarismos romanos, escritos em ordem descendente, formavam DCLXVI: o número 666.

Além dessas explicações, algumas equações matemáticas bem complexas foram produzidas para se chegar a todo tipo de soluções possíveis. Houve também sugestões baseadas em conceitos de energia cósmica e correntes terrestres. Dizia-se, por exemplo, que o número 666 é exatamente oposto ao valor da energia espiritual da água, que é 1080.[368]

---

364. Apocalipse 12:3-9.
365. Apocalipse 13:1.
366. Augusto, Tibério, Calígula, Claudio, Nero, Galba, Otho, Vespasiano, Tito e Dominito.
367. Apocalipse 13:11-18.
368. John Michell, *Dimensions of Paradise,* Thames and Hudson, London, 1988, capítulo 1, p. 18.

Como se viu, os avaliadores do século XVI não tiveram mais sucesso em decifrar o número do que seus antecessores tiveram no milênio. A teoria mais popular era a de que São João tinha um imperador romano em mente quando escreveu esses versículos em questão, muito provavelmente Domiciano, na época um opressor brutal dos cristãos. Todavia, de acordo com a doutrina católica do século XVI, o dia da chegada do Anticristo ainda estava por vir. Como ninguém esperava que Domiciano retornasse dos mortos, o problema numérico continuava vivo.

Curiosamente, a "marca da besta" nunca foi diretamente associada à Marca do Diabo, deixada nas bruxas pelos inquisidores, e o número 666 nunca se tornou um aspecto importante do julgamento de bruxas. Após a Reforma Protestante, contudo, uma nova teoria sobre o Anticristo foi desenvolvida e, como descobriremos, ela também implicava Roma diretamente.

Na Era Moderna, esse tema teve um desenvolvimento interessante. Embora o livro do Apocalipse tenha sido escrito nos últimos anos do século I, o manuscrito mais antigo conhecido da obra data apenas do fim do século IV. Mas, em 1895, fragmentos de um manuscrito anterior a esse foram descobertos em Oxirrinco,[369] no Egito. Por terem sido encontrados em mal estado de conservação, os papiros só puderam ser decifrados recentemente, com o uso de técnicas avançadas de processamento de imagens na Universidade de Oxford. Felizmente, o versículo em questão é legível. Escrito em grego, ele não contém o número escrito por extenso, como os textos posteriores, mas apresenta a "marca da besta" como um número de três dígitos. A partir disso, apurou-se que o registro mais original no Apocalipse não era 666, mas sim 616.[370]

Concílio de bruxas

Afora os inúmeros registros dos julgamentos, poucos textos narram as experiências daqueles que foram acusados e torturados durante a Inquisição. Porém, um bom exemplo de como o sistema funcionava foi escrito por Johannes Junius, o prefeito da cidade de Bamberg,

---

369. A coleção *Oxyrhynchus Papyri* contém cerca de 20 manuscritos apócrifos do Novo Testamento: obras de um período antigo do Cristianismo que no fim não foram aprovadas em 397 para o cânone do Novo Testamento.
370. Detalhes completos acerca do "Projeto Oxyrhynchus Papyri" podem ser encontrados no *site* da Universidade de Oxford.

então com 55 anos. Datado de 1628, o texto é um resultado direto do tribunal que Kraemer e Sprenger estabeleceram na Alemanha.

De acordo com o *Malleus Maleficarum*, o menor rumor, verdadeiro ou não, era suficiente para que uma pessoa fosse indiciada pela Inquisição. Junius atacou essa regra porque era suspeito de ter frequentado uma convenção de bruxas. Ele negou a acusação categoricamente, muito embora, na posição de prefeito, naturalmente tenha frequentado muitas assembleias públicas. De todo modo, ele foi acusado de feitiçaria. Em resposta, Junius reafirmou sua inocência, dizendo jamais ter renunciado a Deus ou tido qualquer contato com o Diabo e negou qualquer conhecimento a respeito do crime do qual estava sendo acusado. Mas foram encontradas testemunhas que corroboraram a acusação, dizendo que o prefeito fora visto com uma donzela que se tranformou em um demônio. Em outra ocasição, ele fora visto na presença de um bode, que provavelmente era o próprio Diabo. Além disso, uma pequena mancha foi encontrada no lado esquerdo de seu corpo, sendo interpretada como uma marca diabólica do pacto com Satanás.

Após ser submetido a uma série de torturas, incluindo os esmagadores de polegares, de pernas, o pêndulo e o balcão de estiramento, Junius foi obrigado a confessar que uma determinada reunião da Câmara Municipal no colégio eleitoral de Bamberg foi, na verdade, um *coven* de bruxas. Além disso, ele admitiu ter voado nas costas de um enorme cachorro negro, que era "invocado em nome do Diabo".

Johannes Junius foi então queimado na fogueira. Mas, além do registro de seu julgamento, foi encontrada na Biblioteca de Bamberg uma carta escrita por Junius à sua filha, Veronica, pouco antes de sua execução:

> Inocente vim à prisão; inocente devo morrer. Pois quem vem a essa prisão de bruxas deve se tornar uma bruxa ou então será torturado até que invente alguma coisa (...) O carrasco pôs em mim o esmagador de polegares, com minhas duas mãos atadas. O sangue escorria de minhas unhas e de toda parte, de modo que não pude usar minhas mãos por quatro semanas, como podes ver por minha escrita (...) Eles então me despiram, amarraram-me as mãos nas costas e me suspenderam. Imaginei que o Céu e a Terra chegavam ao fim. Oito vezes eles me suspenderam e me deixaram cair, para que sofresse

uma agonia terrível (...) Tens todas as confissões pelas quais eu morrerei. É tudo mentira, invenção. Fui forçado a dizer todas aquelas coisas por medo do balcão de estiramento, pois eles só interrompem a tortura quando ouvem uma confissão (...) Amada criança, esconde essa carta para que ninguém possa encontrá-la (...) Demorei vários dias para escrever, pois minhas mãos estão arruinadas. Boa noite, pois teu pai Johannes Julius nunca mais te verá.[371]

O Diabo solto

Ainda que a Inglaterra do início do século XVI não tivesse sido invadida com força pela obsessão europeia por bruxas, o Diabo fazia parte de vários contos populares e de alguns acontecimentos locais. Eles vinham, em geral, de adaptações de suas várias representações no Teatro de Mistérios, como no caso de um evento ocorrido em Suffolk no ano 1526.

Após uma apresentação em que interpretava o *Satan Claus*, um ator amador chamado John voltava para casa vestindo os trajes da peça. Ao tomar um atalho pelo bosque, ele se deparou com um grupo de ladrões, que, ao avistar John, abandonou seus cavalos e o fruto de seus roubos e saiu correndo. Por saber quem era o dono dos bens, o ator recolheu os coelhos deixados para trás, colocou-os sobre a sela e foi devolvê-los ao seu verdadeiro dono. Ao vê-lo se aproximando, o criado da casa entrou em pânico e correu para avisar seu senhor de que o Diabo estava chegando para coletar sua alma. Armado com água-benta e uma vela, um padre que por acaso ali se encontrava partiu para confrontá-lo, exigindo em nome de Deus que ele anunciasse suas intenções. Foi então que "ele percebeu se tratar de John, e todo o medo e terror transformou-se em gargalhadas".[372]

Essa e outras histórias da época indicam que o Diabo era visto na Inglaterra como uma entidade de tamanho humano. As pessoas não o imaginavam como dono de poderes extraordinários, pois ele precisava andar a cavalo e era claramente possível fugir ou se esconder dele. De fato, na história de John um criado fecha a porteira para impedir sua

---

371. George Lincoln Burr (ed) *The Witch Persecutions,* University of Pennsylvania History Department, Philadelphia, PA, 1897, p. 26-28.
372. Darren Oldridge, *The Devil in the Early Modern England*, Sutton, Stroud, 2000, capítulo 2, p. 16.

passagem quando o padre saiu para socorrer. Ele era visto claramente como um ser maligno, mas com limitações físicas comuns, e que poderia ser confrontado. Era possível atacá-lo e várias imagens sacras retratam-no sendo golpeado por espadas e outras armas, ainda que o padre de Suffolk tenha preferido confiar na água-benta e em uma vela. Uma imagem encontrada em uma igreja de Malvern, em Worcestershire, mostra um monge repelindo o Diabo com um fole.

Dizia-se que São Dunstan, abade de Glastonburry do século X, teria sido visitado pelo Diabo enquanto trabalhava em sua oficina de ferreiro. Mas o intruso não era páreo para o santo temível, que pegou uma pinça que ardia no fogo e apertou o nariz do Diabo com ela. Em outra versão do encontro, Dunstan teria pregado uma ferradura no casco do tinhoso, fazendo com que ele urrasse de dor. Em seguida, ele teria feito o Diabo jurar que jamais entraria em uma casa que tivesse uma ferradura sobre a porta. Essa seria a origem da superstição da "ferradura da sorte".

A noção de que o Diabo era capaz de levar as almas das pessoas como na história de Suffolk era bastante comum. Um dos vitrais na igreja de Fairford em Gloustershire mostra o tinhoso carregando almas em um carrinho de mão e uma escultura encontrada na catedral de Worcester o retrata carregando nas costas uma sacola repleta de almas. Segundo a teoria, as almas dos condenados eram fisicamente recolhidas por Satanás e levadas ao Inferno. Reza a lenda que, certa vez, São Medardo, um cônego de Picardy, avistou o Diabo saindo furtivamente com uma sacola de almas, mas ele se aproximou por trás e rasgou sua sacola, libertando os pobres presos:

> Lá se foi o Quacre; lá se foi o padeiro.
> Lá se foi o frade, aquele fantasma gorducho,
> Cuja medula o Velho Nick planejava furar,
> Cozido como uma galinha e servida na torrada.
>
> Lá se foi a pequena linda sobrinha do cardeal,
> E as belas prostitutas, e os dons da Espanha.
> E a tripulação do Corsair, e o judeu cortador de moedas,
> Espalharam-se pela planície como acendedores de lampião.[373]

Assim como as ferraduras, os sapatos eram considerados uma proteção contra o Diabo. Jogavam-se sapatos velhos nas chaminés

---
373. P. Carus, *The History of Devil and the Idea of Evil*, p. 258.

para impedir que o Diabo entrasse por ali. Assim, podemos ver que o Diabo do povo (principalmente dos camponeses ingleses) podia ser enganado e despistado por qualquer um, ao contrário do todo-poderoso Diabo da Inquisição, que só podia ser vencido com a intervenção da Igreja. Isso parece distinguir claramente o Satanás do imaginário popular da venerada divindade cornífera dos sabás rurais, apesar da insistência eclesiástica em associar os dois personagens.

Sob muitos aspectos, o Diabo era visto mais como uma figura ridícula do que como o temível Príncipe das Trevas. Na época, a Grã-Bretanha e o restante da Europa se afastavam do Catolicismo. O Diabo ainda era uma representação significativa do mal, mas agora era idealizado como um ser material e, portanto, vulnerável. Isso fazia dele um ser muito menos aterrorizante. Na Alemanha, um viajante chegou a uma cidade durante um carnaval e não foi avisado sobre as festividades. Ao avistar o Diabo perseguindo uma mulher, ele atacou o homem fantasiado com um machado, matando-o. Acusado de assassinato, ele alegou ter imaginado sinceramente estar salvando uma mulher do Diabo.[374]

Ainda que a maior parte da população de Itália, França e Espanha esteja presa à visão católica de um Anticristo onipotente, muitas pessoas na Alemanha, Holanda e Inglaterra viam o Diabo como uma figura atingível, que poderia ser iludida e vencida com relativa facilidade. Isso pode parecer estranho, considerando que o *Malleus Maleficarum* foi publicado inicialmente na Alemanha e que a Holanda (uma dependência da Espanha), era perturbada pela Inquisição espanhola. Por outro lado, essa presença católica pode explicar o fato de que, na região, inúmeras pessoas alegavam ter visto o Diabo em várias formas e disfarces. Um moleiro alemão dizia ter amarrado Satanás à sua roda d'água; um fazendeiro afirmava ter enganado o Diabo, vendendo-lhe uma porção de terra infértil; um alfaiate supostamente se livrou do Inferno ao fazer para o Diabo um belo terno.

A verdade, contudo, é que essa visão cômica do Diabo não durou muito. Tudo estava destinado a mudar logo com a chegada da Reforma Protestante. Apesar de tudo o que a Igreja Católica fizera com a Inquisição e o *Malleus Maleficarum*, o Diabo ainda não tinha chegado ao seu auge diabólico. Na verdade, sua história estava apenas começando e os momentos mais sombrios de sua espantosa tradição ainda estavam por vir.

---

374. R.W. Scribner, *Popular Culture and Popular Movements in Reformation Germany*, Hambledon Continuum, London, 1988, p. 88.

10

Reforma Satânica

Os dentes da besta

No início do século XVI, os esforços da Igreja no sentido de manter as pessoas com medo do Diabo não estavam produzindo os resultados esperados. Os europeus eram bem mais perturbados pelos frades da Inquisição, enquanto na Grã-Bretanha o Diabo era visto mais como um aborrecimento do que como uma ameaça. A miríade de gravuras e descrições dele, de um dragão cuspidor de fogo a um sátiro semelhante a um bode, era tão variada que não formava nenhuma espécie de imagem plausível. Não só o *Malleus Maleficarum* e outras obras propagandísticas foram popularizadas pela prensa de Gutenberg, mas também todo tipo de panfleto e programa teatral. Em muitos deles, o Diabo era retratado em caricaturas que zombavam das autoridades inquisitoriais.

Entretanto, era fundamental aos bispos fazer com que a personificação do mal voltasse a causar medo. Era preciso criar algo mais assustador para manter as pessoas na linha, algo ainda mais medonho e terrivelmente sobrenatural – a representação de uma ameaça demoníaca terrena que aterrorizasse as pessoas como uma entidade física identificável.

Em *The Histories*, do século V, o pensador grego Heródoto faz referência a uma tribo indo-europeia chamada de neuros:

Os gregos e os citas que vivem na Cítia dizem que uma vez por ano os neuros se transformam em lobos durante alguns dias e depois voltam à forma humana. Pessoalmente não creio nisso, mas eles insistem em sua veracidade apesar de sua improbabilidade e jurando que dizem a verdade.[375]

Na realidade, os antigos neuros apenas se vestiam com peles de lobo durante suas festividades anuais, mas o conceito era interessante o suficiente para encontrar espaço nas mitologias grega e romana. No ano 8, Ovídio fez uma importante menção ao fenômeno dos homens-lobo em sua obra *Metamorfoses*. Ao falar sobre a Criação e as eras da humanidade, Ovídio faz referência a Licão, rei da Arcádia, que ofereceu a Júpiter (que não comia carne) um banquete de carnes, ofendendo o deus, que o transformou em lobo:

> Com a boca raivosa e transferindo sua luxúria para a matança de rebalhos e deliciando-se com o sangue.
> Suas vestes se convertem em pelo grosso, seus braços em pernas.
> Ele era lobo, mas tinha algo de humano,
> O mesmo cabelo grisalho, o mesmo rosto violento.[376]

Vestir-se com peles de lobo era um ritual bastante comum no folclore antigo, assim como a crença de que uma pessoa poderia ter sua natureza transformada por elas, tornando-se semelhante a um lobo. Na saga dos volsungos da tradição nórdica, os personagens Sigmund e Sinfjölti embrenham-se na floresta e encontram a casa de um peleiro. Eles se cobrem com as peles de lobo do dono da casa, que dorme. A natureza dos animais então vem à tona e os amigos começam a uivar como lobos, incapazes de se livrar das peles. De volta à floresta, eles descobrem ter adquirido a força de vários homens e passam a atacar transeuntes, abocanhando suas gargantas impunemente.[377]

---

375. Heródoto, *The Histories* (tradução Robin Waterfield), Oxford University Press, 1998, livro 4, item 105, p. 270.
376. Ovídio, *Metamorphoses* (tradução A.D. Melville), Oxford University Press, 1986, livro I, p. 8.
377. Jesse Byock (ed) *The Saga of the Volsungs,* Penguin, London, 1999, capítulo 8, p. 44-45. Ver também S. Baring-Gould, *The Book of Werewolves,* capítulo 3, p. 18-19.

Em virtude da imagem incerta do Diabo, o conceito da transformação em lobo tornou-se particularmente atraente aos clérigos cristãos, principalmente porque o lobo foi usado nos evangelhos do Novo Testamento como exemplo de um predador. Em Mateus 7:15, Jesus diz: "Guardai-vos dos falsos profetas, que vêm a vós disfarçados de ovelhas, mas por dentro são lobos vorazes". E em Mateus 10:16: "Eis que vos envio como ovelhas entre lobos. Por isso, sede sábios como as serpentes e inocentes como as pombas". Embora essa passagem estabeleça a serpente como uma criatura de sabedoria, em vez de como o ser satânico das interpretações doutrinais habituais, também apresentou a figura do lobo inimigo. Na prática, o lobo só foi sugerido figurativamente por ser o predador natural da ovelha, mas como o "rebanho" cristão era comparado a ovelhas, o lobo tornou-se um inimigo simbólico da Igreja. A ideia era ainda sustentada por outra fala de Jesus em Lucas 10:3: "Ide; eis que eu vos envio como cordeiros entre os lobos". Considerando isso, a habilidade do Diabo e seus discípulos de metamorfose, promovida muitos séculos antes por Atanásio, os inquisidores chegaram à figura do lobisomem.[378]

Afora o medo, essencialmente infundado, que causavam, os lobos não tinham nada de diabólico e nenhum aspecto de sua natureza ou aparência poderia ser considerado maligno. Mesmo quando o *Lay of the Werewolf* apareceu no século XII, escrito por Marie de France, não tinha nada de particularmente terrível. A história narra as desventuras de um barão que, após ser traído pela esposa e seu amante nobre, fora fadado a viver na floresta, sob a forma de um lobo chamado Bisclavaret. Após conquistar a amizade de um nobre rei e tornar-se parte de sua corte, o lobisomem consegue sua vingança sobre o infame cavaleiro, recuperando assim sua masculinidade.[379]

Ao formular suas teorias sobre bruxaria, a Inquisição associou uma série de animais, como bodes e cervos, ao sobrenatural e profano. Todavia, embora possuíssem chifres e fossem retratados como seres diabólicos, esses animais não eram exatamente assustadores.

---

378. Baseando-se no conto de Ovídio sobre Licano, uma condição médica que leva as pessoas a terem a ilusão de que se transformaram em lobos foi chamada pelos médicos modernos de licantropia. O famoso ensaísta Vitoriano, Reverendo Sabine Baring-Gould, referiu-se a isso em 1865, afirmando que a licantropia "realmente consiste em uma forma de loucura, semelhante às insanidades que encontramos na maioria dos manicômios". Ver em Sabine Baring-Gould, *The Book of Werewolves*, Senate, London, 1995, capítulo 2, p. 8.
379. Marie de France, *Lays* (tradução Eugene Mason), J.M. Dent, London, 1954, capítulo 8, p. 83-90.

O lobo predador era um candidato bem mais adequado aos propósitos da Igreja, e os inquisidores recorreram ao Antigo Testamento para embasar essa ideia. Em Levítico 26:22, encontramos uma sentença divina aos israelitas: "Soltarei bestas no meio de vós, e elas levarão vossas crianças e destruirão o vosso gado e vos dizimarão". E em Deuteronômio 32:24: "E enviarei contra eles ainda os dentes das bestas".

Essas duas citações bíblicas foram detalhadas[380] no *Malleus Maleficarum* para provar o caso contra as bruxas, mas foi na segunda que a Igreja encontrou sua inspiração mais estratégica: "os dentes das bestas". Dado que os dentes não fazem parte do arsenal habitual de armas de um homem, retratar assim a figura do Diabo mutante era extremamente tentador. Contudo, decidiu-se que seria melhor atribuir esse traço não a Satanás, mas ao mais diabólico de seus emissários. Desse modo, inúmeros lobisomens poderiam vagar sobre a Terra.

As pessoas naturalmente tratam com alguma reserva ou evitam animais selvagens, principalmente os carnívoros, dotados de grandes presas, habilidade de caça e força, mas isso não significa, de modo algum, que eles sejam maldosos, perigosos ou diabólicos. Por outro lado, a cena de um homem ou uma mulher, com más intenções óbvias, transformando-se em uma besta feroz era muito mais assustadora. Era digna de pesadelos e a Igreja então fez bom uso de seu potencial. O lobisomem recebeu uma definição oficial de Richard Verstegan, um antiquário católico e colecionador de livros religiosos:

> Os lobisomens são certos feiticeiros que depois de ungirem seus corpos com um unguento feito a partir do instinto diabólico e vestirem um cinto encantado, não só se parecem com lobos aos olhos das outras pessoas, como também, em sua própria mente, têm a forma e a natureza de um lobo.[381]

Por seus hábitos noturnos, o lobo é comumente associado à Lua, que por sua vez era normalmente relacionada aos sabás e à bruxaria. Por isso, passou-se então a acreditar que os lobisomens se transformavam durante as Luas Cheias. Henri Boguet, o famoso caçador de bruxas da Borgonha no século XVI, afirmava que, quanto

---

380. H. Kraemer e J. Sprenger, *The Malleus Maleficarum,* parte I, questão 10.
381. *Oxford Compact English Dictionary,* em Lobisomens.

às presas dos lobisomens, atacavam homens, mulheres e crianças, sem distinção. Eles não precisavam fazer nada para provocar a raiva do lobisomem. Além disso, determinou-se que qualquer pessoa que fizesse um pacto com o Diabo poderia se tornar um lobisomem. Uma pobre garota foi queimada viva na fogueira por Boguet só porque foi acusada de ter se transformado em um lobo enquanto se escondia atrás de um arbusto.

Boguet se gabava de ter queimado 600 lobisomens e, só na primeira década do século XVI, mais de 30 mil julgamentos de lobisomens ocorreram na França. Em geral, os acusados eram ciganos ou pobres das áreas rurais. Supunha-se que, por possuírem costumes pouco refinados, as pessoas do campo vagavam por florestas e outros lugares não civilizados, sendo naturalmente corrompidas pelas forças malignas. A principal ligação feita pelos inquisidores entre ciganos e lobos era sua associação mútua com a prata, o elemento lunar. Dizia-se que um lobisomem transformado só poderia ser morto por uma lâmina ou por uma bala de prata. Da mesma forma, a única maneira de ganhar a confiança e se livrar de uma maldição cigana era despojar-se de toda prataria, em sinal de submissão. Aliás, mesmo após o fim da Inquisição, a crença sobreviveu simbolicamente por meio de uma única moeda: "cruzar a palma com prata", ao que a cigana respondia com sua arte de *dukkering*, palavra *romani* que define uma habilidade de adivinhação pela leitura dos sinais corporais de uma pessoa. Alguns diziam que essa era uma forma de feitiçaria herdada do antigo Egito, na qual Wepwawet era o deus-lobo de Licópolis.[382]

Consignado ao Diabo

Em tentativa de compensar os altos custos da Inquisição católica e encher os cofres do Vaticano, o frade dominicano Johann Tetzel implementou, em 1517, um lucrativo esquema financeiro. Até esse momento, as pessoas conseguiam o perdão por seus pecados com penitências, como o jejum, a repetição do rosário e outros atos de contrição. A ideia de Tetzel era substituir essas tradicionais penas por indulgências – declarações formais que garantiam a absolvição dos pecados, obtidas em troca de dinheiro. A venda de indulgências

---

[382]. *Sir* James George Frazer, *The Golden Bough,* Macmillan, London, 1907, capítulo 52, p. 494.

foi aprovada por decreto do papa Leão X, tornando-se rapidamente uma fonte de renda significativa para a Igreja.

Por séculos, o clero ortodoxo sofreu uma série de medidas ultrajantes impostas por uma hierarquia cada vez mais gananciosa e corrupta. No período, eles seguiram as ordens do Vaticano com toda a lealdade possível, mas a troca da salvação por dinheiro era algo que não poderiam tolerar. A prática foi, portanto, contestada publicamente. Em outubro de 1517, um professor agostiniano de teologia da Universidade de Wittenberg, na Alemanha, escreveu seu protesto e pregou-o na porta da igreja local. Foi um ato de objeção formal destinado a dividir a Igreja ocidental em duas para sempre. Ao receber uma reprimenda papal, ele a queimou publicamente, sendo então excomungado. Seu nome era Martinho Lutero e ao lado de seus "protestantes" formou o Protestantismo.

A tentativa para reformar uma Igreja corrupta proposta por Lutero logo ganhou repercussão internacional. Isso deu origem a um movimento de reforma abrangente, com o estabelecimento de uma sociedade cristã alternativa e fora do controle romano. Apesar de todos os esforços feitos pelo Vaticano para expandir e reforçar a autoridade da Igreja Católica, a Reforma Protestante enfraqueceu completamente o poder do Sacro Império Romano, pois as nações europeias ficaram divididas. Na Alemanha, por exemplo, o norte tornou-se predominantemente protestante, enquanto o sul manteve suas raízes católicas romanas.

A separação entre católicos e protestantes parecia sinalizar o declínio da Inquisição. Contudo, a Reforma Protestante não teve qualquer impacto positivo em relação à caça às bruxas. Na verdade, intensificou o empenho prévio com sentenças ainda mais vigorosas. Martinho Lutero afirmava que, por terem feito um pacto com o Diabo, todas as bruxas deveriam ser queimadas. De acordo com ele, as feiticeiras formavam um importante batalhão da vasta legião inimiga, que o Diabo reuniu para derrotar a Igreja Protestante.[383] Além disso, Lutero via o Diabo em toda a parte. Seu ódio pela Igreja Católica era tamanho que ele declarava que o papa Leão era o Anticristo, um emissário do próprio Satanás. Como resultado direto desse ódio eclesiástico, a Inquisição espanhola passou a perseguir também os protestantes, além dos judeus e dos mulçumanos, na Espanha e nos Países Baixos.

---

383. J.B. Russel, *A History of Witchcraft,* capítulo 4, p. 82.

Lutero estava certo de que o Diabo existia como uma entidade física que tinha a Igreja Católica sob seu comando. Ele acreditava ainda estar sendo sempre observado pelo Maligno e estava sempre pronto para o combate. Certa vez, no castelo de Wartburg, ele imaginou ter visto o Diabo caçoando de seu trabalho e arremessou um tinteiro em sua direção.[384]

Como resultado da crescente influência luterana, a crença popular no poder do Diabo, que se manifestava por meio da bruxaria e outras práticas mágicas, tornou-se maior do que nunca. Naturalmente, Lutero ignorava as bulas papais, importando-se apenas com a Bíblia; e foi em razão da ordem bíblica "não deixarás uma bruxa viva",[385] que ele defendeu o extermínio das bruxas. Contudo, sua opinião sobre a interferência satânica não se limitava ao mundo da bruxaria. Ele via a influência maligna nos afazeres comuns da vida cotidiana. Sua série de *Teufelsbucher* (Livros do Diabo) explica que atitudes como se vestir de maneira refinada, dançar, frequentar festas, fazer sexo e comer alimentos exóticos eram vícios que resultavam da influência diabólica. Além das frivolidades e extravagâncias, Lutero baseava-se na alcunha recebida pelo Diabo na Bíblia, o "príncipe do mundo", para supor que o Diabo fazia parte de todas as coisas. A esse respeito, ele afirmava que "o pão que comemos, a bebida que bebemos, os trajes que vestimos, o ar e todas as coisas em que vive nossa carne estão sob seu comando".[386]

Na Inglaterra, a consequência mais importante da Reforma foi a rejeição formal à autoridade do papa, substituído como líder da Igreja Anglicana pelo rei Henrique VIII Tudor. No ano 1563, os 39 artigos da crença anglicana protestante foram decretados pela rainha Elizabeth I, filha de Henrique. Dessa forma, a Igreja Anglicana independente foi formalmente estabelecida e Elizabeth foi excomungada pelas autoridades romanas em 1570. Pouco tempo antes, em 1560, a Escócia havia se afastado do controle papal, com o estabelecimento da Igreja Presbiteriana da Escócia por influência do reformista John Knox, antigo capelão da corte dos Tudor. O movimento presbiteriano surgiu a partir dos ensinamentos do teólogo francês João Calvino, que, seguindo os passos de Martinho Lutero, fundara seu próprio movimento protestante, chamado Calvinismo. Em 1541, as Ordenanças Eclesiásticas de Calvino foram decretadas em Genebra, na Suíça, sendo mais tarde interpretadas e implementadas pela Igreja Nacional da Escócia.

---

384. P. Carus, *The History of the Devil and the Idea of Evil*, p. 342-43.
385. Êxodo 22:18.
386. D. Oldridge, *The Devil in Early Modern England*, capítulo 2, p. 24.

Foi no ambiente dessa nova estrutura anticatólica que o Diabo chegou ao seu auge. A visão que os protestantes do século XVI tinham de Satanás era muito mais aterrorizante do que qualquer coisa imaginada pelos católicos. Os inquisidores usaram o Diabo como um eficiente objeto de estratégia em sua cruzada contra hereges, feiticeiros e bruxas. Mas os protestantes, especialmente os fervorosos calvinistas, realmente acreditavam em sua existência. Por essa razão, Satanás deixou de ser uma figura secundária, ligada apenas à bruxaria, tornando-se uma parte central na vida de todas as pessoas. "Os portões do Inferno estão abertos", escreveu William Chub em *The True Travaile of All Faithful Christians*, "e os dilúvios de Satanás inundaram o mundo todo".

Durante o reinado do rei Eduardo VI de Inglaterra (1537-53), Thomas Becon, capelão do arcebispo Cranmer de Canterbury na nova Igreja Inglesa, compilou sua obra *Catechism of Prayer*. Ela incorpora uma avaliação da posição ocupada pelo Diabo na fé protestante da época:

> Não é segredo quão grande, quão poderoso e quão pujante é o reino de Satanás, que, como disse São Pedro, "caminha como um leão que ruge, procurando o que devorar"; que Satanás, nas Escrituras Sagradas, é descrito como "o príncipe e o deus deste mundo, o soberano das trevas" (...) Não existe lobo voraz que busque sinceramente devorar sua presa com tanta avidez quanto o inimigo da humanidade; aquela velha serpente, que caçou e ponderou por uma hora inteira como destruirá e condenará os homens mortais, como fará com que eles caiam da graça de Deus, como vai tomar para si a porção que é deles, naquele lago que arde em fogo e enxofre. Como esse deus do mundo, falo de Satanás, é um grande rei e um príncipe poderoso, que domina com mãos firmes os filhos da descrença e os instrumentos da ira divina, seu reino é extenso e abundante (...) O Diabo é nosso arqui-inimigo, que, acima de todos os outros, busca nossa destruição.[387]

---

387. Thomas Becon, *The Catechism of Thomas Becon* (ed, Rev. John Ayre para "The Parker Society), Cambridge University Press, Cambridge, 1844, "Catechism of Prayer", parte IV, p. 149, 195.

No que diz respeito ao "pecado original", católicos e protestantes tinham crenças semelhantes na época. O artigo IX dos artigos constitucionais da Igreja Anglicana diz que: "a carne sempre cobiça contra o espírito; portanto, toda pessoa que nasce neste mundo merece a ira de Deus e da danação". Ainda sobre esse tema, o artigo XVII diz que alguns eleitos de Deus serão salvos da maldição e da danação, mas acrescenta:

> Para as pessoas curiosas e carnais, destituídas do Espírito de Cristo, ter sempre diante de seus olhos a sentença da predestinação de Deus é extremamente perigoso, pois o Diabo pode lançá-las ao desespero, ou à miséria da mais impura das vidas.

A teoria da "predestinação" determinava (ao contrário do livre-arbítrio) que as decisões antecipadas de Deus a respeito do destino das pessoas estavam consolidadas e não poderiam ser alteradas. Esse aspecto da crença, de acordo com o qual Deus condenaria ou salvaria as pessoas de forma arbitrária, era suficiente para que a Igreja Protestante mantivesse o controle social. Aqueles que não se submetessem à vontade de Deus, como apresentada por seus padres, seriam entregues ao Diabo.

Enquanto isso, a Igreja Católica formalizava seu sacramento da penitência (confissão) no Concílio de Trento, no norte da Itália. Esse longo evento durou de 1545 a 1551 e determinou as doutrinas da Igreja após a separação dos protestantes. A ideia que ampara a Confissão, como foi determinado pelo Concílio, é a seguinte: "O Senhor instituiu essencialmente o sacramento da penitência quando, ressuscitado dos mortos, soprou aos Seus discípulos, dizendo: 'Recebei o Espírito Santo. Aqueles a quem perdoardes os pecados, ser-lhes-ão perdoados; aqueles a quem retiverdes, ser-lhes-ão retidos'".[388] O sacramento incorpora duas ideias principais:

> 1. Que o penitente se apresente ao padre acusando a si mesmo de seus pecados.
> 2. Que o padre pronuncie a absolvição e imponha a penitência.

---

388. João 20:22-23.

A confissão é considerada um processo judicial, no qual o penitente é acusador, acusado e testemunha, enquanto o padre assume o papel de juiz. A graça concedida é vista como a salvação da culpa e do pecado ou, em casos de pecado mortal, da punição eterna.

A importância desse sacramento era seu completo contraste com a doutrina protestante de que não existia perdão ou possibilidade de salvação, exceto para aqueles poucos de uma elite escolhida. Em alguns casos, os membros da elite eram clérigos católicos convertidos, mas, na maioria, eram um novo grupo de pastores ordenados. De qualquer forma, conclui-se que Deus os escolheu para liderar a nova missão sagrada. Todas as outras pessoas eram consideradas filhas do Diabo e uma nova Inquisição foi instaurada, ao passo que a obsessão europeia pelas bruxas enfim penetrava na Grã-Bretanha.

Enquanto a mania protestante se propagava, as autoridades católicas promulgavam novos decretos. O *Constitutio Criminalis Carolina* do Sacro Império Romano em 1532 enfatizava o poderio do Diabo e seu papel na divulgação do pecado pelo mundo. Esse código penal imperial determinava ainda que a feitiçaria não deveria ser encarada apenas como uma forma de heresia, mas também como um crime. Se uma pessoa suspeita de bruxaria for considerada remotamente capaz de causar mal ou dano a outro indivíduo, ainda que nenhum crime tivesse sido realmente cometido, deveria ser queimada na fogueira. A Reforma Protestante era vista pelo Vaticano como uma enorme onda de apostasia. O território católico era invadido por um novo tipo de heresia. Isso motivou o papa Paulo III a estabelecer a partir de julho de 1542 um tribunal inquisitório central com seis cardeais em Roma. Esta era a corte final de apelação nos casos relacionados à fé, e o "tribunal de primeira instância" nos casos a ser revisados pelo papa.[389] Dessa forma, o Tribunal do Santo Ofício da Inquisição (*Romano Inquisito*) passou a ser conhecido como Sacra Congregação da Inquisição Romana e Universal. Na mesma época, a bula papal *Licet ab Initio* declarou que a nova Inquisição romana era o "tribunal supremo do mundo inteiro".[390] Então, em 1572, Augusto, príncipe eleitor da Saxônia, fixou a penalidade de queimar na fogueira para todo tipo de prática de magia, até mesmo a simples leitura da sorte.[391]

---

389. *Catholic Encyclopedia,* volume III, em Inquisição.
390. *Ibid.*, volume XIII, em Congregações Romanas.
391. *Ibid.*, volume XI, em Bruxaria.

Um reino de imoralidade

Um aspecto significativo do emergente folclore em torno do Diabo, no período formativo do movimento protestante, foi o modo como sua imagem se alterava no imaginário popular. O Satanás visto por Martinho Lutero não era tão simplório quanto aquele que carregava almas em um carrinho de mão, mas ainda assim podia ser atacado com um tinteiro. Ele contou como havia certa intimidade entre eles, até debates coloquiais. Todavia, no que diz respeito ao mal verdadeiro, ele estava certo de que o papa Leão X era o Anticristo bíblico, e que a Igreja de Roma era o reino supremo do Inferno.

Martinho Lutero morreu em 1546, apenas 25 anos após ter sido excomungado pela Igreja Católica e poucos anos após ter elaborado sua doutrina alternativa e estabelecido a Igreja Protestante. Entre seus seguidores e aqueles que levaram o movimento adiante, muitos viam o Diabo sob uma luz muito mais aterrorizante. Para eles, não era tanto uma figura pessoal de algum tipo, mas a abominável representação do pecado. Partindo de uma perspectiva psicológica muito mais profunda, eles identificavam o Diabo como o senhor absoluto da tentação, governante do mundo dos vícios, da luxúria e da ganância.[392] De fato, as lideranças protestantes mais radicais que sucederam Martinho Lutero enxergavam todo tipo de prazer e extravagância como algo diabólico. De acordo com suas pregações, o Diabo tornou-se o príncipe do Inferno, não apenas um anjo caído, mas um ser terrivelmente obscuro e muito mais ameaçador do que qualquer outra criatura maligna. Seu coração era tão gelado e seus métodos eram tão perversos que apenas aqueles que renunciassem a todos os prazeres seriam capazes de escapar das armadilhas de sua imoralidade, tanto na vida quanto na morte.

O regime rigorosamente austero do Protestantismo puritano era ainda mais acentuado na Europa, pois o movimento nasceu durante os últimos anos do Alto Renascentismo, quando a arte e a arquitetura eram extravagantes como nunca. Tudo era colorido, arrojado, exagerado e alegre. Mais do que isso, o Renascimento tinha criado um ambiente extremamente criativo, o que era visto pelos protestantes como uma tentativa de imitar Deus, o maior de todos os pecados protestantes. De um ambiente católico no qual Rafael, Michelangelo, Bramante e Romano desenvolveram a harmonia da arte clássica ao máximo, uma seita de religiosos intransigentes surgiu para condenar

---

392. P. Carus, *The History of the Devil and the Idea of Evil,* p. 338-46.

todas as suas criações. Os puritanos, como vieram a ser conhecidos, repudiavam até mesmo a estrutura eclesiástica tradicional da Igreja Anglicana e condenavam todos os avanços tecnológicos desenvolvidos pela Renascença, valorizando a austeridade e a religiosidade acima de tudo.

O ódio que os puritanos nutriam pela arte e pela arquitetura parece ter se originado na própria gênese do Protestantismo, quando Martinho Lutero e seus seguidores criticaram a hipocrisia extrema dos papas e cardeais da época, entre eles, do maior inimigo de Lutero, Giovanni de Médici, que viria a ser conhecido como o papa Leão X.

Apesar de todas as maravilhas culturais do Renascimento, se por um lado era criativo artisticamente, por outro ele estava fadado a ser visto por monges e clérigos devotos como um movimento espiritualmente destrutivo. A esse respeito, o papa Leão representava tudo aquilo de que a Inquisição acusava bruxas e feiticeiros em termos de suas buscas sensuais. Leão era dono de um lucrativo bordel em Roma, cedendo um quarto dos lucros e dos direitos sobre as cortesãs à Igreja. Ignorando seus votos de celibato, ele teve inúmeros filhos ilegítimos, e, segundo um estadista florentino chamado Francesco Guicciardini, ele "se dedicava em excesso aos prazeres carnais, especialmente àqueles que não podem, por polidez, ser mencionados". Outros diziam que "a ele era permitido muito ócio, prazer e satisfação carnal". Mas, além de levar uma vida libertina, Leão era o generoso mecenas de Rafael e Michelangelo.[393]

Nada disso era novidade para Martinho Lutero, e a venda de indulgências foi simplesmente a gota d'água. O antecessor de Leão, o papa Júlio II, teve três filhas e até mesmo publicou uma bula para fundar seu prostíbulo de São Pedro, no dia 2 de julho de 1510. Como muitos antes dele, Júlio era conhecido por suas chamadas "atividades desvairadas com prostitutas e meninos".[394] Contudo, ele também era um mecenas entusiasmado das artes, tendo encomendado a Michelangelo a famosa pintura do teto da Capela Sistina, no Vaticano. Talvez não seja de surpreender, portanto, que os protestantes tenham associado a Renascença artística ao comportamento incomum dos papas ou considerado as disciplinas estéticas como igualmente diabólicas.

---

393. Nigel Cawthorne, *Sex Lives of the Popes,* Prion, London, 2004, capítulo 15, p. 225-36.
394. *Ibid.*, capítulo 15, p. 222-23.

Muito tempo antes, na época do papa Inocêncio VIII, o arcebispo de Canterbury, na Inglaterra, ficou tão constrangido pelo que chamou de "todo tipo de vida descomedida e sem pudores" que confrontou Inocêncio sobre o assunto. O papa, muito mais preocupado com a implementação da Inquisição espanhola, dispensou o arcebispo, respondendo: "Esse estilo de vida é tão comum aos padres e à cúria que seria difícil encontrar um deles desacompanhado de uma concubina". Na época, as cortesãs que viviam na corte papal ocupavam altas posições sociais e muitas delas aproveitavam-se disso para exercitar suas habilidades intelectuais, atividade proibida às mulheres de então.[395] A mais famosa concubina de Rodrigo Bórgia, que, em 1492, viria a se tornar o papa Alexandre VI, era Vanozza dei Cattanei. Eles tiveram quatro filhos, incluindo a famigerada Lucrécia Bórgia.[396] Outra famosa jovem concubina do papa Alexandre foi Giulia Farnese, a neta de 15 anos do papa Inocêncio VIII.

Os escândalos sexuais eram tão frequentes no Vaticano que o regime papal era conhecido como uma "pornocracia". Em 1534, Alessandro, irmão de Giulia, tornou-se o papa Paulo III e recebeu o apelido de cardeal Anágua por ter inúmeras amantes. Uma delas era outra Lucrécia, que lhe deu três filhas. Lucrécia e Masina, outra cortesã, viviam com todo o luxo que o papado tinha a oferecer, com mansões, vinhedos e toda a riqueza esbanjada com elas.

Na opinião de Martinho Lutero, a hipocrisia descarada do Catolicismo era a raiz de todo o mal. Nada estava mais próximo do Diabo do que o trono papal e nenhum lugar se parecia mais com o Inferno do que a cidade do Vaticano. Ciente de seu histórico monástico nessa instituição, Lutero estava sempre apavorado pela possibilidade de o Diabo o perseguir. "Hoje de manhã", escreveu ele em seu diário, "quando acordei, o inimigo começou a me contestar. 'És um grande pecador', disse ele, ao que respondi: 'Não podes me dizer nada de novo, Satanás?'".[397]

Com escritos como esse, Lutero criou um conceito que viria a ser conhecido popularmente como "o demônio interior", uma ideia bastante divulgada pela doutrina puritana, segundo a qual as pessoas são essencialmente malignas e nada podem fazer a esse respeito. Ainda de acordo com essa teoria, o Diabo reside na mente e no corpo

---

395. Gaspara Stampa (1523-54), Veronica Franco (1546-91) e Tullia d'Aragona (1510-56) fizeram contribuições significativas para a poesia do período.
396. Depois de Lucrécia, os outros filhos do papa Alexandre com Vannozza dei Cattanei foram Giovanni, nascido em 1474; Cesare, nascido em 1476; e Goffredo, nascido em 1481.
397. P. Carus, *The History of the Devil and the Idea of Evil*, p. 343.

das pessoas, que não devem fazer nada que possa satisfazê-lo ou agradá-lo. Isso só era possível com uma vida de privação, livre de extravagância, ambição ou prazer. Assim, dizia-se, o Diabo sofreria em sua morada.

A Alta Igreja Anglicana da época dos Tudor, a partir do início do século XVI, adotou uma forma moderada de Protestantismo, conservando diversas tradições católicas. Já os puritanos, com toda a sua austeridade, começaram a se fortalecer e em pouco tempo passaram a dominar a nação. Quando isso ocorreu, os ministros virtuosos se mostraram tão hipócritas quanto os clérigos romanos, tratando seus inimigos de maneira igualmente brutal.

11

Negócios Infernais

Promessa ao Diabo

As leis da Inglaterra incluíam referências desde a época saxônica do rei Alfredo, o Grande, no século IX. Todavia, a conexão direta entre bruxaria e adoração ao Diabo não foi feita nesse período. Satanás não aparecia na cultura inglesa do período, nem pelos bretões nativos, nem pelos anglo-saxões integrados. A maioria de tais citações legais era relacionada aos costumes rurais, descritos como "a adoração aos deuses pagãos, ao sol ou à lua, aos incêndios ou às enchentes, à água, aos poços ou às pedras, ou a qualquer tipo de madeira ou árvore".

Nessa época, os reis anglo-saxões já haviam se cristianizado, enquanto as culturas dos "deuses pagãos" preservadas eram originárias, em sua maioria, das comunidades celta e romano-bretã antiga. No entanto, quando os primeiros anglos e saxões invadiram a Grã-Bretanha no século V, vindos do norte alemão, tinham seus próprios deuses, como Woden e Thunor, de modo que os antigos deuses da Grã-Bretanha sempre lhes seriam estranhos. Ainda que esses povos tenham sido, em geral, integrados ao Cristianismo 400 anos depois, na época de Alfredo, as tradições de deuses britânicos como Taranis e Eusus ainda sobreviveram em algumas regiões, assim como as crenças saxônicas remanescentes em Woden e outras divindades. Além disso, havia os grandes senhores da floresta como Kearne, o cornífero, e o deus veado do *Caille Daouine* nas florestas do norte da Caledônia.

Os anglo-saxões cristãos não aprovavam nenhuma dessas divindades e taxavam os seguidores dos costumes antigos de bruxos. Eles reconheciam, contudo, a possibilidade de que esses deuses de tempos remotos tivessem algum tipo de poder, e sua invocação foi declarada bruxaria. Uma proclamação inicial a esse respeito foi emitida em Grately, Hampshire, pelo rei Athelstan, em cerca de 932. Sua lei decretava:

> E nós ordenamos a respeito de bruxas, *lyblacs* (feiticeiros) e *morthdaeds* (assassinos): se qualquer um for desse modo morto e o acusado não puder negá-lo, ele que seja condenado à morte. Mas, se ele negar, e em três juízos for considerado culpado, que ele fique 120 dias na prisão; e que após isso, um semelhante o retire e dê ao rei 120 *shillings* (...) para que ele em definitivo desista de tais atividades.[398]

Ao analisarem essas supostas bruxarias, os clérigos cristãos dos saxões tinham seus próprios feitiços, rituais e encantamentos para restaurar a fertilidade da terra. Um feitiço saxão do século X dizia: "Aqui está o remédio pelo qual poderás restaurar teus campos, caso eles não produzam bem ou caso alguma maquinação sinistra, como mágica ou bruxaria, tenha recaído sobre ele".[399]

Embora as bruxas fossem repreendidas em tempos posteriores pelo preparo de remédios naturais, o mais antigo guia de medicina inglês conhecido contém uma série de recomendações relacionadas à utilização de ervas na "cura de diversas enfermidades", incluindo instruções para sua produção e aplicação. Preparado por um médico saxão conhecido como Bald e baseado em medicamentos comuns nos dias do rei Alfredo, o manual contém um grande número de receitas comumente utilizadas no século X.[400] Contudo, algumas centenas de anos depois, no início da caça às bruxas, essas substâncias foram classificadas pela Igreja como poções de feitiçaria ilegal.

Nessa mesma época foi feita a primeira referência conhecida ao Diabo ligado a todo tipo de enfermidade e aflição. O bispo saxão, conhecido como Wulfstan de Winchester, identificou que:

---

398. Oliver J. Thatcher (ed), *The Library of Original Sources*, University Research Extension, Milwaukee, WI, 1901, volume IV, p. 211-39.
399. John Earle, *Anglo-Saxon Literature,* Society for Promoting Christian Knowledge, London, 1884, capítulo III, p. 76.
400. Escrito por um monge chamado Cild, *The Leech Book of Bald* existe desde por volta de 940. O termo médico *leech* deriva da velha palavra inglesa *laece* que significa "curandeiro". Detalhes desse trabalho e de outros remédios medievais estão em Stephen Pollington, *Leechcraft: Early English Charms, Plantlore and Healing*, Anglo Saxon Books, Swaffham, 2000.

Do Diabo emana todo mal, toda angústia e nenhum remédio. Onde ele encontra homens descuidados, ele incute neles, ou às vezes em seu rebanho, alguma terrível aflição e eles então fazem oferendas pela sugestão do Diabo, para um poço ou uma pedra, ou então para coisas proibidas.[401]

Sangue para Satanás

Ao longo dos próximos 500 anos, houve alguns casos em que as bruxas foram acusadas de causar crimes ou acidentes como determinado pela *Lei de Athelstan* e por suas revisões. Em um típico exemplo do final do século X, uma mulher e seu filho foram julgados por cravar estacas em uma figura que representaria um determinado sujeito. A mulher foi presa e afogada no Rio Tâmisa, na Ponte de Londres, enquanto o filho foi declarado foragido. Em 1337, um homem foi acusado de desobedecer à instrução legal por não trazer o Diabo como testemunha à corte em Hatfield, em Hertfordshire. Como o Diabo não compareceu após ser convocado pelo juiz, o caso foi arquivado![402] Foi apenas em 1566, contudo, que ocorreu o primeiro grande julgamento de bruxas da Inglaterra, em Chelmsford, Essex. Enquanto os protestantes ingleses eram mantidos sob controle pela curta monarquia católica da rainha Maria I (conhecida como "Bloody Mary" ou "Maria, a Sanguinária") nos anos 1550 o clero puritano voltou à tona, mirando mulheres indefesas para formular e defender seus próprios métodos de controle social.

O julgamento das bruxas de Chelmsford foi um marco histórico sem precedentes, pois estabeleceu a legalidade de as cortes aceitarem acusações infundadas feitas por crianças bem recompensadas por seus testemunhos. Ele também introduziu a ideia das Marcas do Diabo – manchas ou imperfeições corporais, muitas vezes do tamanho de mordidas de pulga, utilizadas para a revelação e identificação das bruxas. Em 1596, essas "marcas" foram mencionadas no livro *De Confessionibus Maleficorum et Sagarum* (Sobre as Confissões de Bruxos e Bruxas), do teólogo alemão Peter Binsfeld, um bispo católico de Trier

---

401. *Ibidem*, capítulo III, p. 74.
402. Um Calendário dos Julgamentos das Bruxas nos é apresentado em Richard Kieckhefer, *European Witch Trials: Their Foundations in Popular and Learned Culture, 1300-1500*, University of California Press, Berkeley, CA, 1976.

que não acreditava nessa teoria protestante. Contudo, os inquisidores europeus em geral aceitavam a ideia, pois seria mais um método para provar a associação entre as bruxas e o Diabo. De todo modo, os escritos de Binsfeld tratavam muito mais da extração de confissões por meio de tortura, e ele afirmava que, mesmo conseguidas pela violência, tais confissões deveriam ser aceitas.[403]

Ao contrário do que acontecia na Europa, os julgamentos das bruxas da época dos Tudor, na Inglaterra elisabetana (após a era de Maria, a Sanguinária), não se focavam em acusações de heresia, mas de *maleficium*, e as bruxas eram condenadas à forca, não à fogueira. A execução de criminosos na fogueira era rara na Inglaterra, exceto para casos de traição. Os interrogatórios não faziam uso da tortura aos modos da Inquisição, mas certos procedimentos para identificar bruxas eram potencialmente mortais. Esses testes incluíam o afogamento, prescrito originalmente pelo papa Nicolau em 886. Com as mãos e pés amarrados (geralmente o polegar era atado a um dedo do pé), a vítima era submersa em fossos, rios e lagos: caso se afogasse, era considerada inocente; caso boiasse e sobrevivesse, era considerada culpada e executada.

Na Escócia, por outro lado, a tortura e as execuções na fogueira foram bastante comuns durante algum tempo. Em 1594, Alesoun Balfour foi acusada de tentar assassinar o conde de Orkney pela bruxaria por ser encontrada carregando um pedaço de cera. Levada ao castelo de Kirkwall, ela foi mantida durante 48 horas no "esmaga joelhos" – estruturas firmes para esmagar as pernas. Seu marido foi prensado sob barras de ferro pesando 700 libras (317 quilos), sua filha teve os dedos esmagados e seu filho recebeu 57 marteladas nas articulações com cunhas. No fim das contas, descobriu-se que o verdadeiro assassino era Thomas Paplay, o servo do conde, que foi executado. Mas Alesoun ainda foi estrangulada e queimada, mesmo sendo declarada inocente em outra audiência. Outros casos semelhantes ocorreram em lugares como Inverkip, Paisley e Kirkaldy, onde as vítimas foram cobertas de piche, colocadas em barris de alcatrão e incendiadas.[404]

A principal ré no caso de Chelmsford, em 1566, era Elizabeth Francis. Ela teria aprendido bruxaria com sua avó, que a ensinara a renunciar a Deus e a entregar seu sangue a Satanás. O gato malhado de Elizabeth foi acusado de ser Satanás encarnado. Diziam que Elizabeth

---

403. Peter Binsfeld, *Tractatus de Confessionibus Maleficorum et Sagarum*, Heinrich Bock, Trier, 1596.
404. Os julgamentos de bruxaria na Escócia foram registrados em Hugo Arnot, *A Collection and Abridgement of Celebrated Criminal Trials in Scotland from 1536 to 1784*, William Smellie, Edinburgh, 1785.

cortava a si mesma, deixando que o gato lambesse seu sangue em troca de favores. Diziam ainda que, a seu pedido, Satanás havia matado sua filha indesejada e deixado seu marido aleijado.[405] Eventualmente ela doou o gato a uma mulher idosa chamada Agnes Waterhouse. Esta, por sua vez, foi acusada de fazer com que Satanás matasse os porcos, gansos e gado de seus vizinhos em troca de gotas de seu sangue. Além disso, ela teria mandado o gato matar seu marido. Durante o julgamento, os testemunhos foram ainda mais chocantes, dizendo que às vezes o gato diabólico se transformava em sapo ou em um cão grande com chifres.[406]

Após o julgamento, Elizabeth Francis foi sentenciada a um ano de prisão e a velha Agnes Waterhouse acabou enforcada. Mais tarde, em 1579, Elizabeth enfrentou mais acusações de feitiçaria maléfica e dessa vez não escapou da forca, sendo executada ao lado de algumas outras mulheres. Depois, em 1589, mais três mulheres (Joan Cunny, Joan Upney e Joan Prentice) foram enforcadas pela posse de animais diabólicos, como sinal de que haviam renunciado suas almas ao Diabo. Joan Prentice foi acusada de estar a serviço de Satanás, que ela conheceu disfarçado de furão em um asilo de pobres. A transcrição do julgamento explica:

> Entre os banquetes de Todos os Santos e o nascimento de Nosso Senhor, o Diabo apareceu para ela no asilo de pobres mencionado por volta das 10 horas da noite na forma e proporção de um furão de cor parda, com olhos flamejantes. E a ré estava sozinha em seus aposentos, sentada em um banquinho e se preparando para dormir, quando o furão apareceu, com suas pernas traseiras ao chão e as dianteiras firmes sobre o colo da mulher (...) Foi quando a ré, muito surpresa, disse: "Em nome de Deus, o que és tu?", ao que o furão respondeu: "Eu sou Satanás, não me temas, minha vinda até ti não é para te fazer nenhum mal, mas para a obtenção de tua alma".[407]

Já os animais diabólicos de Joan Cunny foram descritos como duas rãs pretas chamadas Jack e Gill e os de Joan Upney como uma

---

405. Transcript: "The Examination and Confession of Certain Witches at Chelmsford in the County of Essex, before the Queen Majesty's Judges, the 26th day of July, Anno 1566", in Alam C. Kors & Edward Peters (eds), *Witchcraft in Europe, 1100-1700: A Documentary History*, Pennsylvania University Press, Filadélfia, PA, 1972, p. 229-35.

406. Ver também os detalhes em Charles Williams, *Witchcraft,* Faber & Faber, London, 1941, p. 194-201.

407. *The Apprehension and Confession of three Notorious Witches* – Arraigned and by Justice condemned and executed at Chelmes-forde, in the Countye of Essex, no dia 5 de julho de 1589.

toupeira e um sapo. Testemunhas afirmaram que todas essas criaturas satânicas assassinaram homens, mulheres e crianças pela vontade do Diabo e cometeram ainda outros atos perversos e horríveis. Em seguida, "o juiz prosseguiu e pronunciou contra elas a sentença de morte, que não poderia ter sido mais merecida".

O Diabo interno

Os julgamentos de bruxas que se seguiram foram caracterizados pela identificação do Diabo como uma entidade física. Ele era apresentado como uma entidade individual sob todo tipo de disfarce ou como um ser capaz de encarnar em animais de estimação ou quaisquer outras criaturas que pudessem comportar seu espírito demoníaco. Esse era um artifício muito útil aos promotores, pois agora o Diabo poderia estar presente em vários lugares ao mesmo tempo. Ou seja, qualquer animal de estimação poderia ser considerado um espírito maligno e responsabilizado por todo tipo de tragédia local e acidente infeliz.

Por outro lado, a teologia protestante em geral, fora do universo das perseguições às bruxas, descrevia o Diabo como uma terrível força invisível, cuja intervenção induzia e encorajava crimes. Thomas Cranmer, arcebispo de Canterbury até 1566, afirmava que esse Diabo sorrateiro poderia entrar na mente das pessoas, carregando consigo todo tipo de pensamento pecaminoso e ideia maligna. Desse modo, o "Diabo interno" surgia como uma terrível ameaça, contra a qual a única defesa era o poder da fé, o estudo constante da Bíblia e a presença frequente e regular em igrejas e capelas, onde Satanás era incapaz de exercer suas vontades. Cranmer culpava esse Diabo interno oculto por todo tipo de adversidade, listando em seus *Catecismos* as inúmeras aflições causadas pelo Diabo, incluindo "tristeza, sofrimento, problemas de consciência, fraqueza de coração, doenças do corpo, pobreza, difamação, desprezo, repreensões, perseguições, combates, sedição, fome, pestilência e todas as pestes". A atuação do Diabo não era, de forma alguma, considerada um enigma teológico a ser debatido. Era uma certeza demonstrável, que poderia ser reconhecida e confrontada, assim como a destruição que ela causava na Terra.[408]

Entretanto, dizia-se que a forma física do Diabo era tal qual aquela descrita na epístola de 1 Pedro 5:8, no Novo Testamento: "Sede sóbrios e vigilantes; pois vosso adversário, o Diabo, vos rodeia como um leão

---

408. Nathan Johnstone, *The Devil and Demonism in Early Modern England*, Cambridge University Press, Cambridge, 2006, capítulo 2, páhginas 29-31; capítulo 3, p. 72.

que ruge, procurando a quem devorar". Por isso, era comum que as portas do Inferno fossem retratadas como tendo o formato da boca de um grande leão.

O movimento protestante acreditava que as portas que permitiram a reentrada de Satanás ao mundo, vindo dos confins do abismo, foram abertas graças à maldade da Igreja Católica. Em sua obra *The Practice of Prelates*, o reformador luterano William Tyndale descreveu como o papa "rebaixou o reino de Cristo e escolheu os ministros de Satanás". Ele afirmou ainda que:

> Os reinos da Terra e sua glória, recusados por Cristo, foram oferecidos pelo Diabo ao papa e ele imediatamente se afastou de Cristo, e adorou o Diabo e recebeu-os.[409]

Assim, quando a Inglaterra elisabetana era ameaçada pela Espanha católica em 1588, o cortesão Anthony Marten descreveu a invasão da Armada Espanhola como obra da "besta do abismo insondável".[410]

O rei Filipe II da Espanha casou-se com Maria Tudor, então regente da Inglaterra (1553-58) e irmã mais velha da rainha Elizabeth. Apesar de a Igreja Anglicana ter sido separada do controle papal por seu pai, Henrique VIII, Maria era uma católica fervorosa, adotando a causa espanhola na disputa que estes travavam contra os protestantes ingleses. Ela mandou queimar vivos quase 300 dissidentes religiosos, incluindo o arcebispo Cranmer. Após sua morte precoce, aos 42 anos, as classes mercantis do reino de Elizabeth uniram forças com os protestantes holandeses no intuito de impedir as pretensões comerciais internacionais da Espanha. A resposta foi a armada do rei Filipe, uma grande invasão marítima, repelida com sucesso pelos ingleses com uma grande ajuda do clima severo.

Ao criticar a Renascença, intimamente ligada à Igreja Católica, Thomas Becon, o capelão de Thomas Cranmer, afirmou que "as pessoas não passam de peregrinos do mundo, que a ele nada trazem e dele nada levam consigo". As coisas do mundo material não eram de Deus, mas posses de Satanás. "Amar o mundo", escreveu Becon, "é ser inimigo de Deus".

---

409. *Ibid.*, capítulo 2, p. 32, 54.
410. Anthony Marten, *An Exhortation to Stirre up the Mindes of all Her Maiesties Faithfulle Subjects to Defend their Countrey in this Dangerous Time, from the Invasion of Enemies,* John Windet, London, 1588.

A extrema austeridade puritana baseou-se, eventualmente, nesses princípios. Com a rejeição ao Catolicismo como o sistema de crença nacional britânico, estabelecimentos pecaminosos como teatros e cervejarias, junto com passatempos, como esportes e dança, foram declarados como sendo a porta dos fundos de Satanás para a sociedade. Essas atividades eram consideradas "uma zombaria à religião e um desrespeito às Escrituras Sagradas". Na mesma época em que William Shakespeare escrevia suas peças, o teatro era visto como "a escola de Satanás e a capela do conselho maligno". Dramaturgos eram identificados como o cérebro do Diabo, concebendo suas enganações sedutoras enquanto o teatro era considerado como o equivalente diabólico da Igreja e os atores como "os braços, as proporções e os membros do Maligno".[411] Os sentidos humanos foram concedidos, segundo os puritanos, "para que o homem pudesse ouvir as Escrituras e ver a justiça de Deus". Todavia, quando embaralhados pelas experiências prazerosas, os sentidos se tornavam vulneráveis à invasão diabólica: "O Diabo agrada nossos sentidos, principalmente pela poesia, que engolimos como se fosse açúcar". A única forma de resistir às suas tentações era evitar quaisquer tendências aos prazeres, entretenimentos e alegrias terrenas.

O senhor da dança

Em 1562, os protestantes franceses (huguenotes) se revoltaram contra a monarquia católica e as disputas civis que se seguiram, que duraram até 1598, ficaram conhecidas como as Guerras Religiosas. A Casa de Valois estava no poder, mas a regente contemporânea da França era a florentina Catarina de Médici. Ela era sobrinha do papa Clemente VII e foi uma das grandes responsáveis pelo terrível Massacre do Dia de São Bartolomeu, em 24 de agosto de 1572. Naquele fatídico dia, que deu início a uma onda de violência contra os protestantes, mais de 3 mil huguenotes foram massacrados em Paris, enquanto outros 12 mil morreram em outras regiões da França. O fato claramente agradou o papa Gregório XIII, que enviou um bilhete parabenizando a corte de Catarina. Durante os dois meses seguintes, massacres semelhantes ocorreram em Toulouse, Bordeaux, Lyon, Bourges, Rouen e Orléans. O número total de vítimas huguenotes é desconhecido, mas supõe-se que seja próximo de 100 mil.

Em resposta a essa afronta, Jean Bodin, jurista e membro do Parlamento francês, escreveu que Catarina de Médici era a mais perversa

---

411. N. Johnston, *The Devil and Demonism in Early Modern England,* capítulo 2, p. 58.

dentre os satanistas e que ela havia realizado uma cerimônia diabólica conhecida como a Missa Negra. Dizia-se na época que esse rito profano era semelhante à terrível Missa de Saint-Sécair,[412] um ritual realizado em Gascony com o propósito de causar morte de inimigos. Essas missas só poderiam ser realizadas em igrejas abandonadas ou em ruínas onde moravam morcegos, corujas e sapos. Melhor ainda se fossem congregações cristãs fechadas ou condenadas por conta de algum acontecimento terrível. Exatamente às 23 horas, com o auxílio de sua amante proibida, o padre corrupto deveria começar a recitar a missa de costas, invocando o nome de Satanás e terminando seu sermão na última badalada da meia-noite. A hóstia eucarística deveria ser triangular e preta e o vinho era substituído pela água poluída de um poço no qual uma criança não batizada tivesse se afogado. O padre então fazia o sinal da cruz com seu pé esquerdo no chão diante de si e pronunciava o nome da vítima que, acreditava-se, logo definhava e morria.[413]

Essa missa destrutiva não era uma invenção da época, mas uma tradição antiga, que originalmente nada tinha a ver com Satanás. Durante séculos, os padres da Igreja Romana Ortodoxa usaram figuras de cera que lidavam com a morte em fúnebres missas malignas, para enviar as almas de seus inimigos para o Inferno, em vez de aliviá-las de suas dores.[414]

Em dezembro de 1579, Jean Bodin escreveu para o presidente do Parlamento de Paris advertindo-o, e aos magistrados, sobre os feiticeiros católicos e o Diabo. Havia muitos panfletos na época afirmando que os feiticeiros eram inofensivos e a intenção de Bodin era de denunciar esses textos na lei. Ele afirmava querer alertar os leitores desses escritos para o fato de que "não existe crime mais atroz ou merecedor de punição" e que seu desejo era denunciar aqueles que "tentam de todas as formas salvar os feiticeiros com livros impressos". Além disso, ele declarava: "Satanás possui serviçais que escrevem, publicam e falam, alegando que nada do que é dito contra os feiticeiros é verdadeiro". Infelizmente para Bodin, o tiro saiu pela culatra. Muitos começaram a se perguntar como ele sabia tanto sobre o Diabo e qual seria a razão de tamanho interesse no assunto se ele mesmo nada tinha a ver com bruxaria. O procurador do Estado ordenou que o tenente-general de Laon revistasse a casa de Bodin atrás de indícios, mas nada foi encontrado. Algum tempo depois, em 1580, Bodin publicou um livro intitulado *La Démonomanie des Sorciers*, no qual afirmava que "um feiticeiro é aquele que busca alcançar seus próprios objetivos através das relações com

---

412. A origem desse nome e sua aplicação religiosa nos são desconhecidos.
413. J.G. Frazer, *The Golden Bough,* capítulo 4, p. 53.
414. H.T.F. Rhodes, *The Satanic Mass,* capítulo 15, p. 128.

o Diabo".⁴¹⁵ Quanto à necessidade de extirpar a bruxaria demoníaca, ele declarou:

> Ora, se existe uma forma de aplacar a ira divina para ganhar sua bênção, causar temor em alguns pela punição de outros, diminuir o número de malfeitores, tornar segura a vida dos justos e para punir os crimes mais detestáveis que a mente humana pode conceber, é punir as bruxas com o máximo rigor.⁴¹⁶

Sobre as assembleias e sabás de bruxas, Jean Bodin escreveu: "Os lugares onde feiticeiros se encontram são singulares e geralmente podem ser identificados pela presença de algumas árvores ou até uma cruz". Antigos cromeleques e dólmens de granito eram locais bastante utilizados para esses fins na França, assim como na Inglaterra. As cruzes nos mercados ingleses também eram pontos de encontro populares.⁴¹⁷ Uma delas foi a cruz de Banbury, em Oxfordshire, por exemplo, derrubada pelos caçadores de bruxas puritanos em 1650 (a cruz atual foi erigida mais tarde, na era vitoriana). Curiosamente, a cruz era um monumento cristão, construída na época dos saxões e demolida por cristãos fervorosos por ter se transformado em um local de congregação pagã. No festival Maytime, uma garota eleita, representando a deusa Terra, era adornada com anéis mágicos e sinos e galopava em um cavalo branco sobre os campos, com o objetivo de aumentar a fertilidade destes. Ela então se dirigia até a cruz, sendo em seguida levada até a cidade em meio à música e folia geral:

> Monte um cavalinho de pau até a cruz de Banbury,
> Para ver a bela dama sobre um cavalo branco.
> Anéis em seus dedos e sinos em seus pés,
> Deverá haver música onde quer que ela vá.

Em 1589, um "cavalinho de pau" era um cabo de vassoura que uma pessoa colocava entre as pernas e montava, pulando e saltitando, como se fosse um cavalo.⁴¹⁸ O objeto também era chamado simplesmente

---

415. M. Summers, *The History of Witchcraft and Demonology,* capítulo 1, p. 1.
416. Jean Bodin, *La Démonomanie des Sorciers,* Paris, 1580, recontado em George L. Burr (ed), *The Witch Persecutions in Translations and Reprints from the Original Sources of European History,* University of Pennsylvania History Department, Filadélfia, PA, 1898-1912, volume 3, número 4, p. 5-6.
417. M. Summers, *The History of Witchcraft and Demonology,* capítulo 4, p. 114.
418. Mais recentemente (como uma variante) chamado *hobby-horse,* do francês antigo *hober*:

de "vassoura de bruxa" e deu origem à ideia de que bruxas montam vassouras, ainda que na época elas montassem apenas os cabos, não as vassouras completas, e que elas não fossem capazes de voar pelo ar.

Banbury Cross não é a única canção pagã rural a sobreviver em forma de cantiga de ninar. Muitas dessas músicas modernas possuem raízes pagãs, derivando especialmente da versão mais conhecida da dança circular, cujos participantes giravam ao redor da árvore que concebia o fruto mais sagrado da deusa da lua, a amora:[419]

> Aqui vamos nós em volta da amoreira
> A amoreira, a amoreira.
> Aqui vamos nós em volta da amoreira,
> Tão cedo na manhã.

Essa dança era especialmente sugestiva e as crianças imitavam diversos atos sexuais enquanto balançavam em volta da árvore. Hoje, a letra é totalmente diferente após o primeiro verso, fazendo referências à lavagem de roupas e à varredura do chão. A letra e as ações originais, contudo, não tinham nada de inocente, pois aquele era um ritual de fertilidade descarado e rústico.

Na Escócia, as bruxas de Aberdeen, 13 das quais foram executadas em 1597, foram acusadas de dançar de maneira demoníaca em volta da Market Cross e da Fish Cross. Elas também foram acusadas de "dançar em círculo, conduzidas por teu mestre, o Diabo" ao redor de uma grande pedra ao pé do Monte Craigleauch.[420]

Essas danças começavam como procissões, semelhantes à brincadeira do "siga o mestre", lideradas pela figura do Diabo.[421] Ao chegar à pedra ou à cruz a que se dirigiam, o Diabo começava a formar um círculo, tornando-se o "rei do círculo". Ele então se aproximava do fim da fila, "tomando a retaguarda", para completar a roda.

"mover-se de cima para baixo". Originalmente o *hobby-horse* (ao contrário do *cock horse*) era um grande quadro com uma cabeça de um cavalo, que cercava um dançarino do festival imitando o cavalgar de cavalo. O *hobby-horse* ainda é usado nas celebrações de Mayday no sudeste da Inglaterra. *Oxford Concise English Dictionary,* em Hooby-horse e Cock Horse.
419. Robert Graves, *The White Goddess,* Faber & Faber, London, 1961, capítulo 4, p. 70; capítulo 23, p. 410.
420. Margaret Alice Murray, *The God of the Witches,* Oxford University Press, 1970, capítulo III, p. 70; capítulo IV, p. 112.
421. As bruxas de Aberdeen confessaram que, em sua comunidade, o líder demoníaco era chamado Christanday.

De todos os rituais condenados pela Igreja Católica, a dança do círculo estava entre as mais odiadas. Em seu *Discourse des Sorciers*, Henri Boguet, chefe de justiça do distrito de Saint Claude, na Borgonha, comparou a dança de bruxas e ciganos às terríveis orgias das fadas, que ele chamava de "diabos encarnados".[422] Esse tipo de dança provavelmente se baseou nos rituais de homenagem a Apolo e às musas da mitologia grega, mas também tinha certa tradição no Cristianismo.

Santo Agostinho de Hipona estava entre os mais respeitados teólogos da Igreja Católica no fim do século IV. Conhecido por suas várias epístolas e escritos filosóficos, Agostinho escreveu a respeito da dança do círculo, que ele dizia ser diretamente relacionada a Jesus e Seus apóstolos.[423] Ele registrou cada aspecto da dança e de seu cântico, do início ao fim, como apareciam nos *Atos de João*, do século II. Seções do ritual foram lidas no segundo Concílio de Niceia em 787, pouco tempo antes de o rei Carlos Magno se tornar o sacro imperador romano. Um trecho dos *Atos de João* diz:

> Ele [Jesus] nos reuniu e disse: "Antes que Eu seja entregue a eles vamos cantar um hino ao Pai e então prosseguir diretamente em direção àquilo que nos espera". Ele nos pediu então para nos darmos as mãos e formarmos um círculo e tomou Seu lugar ao centro, "Digam amém a mim". Ele começou a cantar um hino e dizer "O Senhor seja louvado". E nós, andando em círculo, respondemos, "Amém".[424]

Em seguida a dança continua em uma longa sequência de cânticos entre Jesus, no centro, e os outros à Sua volta. Se essa descrição apócrifa é historicamente fatual ou não, é irrelevante; sua importância está no fato de essas danças terem sido realizadas nessa época, como é descrito nos *Atos de João*.

Isso não quer dizer que as bruxas da época se apropriaram de tradições originalmente cristãs, mas essas culturas cresceram em paralelo, com rituais semelhantes de tempos antigos. Esse cenário foi alterado no século IV pela Igreja Romana, quando o imperador Constantino estabeleceu uma espécie híbrida da fé cristã que tinha muita pouca relação com os costumes e convenções da religião cujo nome ele roubara. Consequentemente, quando a dança do círculo era realizada na Idade

---

422. M.A. Murray, *The God of the Witches*, capítulo 4, p. 111-12.
423. *Ibidem*, capítulo 4, p. 111.
424. Atos de João 94-95, em M.R. James (ed), *The Apocryphal New Testament*, p. 253.

Média, com pessoas fantasiadas (às vezes representando duendes como Puck ou Robin Goodfellow) em seu centro, ela era considerada um evento completamente pagão pelos bispos pouco esclarecidos da época. Ela era vista como uma representação do *coven* das bruxas, pois envolvia ao todo 13 participantes, um ao centro e 12 em círculo. O que nunca ocorreu aos inquisidores era o fato de Jesus e Sua confraria mais próxima terem constituído seu próprio *coven*, que incluía ele mesmo e mais 12 apóstolos. Esses grupos de 13 não foram inventados pelas bruxas medievais, como os inquisidores imaginavam, mas eram resquícios de várias tradições consagradas pelo tempo de culturas relacionadas.

Guerra irreconciliável

Em 1584, Reginald Scott, o juiz de paz inglês em Kent, escreveu um tratado intitulado *A Descoberta da Bruxaria*, refutando a existência de qualquer influência diabólica e se posicionando contra os perseguidores de bruxas. "Se as bruxas fossem realmente capazes de fazer feitiços", ele questionou, "então por que elas não vivem em grande estilo? Muito pelo contrário, muitas delas levam vidas miseráveis e acabam na forca". Ele concluiu que o julgamento das acusadas de bruxaria era contrário aos ditames da razão e da religião, responsabilizando por isso a Igreja. Ele observou que nenhuma mulher estava imune às acusações de bruxaria, dizendo: "nenhuma mulher também pode evitar ser uma bruxa, exceto se trancando em seus aposentos".[425] Porém, Scott era um representante do ilusionismo e da mágica, tendo até mesmo produzido um livro de truques mágicos que se tornaria referência no ramo. Portanto, sua teoria a respeito das bruxas logo foi rejeitada, pois ele mesmo era um mago e muitas cópias de seu livro foram queimadas em praça pública.

Pouco tempo depois, em 1589, o dr. Dietrich Flade, um célebre jurista e chefe do Tribunal Eleitoral em Trier, na Alemanha, revoltou-se das fileiras da ortodoxia. Depois de condenar inúmeras pessoas à morte, ele admitiu que aquilo tudo não passava de uma grande farsa. De acordo com ele, as confissões arrancadas das vítimas nas câmaras de tortura eram resultado de loucura ou da necessidade de confessar qualquer coisa para encurtar sua provação terrível. Porém, quando Flade expressou sua dúvida, foi imediatamente preso pela autoridade do arcebispo e acusado de ter vendido sua alma a Satanás. Em seguida, ele foi sujeito às mesmas torturas que havia descrito, até confessar tudo

---

425. Essa obra está publicada em Reginald Scott, *The Discoverie of Witchcraft* (1584), Dover Publications, New York, NY, 1989.

aquilo que os interrogadores sugeriam.[426] Por fim, ele foi estrangulado e morto, tornando-se o oficial de posição mais elevada a ser condenado e executado por bruxaria e adoração do Diabo.

Enquanto isso, do lado dos perseguidores, a mais curiosa obra relacionada à demonologia protestante foi o *Theatrum Diaborolum*, publicada em 1587 por Sigmund Feyerabend, o editor de Heidelberg da famosa Bíblia luterana. O *Theatrum* é uma volumosa coleção de artigos escritos pelos seguidores de Martinho Lutero tratando do Maligno. Em uma das seções, o reverendo Hocker explica que o número de vícios que poderiam ser atribuídos às interferências demoníacas era de 2.665.866.746.664, enquanto outros colocam a cifra próxima aos 10 mil bilhões![427]

João Calvino disse: "Quem quer que agora argumente que é injusto condenar hereges e blasfemos à morte incorrerá, consciente e por vontade própria, em sua culpa". Ele escreveu em detalhes sobre a "guerra irreconciliável" que deveria ser constantemente travada contra o Diabo, que "planeja arruinar e extinguir o Reino de Cristo". Os decretos de Calvino e outros membros do movimento protestante radical foram tão enérgicos e frequentes que, por muito tempo, os vários grupos religiosos submetidos a eles focaram quase exclusivamente na resistência à influência satânica. Com isso, as pessoas passaram a temer cada uma de suas ações, cada uma de suas palavras e cada um de seus pensamentos, pois sabiam que o Diabo reinava sobre a Terra e era capaz de controlar tudo aquilo que se encontrava sobre ela. As pessoas aprendiam que seu maior infortúnio era terem sido concebidas em um mundo maligno que as separava de Deus. Sua única esperança, se é que havia alguma, era se voltar completamente aos ensinamentos dos pregadores, membros da elite ministerial, cujas recomendações eram o único caminho para a salvação pessoal.

---

426. H.W. Smith, *Man and His Gods,* capítulo VI:viii.
427. P. Carus, *The History of the Devil and the Idea of Evil,* p. 345-46.

12

O Caminho do Diabo

Pai das mentiras

Partindo de praticamente qualquer perspectiva, era quase impossível compreender os argumentos protestantes mais antigos em relação ao Diabo. A princípio, dizia-se que não havia poder maior que o de Deus. Assim, estava determinado que o Diabo só poderia existir com a permissão divina. Com base nisso, o Diabo era considerado um instrumento dos desígnios de Deus. Caso obedecessem à vontade de Deus (na realidade a vontade do clero), as pessoas não teriam qualquer motivo para temer o Diabo. Mas, ainda assim, o Diabo governava o mundo, pois este era o lugar onde se cumpria a punição de Deus e ele colocou o Diabo no comando. Assim, não havia escapatória. Ter nascido neste mundo significava que Deus já dava seu castigo, com o povo como território de Satanás. Era de se esperar, portanto, que aflições como dor, pobreza, infortúnios e desespero constituíssem a forma mais natural de existência, e os clérigos se sentiam no dever de fazer com que elas atingissem as pessoas com toda a força.

Foi nessa época que a pregação do tipo "fogo e enxofre" realmente entrou em ação. Os protestantes do século XVI tinham de se preocupar não só com o poder do Diabo, mas também com a ira absoluta de Deus. Eles foram ensinados que não havia forma de conquistar o amor de Deus, já que, por sua própria natureza terrena, eles não o mereciam nem poderiam merecê-lo. Todos os esforços para satisfazer a Deus eram fúteis, pois eles foram criados em pecado, tornando-se indignos de qualquer consideração. Ele selecionou apenas uma elite de eleitos para receber a misericórdia de Deus. O melhor que os outros poderiam fazer era obedecer à elite pregadora, rezando com fervor e, acima de tudo, abandonando a concupiscência física e a gratificação material na esperança de que Deus pudesse lhes perdoar. Enquanto a Igreja Católica promovia uma visão de confissão, arrependimento e perdão, não havia nenhum ideal semelhante na crença luterana linha-dura, em que a retificação e a penitência não tinham qualquer efeito. Um único pecado, apenas um passo fora da linha, era o suficiente para garantir a condenação eterna sem a possibilidade de recurso ou perdão. Havia apenas uma forma de conseguir uma possível salvação: não cometer um único ato incorreto e não ter um único pensamento incorreto, jamais.

O maior temor dos "divinos" (teólogos) protestantes era que o Diabo fosse esperto o suficiente para convencer as pessoas de que ele não existia ou talvez persuadi-los de que sua influência era limitada em suas vidas. De acordo com os puritanos como John Olde, em sua obra *A Short Description of Antichrist*, Satanás era o "pai das mentiras". Não se podia acreditar em ninguém (exceto, é claro, nos ministros puritanos), pois, em um mundo governado apenas pelo Diabo, todos os pensamentos e ações humanas eram controlados por ele: "É o costume e a política do Diabo, o pai das mentiras, sitiar a verdade de Deus".[428] Nesse ambiente, os acontecimentos cotidianos eram todos considerados artifícios do Diabo, que tentava garantir o seu domínio com truques e ilusões. Não havia escapatória, pois essa era a realidade da existência mortal, e nem mesmo as atitudes mais bem pensadas eram sancionadas ou autorizadas por Deus. Na década de 1590, essa visão foi elaborada nos escritos puritanos de William Perkins, do Christ's College, em Cambridge:

> Muitas pessoas pensam que as boas intenções as salvarão; mas um homem pode professar qualquer religião e ter boas intenções e, no entanto, não saber dar o primeiro passo em direção ao Reino dos Céus, continuando em sua condição de vassalo e escravo de Satanás. Pois um homem pode ter uma justiça e uma política civil externa e querer o bem, mas ainda assim ser um servo do Diabo.[429]

---

428. Gryffith Williams, *The True Church, shewd to all Men that desire to be Members of the Same,* London, 1629, p. 556.
429. D. Oldridge, *The Devil in Early Modern England,* capítulo 2, p. 27.

A distinção entre "boas e más intenções" era, na visão dos clérigos, muito clara. Enquanto o destino das pessoas era sofrer e fazê-lo enquanto rogavam a Deus pela salvação, existiam aqueles que buscavam alternativas que tornassem suas vidas mais prazerosas, como jogos, passatempos e outras formas de entretenimento. Mas esse tipo de atividade era considerado uma afronta à vontade de Deus, constituindo, portanto, o caminho do Diabo. Também era considerado um sacrilégio pedir conselhos a qualquer um que não fosse clérigo. Consequentemente, os membros anciões da família, que deveriam ser considerados sábios por sua experiência e naturalmente seriam procurados em busca de opiniões, tinham grande chance de ser condenados pelo clero como oráculos, bruxas, feiticeiros e adivinhos. O fato de uma pessoa ser mais velha ou ter mais experiência de vida não a tornava aos olhos da Igreja dona de maior sabedoria moral ou social. Pelo contrário, cada ano de vida tornava-as mais propensas ao pecado e ao engano, cada respiração adicional do ar podre exalado pela barriga do Diabo as tornava mentirosas com mais experiência e cada noite vivida enchia a alma com uma escuridão cada vez maior – fato comprovado pela fraca visão dos idosos, os "ilusionistas dos artifícios de Satanás". William Perkins afirmou que "todos os adivinhos, encantadores, malabaristas e todos os magos (comumente chamados de sábios)" eram culpados de bruxaria e mereciam ser enforcados.[430] Em seu *Discourse of the Damned Art of Witchcraft*, Perkins defende que, "como as bruxas renunciaram a Deus (...) e se ataram, por meio de outras leis, ao serviço dos inimigos da Igreja, a morte então lhes deve ser imposta, pois, na visão de Deus, uma bruxa não pode viver".[431]

Conforme a opinião de Martinho Lutero, a crença protestante se centrava na ideia de que a perversa campanha do Diabo na Terra era liderada pela Igreja de Roma. O ofício papal foi declarado como sendo o do Anticristo e a pompa e as cerimônias de sua Igreja foram chamadas de armadilhas sedutoras do Diabo. John Olde declarou que as crenças papais eram "doutrinas diabólicas" e que o papa era "o vigário e sucessor do Diabo, se não o próprio".

Ainda que a Igreja Anglicana mantivesse uma hierarquia episcopal, suas cerimônias e rituais eram geralmente abandonados pelas comunidades locais, que preferiam pregações solenes. Vestimentas,

---

430. *Ibid.*, introdução, p. 7.
431. William Perkins, *A Discourse of the Damned Art of Witchcraft*, Cantrell Legge para a Universidade de Cambridge, 1616. Ver também L.R.N. Ashley, *The Complete Book of Devils and Demons*, capítulo 3, p. 105.

altares, objetos sagrados, velas, música, crucifixos, flores e qualquer forma de ornamentação foram descartados pelos pastores locais e as capelas se tornaram completamente insípidas, frias e austeras. Foi essa busca por uma suposta "pureza" na abordagem (em contraste com a idolatria da Alta Igreja) que inspirou o termo "puritano", cunhado quase como uma forma de escárnio para com essa ramificação radical do movimento protestante.

Apesar do ódio nutrido pelos protestantes por tudo aquilo que era católico, os dois lados concordavam em relação ao papel da mulher como a fonte primária do mal sob as ordens de Satanás. Afinal, era Eva quem havia sido seduzida pela serpente, não Adão. Ele se tornou vítima das artimanhas de Eva, mas era da mulher a semente da transgressão. Um panfleto, intitulado *The Devil Incarnate*, descreveu o corpo da mulher como a "cilada de Satanás", e outro tratado, *The Reign of the Devil*, descreveu a natureza traiçoeira da mente feminina.[432] Observou-se, no entanto, que a maior falha poderia muito bem ter sido de Adão, já que ele foi enganado por uma simples mulher, enquanto Eva fora seduzida pelo próprio Satanás.[433] Isso fez com que muitos considerassem tanto o homem quanto a mulher igualmente corrompidos pelo pecado e igualmente vulneráveis às tentações do Diabo. Decidiu-se, no entanto, que os pecados de orgulho e vaidade eram essencialmente fraquezas femininas. Uma obra resultante, escrita em 1583 pelo reformador Philip Stubbes, intitulada *Anatomie of Abuses*, continha quase uma repetição daquilo que Cipriano de Cartago escrevera no século III em relação ao caráter diabólico da maquiagem e a depravação da vestimenta feminina: "As mulheres aspiram seduzir e corromper os homens pela forma com que se vestem, e elas se enfeitam diabolicamente contra as vontades de Deus".

Escravos do Diabo

Na Escócia, os julgamentos de bruxas começaram no meio do século XVI e, em um período de cem anos, cerca de mil pessoas foram executadas, 85% das quais eram mulheres. Os julgamentos mais famosos envolveram alguns cidadãos de East Lothian que, em 1590, foram acusados de bruxaria na velha igreja de St. Andrew, em North Berwick. Com

---
432. D. Oldridge, *The Devil in Early Modern England*, capítulo 5, p. 93.
433. Richard Carpenter, *Experience, Historie and Divinitie*, Andrew Crooke, London, 1642, p. 66.

70 réus envolvidos, os julgamentos duraram dois anos. Entre os acusados estava Francis Stewart, conde de Bothwell, acusado de alta traição por ter planejado, com seus comparsas, assassinar o rei James VI da Escócia com magia. Dizia-se que eles enrolaram uma imagem de cera do rei em uma peça roubada de suas roupas para em seguida queimá-la. Eles também teriam batizado um gato com o nome do rei e o lançado ao mar. Rumores diziam ainda que o Grão-Mestre do *coven*, John Fian, havia aberto uma igreja com a mão roubada de um cadáver enforcado, para então rezar uma missa maligna em homenagem ao Diabo.[434] A lista de acusações do julgamento de North Berwick parecia interminável.

As confissões foram extraídas por tortura e várias pessoas foram condenadas por usar bruxaria para criar uma tempestade, em uma tentativa de afundar o navio em que o rei James e sua esposa, Ana da Dinamarca, viajavam. De acordo com os registros, uma das acusadas, Agnes Sampson, foi presa à parede de sua cela por um freio de bruxa – uma alça facial de ferro com dentes afiados enfiados em sua boca. Quando Agnes foi finalmente levada ao interrogatório, ela havia sido mantida por muitos dias sem dormir e consequentemente se declarou culpada de 53 acusações diferentes. Ela foi estrangulada e queimada. Antes de morrer, Agnes foi forçada a admitir que conhecia o Diabo e, ao descrevê-lo, ela confessou:

> O Diabo vestia uma toga negra com um chapéu preto na cabeça (...) Seu rosto era terrível, seu nariz se parecia com o bico de uma águia e ele tinha grandes olhos flamejantes. Suas mãos e pernas eram cabeludas. Ele tinha garras nas mãos e seus pés eram como os de um grifo.[435]

Em 1597, alguns anos depois dos julgamentos de North Berwick, o rei James escreveu um tratado a respeito da bruxaria e do Diabo, intitulado *Daemonology*. Criado como um presbiteriano na Igreja escocesa, James estava absolutamente convencido de que a bruxaria era um culto de adoração ao Diabo e que seus membros se reuniam durante a noite para prestar homenagem a seu líder abominável. Ele via a prática como uma completa inversão do comportamento protestante ao qual estava acostumado e tentava persuadir os vários céticos que frequentavam sua corte a respeito da existência das bruxas:

---

434. D. Wheatley, *The Devil and All His Works*, p. 247.
435. M. Summers, *The History of Witchcraft and Demonology*, capítulo 1, p. 9.

> A assustadora abundância, nesta época e neste país, dessas detestáveis escravas do Diabo, as bruxas e feiticeiras, impeliu-me a expedir o tratado a seguir, não como uma forma de mostrar o meu conhecimento e astúcia, mas somente, movido pela consciência, para procurar assim, na medida em que eu puder, responder à dúvida que consterna os corações de muitos; tanto que tais investidas de Satã são certamente praticadas, como dos méritos de seus instrumentos que devem ser punidos com bastante rigor.[436]

James tinha absoluta certeza de que os círculos das bruxas e suas conjurações podiam levantar espíritos malignos.[437] Ele fazia diversas referências à obra de Jean Bodin, *La Démonomanie des Sorciers*, na qual dizia ter encontrado "muitos exemplos de bruxaria coletados com grande diligência". Os escritos de Bodin tiveram uma enorme influência em fomentar a terrível obsessão por bruxas travada com tanta intensidade na Escócia a partir de então, assim como na Inglaterra e na Europa.[438]

O clima da era estava bem apropriado a uma febre de exorcismos entre certos membros do clero protestante, ainda que Martinho Lutero abominasse essa tradição de origem católica e descartasse tudo o que estivesse relacionado à magia eclesiástica.[439] O culto à Virgem Maria e as curas espantosas associadas aos seus santuários eram citados por Lutero para exemplificar o apoio da Igreja Católica à magia e superstição. Mas, a despeito da visão luterana, os casos de possessão demoníaca eram oportunidades perfeitas para que os ministros protestantes demonstrassem sua influência e exercessem sua autoridade. Talvez um dos exorcistas mais famosos da década de 1590 tenha sido John Darrel, especialista na retirada de demônios dos corpos de crianças e jovens no centro da Inglaterra. Em certo momento, no entanto, um dos supostos possuídos acusou Darrel, dizendo que seus exorcismos não passavam de uma elaborada ilusão, utilizada para enganar as grandes multidões de espectadores. Em 1599, Darrel foi acusado de fraude e levado à corte

---

436. King James VI da Escócia, I para Inglaterra, *Daemonology*, Edinburgh, 1597, Prefácio. O original encontra-se na biblioteca de Bodleian, Oxford. Essa obra foi publicada como: *James Stuart, King James's Daemonologie in the Form of a Dialogue, Divided into Three Books*, Godolphin House, Mandrake, Oxford, 1996.
437. King James VI, *Daemonology*, p. 10.
438. F.A. Yates, *The Occult Philosophy in the Elizabethan Age*, capítulo VIII, p. 67, 91.
439. Peter Stanford, *The Devil: A Biography*, Mandarin, London, 1996, capítulo 8, p. 156.

de John Whitgift, arcebispo de Canterbury. Considerado culpado e condenado, ele foi destituído de seus privilégios, expulso do ministério e brevemente encarcerado. Decretou-se depois que para exercer o ofício de exorcista protestante seria necessária uma licença das autoridades da Igreja Anglicana.[440]

Os exorcismos puritanos eram realizados de diversas formas. Dentre as mais populares, estava o espancamento do corpo do possuído, com tamanha força e consistência que o Diabo, sentindo-se desconfortável, era compelido a partir. Por outro lado, os pastores bem versados nas Escrituras conduziam um debate erudito com o Diabo, forçando-o ao constrangimento de desistir por causa de sua falta de conhecimento bíblico! De qualquer modo, o objetivo era criar uma demonstração pública que proporcionasse "uma lição mais poderosa do que qualquer sermão do púlpito".

O filósofo cristão Samuel Clarke documentou uma suposta conversa entre um exorcista e o Diabo em sua obra *The Lives of Thirty-Two English Divines*. O livro abordava o caso do ministro Robert Balsom, que ouviu a voz de Satanás emanando do pescoço de um possuído. "Ele é meu", exclamava o Diabo para a multidão reunida. "Se Deus me deixasse solto entre vocês, eu encontraria o suficiente no melhor de vocês para tornar todos meus." Balsom respondeu: "Mas você está preso, Satanás!". Então, virando-se para a multidão, ele continuou: "Como é benevolente nosso Deus, que não permite que Satanás faça conosco sua vontade".[441] Várias narrativas de possessão desse tipo (geralmente apresentadas em longas descrições) eram pregadas e distribuídas em panfletos buscando demonstrar como o Diabo poderia ser confrontado pelo intelecto divino e pela coragem da fé religiosa. Desse modo, os ministros se tornaram bastante reverenciados e ganharam níveis individuais consideráveis de controle social.

Acreditava-se na época que o Diabo estava à espreita em todos os lugares – em cada circunstância infeliz, em cada ação indesejável, em cada pensamento ímpio e em cada evento desagradável. Seu poder de tentação era inigualável e, como ele havia sido autorizado por Deus a não poupar artifícios inescrupulosos para testar a fé das pessoas, não havia como saber quando, onde ou como ele poderia surgir. Ele era

---

440. D. Oldridge, *The Devil in Early Modern England*, introdução, p. 12-13; capítulo 6, p. 122.
441. N. Johnstone, *The Devil and Demonism in Early Modern England*, capítulo 3, p. 105. Ver também Samuel Clarke, *The Lives of Thirty-Two English Divines*, William Birch, London, 1677.

retratado como um embusteiro sem precedentes, que poderia aparecer em qualquer lugar sob qualquer disfarce. Por sinal, os pregadores fizeram bom uso da Carta aos Coríntios de São Paulo, no Novo Testamento, na qual ele afirmava que, no local onde abundam os falsos apóstolos e enganadores, "até o próprio Satanás se transforma em um anjo da luz".[442] As pessoas devem então permanecer alertas, procurando-o em cada esquina. Certa vez, o matemático Thomas Allen visitou um colega em Hertfordshire e deixou seu relógio de bolso (uma invenção recente) em uma prateleira em seus aposentos. Mais tarde, as assustadas criadas disseram ter encontrado o Diabo fazendo tique-taque no quarto de Allen, mas que haviam conseguido capturá-lo com uma pinça e o jogaram em um poço para que ele se afogasse!

Durante essa mania pelo Diabo, a figura literária demoníaca conhecida como Mefistófeles apareceu em 1592 em uma lenda alemã intitulada *A História da Vida Condenável e a Merecida Morte do Doutor John Faustus.* Depois ela foi adaptada pelo escritor elisabetano Christopher Marlowe em sua peça inglesa, *A Trágica História do Doutor Fausto* (publicada postumamente em 1604). A história conta como Fausto vende sua alma ao Diabo a fim de ganhar poder e conhecimento. De cunho moralista, o conto descreve como a natureza de uma pessoa que escolhe o ganho material acima da crença espiritual entra em decadência, até que ela perca sua alma.[443] Em uma determinada cena, o diabo Mefistófeles, conjurado pelo doutor Fausto de Marlowe, aparece vestindo um hábito de frade franciscano.[444]

Existe uma semelhança impressionante entre o título do texto que originou a peça de Marlowe, *A História da Vida Condenável e a Merecida Morte do Doutor John Faustus,* e o panfleto anônimo, "Notícias da Escócia": *Declaring the Damnable Life and Death of Doctor Fian,* publicado em Londres no ano anterior. Como detalhamos antes, o doutor Fian era o mestre das bruxas de North Berwick, acusadas de planejar a morte do rei James VI da Escócia.

Em 30 de maio de 1593, Christopher Marlowe foi esfaqueado e morto em uma taverna em Deptford, Londres, alguns dias após ter sido preso, acusado de ateísmo e solto depois de pagar fiança. Os detalhes do assassinato do escritor permanecem um mistério, mas parece ter havido

---

442. 2 Coríntios, 11:13-14.
443. Uma versão posterior e mais conhecida da lenda de Fausto foi escrita por Johann Wolfgang von Goethe. Sua peça trágica, intitulada *Fausto,* foi publicada em duas partes: 1) *Faust: der Tragödie erster Teil* [1806 – revisada em 1826], e 2) *Faust: der Tragödie zweiter Teil* [1832].
444. Frances A. Yates, *The Occult Philosophy in the Elizabethan Age,* Routhledge & Kegan Paul, London, 1983, capítulo XI, p. 118.

relação com seu trabalho para o serviço secreto elisabetano.[445] Desconsiderando esse fato, o evangelista puritano Thomas Beard tinha sua própria opinião sobre o ocorrido. Marlowe era um dramaturgo e, portanto, estava obviamente a serviço de Satanás, merecendo aquele fim terrível! Em 1597, Beard escreveu em sua obra *The Theatre of God's Judgements* que Marlowe era um "dramaturgo, e um poeta torpe (...) um transgressor dos mandamentos de Deus, que recebeu um admirável julgamento divino".

Poder desenfreado

O fim do século XVI foi uma época marcada pela literatura protestante sensacionalista. Muitos panfletos ilustrados e folhetins circulavam, tratando de assuntos de interesse público. No topo da lista de popularidade estavam os relatos de crimes violentos e assassinatos. Não importava se fossem ações premeditadas ou atos passionais impulsivos e, independentemente de como estivessem descritos nos registros oficiais dos julgamentos, a imprensa centrava seus retratos no Diabo como o protagonista constante.[446] Não só as pessoas estavam apavoradas pela ideia do Diabo, e os leitores vorazes desses boletins pareciam realmente querer sentir esse pavor. Isso convinha aos pastores religiosos, já que as narrativas dos panfletos serviam para reforçar o que eles estavam pregando e mantinham o Maligno na primeira página das notícias diárias. O crime era pecado e os criminosos eram levados ao mau caminho pelas tentações de Satanás. Portanto, todos os crimes eram vistos como resultado da influência diabólica, que seduzia pessoas comuns fazendo com que cometessem atos diabólicos ao venderem suas almas ao Diabo. Todos eram, portanto, criminosos em potencial, cujo único caminho para a salvação era resistir a todas as tentações, seguindo as determinações dos pregadores.

Os registros sociais do período indicam que o número de assassinatos premeditados era proporcionalmente pequeno em comparação ao de homicídios cometidos por conta de impulsos violentos de um membro da família, ou grupo da comunidade, contra o outro. Muitos desses ataques brutais não teriam resultado em homicídios se os médicos da época fossem mais competentes no tratamento dos feridos.[447] Mas essas coisas não eram mencionadas nos panfletos, cujos relatos

---

445. Richard Deacon, *A History of the British Secret Service,* Grafton Books, London, 1982, capítulo 2, p. 51-52.
446. N. Johnstone, *The Devil and Demonism in Early Modern England,* capítulo 5, p. 143-45.
447. J.A. Sharpe, *Crime in Seventeenth-Century England: A County Study,* Cambridge University Press, Cambridge, 1983, p. 123-28.

sensacionalistas eram modificados para relacionar todos os crimes a esquemas hediondos e premeditados. Em geral, o Diabo aparecia como um personagem real na trama e, seja qual fosse a realidade da situação, motivava o criminoso a cometer a infração: "Então o Diabo os instigou diretamente ao assassinato, morte e sangue".[448]

Além de todos os boletins e relatos de acontecimentos reais, foram compostas inúmeras baladas, que se tornaram extremamente populares. Algumas delas eram fictícias ou baseadas nos itens do folclore tradicional, mas muitas vezes elas eram uma forma alternativa de documentação dos mesmos crimes desesperados. Era comum que três ou quatro baladas diferentes fossem escritas a respeito dos crimes e suicídios mais famosos. Mas, também nesse caso, a presença do Diabo foi essencial para que as letras se mantivessem populares no decorrer do tempo. Ele era sempre retratado seduzindo, trapaceando e incentivando suas vítimas a ferir ou matar a si mesmas e os outros, como no caso de *O Pobre Homem em Essex*:

> Vê, disse o Diabo, a vingança
> Persegue-te a cada hora
> Vai, desgraçado amaldiçoado, disse ele
> E livra-te de tua vida.
> Mas mata primeiro seus filhinhos
> E tua miserável esposa.[449]

Por conta desse enorme volume de relatos impressos, as pessoas estavam certas de que o Diabo reinava supremo, e Deus, por ser um vingador terrível que desejava punir a todos aqueles que viviam no mundo de Satanás, jamais as confortaria. Como resultado, as pessoas passaram a desconfiar de si mesmas acima de tudo, sentindo que poderiam, a qualquer momento, desviar involuntariamente do caminho. Martinho Lutero esreveu que o Diabo "estava mais próximo do homem do que seu hábito ou sua camisa, mais perto até mesmo do que sua pele".[450]

---

448. Extraído de *A Warning for all Murderers,* A Coleção Roxburgh, British Museum, Londron, volume 1, p. 484-85.
449. N. Johnstone, *The Devil and Demonism in Early Modern England,* capítulo 5, p. 172-73. Extraído de *A New Ballad, shewing the great misery sustained by a poor man in Essex, his wife and children, with other strange things done by the Devil,* c.1625. Ver também o artigo sobre esse assunto: Michael MacDonald, "Suicídio e o levantar da imprensa popular na Inglaterra", em *Representations,* University of California Press, Berkeley, CA, número 22, primavera de 1988, p. 36-55.
450. Robert Muchembled, *A History of the Devil: From the Middle Ages to the Present,* Polity Press, Cambridge, 2003, capítulo 4, p. 111.

No contexto dessa incerteza, os homens eram continuamente advertidos a manter os olhos abertos em relação às suas mulheres. Elas eram muito mais suscetíveis à influência diabólica e, assim como na percepção católica, os protestantes concluíram que a lascívia feminina insaciável era a armadilha maligna mais comum. Durante a Renascença italiana e passando pela Renascença do Norte, a ligação tradicional entre o pecado e a forma feminina foi deixada de lado e a consequente liberdade nas artes da escultura e da arte pictórica popularizou a nudez feminina de uma forma inédita desde os tempos clássicos. Mas essa prática foi logo cerceada pelas novas regras católicas instituídas no Concílio de Trento, na metade do século XVI.[451] Proibições foram impostas depois e surgiu uma nova espécie de artistas treinados, denominados *figleafers*. Sua função era cobrir as obras de arte existentes, até mesmo de grandes mestres da arte mundial, como Michelangelo, Titian e Durer, com folhas e tênues véus pintados em locais estratégicos.[452] Muitos desses trabalhos obliterativos permanecem nas obras até hoje, comumente aplicados sobre a nudez masculina e feminina, apesar de restaurações parciais que ainda deixaram muitas das coberturas falsas intactas.

Aparentemente isentas das regras nos ambientes católico e protestante estavam as representações de bruxas, que, desde o início do século XVI, eram muito retratadas despidas durante suas orgias. A Igreja não se opunha à revelação do corpo feminino nu na arte pictórica, mas acreditava que, quando visto, ele deveria ser diretamente relacionado ao pecado e à atuação demoníaca.

Em todo o Cristianismo, seja romano ou luterano, a liberdade criativa foi ofuscada pelo medo, pois as pessoas se tornavam cada vez mais servis e hesitantes diante do poder desenfreado de Satanás e do Deus impiedoso a quem ele servia. O direito à opinião pessoal era completamente negado às pessoas em questões de moralidade, nas quais apenas os clérigos podiam opinar. Enquanto o Cristianismo medieval tinha sido em grande parte uma fé coletiva, as pessoas agora eram condicionadas a se isolar em seu próprio abrigo de tentações. O Diabo perseguia suas presas implacavelmente do berço ao túmulo. Ele mirava os indivíduos vulneráveis e estava pronto a exercer sua vontade perniciosa a qualquer momento. Ninguém estava a salvo e as mandíbulas do abismo insondável eram uma invenção da vida cotidiana. As pessoas buscavam obedecer aos seus pastores com todo o fervor, a fim de evitar a invasão diabólica do inexorável Príncipe das Trevas.

---

451. *Ibid.*, capítulo 2, p. 46-47.
452. Essas folhas são evidentes principalmente nas pinturas de Adão e Eva.

A teia abominável

Em uma rivalidade intensa, católicos e protestantes travavam uma competição centrada na figura do Diabo, e a Igreja de Roma estava claramente irritada com o fato de que sua principal ferramenta de medo e controle tivesse sido apropriada pela oposição. Os bispos católicos procuravam provar, portanto, que a atividade satânica aumentou sensivelmente graças à Reforma Protestante. Nesse caso, durante a campanha de Contrarreforma, os ciganos europeus foram arrastados pela rede de bruxaria carregada pelos inquisidores. Qualquer pessoa sem residência fixa era considerada suspeita e o modo de vida itinerante era visto como uma forma de escapar da autoridade da Igreja.[453] Os ciganos viviam nos arredores das cidades e vilarejos e eram considerados muito misteriosos. Muitos deles conseguiam empregos temporários como lenhadores ou serradores e, como consequência, a Igreja Romana excomungou todos esses profissionais, assim como mascates e negociantes e treinadores de cavalos. Ao mesmo tempo, contos propagandísticos promoviam uma nova mitologia cristã, que ressurgiria dois séculos mais tarde, nas histórias infantis dos irmãos Grimm, como *João e Maria* e *Chapeuzinho Vermelho*. Em sua forma original, histórias como essas eram projetadas estrategicamente para incutir nas crianças o medo de andar pelas florestas, onde lobisomens comedores de crianças e bruxas poderiam se esconder. Eram retratadas como lugares selvagens, sob o domínio dos ciganos e lenhadores malvados, onde a Igreja era incapaz de exercer qualquer influência regulatória.

Essas populações itinerantes cometiam ainda outras afrontas à Igreja, como a quiromancia e a adivinhação, consideradas um desafio à vontade de Deus. O ultraje mais hediondo cometido pelos ciganos era o fato de usarem brincos nas orelhas. Essa era uma marca óbvia de heresia, assim como os anéis mágicos de Joana d'Arc. De acordo com os inquisidores, os ciganos usavam anéis "como meio de armazenar seus feitiços". Além disso, suas casas eram apoiadas sobre rodas raiadas, claramente indicativas da natureza provocadora do Diabo. Aqueles hábeis no uso de plantas medicinais eram denunciados como "preparadores de magia negra", enquanto ventríloquos estavam sem dúvida em comunhão com forças satânicas, pois eram "porta-vozes de demônios". Em 1602, Henri Boguet, o caçador de bruxas da Borgonha, escreveu

---

453. Jean-Paul Clébert, *The Gypsies* (tradução de Charles Duff), Visita Books, London, 1963, p. 50-51.

em seu *Discourse des Sorciers*: "era bom caçar aqueles comediantes e menestréis, considerando que quase todos são bruxos e magos".[454]

Uma vez que os ciganos e os artistas foram arrastados para a abominável teia da adoração ao Demônio, as classificações se tornaram ainda mais vagas, de forma que qualquer um poderia ser então acusado de heresia e feitiçaria. As parteiras, por sinal, estavam entre as mais visadas, pois a Igreja Católica considerava o parto uma profanação tanto da mãe quanto da criança.[455] Elas foram colocadas na lista negra pela primeira vez em 1486, no *Malleus Maleficarum*, que afirmava que elas "superavam a todos em sua perversidade".[456] Consequentemente, mulheres que morriam durante o parto não recebiam um enterro cristão, por serem impuras. Decretou-se que, por defenderem o ato pecaminoso, as parteiras eram claramente bruxas, além de usarem poções de ervas para amenizar a dor maternal, um claro desafio ao clero. Após darem à luz, as mães tinham de se submeter a um humilhante processo de readmissão à Igreja e não eram admitidas em lugares consagrados até que fossem abençoadas por um padre e adquirissem sua permissão. Os bebês eram purificados separadamente pelo batismo da Igreja, antes do qual eles existiam apenas em pecado.[457]

Ao fim do século XV, a febre satânica atingira níveis nunca antes vistos e inúmeros supostos adoradores do Diabo estavam sendo queimados aos milhares pelos cristãos. A campanha era extremamente feroz, com uma ênfase crescente na sexualidade demoníaca da mulher. Cada prisão levava a um torturante interrogatório, que, por sua vez, levava a uma confissão, cada confissão levava a uma execução e cada execução provava de forma definitiva que o Diabo estava sendo frustrado, ou até mesmo vencido. Não havia dúvida de que todos eram culpados do pecado; a Igreja Romana sempre afirmou isso. Por sua vez, os puritanos tinham certeza de que sua própria existência na Terra constituía uma afronta vulgar ao Senhor e à Igreja, não importa quanto tentassem se comportar bem.

---

454. R. Graves, *The White Goddess,* capítulo 7, p. 282.
455. Essa regra veio do livro Levítico do Velho Testamento (12:2-8). A mãe de Jesus, Maria, convenientemente escapou dessa doutrina, já que ela aparentemente não havia cometido nenhum pecado mortal que levasse à concepção e foi considerada a partir de então uma virgem.
456. H. Kraemer e J. Sprenger, *The Malleus Maleficarum,* parte 1, questão 6.
457. O livro de 1552, *Book of Common Prayer*, inclui o ritual de "Ação de Graças após a mulher dar à luz uma criança, costumeiramente chamado de O Igrejamento da Mulher".

13

Assembleia Degenerada

O Diabo no cofre

Depois da morte da rainha Elizabeth, que não deixou herdeiros, em 1603, o rei James VI da Escócia tornou-se também o rei James I da Inglaterra, por ser o parente vivo mais próximo da rainha Elizabeth, por conta de um casamento anterior entre os Tudor e os Stuart.[458] Assim, a monarquia inglesa passou da dinastia Tudor para a Casa Real de Stuart, que reinava na Escócia desde 1371. Enquanto Elizabeth foi a fundadora protestante da Igreja Anglicana, James fora criado como um presbiteriano e membro da Igreja da Escócia. Suas ideias calvinistas eram muito mais rigorosas do que as anglicanas, mas, quando se encontrou com os líderes puritanos radicais no palácio da corte de Hampton, ele ameaçou "expulsá-los da terra ou pior", a não ser que eles se sujeitassem às leis anglicanas.[459] Como novo chefe da Igreja da Inglaterra, ele foi categórico no reconhecimento da estrutura eclesiástica e do *Book of Common Prayer*. Surpreendentemente, considerando sua sóbria educação religiosa, ele declarou que as assembleias puritanas estavam tão distantes de suas crenças nobres quanto Deus estava do Diabo. "Quando eu quiser viver sob um presbitério", ele disse, "voltarei para

---

[458]. James IV da Escócia se casou com Margaret Tudor, a filha de Henrique VII da Inglaterra, em 1503.
[459]. A.J. Patrick, *The Making of a Nation: 1603 -1789,* Penguin, London, 1981, capítulo 1, p. 10.

a Escócia. Mas, enquanto estiver na Inglaterra, terei bispos governando a Igreja". Buscando trazer alguma regularidade ao ensinamento religioso, o principal resultado dessa conferência da corte de Hampton foi a tradução inglesa do rei James da versão autorizada da Bíblia de 1611 (KJV), que se tornou a edição-padrão cristã protestante a partir de então.

A natureza do clero puritano dissidente, contra a corrente principal protestante, foi sintetizada por um mercador londrino de nome Barbon, que pregava sermões regularmente como pastor pela causa puritana. Alto e muito magro, ficou conhecido como "Praise-God Barebones" ("Esqueleto Louvador a Deus"). Como todos os protestantes, odiava a Igreja de Roma, mas, assim como outros puritanos, detestava também a Igreja da Inglaterra. Para os puritanos, era inaceitável que o clero anglicano usasse vestimentas coloridas, que se curvasse em nome de Cristo e realizasse cerimônias com altares, velas e todas as pompas remanescentes da antiga instituição católica. Barebones pregava seus sermões em capelas e reuniões por horas a fio, gritando terríveis ameaças ao fogo do Inferno e à perdição. Ele acredita que o povo deveria ser governado com rigor pelo ministério, insistindo que ele foi especialmente escolhido por Deus e que qualquer um que discordasse dele "queimaria para sempre no Inferno".[460] Eventualmente, quando os puritanos de Oliver Cromwell assumiram o governo de Westminster, dissolvendo o Parlamento e abolindo as eleições livres em 1653, Barebones foi indicado para a assembleia substituta, composta por "homens devotos" escolhidos. Lá, sua presença descomedida era tão sonora e contundente que a assembleia de Cromwell ficou conhecida como *Parlamento Barebones*.

No início do reinado de James I, o explorador, poeta e governador colonial, *sir* Walter Raleigh, um dos cortesãos favoritos da rainha Elizabeth, foi detido em 1603 e aprisionado na Torre de Londres. Ele foi acusado e julgado por ser um conspirador envolvido no plano católico de depor o rei James. Na realidade, Raleigh não era nem católico nem protestante. Ele ajudou a defender a Inglaterra contra a Espanha católica, mas era um ateu famoso, o que para o parlamento de clérigos do século XVII era sinônimo de satanista. Desse modo, ele deveria estar em conluio com os católicos, liderados pelo anticristo papal. Um grupo filosófico, ao qual Raleigh pertencia, ao lado do falecido Christopher Marlowe e de outros membros das fraternidades literária e científica, foi apelidado de Escola da Noite. Dizia-se que seus membros realizavam rituais iníquos de adoração ao Diabo seguindo a tradição de satanistas renascentistas como

---
460. *Ibid.*, capítulo 1, p. 11-12.

Leonardo da Vinci e Michelangelo! Como o monarca era também o chefe da Igreja e James era muito mais devoto do que Elizabeth havia sido, o ateísmo era considerado um crime de traição equivalente à anarquia. No julgamento de Raleigh no Winchester Castle Hall, o procurador geral, *sir* Edward Coke, acusou-o de promover "políticas diabólicas (...) as mais horríveis práticas já saídas do insondável abismo do mais baixo inferno".[461]

Sir Walter Raleigh definhou na prisão por muitos anos após sua sentença e foi executado em 1618. Enquanto isso, em 5 de novembro de 1605, o rei James tinha sido alvo de um ataque católico verdadeiro. Além de se manter firme contra os puritanos, James também anunciou "não precisar de papistas" e, como resultado, um grupo de católicos furiosos planejou explodir o rei e seus ministros no Parlamento. Felizmente, a Conspiração da Pólvora foi descoberta e evitada, mas a tentativa fracassada trouxe firmemente o Diabo para a arena pública com inúmeros panfletos e sermões – pois quem mais poderia ter planejado tão hedionda campanha? O relato oficial do evento, intitulado *The King's Book*, responsabilizou diretamente o Diabo, afirmando que a conspiração havia sido uma "eclosão do Inferno na Terra". Um panfleto denominado *The Arraignment and Execution of the Late Traitors* reunia os acusados sob a "sinagoga de Satã", e Guido (Guy) Fawkes, que teria acendido o fio da pólvora, ficou conhecido como o "Diabo no cofre".[462] Em um folhetim publicado posteriormente, intitulado *The Powder Treason*, a conspiração foi descrita como sendo "proposta por Satanás, fundada no Inferno e frustrada no Céu". O bispo de Chichester afirmou que o Diabo, por meio de seus agentes, concebeu um golpe secreto para destruir o rei, os príncipes, a nobreza e o clero na Câmara dos Lordes de Westminster.[463]

Ministros do Demônio

Em 1608, mais de um século depois do surgimento do documento inquisitório *Malleus Maleficarum*, apareceu um novo volume sobre a relação entre a bruxaria e o Diabo. Compilado pelo monge italiano

---

461. Para mais informações sobre esse assunto, ver Muriel C. Bradbrook, *The School of Night: A Study in the Literary Relationships of Raleigh,* Cambridge University Press, Cambridge, 1936.
462. N. Johnstone, *The Devil and Demonism in Early Modern England,* capítulo 6, p. 189-93.
463. *Ibid.*, capítulo 6, p. 196.

Francesco Maria Guazzo, foi intitulado *Compendium Maleficarum*.[464] Guazzo era monge da Congregação Milanesa de Santo Ambrósio, cuja ambição era melhorar a vida moral das mulheres e promover a instituição permanente de virgens (*de institutione virginis*) por meio dos conventos enclausurados.

Em sua explicação no prefácio ao *Compendium*, Guazzo deu sua própria impressão sobre o Diabo:

> Quando ele vê homens de mentes tímidas e fracas, ele os toma de assalto. Quando ele os encontra destemidos e firmes, ele se transforma em uma raposa ardilosa para enganá-los, pois ele possui milhares de formas de nos machucar e usa inúmeros métodos, superstições e estranhas habilidades para seduzir as mentes dos homens e levá-los a suas próprias loucuras. E tudo isso ele executa maravilhosamente com ilusões e bruxaria.[465]

O *Compendium* explica que, embora o Diabo tenha vários meios de causar o mal, "existem correções efetivas para reparar e dissipar esses danos quando reconhecidos". Ele então busca ilustrar, com vários exemplos documentados, como Satanás faz com que sua presença seja sentida e lista determinados tratamentos e curas para aqueles que tenham sido corrompidos por seu mal. O foco central do texto é a natureza da bruxaria, com a exposição específica das 11 tarefas necessárias para a participação completa no sabá. A lista inclui descrições detalhadas de atividades sexuais envolvendo demônios sedutores, homens com *súcubos* e mulheres com *íncubos*.[466] As bruxas, afirmava Guazzo, "se

---

464. O livro tem seu nome mencionado corretamente no filme de Roman Polanski de 1999, *O Último Portal*. A obra *Hypnerotomachia Polyphili,* impressa em dezembro de 1499, em Veneza, por Aldus Manutius também é citada nesse filme. De autoria anônima, a obra é atribuída a Francesco Colonna ou a Leone Battista Alberti. Ela é, de todo modo, creditada atualmente a Francesco Colonna, *Hypnerotomachia Polyphili (*tradução Joscelin Godwin), Thames e Hudson, London, 2005. O livro, com suas 174 requintadas xilogravuras, apresenta uma alegoria arcana na qual Poliphilo tem uma fantasia erótica em um cenário onírico, encontrando sua amante, Polia, na fonte de Vênus. É um dos mais importantes textos de caráter fantástico da Renascença e suas xilogravuras inspiraram as formas de inúmeros jardins e edifícios da época. O motivo pelo qual o livro é relacionado no filme à bruxaria é um mistério. Trata-se, na verdade, de um livro sobre o direito das mulheres em expressar sua sexualidade.
465. Francesco Maria Guazzo, *Compendium Maleficarum,* 1608 (ed, Montague Summers), Dover Publications, New York, NY, 1988, p. iv.
466. *Súcubo:* um demônio que toma forma de uma mulher para seduzir homens. *Íncubo:*

alegram e dançam em volta de uma fogueira na presença de Satanás, que aparecia em seu trono sob a forma de um bode negro medonho". O texto também apresenta certos aspectos do ritual, como oferendas de velas negras, batismo satânico, banquetes, danças frenéticas e o famigerado ritual sabático do *osculum infame* (beijar o traseiro do Diabo).

Segundo as alegações e confissões forçadas encontradas nos registros de julgamentos da Inquisição, as bruxas dariam "o beijo da vergonha" no início do sabá, depois de o Diabo ler em voz alta o nome dos seguidores presentes. O mesmo foi registrado nos julgamentos de North Berwick na Escócia, quando o *osculum infame* foi caracterizado como um ato de homenagem e penitência:

> E vendo que eles se demoravam muito, ele se juntou a eles na penitência, que era beijá-lo nas nádegas como um sinal de dever.[467]

Os adoradores aproximavam-se do Diabo "timidamente com ceifas e esfregões obscenos e grotescos, às vezes escarranchando de lado, às vezes andando de costas", para realizar o "ritual ímpio e lascivo", como parte do rito de iniciação.

Em suma, os 11 artigos da fé diabólica, que constituem o pacto solene e completo com a bruxaria, são apresentados por Guazzo:

> 1. Os candidatos firmam um pacto expresso com o Diabo, segundo o qual eles se dedicam ao serviço do mal.
> 2. Eles, explicitamente, rejeitam sua submissão a Deus e o renunciam.
> 3. Jogam fora, com desprezo, o Santo Rosário e pisoteiam a cruz.
> 4. Prometem obediência e submissão ao Diabo e fazem juramentos blasfemos, prometendo não fazer boas ações, mas obedecer à vontade de Satanás.
> 5. Prometem lutar com todas as forças para induzir outros ao serviço diabólico maligno.
> 6. Recebem um batismo sacrílego do Diabo, com padrinhos para instruí-los sobre a feitiçaria do mal.

Um demônio em forma de homem que abusa sexualmente de mulheres adormecidas.
467. W. Wright, *News from Scotland, Declaring the Damnable Life and Death of Doctor Fian*, London, 1592.

7. Cortam pedaços de suas roupas e confiam-nos ao Diabo, como símbolos de homenagem.
8. Ficam em pé sobre um círculo desenhado no chão pelo Diabo, e ali confirmam a lealdade satânica.
9. Solicitam ao Diabo serem retirados do livro de Deus e serem inscritos em seu próprio livro negro.
10. Prometem ao Diabo oferendas com sacrifício de crianças a cada 15 dias e juram atormentar a humanidade com pragas e tempestades.
11. Amaldiçoam os santos e recebem uma marca diabólica secreta no corpo como prova da escravidão.[468]

Hermann Thyraus, um jesuíta provinciano do Reno, escreveu sobre tais assuntos alguns anos antes em seu *De Spirituum Apparitione*. Sua opinião, assim como a de Guazzo, tornou-se consenso entre os demonologistas católicos e clérigos protestantes da época. Afirmava-se que se desviar das visões clericais sobre o sabá só podia significar "mera teimosia e temeridade (...) pois todos os mais sábios escritores da filosofia concordam quanto ao assunto". Ao defender sua perspectiva para os ortodoxos, Thyraus escreveu:

> É tão imprudente e absurdo negar essas coisas que, para adotar tal atitude, você deve rejeitar e desprezar os julgamentos mais importantes e consideráveis dos escritores oficiais mais sagrados. Ou melhor, você deve travar uma guerra contra o bom senso e a consciência enquanto ao mesmo tempo você expõe sua ignorância a respeito do poder do Diabo e do domínio que os espíritos maléficos podem obter sobre o homem.[469]

O principal ponto de ocasional discordância era a questão de saber se o Diabo aparecia em pessoa em todos os sabás ou se ele era às vezes representado pelo Grão-Mestre fantasiado – na maioria das vezes como um bode preto. De toda forma, dizia-se que os presentes seriam o "vínculo de escravidão com Satanás" e que os mestres seriam os ministros encarnados do Demônio, "dedicados a seu serviço e agindo sob suas diretrizes por inspiração do Inferno".

---

468. M. Summers, *The History of Witchcraft and Demonology*, capítulo 3, p. 81-89.
469. *Ibid.*, capítulo 3, p. 93.

Não havia discordâncias, no entanto, quanto ao fato de o Diabo ser sempre do sexo masculino. Suas abominações carnais nos sabás eram conduzidas com mulheres cujo consentimento era atestado pelo simples fato de estarem presentes. Existem vários relatos dos julgamentos de bruxas sobre terríveis bebês-monstro, nascidos da união ritualística com Satanás. Não há registro de que algum deles tenha sido visto ou descrito por qualquer juiz ou inquisidor, mas os relatos das testemunhas sobre a presença de lacraias e sapos no tribunal eram considerados evidência suficiente da realidade de tais acusações.

Seguindo a obsessão de Henri Boguet pela dança circular, Guazzo referiu-se no *Compendium Maleficarum* à prática durante os sabás:

> Os rituais são realizados no mais extremo absurdo em um círculo frenético, com as mãos dos participantes unidas e voltadas para trás. E assim eles dançam, jogando suas cabeças como pessoas desvairadas, algumas vezes segurando velas que haviam usado antes para adorar o Diabo.[470]

A seguir, em 1653, o dr. Henry More da Christ's College, em Cambridge, também escreveu sobre as danças circulares, em seu tratado teológico *Antidote Against Atheism*. Ele explicou que as dançarinas geralmente realizavam suas orgias ao redor de amoreiras, círculos de pedra ou ainda de grandes círculos que apareciam na grama misteriosamente, durante a noite.[471] Estes eram chamados de "círculos de fadas" e parecem ser semelhantes aos enigmáticos círculos que aparecem em plantações atualmente. Em 1678, um panfleto de Hertfordshire chamado *Strange News* publicou uma intrigante xilogravura, na qual o Diabo é retratado ceifando uma forma circular em uma plantação.

Em aparente confirmação da declaração de Guazzo de que crianças eram batizadas em um ritual nas assembleias sabáticas, Jeanette d'Abadie, uma bruxa confessa dos Pirineus, declarou em 1609 que as muitas crianças foram batizadas pelo Diabo nesses sabás. Se alguém novo na cerimônia já tivesse sido batizado no Cristianismo, o batismo teria de ser formalmente renunciado pelo candidato e pelos padrinhos anteriores. A nova bruxa recebia um dos nomes do Diabo, que designava novos padrinhos para instruí-la nos caminhos da magia diabólica.

---

470. F.M. Guazzo, *Compendium Maleficarum,* livro I, capítulo XII.
471. Henry More, *Antidote Against Atheism,* London, 1653, p. 232.

Tal prática foi confirmada por muitos outros, incluindo um certo Gentin le Clere em seu julgamento por bruxaria em Orléans, em 1614. Ele disse que ele e outros 15 companheiros tinham sido batizados por um bode monstruoso, que eles chamavam *l'Aspic*.[472] Existem também relatos de casamentos conduzidos por Grão-Mestres sabáticos, que rejeitavam a suposta única autoridade da Igreja.

Infectado com o mal

Em reação direta e imediata ao *Compendium Maleficarum*, de Guazzo, Pierre de Lancre, um juiz francês de Bordeaux, conduziu uma grande caça às bruxas em 1609, queimando 70 pessoas na fogueira em Labourd. Ele dizia que magos e bruxas eram uma força organizada contra a sociedade e uma ameaça à ordem estabelecida.[473] Em seu *Portrait of the Inconstancy of Witches*, ele divulgou as exigências para a participação nos sabás:

> Dançar indecentemente, comer excessivamente, fazer amor diabolicamente, cometer atos atrozes de sodomia, blasfemar escandalosamente, vingar-se com perfidez, ter desejos horríveis, cruéis, sujos e não naturais, ter sapos, serpentes, lagartos e todo tipo de veneno, amar apaixonadamente um bode fedido, acariciá-lo com amor, associar-se a ele de modo escabroso e nojento. Não são essas as incontroláveis características de uma leveza do ser sem paralelos e de uma execrável inconstância que pode ser expiada apenas pelo fogo divino da justiça, vindo do Inferno?[474]

Em contrapartida, Friedrich von Spee, um teólogo jesuíta e professor na Universidade de Wuzburg, foi um notório opositor dos julgamentos por bruxaria, atacando-os com firmeza. Tendo atuado como confessor para centenas de acusados de bruxaria enquanto eles eram levados para a fogueira, Spee foi um dos primeiros a denunciar

---

472. M. Summers, *The History of Witchcraft and Demonology*, capítulo 3, p. 84.
473. H.T.F. Rhodes, *The Satanic Mass*, capítulo 3, p. 34.
474. Pierre de Lancre, *Tableau de l'inconstance des Mauvais Anges et Demons: ou il est Amplement Traite des Sorciers et de la Sorcellerie*, Paris, 1613.

abertamente as torturas como meio de obter informação. Condenando as brutais práticas inquisitórias, ele escreveu, em 1631:

> O resultado é o mesmo, tendo ela confessado ou não. Ela nunca pode se safar. O corpo de investigação se sentiria ultrajado absolvendo uma mulher. Uma vez presa e acorrentada, ela deve ser culpada por motivos reais ou inventados.[475]

Apesar da descompromissada atitude da Igreja contra a magia e bruxarias satânicas, um grande número de padres e outros eclesiásticos foram condenados nesse período. Pierre de Lancre alegou que o clero do País Basco estava "infectado com o satanismo". Ele identificou cinco padres que teriam participado dos sabás. Um deles teria pago 200 coroas ao Diabo e mais tarde confessado o juramento que prestou a ele: "Eu me coloco todo sob teu poder, em tuas mãos".[476]

Dizem que o vigário de Peifane conseguiu arruinar uma respeitada e virtuosa paroquiana, a Dame du Lieu, por recorrer à magia negra. Ela acabou queimada viva no Parlamento de Grenoble. Em 1611, o padre Louis Gauffridy, de Accules, perto de Marselha, foi queimado pelo Parlamento de Provença, por seduzir Madeleine de La Palud no confessionário com uma respiração mágica. Foi dito que, enquanto na prisão, os examinadores encontraram três marcas do Diabo no corpo do padre,[477] mas não se sabe ao certo quanta culpa ele teve de fato.

Gauffridy conhecia Madeleine desde que ela tinha 12 anos de idade, quando se tornou sua pupila. Quando ela cresceu, ele apaixonou-se por ela e jurou que, se não pudesse se casar com ela perante Deus, por ser um padre, então ele "se casaria perante o Diabo". Ele disse a ela que era o Príncipe dos Magos e prometeu sempre protegê-la.[478] Assustada com essa conversa diabólica, Madeleine deixou a casa de seu pai e refugiou-se com as irmãs ursulinas de Marselha. Mas Gauffridy conseguiu se tornar seu confessor pessoal e as freiras acabaram convencidas de que Madeleine estava sob o domínio de Satanás. Um dia, uma das irmãs, Louise Capeau, com inveja da preferência do padre por Madeleine, assegurou que as histórias sobre seus poderes satânicos chegassem aos

---

475. Para ver os registros completos desses julgamentos, ver Friedrich Spee von Langenfeld, *Cautio Criminalis, or a Book on Witch Trials, 1631* (traduzido por Marcus Hellyer), University of Virginia Press, Charlottesville, VA, 2003.
476. R. Cavendish, *The Black Arts*, capítulo 7, p. 311-12.
477. D. Wheatley, *The Devil and All His Works*, p. 227.
478. J. Michelet, *Satanism and Witchcraft,* capítulo 17, p. 124.

ouvidos do inquisidor de Provença. Gauffridy foi devidamente apreendido e logo se espalhou o rumor da captura do Príncipe dos Magos. Quando Louise foi questionada pelo tribunal sobre onde poderia o Diabo residir de forma que tivesse tamanho controle sobre a vítima, ela apontou direto para ele e disse: "Eu o vejo logo ali, nas orelhas de Gauffridy". O destino do confessor foi então selado e, independentemente de quais foram suas verdadeiras ações e motivos, ele foi queimado vivo em Aix.

Um caso particularmente extraordinário foi o de Urbain Grandier, um padre de Loudun no departamento francês de Viena. Os relatos desse julgamento de 1632 dizem que, por ardil do Diabo, o réu usou magia para seduzir 17 freiras no convento Ursolino de Loudun. Jeanne des Anges, a madre superiora, testemunhou que Grandier ensinara bruxaria a elas e as apresentou ao Diabo.

Jeanne e as freiras foram exorcizadas publicamente várias vezes, com testemunhos de que elas contorciam seus corpos de maneira aterrorizante, berrando obscenidades a respeito de Grandier. Apesar de ser um conhecido libertino da cidade, Grandier nunca visitara o convento, mas foi acusado de usar bruxaria de longe e a maldade infundada contra ele foi extraordinária. Como Jeanne des Agnes era uma conhecida mentirosa, Grandier não foi severamente punido em primeira instância, embora tenha sido demitido de seu posto pelo tribunal de Poitiers. Um julgamento civil o absolveu de todas as acusações, mas outra sessão, convocada pelo cardeal Richelieu, determinou que Grandier havia, de fato, feito um pacto com o Diabo. Ele tinha até a assinatura de Satanás em um documento, escrita de trás para a frente, em um idioma desconhecido! A corte considerou o padre culpado e ele foi queimado na fogueira em 1634.[479]

Uma característica muito importante desses casos e muitos outros parecidos é que quase todos eles ocorreram nos conventos capuchinhos, carmelitas, franciscanos e ursulinos do sul da França, mas muito raramente na vizinha Espanha. Parece ter havido uma diferença marcante entre as passivas freiras espanholas e as resistentes irmãs francesas de Provença. Todos os relatos dizem que estas últimas eram mercenárias, despeitadas e invejosas tanto entre si como com aqueles ao redor.[480] Quando se consideram os depoimentos em nome dos vários padres, parece haver mais diabruras na mulher do que em seus acusados confessos,

---

479. O julgamento de Grandier é abordado em Aldous Huxley, *The Devils of Loudun,* Chatto & Windus, London, 1952. Esse livro foi adaptado para o teatro por John Whitting em 1961 (encomendado pela Companhia Real Shakesperiana). A peça então foi adaptada para os cinemas no filme de 1971, de Ken Russell, *Os Demônios.*
480. J. Michelet, *Satanism and Witchcraft,* capítulo 19, p. 142.

e os conventos eram famosos por seus escândalos. Em um ambiente de extrema repressão, as freiras francesas frequentemente tentavam se sobrepor às demais em histórias individuais sobre encontros sexuais com visitantes. Mas elas se livraram de qualquer responsabilidade pessoal explicando estar em tais ocasiões dominadas pelo Diabo. Quando algumas circunstâncias se tornavam de interesse público, o homem acusado de trazer o Diabo até o convento era quase sempre um confessor sacerdotal ou algum outro membro do clero. Era então impossível de conhecer completamente os casos como os de Gauffridy ou Grandier, mas aparentemente havia culpa e indiscrições de ambos os lados, e ser um conventual ou padre local era simplesmente uma ocupação perigosa.

Um dos poucos casos infelizes surgidos na Espanha foi o de Magdalena de la Cruz, uma freira franciscana que entrou para o convento em Córdoba. Ela adquiriu uma reputação extraordinária por sua santidade e, após um longo serviço, foi eleita abadessa. Mas então, alguns anos depois, ela ficou gravemente doente e foi levada prisioneira pelos frades da inquisição, com acusações de bruxaria contra ela. Sob algum tipo de coerção qualquer, Magdalena confessou que, quando tinha 12 anos, o Diabo apareceu para ela e a ligou a ele por 41 anos. Com uma década desse pacto ainda a ser completa, ela foi aprisionada pelo restante da vida.[481]

Depois do caso em Loudun, três diretoras conventuais consecutivas do Louviers foram acusadas de praticar magia e ter "negócios com o Diabo". Os frades da Inquisição pareciam gostar de torturar e queimar suas primas sacerdotais. Mas, como o *Desmarets et Histoire de Madeleine Bavent de Louviers* explica, as freiras inescrupulosas nem sempre escapavam sem punição. Aos 18 anos, Madeleine Bavent acusou Mathurin Picard e o padre Thomas Boulle (o diretor e o confessor respectivamente de seu convento em Louviers) de tê-la levado a um sabá das bruxas. Enquanto estava lá, ela descreveu como foi casada com o Diabo e realizou atos sexuais com ele no altar. Outras freiras supostamente tiveram experiências similares e demonstraram a influência diabólica com contorções não naturais e palavras em uma língua desconhecida. Satã, elas alegaram no tribunal de 1647, as havia levado (nas formas de Picard e Boulle) para dentro de seu reino de devassidão e cópula com demônios. Consequentemente, os dois foram vítimas de tortura, durante a qual Picard faleceu, mas o caso original de Madeleine Bavent nunca foi provado. Mesmo assim, Boulle foi queimado vivo na praça do mercado, sob os clamores da população contra ele, e a infeliz Madeleine foi exorcizada e aprisionada pelo restante da vida em uma masmorra.[482]

---

481. M. Summers, *The History of Witchcraft and Demonology*, capítulo 2, p. 69-70.
482. Para mais detalhes sobre o tema, ver, em tradução do francês, Montague Summers (tradutor), *The Confessions of Madeleine Bavent* (1652), Fortune Press, London, 1930.

A condição das bruxas

Entre os mais lembrados julgamentos de bruxas da Inglaterra estava o caso das bruxas de Lancashire em Pendle, em 1612. Os autos dos processos, como documentados por Thomas Potts, oficial da justiça, davam um bom exemplo das loucuras de uma era obcecada por bruxaria.[483] Esse julgamento em massa de 17 supostas bruxas foi o maior na Inglaterra até essa data e criou um rebuliço considerável nos condados do Norte.

Muita gente infeliz vivia nas florestas desoladas da região de Penddle Hill – sem educação e vivendo em extrema pobreza. Dentre essas pessoas havia duas mulheres de 80 anos: Elizabeth Southernes (conhecida como Old Mother Demdike) e Anne Whittle (conhecida como Old Chattox). Thomas escreveu sobre a viúva cega Demdike, que era "a megera mais violenta a incomodar a luz do dia". Ele descreveu Old Chattox como "uma criatura murcha, gasta e decrépita".

Com sua filha, Elizabeth, e alguns netos, Demdike vivia na miséria em uma velha ruína chamada Malkin Tower. Chattox morava ali perto, em condições igualmente terríveis, com suas filhas Alizon e Bessie. Todos eles sobreviveram mendigando por dinheiro e escassos suprimentos, mas as duas famílias não se davam tão bem. O problema começou quando Bessie, do clã dos Chattox, roubou um pouco de aveia da torre Malkin, depois do que Alizon, dos Demdike, apresentou uma reclamação formal ao magistrado local, Roger Nowell. Quando Bessie foi incriminada pelo roubo, ela acusou Old Mother Demdike de praticar bruxarias. Como retaliação, Alizon moveu a mesma acusação contra Old Chattox e logo os vários membros das duas facções estavam trocando acusações sobre práticas satânicas.

Roger Nowell foi escolhido especificamente pelo rei James para defender a ordem real implementada que considerava a bruxaria como uma ofensa capital. Era uma situação pouco original para o espírito da época e as tolas famílias rústicas trouxeram para si o problema. Também envolvida com Demdike, Chattox e 14 outros estava a residente das redondezas Alice Nutter. O julgamento cômico centrou-se em testemunhos sobre um demônio chamado Tibb e um cão preto falante. Mas as acusações por maldições, sedução, roubos de tumbas e assassinatos diabólicos também entraram em consideração enquanto os testemunhos se tornavam cada vez mais selvagens e criativos. O resultado foi que dez

---

483. Thomas Potts, *The Wonderful discoverie of witches in the countie of Lancaster: with the arraignment and triall of nineteene witches*, W. Stansby para John Barnes, Londres, 1613; reedição em fac-símile: Carnegie Publishing, Lancaster, 2003.

das ditas bruxas, incluindo Nutter, Chattox e duas crianças, foram levadas à forca no Castelo de Lancaster. Os outros foram ridicularizados ou presos e Old Demdike morreu, antes de sua execução, em sua cela.

***

Neste ponto, fica cada vez mais evidente que havia diferenças específicas entre as noções de bruxaria e feitiçaria entre a Europa Continental e a Grã-Bretanha. Na Europa, a maioria dos casos era relacionada principalmente a ações hereges e práticas satânicas que possuíam motivações políticas ou sexuais, reais ou imaginárias. Na Grã-Bretanha, tirando alguns envolvimentos limitados de pessoas de alto nível, como o do "conde mago" de Bothwell, na Escócia, a mania das bruxas estava mais relacionada a grupos rurais ou com aqueles indivíduos ou famílias de uma classe baixa carente e rústica cujo comportamento estranho era considerado, de alguma forma, ameaçador. Dizia-se que eles estavam em comunhão com o Diabo e eram temidos como criaturas malévolas que enfeitiçavam e faziam maldições para prejudicar aqueles ao seu redor. Às vezes suas supostas atividades incluíam magia negra com aspectos de natureza vodu, tais como cravar agulhas ou queimar imagens de cera. Diziam que voavam à noite e eram retratados ao redor de fogueiras, preparando poções vis em seus caldeirões. Essa é a imagem popular que, durante as perseguições do rei James, William Shakespeare empregou tão bem para as três irmãs estranhas em sua peça escocesa *Macbeth*. O único fator comum, no entanto, era que (sendo a culpada de bruxaria uma freira francesa desobediente ou uma idosa inglesa miserável) a causa de seus comportamentos diabólicos era sempre a mesma. Em todos os casos, o incitador era o Diabo.

Uma bruxa inglesa da variedade de idosas abatidas foi retratada teatralmente na corte do rei James, na peça *The Witch of Edmonton*, depois de sua estreia em Londres em Drury Lane em 1621. Descrita como uma comédia trágica, baseou-se na história verídica de Elizabeth Sawyer, enforcada em Tyburn naquele ano, depois de estar presa em London's Newgate Gaol, por vender sua alma ao Diabo. Miserável, rejeitada, repugnantemente pobre, parcialmente paralisada e acompanhada apenas por seu cachorro preto escabroso, ela foi vista no palco juntando lenha para sua fogueira enquanto recebia palavras de ódio e golpes cruéis dos que estavam a seu redor. Assim como ocorrera na vida de Elizabeth, o realismo total foi retratado na peça, mas não houve simpatia por parte do público. Cada vez que Elizabeth aparecia, eles assobiavam e vaiavam a velha bruxa arrependida e sua situação.[484]

Elizabeth Sawyer não se associou, tanto em sua vida real como em seu retrato teatral, com qualquer assembleia ou *coven*. Mas, em sua maioria, tais bruxas eram retratadas em seus próprios grupos comunitários em encontros ritualísticos organizados. A percepção comum dos acontecimentos nos Sabás foi relatada por meio de um tratado inglês contemporâneo. Parece, no entanto, que o conteúdo desse trabalho foi extraído, principalmente, do *Compendium Maleficarum*, 1608, de Francesco Maria Guazzo:

> Eles são carregados para fora de casa pela janela, porta ou chaminé, montados em seus diabinhos... Levados assim para o lugar apropriado, encontram muitos outros chegados lá da mesma forma; aqueles que, antes de Lúcifer tomar seu lugar no trono real, fazem suas homenagens costumeiras, adorando-o e proclamando-o seu rei e prestando-lhe todas as honras. Terminada essa solenidade, eles se sentam à mesa onde não são servidos manjares (...) O *íncubo,* na forma de um homem, satisfaz os desejos das bruxas, e os *súcubos* servem de prostitutas aos magos.
> Por fim, antes de a aurora trazer de volta o dia, cada um monta em seu espírito e assim retornam aos seus respectivos lares. Quando a assembleia está prestes a acabar, com o Diabo a despachá-los, ele publicou essa lei, com uma voz muito alta: "Vinguem-se ou morrerão". Então cada um deles, após beijar o traseiro do Diabo, retorna em seus veículos aéreos para suas habitações.[485]

---

484. O único confidente de Elizabeth foi o ministro e superior eclesiástico de Newgate Henry Goodecole. Após a execução dela, ele escreveu um panfleto intitulado *The Wondefull Discovery of Elizabeth Sawyer – a witch late of Edmonton: Her conviction, and condemnation, and death, together with the relation of the Devil's access to her and their conference together,* 1621.
485. Thomas Cooper, *Pleasent Treatise of Witches,* London, 1673.

14

A Rebelião de Satanás

O rei e o Diabo

Por 22 anos, o rei James I da Inglaterra (VI da Escócia) lutou contra as pressões do Parlamento anglicano e outras instituições cristãs. Além de ser o rei da Inglaterra, da Escócia e do País de Gales, ele também era rei da Irlanda, um domínio intrinsecamente católico. Por isso, com três grandes denominações cristãs a considerar, era preciso criar um ambiente de grande tolerância religiosa. Mas essa ideia não agradava aos sectários anglicanos ou aos membros dos movimentos presbiteriano e puritano. Ao defender os Atos de Uniformidade com respeito ao *Book of Common Prayer*, James irritou católicos de linha-dura, inspirando a malsucedida Conspiração da Pólvora. Quanto aos inflexíveis anciões da Igreja da Escócia, eles estavam bastante desgostosos com o conceito de James de uma Igreja Episcopal escocesa moderada, que não fosse nem anglicana nem presbiteriana e nem ao menos católica.

A rainha Elizabeth havia sido extremamente autocrática durante seu governo, gerindo com pouca interferência do Parlamento. As custosas guerras e explorações marítimas de seu reino causaram um débito considerável para a Coroa inglesa e James se viu obrigado a aumentar os impostos. Os políticos concordaram com a medida, mas com a ressalva de que ela só deveria ser colocada em prática após uma ata do Parlamento. Conhecendo as tradições do reinado escocês, James não rejeitou essa restrição, argumentando que não respondia aos ministros por ele designados, mas apenas a Deus e à nação. Ele enfrentou a oposição dos anglicanos do Parlamento. Após romperem com o controle papal, os bispos queriam servir apenas ao representante supremo de sua organização, o arcebispo de Canterbury, discordando da tradição (estabelecida por Henrique VIII e Elizabeth I) que colocava o monarca como chefe da Igreja.

Durante seu reinado inglês, James seguiu expondo suas preocupações em relação à bruxaria e ao Diabo, como descrito em seu livro escocês intitulado *Daemonology*, e os julgamentos de bruxas continuaram em todo o seu reino. A interferência satânica era um assunto comum na corte real em Londres, como *sir* Simon D'Ewes, um advogado do Templo Médio, registrou em seus diários. Ele resumiu inúmeros incidentes do que chama atividade satânica. Em uma ocasião, ele escreveu que vários dos navios do porto de Plymouth foram destruídos por uma tempestade violenta. Noticiou-se depois que o Diabo havia sido pessoalmente responsável, tendo sido visto na cena do crime disfarçado como um cão negro!⁴⁸⁶

Após sofrer um grave derrame e uma forte febre, o rei James morreu em 1625, sendo sucedido por seu filho, o rei Carlos I. De imediato, sua maior preocupação foi tentar livrar o governo da subversão parlamentar que tanto havia atormentado seu pai. Mas a ala puritana crescia com rapidez, e já dominara Westminster e agora era completamente não conformista. Eles se opunham a todas as formas de monarquia e episcopado anglicano, afirmando que o rei não possuía nenhum direito divino para ser chefe da Igreja ou da nação. Com isso, o cenário estava armado para que os dissidentes anárquicos rompessem com todas as tradições, associando o próprio rei ao culto ao Diabo.

Desde o início dessa campanha de demonização, as pessoas mais próximas ao rei Carlos sofreram acusações. Elas se concentraram principalmente em George Villiers, o duque de Buckingham, cujas crenças religiosas eram indefinidas, ainda que ele tivesse mãe católica. Ele foi mais próximo de todos os cortesãos e amigos pessoais do pai de Carlos. Mas ele foi acusado pelos puritanos de ser um emissário satânico que, em aliança com sua mãe bruxa e cumprindo ordens do Diabo, usou feitiçaria para causar a morte de rei James.⁴⁸⁷ Ele foi acusado ainda de causar uma terrível tempestade

---
486. N. Johnstone, *The Devil and Demonism in Early Modern England*, introdução, p. 7; capítulo 4, p. 112.
487. *Ibid.*, capítulo 6, p. 197, 202.

sobre Londres e de praticar magia negra para colocar o rei Carlos sob o controle do Diabo, o que deu origem ao cântico:

> Quem comanda o reino? O rei.
> Quem comanda o rei? O duque.
> Quem comanda o duque? O Diabo.

Em 1628, o conselheiro astrológico de Buckingham, John Lambe, também foi identificado como um mago maligno, sendo então apedrejado e linchado impiedosamente na rua por uma multidão em Londres.[488] Duas semanas depois, em Portsmouth, o duque de Buckingham foi esfaqueado e morto pelo militar puritano John Felton, como foi romanceado no romance clássico de Alexandre Dumas, *Os Três Mosqueteiros*. Logo após matar o duque, Felton admitiu o crime publicamente, esperando ser aclamado como um herói. Mas, em vez disso, ele foi preso e levado às autoridades, que o transferiram para ser interrogado em Londres. Percebendo que suas ações não provocaram a reação esperada, Felton concluiu que deve ter sido enganado de alguma forma por algum poder maléfico e declarou antes de sua execução ter agido "instigado pelo Diabo".

Antes de ser coroado rei, Carlos havia se casado com Henriqueta Maria de França, a irmã do rei Luís XIII. Contudo, por ser católica, ela não poderia ser coroada ao lado de seu esposo em uma cerimônia anglicana.[489] Em seu livro *Histrio-Mastix* (1633), William Prynne, um formidável oponente puritano das instituições anglicana e católica, atacou impetuosamente o comportamento abominável de Charles e Henriqueta Maria, pois dançavam com regularidade nos bailes de máscara e pastorais da corte. Preparando o terreno para futuras manobras políticas, Prynne denunciou todas as formas de dança e de entretenimento, assim como seus "enxames de espectadores lascivos, cujos desejos impuros e rebeldes estão prontos para arder a cada gesto, sorriso ou movimento libidinoso". Ele afirmava que dançar era "uma pompa e uma vaidade deste mundo perverso; uma invenção e, sim, uma obra de Satanás". Era, ele insistiu: "a procissão demoníaca que leva os homens ao Inferno".[490]

---

488. A história de Lambe foi recontada em *A Brief Description of the Notorius Life of John Lambe,* London, 1628 – republicado por Theatrum Orbis Terrarum, Amsterdam, 1976.
489. Thomas Birch, *The Court and Times of Charles I* (ed, R.F. Williams), Henry Colburn, London, 1842, volume I, p. 446.
490. William Prynne, *Histrio-Mastix: The Player's Scourge, or Actors Tragedie,* London, 1633.

Desde o início do reinado de Carlos, o arbitrário ministério anglicano foi considerado por demais distante e indiferente por grande parte da comunidade, o que fez com que os pastores puritanos locais ganhassem certa popularidade com o público. Ainda assim, Carlos I os via como insurgentes potencialmente perigosos e, por isso, jurou lealdade completa à Igreja da Inglaterra. Como consequência, os puritanos restringiram os subsídios financeiros do Parlamento e sujeitaram o rei às suas exigências. Carlos, por sua vez, dissolveu o Parlamento em 1629, aumentou suas próprias finanças com doações e empréstimos da rica aristocracia e nos 11 anos seguintes foi capaz de administrar a nação por si só.

Desígnios demoníacos

Enquanto isso, a aliança do rei com William Laud, arcebispo de Canterbury, desagradava à Igreja Escocesa e levou à Guerra dos Bispos, de 1639 a 1640. Esses conflitos foram provocados pelas tentativas de Laud de introduzir práticas anglicanas na Escócia presbiteriana, e as necessidades financeiras do conflito forçaram Carlos a restabelecer o Parlamento. Esse chamado Parlamento Curto funcionou de abril a maio de 1640 e de nada serviu, assim como o Parlamento Longo, convocado em novembro do mesmo ano e fatal, no fim das contas. Sem a menor vontade de ajudar a comunidade nacional anglicana, os puritanos de Westminster aboliram a corte do rei, executaram o conselheiro real, visconde de Strafford, e apresentaram a infame *Grand Remonstrance* – uma lista de queixas contra o rei e seus "desígnios diabólicos". As acusações incluíam "apostasia diabólica", por seu incentivo ao teatro.

Desde a época dos Tudor, a Irlanda passava por um período turbulento e em 1641 uma rebelião eclodiu na província de Ulster, no nordeste do país. Os católicos irlandeses eram contrários ao crescente número de mercantes ingleses que se alastravam por suas cidades e vilas. Ao ser alertado sobre a revolta, Carlos tentou organizar um exército para mitigar as revoltas, mas os políticos não lhe cederam os recursos necessários, temendo que ele pudesse voltar suas tropas contra o Parlamento. Carlos mandou prender cinco Membros do Parlamento por obstrução, mas os portões de Londres foram trancados, o que resultou em uma guerra civil. O exército do Parlamento foi mobilizado contra Carlos e seus adeptos, liderado por um provinciano com ambições políticas chamado Oliver Cromwell.

A partir de então, o Diabo tornou-se uma arma figurativa na propaganda verbal e literária de cada facção – os cavaleiros monarquistas e os cabeças redondas do Parlamento. Os monarquistas emitiram um panfleto, intitulado *The Devil Turn'd Round-head*, no qual o Maligno era retratado como um puritano fanático. Em resposta, os seguidores de Cromwell publicaram seu panfleto *A Short, Compendious and True Description of the Round-heads and Long-heads*. Cada lado acusava o outro de ser unha e carne com Satanás como "a semente e a cria do Diabo".[491]

Outros boletins de notícias, folhetos e baladas do tipo apareceram depois, de modo que os protestantes em geral, tanto anglicanos quanto puritanos, passaram a temer a influência diabólica em suas vidas mais do que nunca. Foi então que um agitador puritano chamado John Lilburne atacou o arcebispo Laud por tentar reintroduzir os altares e os livros de orações nas igrejas locais, com o intuito de promover o estilo de culto anglicano. Lilburne afirmou que Laud era um servo de Satanás e o rei Carlos era vítima de seu poder.[492] Isso teve o efeito de associar o arcebispo protestante com a Igreja Católica, considerada satânica. Então um panfleto malicioso intitulado *A Disputation Betwixt the Devil and the Pope* reforçou essa associação, ligando diretamente as lideranças anglicanas ao papado romano. Com isso, o arcebispo Laud passaria a ser visto como um homem intimamente ligado ao Diabo. O panfleto sugeria que, em nome do progresso do Protestantismo e da reforma parlamentar, todos os adereços e livros papais deveriam ser banidos da Inglaterra, e descrevia Satanás e o papa discutindo o fracasso de suas táticas subversivas em face da oposição religiosa puritana.[493]

Outra publicação dessas, intitulada *News From Hell*, reproduzia uma suposta carta escrita pelo próprio Diabo no 5.661º ano de seu reino na Terra. Aludindo à tentativa do arcebispo Laud de introduzir o *Book of Common Prayer* na Escócia, a carta parabenizava o papa por sua habilidade em manipular o episcopado anglicano para desencadear uma guerra entre o rei Carlos e seus súditos presbiterianos.[494] Essa

---

491. D. Oldridge, *The Devil in Early Modern England*, capítulo 8, p. 161.
492. N. Johnstone, *The Devil and Demonism in Early Modern England*, introdução, p. 6.
493. *A Disputation Betwixt the Devil and the Pope: being a brief dialogue between Urban VIII, Pope of Rome, and Pluto, Prince of Hell*, London, 1642.
494. *News from Hell, Rome and the Inns of Court: wherein is set forth the copy of a letter written from Devil to the Pope*, London, 1641.

publicação foi seguida de perto em 1642 por outro folheto, *The Papists' Petition in England*, que continha uma petição imaginária dos devotos do papa e mais uma discussão entre o papa e o Diabo. O arcebispo Laud era retratado como emissário da dupla na Inglaterra e eles debatiam como criar um plano maligno o bastante para destruir a instituição puritana.[495]

Graças a essas invenções absurdas, o arcebispo Laud foi retirado do cargo e encarcerado na Torre de Londres, sob a acusação de alta traição. Mas os panfletos maliciosos continuaram a aparecer e ele não tinha nenhum meio de se defender. Seu *status* de cúmplice do Diabo já estava tão consolidado no imaginário popular que os puritanos de Westminster foram além, declarando que Laud era ninguém menos que o próprio Anticristo. Em março de 1644, ele foi finalmente levado a julgamento na Câmara dos Lordes. A promotoria era liderada pelo fanático William Prynne. Mas a defesa habilidosa do arcebispo impossibilitou sua condenação por traição e os Lordes suspenderam o julgamento. Então, a puritana Câmara dos Comuns recorreu a um decreto apropriando-se do direito de designar qualquer crime como alta traição. Dentre os diversos delitos de Laud considerados de traição estava o apoio ao *Book of Sports* (1633) do rei Carlos, que declarava que danças e jogos eram legais. Ele era, portanto, um diabólico opositor às leis de Deus! Condenado à morte pela Câmara dos Comuns, sem direito a apelação, o arcebispo William Laud foi levado à região de Tower Hill e decapitado em 10 de janeiro de 1654.

O caçador de bruxas

Em dado momento, após alguns anos de enfrentamentos e batalhas entre os monarquistas e os cabeças redondas, o rei Carlos foi executado em frente do palácio de Whitehall, em Londres, no dia 30 de janeiro de 1649. Depois de um curto período na Comunidade das Nações, então Oliver Cromwell tomou para si o poder de governar a nação apenas pela força militar. Ele estabeleceu seu protetorado em 1653, dissolvendo o Parlamento para facilitar os trabalhos de sua ditadura militar. A tirânica facção dos puritanos agora estava firmemente no controle de todo o país.

---

495. *The Papist Petition in England to their diabolical centre of impiety the Pope: or their glory, in a story wherein they sit, and pumpe for witt,* John Hammond, London, 1642.

Como o autoproclamado lorde protetor, Cromwell atribuiu a si poderes ditatoriais maiores do que os de qualquer rei. Ele imediatamente começou a interromper todas as atividades da Igreja Anglicana. Sob suas ordens, o *Book of Common Prayer* foi proibido, assim como as celebrações do Natal e da Páscoa. Nas universidades, seus delegados proibiram as aulas de Matemática, Ciências, Astronomia e Filosofia Natural, disciplinas consideradas demoníacas. Os jogos, os esportes e toda forma de entretenimento foram proibidos; os dissidentes eram torturados e banidos; casas eram confiscadas; impostos punitivos eram cobrados; teatros e hospedarias foram fechadas; a liberdade de expressão foi negada; o adultério foi declarado crime capital e mães de filhos ilegítimos foram aprisionadas. Ninguém estava a salvo e qualquer grupo de familiares ou amigos desavisados poderia ser acusado de conspirar contra um regime que permitia aos seus soldados cobrar todas as taxas e multas esmagadoras que desejassem.[496]

Não é surpresa que uma ditadura brutal como essa tenha dado origem a uma nova onda de caça às bruxas. Diz-se que durante a era cromwelliana "o fogo e a corda raramente repousavam". Os puritanos não realizavam julgamentos justos, nem tinham qualquer misericórdia no tratamento dos pobres miseráveis que levantassem a menor suspeita de envolvimento com a bruxaria.[497] Um desses acusadores era o infame Matthew Hopkins, já famoso antes da ascensão de Cromwell, que se denominava general caçador de bruxas.

Dizia-se que um surto de culto ao Diabo em sua cidade natal, Manningtree, em Essex, alarmou Hopkins. "Aquela horrível seita de bruxas", ele escreveu, "se reunia durante a noite em uma área ao lado de minha casa", onde ele as ouvia conversando com diabinhos e prestando juramentos ao Diabo. Após extrair a confissão de uma delas (uma viúva idosa e amputada chamada Elizabeth Clarke), Hopkins perseguiu as outras, levando 36 bruxas às sessões de tribunal de Essex. Ele então partiu para outros condados: Suffolk, Norfolk, Huntingdonshire, Cambridgeshire, Northamptonshire e Bedfordshire. Ao contrário das autoridades civis comuns, que contavam com acusações específicas preparadas para investigação, Hopkins ativamente "caçava" bruxas. Durante o período de 1645 a 1647, ele levou quase 250 suspeitas de bruxaria a julgamento, das quais cerca de cem foram enforcadas.[498]

---

496. *Sir* Charles Petrie, *The Stuarts,* Eyre e Spottiswoode, London, 1937, capítulo 5, p. 216-17.
497. D. Wheatley, *The Devil and All His Works,* p. 251.
498. D. Oldridge, *The Devil in Early Modern England,* capítulo 7, p. 154-55.

Junto com seu assistente, John Stearne, Matthew Hopkins aterrorizou os condados do Leste. Sua notória, embora curta, carreira foi conduzida em meio à guerra civil. Ele era pago pelas autoridades locais em troca da promessa de livrar suas comunidades dos satanistas. Hopkins aproveitava-se judicialmente da crença popular de que bruxas tinham animais de estimação (gatos, lebres, arminhos e sapos), concentrando-se em levantar acusações contra mulheres idosas que cuidavam de animais. Muitas vezes, as mulheres confessavam ter visto o Diabo disfarçado de cachorro branco, de cachorro preto ou de um menino de cabelos desgrenhados. Uma mulher admitiu, após ser submetida à tortura da privação de sono, ter sido casada com o Diabo por três anos antes de descobrir o segredo do marido. Além disso, partindo do pressuposto que as bruxas não sangram quando furadas no local em que se encontra sua marca demoníaca, Hopkins usava muito seu estilete retrátil com mola. Contudo, seus dias de caçador chegaram ao fim quando Jonh Gaule, o vigário de Great Staughton, em Huntindgsonshire, condenou Hopkins publicamente em um livro intitulado *Select Cases of Conscience Touching Witches and Witchcraft*. A acusação era tão bem escrita e convincente que a opinião pública se virou contra Hopkins. Ao expor os métodos do caçador de bruxas, Gaule explicou:

> Toda mulher velha que tem um rosto enrugado, uma sobrancelha grossa, um lábio peludo, alguns dentes estragados, um olho estrábico, uma voz aguda ou uma língua afiada, um casaco velho nas costas, um solidéu sobre a cabeça, uma agulha de roca na mão, um cachorro ou um gato ao seu lado não apenas se torna suspeita, como é denunciada por ser uma bruxa.[499]

Em resposta a essa e outras reclamações formais que foram feitas a seu respeito às autoridades de Norfolk, Hopkins escreveu um panfleto, intitulado *The Discovery of Witches*, na tentativa de explicar e justificar suas ações.[500] Logo depois disso, ele desapareceu sem deixar rastros. Dois séculos depois, foi encontrado um registro datado de 12 de agosto de 1647 de um funeral realizado na paróquia

---

499. John Gaule, *Select Cases of Conscience Touching Witches and Witchcraft*, London, 1646.
500. Matthew Hopkins, *The Discovery of Witches: In answer to severall queries lately dellivered to the Judges of Assize for the County of Norfolk,* Matthew Hopkins, Caçador de bruxas, para benefício de todo o reino, M. DC. XLVII.

de Mistley, em Essex, de um homem chamado Matthew Hopkins.[501] Como essa data coincide com o dia do desaparecimento do general caçador de bruxas, muitos acreditam que este seja o registro de sua morte, cuja causa permanece desconhecida.

Conferência com o Diabo

As atividades de Matthews Hopkins, embora apenas semioficiais, eram fundamentadas em um documento publicado em 1645, intitulado *Laws Against Witches and Conjuration*. De acordo com os assuntos de Hopkins, seu relatório ressalta que as bruxas eram acompanhadas por espíritos demoníacos disfarçados de animais de estimação, "que se revelam a elas sob múltiplas formas e aparências", e confirma a impressão de que elas eram imaginadas pelo público como velhas decrépitas e blasfemas.[502] Como vimos nos casos da bruxa de Edmonton e das bruxas de Pendle, essas feiticeiras eram retratadas como pessoas solitárias ou integrantes de pequenos núcleos familiares, ao contrário dos *covens* ou grupos comunitários, como na época dos primeiros sabás medievais. Essa era uma percepção bastante distinta daquela popularizada na Europa, onde muitas das bruxas eram descritas como freiras ou jovens sedutoras, nobres ou camponesas.

Durante esse período, a Igreja Anglicana pouco escreveu a respeito da bruxaria. Os relatórios britânicos sobre o assunto eram essencialmente produtos dos movimentos puritano e presbiteriano. Desse modo, as histórias, falsas ou verdadeiras, seguiam o modelo insípido e monótono promovido dessas instituições conhecidas por sua austeridade e rigidez. Perdia-se de alguma forma toda noção de qualquer retrato concebido de forma romântica, enquanto o mundo da feitiçaria se tornou um universo de idosas e miséria. Os momentos mais empolgantes dessas narrativas eram protagonizados por anciãs isoladas e seus semelhantes, que às vezes enfeitiçavam as galinhas e o gado dos vizinhos. Enquanto isso, o vibrante modelo

---

501. William John Thorns (ed), *Notes & Queries,* 1 série, volume 10, London, 7 de outubro de 1854, p. 283.
502. *The Lawes against Witches and Conjuration – and some brief notes and observations for the Discovery of Witches. Being very useful for these times, wherein the Devil reignes and prevailes over the foules of poor creatures, in drawing them to that crying sin of witchcraft. Also, the confession of Mother Lakeland, who was arraigned and condemned for a witch, at Ipswich in Suffolke,* Publicado por Authority, imprimido por RW, London, 1645.

católico era reproduzido nos relatos inquisitórios da Europa. Em termos seu de apelo popular, esses relatos falavam de tradições ciganas, de lobisomens e feiticeiras sedutoras. Em todos os sentidos, porém, as histórias de bruxa tinham um elemento comum, como descrito em *Lawes Against Witches and Conjuration*: "as bruxas têm contato pessoal com o Diabo".

Durante a década de 1640, a Assembleia Geral da Igreja da Escócia promulgou uma série de cinco leis condenatórias contra as bruxas, fazendo com que o número de julgamentos e condenações relacionados aumentasse de forma significativa. Em nome do rei, a Igreja da Escócia e o Conselho Privado se aliaram para fazer uma caçada às bruxas, perseguindo todas as pessoas acusadas de associação com Satanás ou com seus agentes. Os membros de todas as classes sociais foram tomados pela superstição e a influência diabólica era uma das questões centrais na vida da época. Os julgamentos se espalhavam por todo o país, principalmente em Aberdeenshire, Stirlingshire, Ayrshire, Galloway, Lanarkshire, Orkney e na região de Lothian. As execuções eram frequentemente justificadas com a popular passagem da Bíblia do rei James: "Não deixarás uma bruxa viva".[503] Porém, essa passagem não existe no Antigo Testamento, que serviu de base para a tradução inglesa de 1611. O termo hebraico *chenaph* não significa "bruxa"; sendo mais corretamente interpretado como "alguém que age de forma perversa". Ao que parece, os tradutores se aproveitavam do conhecido medo que o rei nutria por bruxas, evidenciado 15 anos antes em seu livro *Daemonology*. Nesse contexto, a passagem da Bíblia inglesa do século XVII parece ter sido resultado direto da obsessão por bruxas da época, em vez de fornecer qualquer base teológica legítima que justificasse as acusações.

Algumas das acusações, que causaram inúmeras mortes na Escócia, principalmente de mulheres, baseavam-se em evidências extremamente frágeis. Ao longo de 30 anos, muitos dos moradores das casas vizinhas à de Janet Wishart, em Aberdeen, morreram, como é de se esperar. Por isso, Janet foi acusada de causar doenças e mortes e acabou queimada na fogueira. Isobell Scudder era conhecida por ser uma hábil e ardilosa alcoviteira. Decidiu-se então que ela era uma feiticeira que se valia de feitiços malignos para encantar os homens. Em Fyvie, uma mulher foi condenada por recorrer a um mago em busca de uma cura para sua vaca doente. O bispo de Galloway condenou uma mulher de Irongray a ser queimada em barril

---

503. Êxodo 22:18.

de alcatrão por ter, mais de uma vez, previsto o clima corretamente. Elspeth de Kirkcudbright foi queimada viva porque uma haste presa ao seu telhado afetava a produção de leite das vacas da casa vizinha.

Na Escócia, o número total de pessoas acusadas de ligação com o Diabo entre os anos de 1563 e 1736 totalizou algo em torno dos 4 mil. Há registros contendo os nomes de 3.212 pessoas, 85% das quais são de mulheres. O autor de um artigo sobre o assunto, publicado no *Scottish Review* em outubro de 1891, encontrou os dados de 3.400 pessoas mortas no país antes do século XVIII. Muitas delas eram parteiras e, assim como teria ocorrido na Europa de então, foram consideradas bruxas por sua profissão. Outros eram praticantes do curandeirismo, uma arte considerada magia diabólica. O método de tortura mais comum nesses casos era a privação de sono, porque provocava alucinações, resultando em confissões, principalmente descrições de encontros, relações sexuais ou pactos com o Diabo.[504] O número de bruxas enforcadas na Inglaterra durante o período é desconhecido, por falta de registros históricos confiáveis, mas, em todo caso, a quantia é consideravelmente maior do que a escocesa.

A maldição dos mortos-vivos

Durante a primeira metade do século XVII, ideias a respeito de Satanás e da feitiçaria se espalhavam não apenas pela Grã-Bretanha, mas por toda a Europa. Ninguém mais enxergava o Diabo como uma criatura que podia ser enganada e ridicularizada, pois ele alcançou o *status* de um ser todo-poderoso em busca da dominação mundial. Por isso, todo tipo de desastre e calamidade passou a ser atribuído a ele.[505]

Em 1618, os protestantes da região da Boêmia se rebelaram contra o regime católico da família dos Habsburgo, da Áustria, dando início à Guerra dos Trinta Anos na Alemanha e nos Países Baixos. Os boêmios entregaram a coroa ao príncipe Frederico V, eleitor palatino do Reno e sobrinho de Henri, duque de Bouillon e líder francês

---

504. *The Survey of Scottish Witchcraft*, pesquisa sobre a bruxaria escocesa, incluindo uma base de dados *on-line* bastante completa, foi compilada por Scottish History, School of History and Classics, University of Edinburgh, 17 Buccleuch Place, Edinburgh, EH89 LN.
505. R. Muchembled, *A History of the Devil: From the Middle Ages to the Present,* capítulo 5, p. 152-53.

dos huguenotes. Ao aceitar a honraria, Frederico despertou a cólera do papa e do Sacro Império Romano-Germânico, e os conflitos resultantes se desenrolaram até o ano 1648. Não se preocupava com os direitos de ninguém enquanto regiões inteiras eram devastadas pelos exércitos invasores. Durante a contenda, a Suécia se aliou à Boêmia, assim como facções protestantes da França e da Alemanha. Em tempo, os territórios imperiais foram esvaziados e restou ao imperador apenas o controle nominal sobre os estados alemães.

Assim como na Guerra Civil inglesa, as duas facções oponentes afirmavam que as forças inimigas eram lideradas pelo Príncipe das Trevas, com uma determinação de colocar todos sob seu controle. Nunca em toda a história Satanás havia desempenhado um papel tão central na consciência coletiva. As pessoas dos dois lados do conflito, católicas ou protestantes, estavam inteiramente convencidas de estar lutando contra o Diabo.

Ao mesmo tempo, novas filosofias surgiam aos poucos, à medida em que a ciência e a lógica começavam a romper as antigas barreiras da teologia religiosa. Liderado por homens da razão, como o filósofo e matemático francês René Descartes, seguido pelo polímata alemão Gottfried Leibniz e outros, o período viria a ser conhecido como a Era da Razão. Não se tratava, de modo algum, de uma corrente de pensamento ateísta, mas apenas da aplicação de uma abordagem mais equilibrada. Descartes estava perfeitamente satisfeito com a ideia de que Deus havia criado a existência e as leis da natureza. Mas ele acreditava ainda que, após a criação, Ele havia deixado que o mundo funcionasse por si só, sem Sua intervenção divina. Com base nisso, Descartes sugeriu que as pessoas parassem de botar a culpa por seus fracassos e adversidades em Deus ou no Diabo e começassem a assumir a responsabilidade por suas ações.[506]

Eventualmente, sugestões como essa fizeram com que a crença satânica entrasse em declínio e as pessoas passaram a ver o mundo de forma mais tranquila. Por enquanto, contudo, o Diabo ainda reinava supremo e, assim que a Guerra dos Trinta Anos chegou a um fim, a Igreja Católica buscou novas justificativas para prosseguir com a perseguição de hereges e feiticeiros. Em meados do século XVII, com o Diabo no auge de seu poder imaginário, contando com inúmeros discípulos entre as bruxas e os ciganos, a Inquisição decidiu então introduzir uma nova forma de horror diabólico para fazer com-

---

506. *Ibid.*, capítulo 5, p. 158-59.

panhia aos lobisomens.[507] Considerando que Jesus tinha uma legião de anjos divinos, decidiu-se que Satanás precisaria de sua própria corja de emissários malignos para a guerra divina ser disputada em pé de igualdade e exortada dos púlpitos com um novo prazer.

A premissa principal do Cristianismo era a promessa da salvação, conquistada pela subserviência aos bispos junto com uma existência eterna e tranquila no Paraíso após a morte. Mas como seria possível retratar a noção alternativa de Inferno na Terra de modo a aterrorizar aqueles fiéis mais relutantes ou hesitantes? Para assustar os vivos, o Inferno deveria, de alguma forma, ter um aspecto terreno, e o que poderia ser mais assustador do que a ideia de pessoas tão terrivelmente impuras que não eram capazes de morrer? De que alguém poderia mesmo se tornar um "morto-vivo"? De acordo com os clérigos católicos, essas almas penadas, nem vivas nem mortas, eram forçadas a vagar pelo reino dos vivos por terem morrido sem a bênção ou a permissão de Deus!

O conceito não era ruim, mas não era muito mais assustador do que a ideia de fantasmas com uma forma física. Era preciso ir além; esses seres deveriam ser predadores, assim como os lobisomens, para incitar nas pessoas o tipo de medo que as levaria a se ajoelhar perante a igreja, implorando por salvação. Então qual era a coisa que todas as pessoas que buscavam a salvação de suas almas, ricas ou pobres, temiam perder?

A resposta para essa pergunta foi encontrada (como haveria de ser para que o plano tivesse sucesso) na Bíblia. Mais precisamente, no Antigo Testamento, em Levítico 17:11: "É o sangue que faz a expiação da alma". Dessa forma, determinou-se que os "mortos-vivos" eram criaturas que devoravam sangue das pessoas, desviando-as do caminho da salvação.

Havia um pequeno problema, pois esse versículo de Levítico era, na verdade, parte da antiga lei hebraica de expiação, o que tinha pouco ou nada a ver com o Cristianismo. Mas logo se descobriu um jeito de acomodar a lei quando a Igreja reafirmou a doutrina da transubstanciação. De acordo com esse dogma, quando um bom cristão bebe o vinho da eucaristia, ele está bebendo, figurativamente, o sangue de Cristo, que passa a fazer parte de seu corpo. Qualquer criatura que extraísse o sangue de um cristão estaria, portanto, roubando o sangue de Cristo! Desse modo, os "mortos-vivos" poderiam

---

507. P. Carus, *The History of Devil and the Idea of Evil*, p. 30.

ser retratados como anticristos, cujo objetivo era devorar o sangue e a força vital do Salvador.[508]

Na Inglaterra do século XII, William de Newburgh, um cronista agostiniano, relatou casos em que os mortos retornavam para aterrorizar os vivos. Ele identificou esses inimigos como *sanguisuga*, o termo latino para "sugar o sangue",[509] embora se referisse a pessoas que praticavam extorsão e não exatamente a criaturas sugadoras de sangue.

Em 1645, um escriturário católico grego chamado Leo Allatius escreveu o primeiro livro sobre os "mortos-vivos" sugadores de sangue. Na obra, intitulada *De Graecorum Hodie Quorundam Opinationibus*, ele descreve o *vrykolakas* – um cadáver possuído por um demônio. Essa ideia era relativamente nova para o Cristianismo ocidental, mas o *vrykolakas* já fazia parte do folclore grego havia algum tempo, sendo reconhecido pela Igreja Cristã Ortodoxa como uma figura demoníaca. Em 1657, François Richard, um padre jesuíta francês, mencionou os mortos-vivos diabólicos no texto *Relation de ce qui s'est passe a Saint-Erini Isle de l'Archipel*.

Nesse contexto, os clérigos encontraram sua grande fonte de inspiração. Ao trazer a criatura satânica à baila, eles conseguiram remodelar e alterar a imagem do *vrykolakas* para um mercado que jamais ouvira falar nele. Ao fazer isso, reconheceram que essa criatura satânica não poderia existir na presença de artefatos cristãos. Como consequência, toda uma nova mitologia foi criada ao redor do personagem. Decretou-se que essas criaturas poderiam ser repelidas por objetos consagrados, como a água-benta, a hóstia eucarística e o crucifixo.

Havia um antigo ritual, originado na Romênia e na Hungria do século IX, que supostamente impedia que os mortos caminhassem. A população camponesa da região acreditava que, ao morrer, uma pessoa era ceifada da vida, da mesma forma que as árvores e as colheitas eram cortadas do solo. Assim, era comum que se cobrisse o cadáver com uma foice, como um lembrete de que ele já não podia

---

508. J. Gordon Melton, *The Vampire Book,* Visible Ink Press, Farmington Hills, MI, 1999, p. 55-56. O conceito dos demônios sugadores de sangue surgiu na Mesopotâmia antiga, no terceiro milênio antes de Cristo. A primeira dessas criaturas a adquirir relevância literária apareceu na mitologia grega. Era Lâmia, rainha da Líbia e amante de Zeus, que, punida pela deusa Hera, se tornou uma horrível criatura de quatro patas com rosto e seios de mulher. Mais tarde, no Leste Europeu e na Europa Central, a ideia passou a ser associada ao culto satânico dos mortos-vivos, mas na Grã-Bretanha essa tradição ainda demoraria a aparecer.
509. *Ibid.*, p. X.

retornar ao mundo dos mortais. Isso pode explicar o fato de a Morte (o Ceifador Sinistro) ser, há muito tempo, retratada como uma figura esquelética coberta parcialmente por um manto e carregando uma foice.

Aplicava-se esse ritual principalmente nos casos em que a pessoa havia morrido antes do tempo, talvez vítima de um trágico acidente, assassinato ou de alguma enfermidade, pois ela poderia acordar repentinamente, sem saber que havia morrido! Supunha-se que essas pessoas tinham alta probabilidade de se transformarem em "mortos-vivos", assim como suicidas, alcoólatras ou, como insistiam os clérigos, os filhos ilegítimos. Qualquer pessoa que viesse a morrer sem o consentimento de Deus estava fadada a se tornar um morto-vivo, assim como aqueles que fossem enterrados em terra não consagrada. Era bastante comum que as vítimas da praga ou de doenças infecciosas fossem enterradas rapidamente após a morte, sem qualquer tipo de solenidade, para que a moléstia que carregavam ficasse confinada sob a terra. Essas vítimas eram condenadas expressamente pela Igreja, que declarava que todos aqueles que fossem enterrados sem a presença de um padre certamente compactuariam com o Diabo.

Em alguns casos, o nome *vrykolakas* confundia-se com o dos lobisomens, chamados de *verkolak* nas tradições eslovaca e búlgara. A Igreja Bizantina da Sérvia foi a primeira a fazer a ligação entre os dois tipos de demônios, chamando ambos de *vlkoslak*.[510] Isso tudo foi bastante conveniente aos bispos do século XVII, pois os lobisomens não eram capazes de causar o terror necessário em lugares como a Grã-Bretanha, onde lobos eram pouco conhecidos, embora alguns existissem no norte da Escócia.

A obra de Leo Allatius foi cuidadosamente planejada de forma a associar os *vrykolakas* às bruxas e aos ciganos adoradores do Diabo. Mas não demorou muito para que o conceito se expandisse ainda mais, pois a Igreja logo adotou uma nova estratégia para acrescentar uma criatura verdadeiramente aterrorizante ao rol de emissários satânicos. Isso, como veremos, levou ao culto demoníaco do vampiro.

---

510. S. Baring-Gould, *The Book of Werewolves*, capítulo 8, p. 115.

15

O Diabo e a Razão

Filho da aurora

Alguns anos depois da execução do arcebispo Laud, a Igreja Anglicana ressurgiu após ter sido oprimida durante o protetorado cromwelliano, e os protestantes voltaram a associar o Anticristo ao papa. Em relação a isso, o ponto de vista do escritor inglês John Milton era luterano no sentido de que enxergava a Igreja Católica como uma instituição verdadeiramente maligna. Seu *Treatise of Civil Power in Ecclesiastical Causes*, publicado em 1659, afirma:

> É principalmente por esse motivo que todos os protestantes enxergam o papa como o Anticristo, pois ele se autodenomina infalível quanto à consciência e às Escrituras, colocando-se no templo de Deus, como se estivesse oposto a Deus, exaltando a si mesmo acima de tudo aquilo que é chamado Deus.[511]

Além dessa opinião, o Diabo (contrário ao Anticristo papal) apareceu com uma *persona* um tanto não convencional na aclamada obra de Milton, *Paraíso Perdido*. Publicada em 1667, ela mostra o Diabo despido de sua perversidade habitual. Nesse poema épico,

---

511. John Milton, *A Treatise of Civil Power in Ecclesiastical Causes: That it is Not Lawful for any Power on Earth to Compel in Matters of Religion,* Kessinger, Kila, MT, 2004.

Satanás não é um bode hediondo ou algum tipo de entidade demoníaca, mas retoma sua identidade original, de anjo caído que assume o papel de um revolucionário heroico e orgulhoso. Como tal, ele busca uma rota de salvação para todos aqueles que foram condenados, sem indulto, ao Inferno católico que ele conhece tão bem. Determinado e rebelde em sua cruzada contra as autoridades, destemido e contestador diante das forças dominantes, Satanás pergunta: "Não há mais espaço para o arrependimento; não há mais lugar para o perdão?". Seu personagem é honrado e ele é apresentado como um herói da liberdade em oposição à opressão dogmática. É um retrato bastante distinto daquele Diabo maligno, cujos emissários eram perseguidos e castigados pelos intrépidos caçadores de bruxas.

No capítulo 2, vimos que, no livro *Paraíso Perdido* de Milton, Satanás era identificado com Lúcifer, a "estrela d'alva", o que acabou influenciando a imagem popular do Diabo. Essa ideia teve origem no Antigo Testamento, em uma passagem de Isaías 14:12, que associa a "estrela d'alva" ao "portador da luz". O versículo bíblico, em referência simbólica à queda do rei Nabonido da Babilônia, declara: "Como caíste dos céus, ó estrela d'alva, filha da aurora!". Milton parece cometer um engano ao associar esse evento à queda de Satanás. O erro, no entanto, não foi cometido por Milton, mas por um padre chamado Orígenes de Alexandria, que escreveu sobre o tema no documento *De Principiis*, publicado no século II. Após confundir Lúcifer (*Lux-fer*) com Satanás, Orígenes discorre sobre como essa conexão não fazia sentido. Afinal, escreve ele, a estrela do dia, conhecida como *Lux-fer*, se levanta ao amanhecer. Mas como pode Satanás surgir no amanhecer? Como pode ser ele o portador da luz se ele é o Príncipe das Trevas? Orígenes então tenta justificar a identificação mútua, mas é incapaz de chegar a qualquer explicação satisfatória, pois sua ideia estava incorreta desde o início.[512] Ainda assim, cerca de 1.500 anos mais tarde, a ideia parece ter agradado a John Milton, que descreve o heroico Satanás como a perfeição brilhante, personificada por Lúcifer, também conhecido como Vênus, a estrela d'alva.

Existiu, de fato, um movimento herético chamado luciferianismo no século IV, mas eles não tinham qualquer relação com o Diabo, exceto pela inferência da Igreja. O nome do grupo, na verdade, fazia referência a Lúcifer Calaritano de Cagliari, na Sardenha. Eles foram

---

512. Origen, "De Principiis", em Reverendo A. Roberts e J. Donaldson (eds), *The Ante-Nicene Fathers – The Writings of the Fathers down to AD 325,* volume IV, livro I, capítulo 5:5.

atacados em uma polêmica do apologista cristão São Jerônimo, que afirmou o seguinte no tratado *Against the Luciferians*, publicado no ano 379:

> Há pouco tempo, um seguidor de Lúcifer teve uma discussão com um filho da Igreja. Sua loquacidade era odiosa e seu linguajar era insultante. Pois ele declarava que o mundo pertencia ao Diabo e, como muitos dizem nos dias de hoje, que a Igreja havia se transformado em um bordel.[513]

A continuação do livro de John Milton, *Paraíso Reconquistado*, detalha essencialmente a tentação de Cristo pelo Diabo, narrada no Evangelho de Lucas.[514] A diferença é que, na versão de Milton, Satanás é apresentado como o "filho de Deus", assim como no livro de Jó, do Antigo Testamento.[515] Desse modo, a cena da tentação é apresentada como um debate entre dois dos filhos de Deus. Ao ser vencido por Jesus, Satanás "enche-se de admiração" e em seguida cai, "repleto de medo e angústia", ao Inferno e aos Portões de Abadom.[516] Como já discutimos, o termo Abadom às vezes é utilizado para designar Satanás. Mas Milton, em conformidade com o Livro do Apocalipse,[517] identificou Abadom separadamente como o anjo do abismo insondável, o derradeiro guardião do abismo em que Satanás teria sido lançado por conta de seus pecados.

Embora fosse claramente um protestante de tendências republicanas, Milton não era um puritano severo, como evidenciado por sua vida contrária como poeta e compositor musical, além de sua visão curiosamente simpática para com o Diabo. Por outro lado, ele apoiou o regime cromwelliano, e seus escritos de propaganda o levaram a uma curta temporada na prisão em 1659, quando o protetorado terminou.

Oliver Cromwell morreu em 1658 e seu legado despótico foi confiado ao seu filho, Richard. Felizmente, Richard não compartilhava das ambições ditatoriais de seu pai e pouco tempo depois a monarquia britânica foi restaurada. John Milton foi solto no ano

---

513. "Against the Luciferians", em Philip Schaff (ed), *The Principal Works of St Jerome*, Christian Literature Publishing, New York, NY, 1892, p. 319-34.
514. Lucas 4:1-13.
515. Jó 2:1-2.
516. John Milton, *Paradise Regained*, W. Taylor, London, 1721, livro IV:565-625.
517. Apocalipse 9:11.

1660, enquanto eram feitos os preparativos para a coroação do rei Carlos II e para a restauração da Casa Real dos Stuart. Tendo sido coroado na Escócia nove anos antes, o extravagante filho de Carlos I agora retornava a Londres do exílio em Haia para liderar a nação em uma nova era de tolerância e liberdade. Carlos II era um líder habilidoso, benquisto e perfeitamente adequado ao espírito de sua época. Sua maior prioridade era propiciar um nível considerável de liberdade à população depois de mais de uma década de dura opressão militar. Quanto a isso, ele incentivou o surgimento de um ambiente de alegria e descontração, reabrindo as hospedarias, os teatros e os campos de esporte, enquanto ao mesmo tempo um renovado espírito romântico de aprendizado e investigação começou a florescer.

Carlos II reformou a Igreja Anglicana, criando uma sociedade em que todas as denominações religiosas eram igualmente aceitas. Entretanto, apesar de todas essas conquistas, os inconvenientes políticos e clérigos anglicanos mantiveram sua índole autoritária. Indiferentes às posições do rei, eles não possuíam a menor intenção de tolerar as outras religiões, principalmente o Judaísmo e o Catolicismo. Além disso, eles alegavam que Carlos provavelmente possuía tendências católicas, pois era casado com Catarina de Bragança, uma portuguesa. Então, em 1673 e 1678, o Parlamento promulgou a Lei do Teste, proibindo todos aqueles que não fossem anglicanos de tomar posse em cargos governamentais ou públicos.

Apesar disso, Carlos traçou sua estratégia de reformas liberais, no intuito de trazer a Era da Razão (como idealizada pelo matemático francês René Descartes) à Grã-Bretanha. Para tanto, em 1662 ele patenteou a Real Sociedade de Londres. Com fundadores como Christopher Wren e Robert Boyle e depois com membros como Issac Newton, Edmond Halley e outros notáveis pensadores, a Sociedade permanece até os dias de hoje como a principal academia de Ciência e Filosofia Natural do país.

Outro famoso escritor da época era John Bunyan, um missionário de Bedfordshire que também foi preso pelas lideranças anglicanas em 1660, sob a acusação de realizar pregações sem autorização. Enquanto esteve preso, ele escreveu seu aclamado romance alegórico, intitulado *O Peregrino*. Na obra, que narra as aventuras de um peregrino chamado Christian, Bunyan apresentou um demônio chamado Apoliom. Este era um nome alternativo de Abadom (como descrito em Apocalipse 9:11), o guardião do abismo sobre quem John Milton escreveu. Quando apresenta o senhor do Inferno, a Bíblia explica:

> Eles tinham sobre si um rei, o anjo do abismo insondável, cujo nome em hebraico é Abadom, mas em grego era Apoliom.

Ao descrever Apoliom em *O Peregrino*, Bunyan escreveu:

> Ora, o monstro tinha aspecto horrendo; ele era coberto de escamas como as de um peixe (e se orgulhava delas); ele possuía asas de dragão, pés de urso, expelia fogo e fumaça de sua barriga e sua boca era uma boca de leão.

Durante sua conversa com o jovem peregrino, Apoliom refere-se a Deus como o rei dos Príncipes, exclamando: "Eu o odeio, odeio suas leis e seu povo!". Em seguida, ele arremessa flechas em Christian durante a metade de um dia, até que o devoto peregrino desfere um golpe com espada, ferindo o adversário: "E com isso Apoliom abriu suas asas de dragão e fugiu, e Christian nunca mais o viu".[518]

A prisão de John Bunyan pelos bispos anglicanos foi consequência da renovada proeminência alcançada pela Igreja da Inglaterra, que voltara a ser a principal instituição religiosa na era pós-cromwelliana. Em uma tentativa de defender sua posição como pregador não autorizado, Bunyan explicou em sua confissão aos representantes da Igreja como aquela conversa sobre o Diabo o inspirou primeiro a tornar-se um orador ativo de assuntos religiosos. Ele descreveu que começou quando ouviu duas mulheres batistas conversando em uma rua em Bedford:

> Elas conversavam sobre um novo nascimento, a obra de Deus em seus corações; e sobre como estavam convencidas de que haviam nascido para sofrer. Elas falavam sobre como Deus visitou suas almas com Seu amor em Jesus Cristo e com que promessas se sentiram aliviadas, confortadas e fortalecidas contra as tentações do Diabo.[519]

Antes disso, Bunyan imaginava que as tentações diabólicas eram relacionadas a crimes e atos perversos e ficou fascinado com

---
518. John Bunyan, *The Pilgrim's Progress,* W. Oliver, London, 1776, p. 91-97.
519. Os detalhes da vida de Bunyan foram descritos em Robert Philip, *The Life, Times and Characteristics of John Bunyan,* Wm. Carlton Regand, New York, NY, 1888.

a perspectiva das mulheres, que as viam como a causa dos desejos cotidianos. A possibilidade da salvação por meio de Jesus lhe era completamente nova, pois não havia nenhuma ideia parecida na doutrina puritana. Os pastores falavam apenas sobre a ira de Deus e a danação, sem qualquer possibilidade de absolvição, e ninguém mencionava Jesus. O que Bunyan vivenciou com a conversa daquelas mulheres foi um novo tipo revigorante de evangelismo cristão, um conceito que lhe era estranho e absolutamente impressionante.

Até então, Bunyan fora um fabricante de panelas e chaleiras, além de ter servido no exército parlamentar cromwelliano por um curto período de tempo. Mas ele era um homem instruído e, após estudar a doutrina dos evangelhos, passou a escrever livros religiosos e a pregar. Alguns anos depois, ele atraía congregações maiores do que as igrejas locais, enfurecendo os vigários. Bunyan acabou sendo preso no meio de um sermão, acusado de organizar reuniões e eventos religiosos ilegais, o que resultou em uma pena de 12 anos. Logo após sua soltura, o rei Carlos II autorizou-o a fazer sermões. E o tempo que ele passou na prisão não havia sido em vão: Bunyan escreveu vários livros, dentre os quais *O Peregrino*, um dos maiores clássicos da literatura de língua inglesa.[520]

A marca de Satanás

Durante os reinados marcados pela intolerância religiosa de Carlos II e de seu irmão sucessor James II, o número de julgamentos e enforcamentos de bruxas na Inglaterra foi relativamente baixo – apenas 11 casos foram registrados em um período de 25 anos, de 1660 até 1685. A situação era outra, contudo, na Escócia presbiteriana e as perseguições continuaram por algum tempo, assim como no passado. Dentre todos os julgamentos ingleses, o mais conhecido e documentado foi o das bruxas de Lowestoft. Em 1662, duas viúvas idosas, Amy Duny e Rose Cullender de Suffolk, foram condenadas pelo Tribunal de Assizes, na cidade de Bury St. Edmonds, por enfeitiçar sete crianças. Os rumores diziam que Amy era capaz até mesmo de se transformar em um sapo!

---

520. Recomenda-se também: John Brown, Ministro da Igreja de Bunyan em Bedford, *John Bunyan, His Life, Times and Work,* Isbister, London, 1902.

A importância histórica desse caso em particular consiste no fato de que certos testemunhos irregulares apresentados pela acusação, que viriam a ser chamados de "evidência espectral", foram aceitos pelo juiz, *sir* Matthew Hale, lorde chefe barão da corte de Exchequer. Sem esse precedente legal, os infames julgamentos ocorridos 30 anos depois em Salem, Massachusetts, jamais teriam resultado em um número tão grande de enforcamentos. Assim como ocorreu em Salem, relatou-se que, quando três das supostas vítimas de Lowestoft entraram no tribunal, "caíram em um estranho e violento transe, gritando de forma desoladora".[521]

A noção de "evidência espectral", que se tornou um precedente legal de curto prazo, baseava-se em uma lei de Bury St. Edmonds, de acordo com a qual "qualquer indivíduo acusado por uma criança de ter tido parte em uma visão deve ser automaticamente declarado culpado de bruxaria no modo previsto". Isso vinha do fato de as crianças, todas propensas a acessos de raiva e birra, afirmarem ter visto Amy Duny e Rose Cullender agitando os punhos e ameaçando-as. Elas então correram até os locais nos quais teriam visto as mulheres e começaram a "girar, e às vezes a cambalear, ou a se agitar de outras formas", demonstrando os contorcionismos malignos feitos pelas bruxas.

Uma garota viu um rato grande atravessando a lareira de sua casa, outra foi aporrinhada por uma abelha, uma terceira viu um pato no galinheiro. Esses e outros acontecimentos comuns foram utilizados para provar que as duas mulheres usavam seus poderes malignos para aterrorizar as crianças a distância. Uma das crianças levou um prego ao tribunal, enquanto outra apresentou um punhado de alfinetes e as duas afirmaram ter vomitado os objetos. Essas eram, obviamente, evidências de bruxaria, pois não há nada mais diabólico do que pregos e alfinetes! Havia ainda a prova cabal: quando intimadas a ler um trecho do Novo Testamento, as crianças foram incapazes de pronunciar o nome de Jesus Cristo, mas conseguiram ler o nome do Diabo em alto e bom som. Conclusão: o juiz e o tribunal inteiro ficaram mais do que satisfeitos em proferir

---

521. Cotton Mather, o governador de Massachusetts em 1692, na época dos julgamentos de bruxas de Salem, escreveu sobre o precedente de Bury St. Edmonds em seu livro, Cotton Mather, *Wonders of the Invisible World,* reimpressão: John Russel Smith, London, 1862, p. 111-20.

a sentença das mulheres, que ainda proclamaram sua inocência até o último sopro de vida.⁵²²

Um item importante de evidência nesse julgamento tinha ligação com a questão das marcas do Diabo, mencionadas antes em relação ao padre francês Louis Gauffridy. A transcrição do julgamento de Bury St. Edmonds relata o que se deu quando as duas mulheres foram trazidas perante o juiz de paz, *sir* Edmund Bacon:

> Ele ordenou que elas fossem revistadas, ao que este depoente e outros cinco (...) se dirigiram à casa de Rose Cullender e informaram-lhe sobre os procedimentos que estavam por vir, perguntando-lhe se ela tinha alguma objeção. Ela não se opôs, e eles começaram a revista pela cabeça, para então despi-la (...) após uma investigação minuciosa, eles encontraram três excrescências [pequenas saliências] em suas partes pudendas.

As imperfeições corporais superficiais, como pintas, verrugas e outras marcas comuns, ou ainda pequenas elevações ou depressões na pele, eram cruciais na caça às bruxas. As favoritas eram as verrugas e não importava onde fossem encontradas, fosse no rosto, no tronco, nas mãos ou nos pés, eram consideradas mamilos diabólicos, de onde as bruxas sugavam diabretes e afins. Essas imperfeições, independentemente de sua forma ou tamanho, eram classificadas como marcas do Diabo.

Em 1661, alguns dos pupilos da freira francesa visionária Antoinette Bourignon, de Lille, confessaram ter recebido do Diabo "um sinal por suas promessas a ele" e que cada um de seus juramentos de lealdade era premiado com uma nova marca. A Inquisição acreditava que esses sinais eram representações do selo e da marca pessoal de Satanás. Como mencionado a respeito do caso de Matthews Hopkins, dizia-se que uma marca do Diabo não sangrava quando perfurada e seu portador não sentia dor alguma. Era comum essas marcas serem do tamanho de mordidas de pulgas, escondidas embaixo dos cabelos ou em alguma outra parte do corpo, ou ainda no interior dos orifícios

---

522. A descrição completa do julgamento (uma reimpressão de "A Tryal of Witches at Bury St. Edmonds, March 10, 1665, before Sir Matthew Hale") é apresentada em TB Howell (compilador), *The State Trials from the earlieste period of the year 1783*, (Julgamentos do Estado por Howell), volume VI, p. 647-702. Isso também é discutido em Gilbert Geis e Ivan Bunn, *A Trial of Witches – A Seventeeth-century Witchcraft Prosecution*, Routledge, London, 1997.

corporais. Por conta disso, padres, pastores, inquisidores e oficiais de justiça passaram a depilar o corpo das supostas bruxas, investigando minuciosamente seus corpos em busca de alguma evidência de sua comunhão com o mal.[523]

Em 1691, Robert Kirk, um pastor de Aberfoyle, na Escócia, disse ter encontrado uma bruxa que ocultava tais marcas no céu da boca. De acordo com ele, quando perfuradas, "as marcas revelaram ser sapos e morcegos".[524] Pouco tempo depois, o frade franciscano Ludovico Maria Sinistrari escreveu, em sua obra *De Daemonialitate*:

> A marca nem sempre tem o mesmo formato ou contorno; algumas vezes ela se parece com uma lebre, outras com a perna de um sapo e há vezes em que vem no formato de aranha, um cãozinho ou de ratazana. Ela sempre se localiza nas partes menos acessíveis do corpo (...) Nas mulheres, costumam estar nos seios ou nas partes íntimas. O carimbo deixado por essas marcas não é nenhum outro senão a garra do Diabo.[525]

A obra *Country Justice Guide* para magistrados preparou o cenário para as investigações a respeito dessas marcas na Inglaterra. Preparado em 1618 por Michael Dalton, um advogado de Cambridgshire e membro do Parlamento, explicava que: "essas marcas do Diabo costumam ficar em regiões menos aparentes do corpo e, por conta disso, uma revista cuidadosa e diligente é fundamental". Publicado depois em Londres, o guia transformou-se em um documento legal oficial, autorizando juízes a conduzir revistas corporais completas em suspeitas, com ênfase na genitália feminina, "para extinguir qualquer possibilidade de que haja ali um diabrete se escondendo".[526]

Os ministros puritanos logo adotaram o procedimento e, em 1627, o pastor Richard Bernard declarou, em seu *Guide to Grand Jury Men in Cases of Witchcraft*, que a marca do Diabo poderia ser

---

523. J.B. Russel, *A History of Witchcraft*, capítulo 4, p. 80-81.
524. Os escritos foram publicados por Robert Kirk, *The Secret Commonwealth of Elves, Fauns and Faires*, NYRB Classics, New York, NY, 2006.
525. M. Summers, *The History of Witchcraft and Demonology*, capítulo 2, p. 71-72.
526. Esse trabalho está disponível em uma edição em fac-símile: Michael Dalton, *Country Justice (*1618 and London, 1630*)*, The Legal Classics Library, Gryphon Editions, New York, NY, 1996.

encontrada em qualquer lugar, "e, como é provável que esteja em locais escondidos, a revista deve ser cuidadosa".[527]

As noviças do convento de Lille declararam que, no seu caso, "o Diabo marcou algumas partes de seus corpos com uma sovela de ferro". A revista e a sondagem do corpo feminino tornou-se uma parte integral do processo de caça às bruxas e os "furadores" (como esses investigadores eram chamados) mais experientes chegaram até mesmo a fundar uma corporação de ofício, ligada à Igreja da Escócia. Entre os "furadores" mais famosos da Escócia estavam John Kincaid, de Trenent; John Balfour, de Corhouse; John Dick e, o mais infame entre eles, Paterson, de Inverness, que mais tarde seria desmascarado como uma mulher travestida.[528]

Em relação à execução final após a sentença, a Inglaterra e a Escócia não estavam isentas de jeito nenhum da onda de crueldade que assolava a Europa, ainda que as bruxas britânicas fossem em geral enforcadas ou afogadas, não queimadas vivas. A proclamação do *Country Justice* cita a legalidade da execução pela fogueira em casos de lesão corporal ou morte:

> Usar ou praticar bruxarias, encantamentos, maldições ou feitiços, que possam causar a morte, ferimento ou incapacitação de uma pessoa, assim como aconselhar ou ajudar alguém a praticar essas transgressões, é um crime. Segundo a antiga lei comum, os criminosos serão queimados vivos.

Em todas as igrejas escocesas havia uma caixa na qual podiam ser depositados secretamente os nomes de suspeitos de bruxaria por qualquer um que tivesse algum rancor pessoal ou maldade contra outrem. Ser suspeito significava ser acusado, e ser acusado era um caminho certo para o interrogatório e a condenação. Um homem de Leith foi submetido a torturas extremas. Suas pernas foram esmagadas por barras de ferro e cunhas foram inseridas por debaixo das unhas de suas mãos e pés, até que ele finalmente confessou conhecer centenas de bruxas que teriam ido até o mar com uma peneira e conjurado uma tempestade!

---

527. Richard Bernard, *Guide to Grand Jury Men in Cases of Witchcraft*, London, 1627.
528. D. Wheatley, *The Devil and All His Works*, p. 249.

A missa negra

Vimos antes como Catarina de Médici, regente da França, era descrita como uma satanista maligna que havia conduzido uma cerimônia diabólica conhecida como missa negra. Desde aquela época, no fim do século XVI, não foram feitos registros relacionados a esse tipo de ritual por mais de cem anos. O próximo evento relacionado ocorreu em 1678, quando o renegado abade Etienne Guibourg e Catherine Deshayes (conhecida como La Voisin, ou "a vizinha") supostamente realizaram uma missa negra em Paris. O ritual teria sido encomendado por Françoise-Athénais, a marquesa de Montespan, amante do rei Luís XIV.

Catherine Deshayes integrava a pequena burguesia e administrava um salão de beleza especializado em cosméticos químicos e poções. Além disso, ela era uma astróloga famosa por seus poderes mágicos e dona de uma clientela de alto nível, cujas nobres carruagens sempre podiam ser vistas em frente do seu estabelecimento, na Rue de Beauregard. Os relatórios policiais confirmam que, além de vários depósitos e laboratórios, havia na casa uma grande sala, semelhante a uma capela, toda coberta de preto. Nela se encontravam cruzes invertidas e um altar coberto de tecido escuro, rodeado por velas negras. Junto de seu boticário, Catherine comprava ilegalmente hóstias consagradas para a eucaristia de padres corruptos e com elas realizava rituais satânicos que teriam o poder de ajudar os casamentos, casos extraconjugais e todo tipo de relacionamento sexual de seus clientes. Por realizar abortos clandestinos, ela tinha acesso ao volume de gordura humana necessário para fabricar as velas negras, indispensáveis à missa profana, e preparava venenos especiais para as mulheres que quisessem se livrar de maridos ou pretendentes indesejados.

Em janeiro de 1678, a marquesa de Mostespan pediu que Catherine Deshayes rezasse uma missa negra com o objetivo de assegurar sua posição de amante favorita do rei Luís XIV. A cerimônia foi conduzida pelo abade Guibourg enquanto a marquesa, segurando duas velas negras, deitava-se nua sobre o altar, com as pernas de lado e o padre entre seus joelhos. Um cálice contendo o sangue de um feto abortado misturado com vinho foi colocado sobre seu corpo e uma súplica por seu desejo foi feita ao Maligno.[529] Não se sabe ao certo

---
529. Para detalhes sobre as missas, ver H.T.F. Rhodes, *The Satanic Mass,* capítulos 12-14, p. 102-124.

quem avisou as autoridades sobre a missa, mas a investigação criminal resultante levou à prisão de Guibourg e à execução de Catherine Deshayes, que foi queimada na fogueira acusada de envenenamento e bruxaria.[530]

O sentido oculto da missa católica ortodoxa tem origem no século VI, e o clero mantinha a crença de que nela era possível alcançar resultados mágicos. Um livro litúrgico do Vaticano intitulado *Gelasian Sacramentary* afirma que as missas podem atrair climas amenos ou chuvas, de acordo com a necessidade; elas também podem proteger viajantes que partem em suas jornadas e prevenir doenças em pessoas e no gado. As missas católicas eram celebradas até mesmo para abençoar navios e tornar ferramentas agrícolas mais eficientes. No fim do século XVII, quando essas missas passaram a ser rezadas com propósitos mágicos sem autorização, elas eram aparentemente conduzidas por clérigos corruptos a serviço do Diabo.

Após a missa de Guibourg, surgiu um grande número de relatos a respeito de padres que estariam usando hóstias desconsagradas e cálices negros em rituais de adoração a Belzebu. Dizia-se que as leituras das missas eram conduzidas pelo bode de Mendes de um missal negro e diabólico, feito de pele de lobo, e que os rituais terminavam em um frenesi de orgias.[531] Segundo a teoria, nas missas negras, todos os procedimentos eram exatamente opostos aos convencionais: as cruzes eram invertidas ou quebradas, as velas eram negras, os turíbulos continham substâncias alucinógenas e a litania era recitada de trás para a frente. A cerimônia sempre era conduzida sobre uma mulher nua, deitada sobre um altar coberto de negro.[532]

Os rituais de culto ao Diabo que utilizavam as pompas da missa ortodoxa já haviam sido descritos pelo inquisidor Paolo Grillandi em 1525, no documento *Tractatus de Hereticis et Sortilegiis*, pouco antes da época de Catarina de Médici. Algumas pessoas diziam que a missa negra era uma representação simbólica da redenção das mulheres da maldição que o Catolicismo impusera sobre elas por conta das ações de Eva.[533] Mas, ao passo que as histórias foram sendo mais exageradas, surgiram relatos do sacrifício de virgens e de crianças e

---

530. Um registro posterior das missas negras de Guibourg é apresentado em Anne Somerset, *The Affair of the Poisons: Murder, Infanticide and Satanism at the Court of Louis XIV*, St. Martins' Press, New York, NY, 2003.
531. R. Cavendish, *The Black Arts*, capítulo 7, p. 326-27.
532. D. Wheatley, *The Devil and All His Works*, p. 230. Ver também Montague Summers, *The History of Witchcraft and Demonology*, capítulo 3, p. 87.
533. J. Michelet, *Satanism and Witchcraft*, capítulo 11, p. 82.

mais de 50 padres franceses foram executados na década de 1680, acusados de sacrilégio, feitiçaria e abuso sexual. Ainda que a veracidade dessas descrições da missa negra seja discutível, elas eram essencialmente as práticas de um culto herético de clérigos depostos ou renegados e não tinham qualquer relação com a noção convencional de bruxaria.[534]

Integridade hipócrita

Com a Era da Razão fincando raízes cada vez mais profundas na sociedade, a Igreja Católica e as várias Igrejas Protestantes enfrentavam grandes dificuldades para manter vivo o conceito de milagres divinos. As pessoas viam novos milagres surgirem todos os dias, na forma de descobertas científicas e da explicação das leis da Natureza. O ceticismo, como predominava na época de Galileu, agora dava lugar ao conhecimento revelador e à compreensão da verdadeira magia da vida. De modo geral, além das portas fechadas da missa negra e das reuniões secretas de alguns grupos ocultistas, a antiga noção de magia maligna desaparecia rapidamente e feiticeiros e teólogos tornavam-se cada vez menos relevantes. Os dias em que os milagres nasciam por intervenção sobrenatural ou de uma providência divina davam lugar a uma cultura que buscava as respostas às suas perguntas na Razão e na Natureza. Nesse ambiente, os conceitos de Deus e Diabo ainda predominavam, mas exerciam menor influência no cotidiano das pessoas. Mas a noção de bruxaria estava fadada a desaparecer, pois as superstições relacionadas aos sabás e afins iam aos poucos caindo no esquecimento.[535]

A maré começou a virar por culpa de um célebre caso ocorrido em 1670, quando o parlamento provincial da Normandia condenou um dúzia de mulheres, jovens e idosas, à fogueira. A acusação era a de "comparecimento a um sabá de bruxas". Mas um apelo foi enviado à Coroa e o rei Luís XIV acabou convencido a poupar a vida das mulheres, sob a condição de que elas deixassem o reino e nunca mais voltassem. A clemência real foi recebida com choque e indignação, e os oficiais de justiça enviaram uma petição consternada ao rei:

---

534. J.B. Russell, *A History of Witchcraft,* capítulo 7, p. 130. Ver também Janet e Stewart Farrar, *A Witches' Bible,* Phoenix, Custer, WA, 1996, segunda parte, p. 318.
535. J. Michelet, *Satanism and Witchcraft,* capítulo 21, p. 160-61.

> Seu Parlamento acredita que tem por dever, estando diante desses crimes, os maiores que os homens podem cometer, fazer saber a vontade geral e uniforme do povo desta província com relação a eles; tratando-se, além disso, de uma questão em que se interessam a glória de Deus e a salvação de seus súditos, que gemem pelo medo causado pelas ameaças e maldades dessas pessoas; na perda de bens materiais e a morte por doenças desconhecidas, que são muitas vezes causadas por ameaças, todas as quais podem facilmente vir a ser provadas para a satisfação de Vossa Majestade pelos autos de vários julgamentos proferidos por este Parlamento.[536]

Mas Luís não mudou de ideia. Durante os 27 anos de seu reinado, ele viu e ouviu o suficiente sobre esse assunto, assim como seu primo mais jovem, Carlos II da Inglaterra, sobre o caso de Lowestoft. Era chegada a hora de regulamentar esse tipo de procedimento e o rei Luís fez valer sua vontade. Ele não encontrou nenhuma evidência de que tal maldade havia causado danos materiais ou doenças. E, mesmo que tais provas tivessem sido encontradas, esses eram crimes menores, que de todo modo não seriam punidos com a morte. Após todas essas considerações, a decisão final do rei contrariou o mais alto tribunal da Normandia e todas aquelas mulheres foram perdoadas por decreto real.

Além das já conhecidas acusações de feitiçaria maligna, muitos dos prazeres associados às reuniões de bruxas, tais como danças, banquetes, festejos e aventuras sexuais, pelos quais inúmeras vítimas foram afogadas, enforcadas e queimadas, tornavam-se agora aspectos da vida cotidiana. Caso elas realmente fossem, como se alegava, práticas satânicas, as pessoas (livres das restrições do puritanismo e da Inquisição) agora viviam suas vidas como se estivessem em um grande e constante sabá. Nesse contexto, os clérigos mais austeros poderiam muito bem ter declarado a vitória de Satanás, mas indivíduos como Isaac Newton e Voltaire não concordariam. Para eles, a batalha era vencida pela razão, que começava a derrubar séculos de uma cultura dogmática, cujo único objetivo era manter a sociedade sob seu domínio. As mentes e os corpos das pessoas eram libertados

---

536. John Fiske, *New France and New England,* Houghton Mifflin, Boston, MD, 1902, capítulo V, p. 133-34.

das antigas amarras da autoridade clerical. Alquimistas e ilusionistas se transformavam em cientistas e médicos respeitados. Casos de possessão demoníaca, como o das noviças de Londres e de Louviers, eram identificados pela medicina como distúrbios mentais e físicos, causados pelo sedentarismo do confinamento na clausura.[537]

Contudo, também era preciso considerar o lado mais obscuro das antigas instituições sagradas, mais evidenciado pela renovada transparência da sociedade. Tornou-se comum, e obrigatório, que os nascimentos ocorridos dentro de conventos fossem anunciados, formalmente registrados e legalmente declarados. Controlando os conventos de Provença estava o nobre capítulo dos cânones de Pignan. Eram 16 os cânones responsáveis pelas freiras locais e em um ano a região registrou 16 casos de gravidez. O mesmo ocorria em inúmeros outros conventos e descobriu-se que as freiras eram instruídas a aceitar a gravidez como "um inevitável acidente da profissão".[538] A partir do fim do século XVII, esses bebês indesejados passaram a ser entregues a famílias camponesas, que estavam prontas para adotá-los. Mas sabe-se que, antes dessa época, o infanticídio era uma prática muito comum dentro dos conventos. Por séculos, inúmeros bebês inocentes foram assassinados para que a Igreja pudesse manter sua integridade hipócrita.

---

537. J. Michelet, *Satanism and Witchcraft*, capítulo 21, p. 163.
538. Jules Michelet, *La Sorcière* (tradução L.J. Trotter), Simpkin Marshall, London, 1863, capítulo IX, p. 301.

16

Uma Transição Demoníaca

Uma fraude eclesiástica

No fim do século XVII, a Era da Razão baseava-se na premissa de que, quanto à compreensão filosófica e comportamental, a aplicação da lógica substituiria a imposição de dogmas. E foi o que ocorreu em muitos casos. Também era verdade que o raciocínio aliava intuição à lógica. O resultado geral disso foi a expansão das liberdades de expressão e de ação, o que por sua vez levou a uma maior variedade de opiniões, pois as pessoas passaram a racionalizar e discutir as situações, em vez de simplesmente apenas uma série de ditames morais. Ao contrário de preceitos e normas preestabelecidas, a intuição e a lógica variavam em cada indivíduo; elas eram sujeitas à interpretação de acordo com a circunstância individual e os desejos das pessoas. O raciocínio, portanto, poderia inspirar o trabalho ou estimular a ganância. De qualquer forma, era um cenário bem diferente daquele determinado pelas obrigações religiosas e as pessoas logo compreenderam isso, partindo atrás de novas oportunidades. Por um lado, isso incentivou uma profusão de descobertas e esclarecimento. Por outro, gerou um considerável afrouxamento moral naqueles que acreditavam que a liberdade de escolha era uma autorização para o mau comportamento.

Nesse contexto, o Diabo não tinha lugar ou propósito. Ele ainda seguia observando tudo a distância, mas era ignorado e precisava de um novo plano. Após ter sido um anjo caído, que se tornou um sátiro com chifres, um dragão alado, um monstro terrível e um bode negro com garras, sua imagem estava completamente desgastada. Ele havia sido o Príncipe do Mundo e o Senhor das Tentações, ridicularizado na Idade Média e temido pelos reformistas. Mas, durante todo esse tempo, mesmo em sua fase mais sombria, não era exatamente o Diabo que causava medo e pavor, mas sim o poder de sua influência maligna, como retratado pelas lideranças da Igreja. A tentação do Diabo era um caminho para o pecado, mas muitos pecados do passado, como as danças, o canto, os banquetes, as bebedeiras, o teatro e a promiscuidade sexual, haviam se tornado banais. Até mesmo os bispos e clérigos estavam mais abertos e flexíveis em relação a esses assuntos. De todo modo, os católicos que talvez passassem um pouco do limite podiam sempre contar com a confissão para receber a remissão dos pecados. Mas tanto católicos como protestantes extrapolavam os limites da responsabilidade, especialmente os membros das classes mais abastadas, e era inevitável que essa febre da liberdade perdurasse por mais algum tempo antes de assumir contornos mais razoáveis. Enquanto isso, para muitos essa era uma época de excessos, com a noção do que era aceitável movendo-se de um extremo do comportamento para o outro.

Em meio a todos esses acontecimentos, poucos sequer pensaram na pergunta: "Onde está o Diabo?". Ainda havia, claro, movimentos religiosos e muitos devotos que permaneciam em um caminho reto e restrito, mas até eles estavam bem mais livres das amarras dogmáticas que marcaram os anos da caça às bruxas. Eles agora podiam seguir suas crenças e formas de culto sem medo de sofrer represálias de seus próprios guias espirituais. Nesse novo cenário, eles eram os filhos de Deus, e a figura de Jesus havia sido trazida de volta à tona depois de séculos quase esquecida. Agora existia um salvador e a vida nas comunidades religiosas ficou um tanto mais confortável.

Desde o início da perseguição aos hereges, os inquisidores católicos e os sacerdotes puritanos associaram o satanismo às bruxas que, ao lado de ciganos e de outras minorias, eram vistas como as principais servas do Diabo. Mas as ideias a esse respeito mudaram completamente. Os ciganos já não eram tratados com a mesma desconfiança injustificada e o tempo da caça às bruxas havia oficialmente chegado ao fim. Portanto, em termos teológicos, o Diabo estava de volta ao seu posto oficial, de tentador bíblico de Jesus – um antagonista solitário que fora derrotado no debate, exatamente como John Milton o havia retratado em seu livro *Paraíso Reconquistado*.

O momento da publicação dessa obra, em 1671, foi perfeitamente apropriado.

Na Holanda, a perseguição às bruxas e feiticeiros estava abolida desde 1610. Em Genebra, na Suíça, os julgamentos foram extintos em 1632, e em 1649 a rainha Christina da Suécia seguiu a tendência. Desde então, como vimos, a maior parte dos julgamentos por feitiçaria, bruxaria e adoração ao Diabo se deu na França e na Grã-Bretanha. Teve grande impacto, portanto, a ordem assinada pelo rei Luís XIV em julho de 1682, que colocou fim a todos os procedimentos judiciais contra as bruxas na França.[539] Adivinhos, magos ou encantadores não estavam mais sob risco de uma pena de morte, a não ser, claro, que eles cometessem algum crime comum punível com essa pena. A partir de então, o assassinato por envenenamento passou a ser o crime pelo qual mais as pessoas recebiam penas capitais na França na época.

Em 1682, os julgamentos de bruxas também foram proibidos na Inglaterra.[540] Mas, apesar disso, por muitas décadas os interrogatórios ilegais continuaram a ocorrer em áreas rurais e locais remotos, onde a superstição ainda prevalecia. No ano 1760, por exemplo, Joseph Baretti da Sociedade dos Antiquários escreveu que, em Honiton, perto de Exeter, um banco de afogamento ainda era usado no julgamento de bruxas e que a crença em feiticeiros e adoradores do Diabo ainda sobrevivia na região de Devonshire.[541] O banco de afogamento era um instrumento de tortura por meio do qual as pessoas suspeitas de bruxaria eram submersas na água em cadeiras suspensas. Essa engenhoca cruel também era usada para humilhar mulheres consideradas estorvos – aquelas que cometiam violações, tais como prostitutas, ou aquelas conhecidas como "ranzinzas", que perturbavam a paz. Já os homens rebeldes eram colocados no pelourinho ou no tronco.[542]

O problema que os céticos com relação à existência da bruxaria enfrentaram por muito tempo foi que escrever ou falar contra a existência do culto estava sujeito a escárnio e provável processo. O medo era tão generalizado que qualquer pessoa que não acreditasse

---

539. R. Muchembled, *A History of the Devil: From the Middle Ages to the Present,* capítulo 5, p. 161.
540. P. Carus, *The History of the Devil and the Idea of Evil,* p. 377-79.
541. Os registros de Baretti e outros escritores viajantes aparecem em Rosamond Bayne-Powell, *Travellers n Eighteenth-Century England,* John Murray, London, 1951.
542. Na Alemanha, a freira Maria Renata foi decapitada em 1749 por possuir ervas e lançar feitiços sobre outras freiras, e a ultima execução judicial por bruxaria na Europa aconteceu em 1793, na Polônia, onde duas irmãs foram queimadas vivas.

em bruxaria era logo vista como uma bruxa tentando despistar seus perseguidores. Havia aqueles que tentavam se defender citando a misericórdia ou a caridade. Mas isso criava uma nova série de problemas, pois esse raciocínio fundamentava-se nos mesmo princípios cristãos supostamente defendidos pelos caçadores de bruxas. Pois, enquanto o Diabo fosse aceito como um fato e que sua intenção era destruir a fé cristã, seria impossível argumentar contra a existência de hereges ou feiticeiros. Eles eram obviamente os adoradores do Diabo, e o trabalho de um verdadeiro cristão era encontrá-los.[543]

Por outro lado, a partir da década de 1680 já era de conhecimento comum que as bruxas não existiam. Excetuando-se alguns poucos incidentes isolados em que a lei foi desrespeitada ou em que as antigas superstições influenciaram as decisões de alguma instância inferior da justiça, já não havia julgamentos do tipo. Muitos intelectuais conhecidos iam além, afirmando que nem mesmo o Diabo existia. Em 1685, um médico holandês chamado Anton van Dale escreveu, em sua obra *De Oraculis Ethnicorum,* que tudo o que se sabia a respeito do Diabo não passava de uma "fraude eclesiástica".[544] Essa afirmação preparou o terreno para o teólogo holandês Balthasar Bekker, que em 1691 publicou *De Betoverde Weereld*. Desferindo um ataque brutal contra a Inquisição e seu insano massacre de inocentes, Bekker tentava provar a irrelevância do Diabo. Colocando Deus de volta no centro do palco, Bekker escreveu:

> Restaurarei a glória do poder e da sabedoria do Mestre Soberano do mundo, na medida em que ele foi roubado dessas coisas, que foram em parte entregues ao Diabo. Banirei do mundo essa criatura abominável e irei algemá-la nas profundezas do Inferno.[545]

O princípio subjacente desse e de outros escritos do gênero não era negar implicitamente a existência do Diabo, mas refutar a duradoura premissa de que ele estava no controle da vida das pessoas. Embora tenha sido censurado por alguns clérigos de fora da Holanda, o tratado de Bekker foi bem recebido e se tornou bastante influente,

---

543. J.B. Russel, *A History of Witchcraft*, capítulo 7, p. 123-24.
544. Anton van Dale, *De Oraculis Ethnicorum,* Amsterdam, 1685. Ver também sua *Dissertatione de origine ac progressu Idolalriae,* Amsterdam, 1696.
545. R. Muchembled, *A History of the Devil: From the Middle Ages to the Present,* capítulo 5, p. 164.

sendo aclamado por filósofos e reformistas. Voltaire escreveu que Bekker era o "grande inimigo do Inferno eterno e do Diabo".

Alguns anos depois, em 1699, Christian Thomasius, da Universidade de Halle, um fundador do Iluminismo na Alemanha, admitiu seu erro ao condenar uma bruxa à morte. Ele se transformou em um opositor ferrenho da prática, negando que existisse qualquer possibilidade de que alguém fosse capaz de fazer um pacto com o Diabo, pois ele não era real. Podemos ver que, no fim do século XVII, Satanás estava sozinho – lançado, sem seus emissários e discípulos, a um limbo de incompetência, onde ele já não inspirava medo no mundo.[546]

Espírito do mal

A partir de 1670, quando o rei Luís XIV realizou sua investigação sobre as supostas bruxas da Normandia, ficou evidente que o tipo de culto ao Diabo imaginado desde 1486, quando foi descrito pelo *Malleus Maleficarum*, não passava de um mito. Mas isso não significava que Satanás não podia ter discípulos ou adoradores, pois ainda existiam pessoas dispostas a defender sua existência e a acreditar em seus poderes. Esses indivíduos declaravam ainda que o Diabo podia ser invocado e que ele atendia às preces de seus seguidores. Foi exatamente esse tipo de alegação que deu origem aos rituais de missa satânica, como aqueles celebrados em 1678 pelo abade Etienne Guibourg e Catherine Deshayes, em Paris.

Enquanto o mundo afastava o Diabo da cultura-padrão, ele agora estava disponível para ser adotado por um dos setores mais corruptos da sociedade, que poderia usar esse suposto contato diabólico em seus propósitos nefastos. Ainda que a crença no Diabo estivesse diminuindo, muitos seguiam acreditando na ideia do "espírito do mal". Ao contrário das inocentes vítimas da perseguição inquisitória ou daqueles que lutaram para resistir às tentações, esses satanistas do século XVII estavam de fato preparados para se entregar de corpo e alma à perversidade, à devassidão e ao crime em seus rituais. A ciência propiciava um novo conhecimento em relação a alucinógenos e substâncias tóxicas, permitindo que farmacêuticos e padres corruptos simulassem proezas impressionantes de feitiçaria e encantamentos.

Embora as mentes das pessoas estivessem livres do medo da intromissão demoníaca, elas ainda se lembravam dos sinistros monges

---
546. P. Carus, *The History of the Devil and the Idea of Evil*, p. 380-83.

encapuzados, das torturas e das masmorras escuras da Inquisição. Eles apreciavam a liberdade que agora possuíam, mas muitos deles ainda tendiam a acreditar na existência de um lado negro – uma força maligna suprema que representava uma ameaça muito maior do que bruxas odiosas ou freiras pervertidas. Essa síntese do mal poderia tanto ser chamada de Satanás quanto de qualquer outro nome. Se realmente houvesse padres e magos que pudessem, com rituais e feitiços, ganhar controle sobre essa força maligna, eles apresentariam uma perspectiva terrível. Por outro lado, se alguém se unisse a esses padres, teria acesso ao mesmo tipo de poder, podendo satisfazer todas as suas ambições e desejos por meio do processo diabólico. A marquesa de Montespan foi levada à Rue de Beauregard por essa ambição. Ela pretendia assegurar sua posição de amante favorita do rei, mas muitos daqueles que encomendavam missas negras eram motivados pelo ódio e pela vingança e desejavam causar a morte ou a desgraça alheia.

Todo tipo de práticas malignas, que até aquela época eram erroneamente atribuídas a bruxas e ciganos, agora se tornavam realidade. Como citado antes, mais de 50 padres franceses foram executados apenas na década de 1680, pelos crimes de abuso sexual e violência, e muitos outros foram mandados para a prisão. Ao mesmo tempo, ocorria um aumento curiosíssimo e alarmante no número de mortes causadas por envenenamento, e as mulheres eram as maiores responsáveis por isso.[547] Uma das personagens centrais dessa história era a bela Marie-Madeleine d'Aubray, a marquesa de Brinvilliers. Junto de seu amante, ela envenenou o pai e os dois irmãos, além de tentar intoxicar seu marido. Quando evidências incriminadoras foram encontradas, a marquesa fugiu da França para a Inglaterra, e de lá para Flandres. Ela acabou sendo presa em Liège e levada para Paris, onde foi torturada, julgada, decapitada e queimada. Durante seu interrogatório, ela declarou: "Metade das pessoas notáveis também toma parte nesse tipo de atividade e, se falasse tudo que sei, eu os arruinaria".[548] Em reação a esse julgamento, o rei Luís XIV estabeleceu, em 1676, um tribunal especial de investigação satânica, comandado pelo comissário de polícia Nicholas de La Reynie, que dois anos mais tarde viria a prender o abade Guibourg e Catherine Deshayes.

---

547. H.T.F. Rhodes, *The Satanic Mass*, capítulo 11, p. 99.
548. D. Wheatley, *The Devil and All His Works*, p. 232.

A marquesa certamente estava correta em sua afirmação sobre as "pessoas notáveis". Os arquivos da polícia sugerem que muitos dos envolvidos nos perversos rituais de missas negras, com suas orgias sexuais e outros crimes, eram de fato mulheres da nobreza e da alta hierarquia social. O envolvimento nesse tipo de sociedade secreta custava dinheiro e era uma diversão limitada aos ricos e bem-nascidos. Em 1679, Anne-Marie Mancini, a duquesa de Bouillon, foi interrogada por La Reynie. Ela era suspeita de fazer parte de um culto e de tentar envenenar o marido para herdar seus bens. Ela negou a acusação de envenenamento, mas admitiu frequentar uma casa em Villeneuve onde missas satânicas eram realizadas. Ao estabelecer um novo departamento, chamado de Tribunal das Queimadas, La Reynie tornou-se bastante impopular com as mulheres da alta sociedade e temido a ponto de fazer com que a condessa de Soissons fugisse para a Bélgica.[549] Entre os frequentadores daquela casa em Villeneuve estavam a duquesa de Duras e a princesa Marie-Louise de Tingry. Considerando a identidade das integrantes do grupo, não é de surpreender que uma forte oposição feminina ao Tribunal das Queimadas tenha surgido em Paris e Versailles, principalmente quando La Reynie começou a investigar a marquesa de Montespan, a amante do rei. Ainda que Guibourg e Deshayes tenham sido presos e sentenciados, o rei Luís destruiu os documentos que incriminavam a marquesa, dispensando-a do julgamento para evitar um escândalo real ainda maior. Ela então se refugiou no convento de St. Joseph.

Ainda que na época o Diabo não tivesse nenhuma imagem física em particular, era necessário que sua presença fosse sentida – e de preferência vista – nas missas negras. Contudo, o Diabo era na verdade um produto da demonologia cristã e essas cerimônias não eram cristãs. Os padres então recorreram a conceitos pagãos mais antigos e, como os sabás há muito eram associados ao bode satânico, o bode egípcio de Mendes tornou-se o retrato mais comum por meio de uma figura fantasiada. Portanto, a tradição diabólica foi transferida para um contexto pré-cristão para evocar um sentimento de estranheza e perigo nos participantes. Afastados de seu cotidiano católico, eles eram transportados ao sinistro e excitante reino dos deuses antigos.

Em um contexto desses, abriu-se a porta para uma ideia totalmente contrária ao dogma cristão, porque, na época do paganismo, não existiam apenas deuses, mas também deusas. A ideia de que Satanás possuía uma companheira, ou melhor, uma versão feminina,

---

549. H.T.F. Rhodes, *The Satanic Mass,* capítulo 12, p. 103.

era uma grande inspiração para as mulheres que frequentavam essas missas. Às vezes, o próprio Diabo era identificado como uma figura andrógina. Os registros das missas de Guibourg deixam claro que os padres não homenageavam apenas o Diabo, mas também Ashtaroth e Asmodai.[550] Como vimos no capítulo 1, Asmodai era um príncipe das trevas e da luxúria da era pré-cristã. Já Ashtaroth era uma mulher, a esposa do antigo deus cananeu El Elyon. No Antigo Testamento, o nome dessa deusa, também escrito como Ashtoreth ou Asherah, é mencionado nada menos que 44 vezes.[551]

As transcrições de vários julgamentos deixam claro, contudo, que as missas negras não passavam de uma interessante apresentação teatral, encenada para extorquir quantias exorbitantes de uma clientela abonada que pagava para consumir entorpecentes; em outras palavras, tratava-se de tráfico de drogas. A revolução científica da época levou a um conhecimento profissional dos compostos químicos, e os organizadores das missas, como Catherine Deshayes, aproveitavam-se disso, contratando químicos ou farmacêuticos. Após experimentarem os alucinógenos e estimulantes sexuais nos rituais, os clientes não hesitavam em pagar um altíssimo preço em troca de poções do amor afrodisíacas ou de pó tóxico usados em envenenamentos.[552]

O novo mundo do Diabo

Dez anos após a abolição formal dos julgamentos das bruxas na Inglaterra, aconteceu nos Estados Unidos a última grande audiência relacionada à bruxaria nos países de língua inglesa. Ela ocorreu na vila de Salem, Massachusetts, e foi imortalizada na peça teatral de Arthur Miller, e no filme de 1997 baseado no texto, *As Bruxas de Salem*.

Em 5 de agosto de 1620, o navio *Mayflower* deixou Plymouth, no sul da Inglaterra, completamente lotado, transportando puritanos para a costa leste dos Estados Unidos. Eles fugiam daquilo que viam como um espetáculo espalhafatoso da Igreja Anglicana e planejavam

---

550. *Ibid.*, capítulo 10, p. 90; capítulo 14, p. 121.
551. Uma vez no Êxodo, uma vez em Jeremias, uma vez em Miqueias, duas vezes em Isaías, três vezes em Deuteronômio, quatro vezes em Samuel 1, cinco vezes em Juízes, 27 vezes no Livro dos Reis e nas Crônicas.
552. Anne Somerset, *The Affair of the Poisons,* capítulo 8, p. 242-68.

estabelecer seu povoado no Novo Mundo, onde a primeira colônia inglesa bem-sucedida foi fundada em 1607. Eles solicitaram uma concessão de terras na Virginia, mas o *Mayflower* acabou sendo desviado de sua rota e os sobreviventes dos perigos da jornada aportaram em Cape Cod, Massachusetts.

Um grupo, conhecido desde então como os Peregrinos, escreveu o Pacto do Mayflower, que estabelecia as bases de um governo organizado local e os direitos dos colonos. Como seus líderes, eles escolheram John Carver, eleito governador de Massachusetts, William Bradford e Myles Standish. Um número considerável de puritanos atravessou o Oceano Atlântico durante os reinados de James I e Carlos I e grandes colônias foram estabelecidas na região que ficou conhecida como Nova Inglaterra.[553] Os nativos americanos serviram como guias e ensinaram os colonos sobre carpintaria, a caçar e capturar animais, a produzir açúcar de bordo e canoas feitas de casca de vidoeiro, e a cultivar o milho e o tabaco. Eles também lhes apresentaram o peru, que se tornaria, após a primeira colheita de sucesso no outono de 1621, a figura central do festival anual de Ação de Graças.

A versão autorizada da Bíblia do rei James foi impressa em inglês apenas nove anos antes que os Peregrinos saíssem de Plymouth[554] e estava disponível a todos os viajantes da Nova Inglaterra, que podiam fazer interpretações puritanas do texto, sem a interferência dos anglicanos. Além da Bíblia, eles levaram consigo livros europeus sobre feitiçaria e estavam propensos a creditar incidentes, como a perda de colheitas ou animais doentes, a feiticeiros malignos. Uma parte da sociedade acreditava que as bruxas eram pessoas isoladas ou faziam parte de pequenos *covens* que prejudicavam os outros em busca de ganhos materiais. Mas o clero puritano afirmava que elas formavam um culto satânico organizado, cujo único propósito era a destruição das comunidades peregrinas.

O pastor mais eminente a defender esse ponto de vista foi Cotton Mather, que afirmava existir um "exército de diabos" pronto para atacar a Nova Inglaterra a qualquer momento. Além disso, ele acreditava que os "índios peles-vermelhas" eram bruxos e feiticeiros. Para ele, não restavam dúvidas de que o Novo Mundo pagão era o Reino de Satanás.

---

553. Nova Inglaterra, região noroeste dos Estados Unidos, incorpora Connecticut, Maine, Massachusetts, New Hampshire, Rhode Island e Vermont.
554. A história completa dessa tradução de 1611 é contada em Adam Nicolson, *Power and Glory*, HarperCollins, London, 2003.

"O Diabo estava bem vivo em meio a eles", afirmava Mather, encorajando os colonos a declararem uma guerra santa contra os poderes do mal.[555] Por conta disso, uma lei contra bruxaria foi promulgada em 1636, e em 1648 ocorreu a primeira execução. A vítima foi Margaret Jones, da cidade de Charlestown, que tinha algumas ideias incomuns sobre a medicina. Ela se opunha às técnicas da sangria e do vomitório, preferindo tratar as pessoas com tônicos de ervas e outros remédios naturais. Isso ofendeu os médicos, e a pobre mulher foi acusada de bruxaria, condenada e enforcada. John Winthrop, o governador colonial, escreveu que, no momento exato da execução de Margaret, uma grande ventania derrubou várias árvores em Connecticut, o que provou em definitivo a culpa da mulher.[556] Na mesma época, uma suposta bruxa foi enforcada em Dorchester e mais outra em Cambridge.

O caso seguinte chamou a atenção por conta da posição social da vítima. Na Nova Inglaterra de então, uma mulher casada, como Margaret Jones, não seria chamada de sra. Jones, mas sim de Goodwife Jones ou Goody Jones. O título "senhora" era reservado às esposas de homens que possuíam o título de escudeiro, como um baronete poderia ser considerado na Inglaterra. William Hibbins, o falecido agente diplomático colonial, era um desses homens. Sua viúva, a senhora Ann Hibbins, era irmã de Richard Bellingham, vice-governador de Massachusetts. Mas, em junho de 1656, essa eminente dama foi julgada por bruxaria pelo governador Endicott e pela corte geral.

Certo dia, Ann caminhava pela rua quando se deparou com duas mulheres, com quem não se dava bem, conversando na rua, depois do que ela exclamou saber que falavam sobre ela. O palpite de Ann estava certo e ela foi prontamente denunciada às autoridades, acusada de ter um "dom sobrenatural para a leitura de mentes, provavelmente concedido pelo Diabo". Após a revista, ficou constatado que Ann carregava a marca do Diabo, o que automaticamente provou sua culpa e ela foi enforcada em Boston Common. Após a execução, o reverendo John Norton afirmou que a senhora Hibbins fora condenada "simplesmente por ser mais inteligente do que seus vizinhos".[557]

---

555. C. Mather, *The Wonders of the Invisible World*, p. 74.
556. J. Fiske, *New France and New England*, capítulo V, p. 145.
557. Thomas Hutchinson, *The History of the Colony and Province of Massachussets-Bay in New England*, Boston, MA, 1749-74, volume I, p. 173.

Dentre os poucos julgamentos registrados nos 30 anos seguintes, muitos resultaram em absolvições, incluindo o caso de John Bradstreet, de Rowley, acusado de "familiaridade com o Diabo". Ele confessou que, enquanto lia um livro sobre magia, ouviu uma voz o questionando. Isso bastou para que ele fosse acusado de "conversar com o Diabo". Mas o júri do tribunal de Ipswich decidiu que Bradstreet estava mentindo, sentenciando-lhe apenas a ser chicoteado e a pagar uma multa de 20 xelins, por ter desperdiçado seu tempo.[558]

Já o caso das crianças de Goodwin, ocorrido no ano 1688 em Boston, teve resultados muito mais desastrosos. Uma mulher católica irlandesa de nome Glover trabalhava como lavadeira para a família de John Goodwin, que tinha quatro crianças. Certo dia, Martha, a filha mais velha, de 13 anos, acusou Glover de ter roubado algumas peças feitas de linho. Glover a repreendeu e a jovem Martha fingiu desmaiar. As outras crianças (de 11, 7 e 5 anos) a imitaram. Nos dias que se seguiram, elas simularam ter ficado surdas e mudas, começaram a latir como cachorros e alegaram sentir picadas de agulhas invisíveis. Dizia-se até mesmo que elas haviam "voado como gansos". Os médicos e pastores convocados para a investigação concluíram que as garotas haviam sido alvo da bruxaria da lavadora católica. A mulher foi forçada a confessar ter feito um pacto com Satanás, além de tê-lo encontrado inúmeras vezes. Em seguida, ela foi declarada culpada e enforcada.[559]

Nessa mesma época, Cotton Mather compilava todo tipo de história de bruxarias, do novo e do velho mundo, e escrevia ensaios como *Enchantments Encountered: On New England as a home of the Saints and the plot of the Devil against her; A Discourse on the Wonders of the Invisible World; Memorable Providences;* e *An Hortatory and Necessary Address to a Country now extraordinarily alarum'd by the Wrath of the Devil*. Com o tempo, todos esses escritos foram incorporados ao livro *The Wonders of the Invisible World*, publicado em 1693. Enquanto isso, porém, Mather usava sua pesquisa para enriquecer seus sermões.[560] No contexto desses discursos públicos, ele deu detalhes sobre o julgamento das bruxas de Lowestoft, de 1662, e

---

558. Winfield S. Nevins, *Witchcraft in Salem Village,* Northshore Publishing, Boston, 1892, p. 34.
559. J. Fiske, *New France and New England,* capítulo V, p. 149.
560. "Introduction to The Wonders of the Invisible World by Cotton Mather, 1693", em George Lincoln Burr, *Narratives of the Witchcraft Cases, 1648-1706,* Charles Scribner's Sons, New York, NY, 1914, p. 205.

do precedente da "evidência espectral" como estabelecido pelo juiz inglês Matthew Hale. Uma brochura intitulada *Tryal of Witches* entrou em circulação trazida da Inglaterra, tornando os relatos sobre as crianças enfeitiçadas guinchando, desmaiando e cambaleando bem conhecidos em Massachusetts. Por isso, em 1692, a perseguição contra bruxas da Nova Inglaterra atingiu seu ápice no vilarejo de Salem, e o cenário estava pronto para outra grande *performance*. O Diabo voltava à ativa, o combustível para a explosão foi espalhado e faltava apenas um estopim.

Naquele ano, o reverendo Samuel Parris, uma figura pouco querida na comunidade, tornou-se o novo ministro religioso de Salem. Sua pequena filha Betty, de 9 anos, e sua travessa sobrinha Abigail, de 11, encontravam-se sempre com outras meninas no lado de fora da igreja durante a congregação, o que muitos moradores do vilarejo consideravam irregular. A maior parte dessas meninas era crianças, mas algumas delas eram adolescentes e jovens adultas com 20 anos. Tituba, uma criada do reverendo Parris de origem caribenha, divertia o restante do grupo contando histórias sobre mundos sobrenaturais e encantos imaginários.[561] As garotas sentiam que deviam manter esse comportamento pecaminoso em segredo, mas o ambiente de superstição da vila acabou por afetar duas das garotas, que começaram a sofrer convulsões. Todos acreditaram tratar-se de um caso de possessão demoníaca e o dr. William Griggs declarou que não havia qualquer explicação natural para o acontecimento. Ele inferiu, portanto, que a causa seria o olhar maligno de uma bruxa. Sem demora, o reverendo Parris entrou em ação, incitando a população contra as poderosas bruxas que, em nome de Satanás, tentavam destruir a comunidade:

> O Diabo (...) seduziu um grupo amedrontado de criaturas orgulhosas, atrevidas, ignorantes, invejosas e maliciosas, que se colocou à disposição de seu serviço maligno ao assinar um livro por ele oferecido.

Parris disse ainda: "Se bruxas realmente existem (...) aqui há muitas delas". Para confirmar isso, Cotton Mather explicou que tudo isso era uma resposta à devoção da comunidade da Nova Inglaterra:

---

561. D. Wheatley, *The Devil and All His Works*, p. 255.

"Não é surpresa. Pois onde o Diabo mostraria malícia maior, senão no local que ele mais odeia e onde é mais odiado?."[562]

Obviamente, a suspeita logo recaiu sobre Tituba. Ela admitiu ter enfeitiçado as meninas e apontou Sarah Good e Sarah Osbourn, ambas garotas pouco queridas no vilarejo, como suas comparsas. As amigas de Tituba concordaram com suas afirmações e os magistrados ficaram convencidos da existência de uma conspiração diabólica em Salem. Em seguida, um número cada vez maior de garotas começou a sofrer dessas supostas convulsões demoníacas e muitas prisões foram feitas. As meninas então acusaram a velha Rebecca Nurse, que havia sido contrária à indicação de Parris para ministro. Ela foi indiciada não apenas por enfeitiçar garotas, mas também pelo assassinato de vários outros jovens. Martha Corey, uma das poucas pessoas que questionaram os motivos obviamente escusos das garotas, também foi presa. Tituba declarou então que Rebecca e Martha também foram suas cúmplices. Àquela altura, muitos moradores de Salem passaram a acusar seus vizinhos de culto do Diabo sem qualquer tipo de prova, e ninguém ousava questionar essas alegações, por medo da prisão. Qualquer mulher que desviasse da norma puritana era taxada de bruxa e uma antiga rivalidade entre as populações do leste e do oeste da cidade resultou em um imenso frenesi de ódio.[563] Uma das principais testemunhas contra as meninas era Mary Walcott, de 16 anos, cuja tia havia sido acusada de ensinar um encanto para Tituba.

Em Boston, Cotton Mather publicou um documento explicando a visão ministerial da feitiçaria. Ele sugeria procedimentos legais nos quais os possuídos deveriam ser tratados com toda consideração e respeito, enquanto os culpados, de forma brutal e definitiva. Sob a luz do precedente legal de Bury St. Edmond, ele afirmava que "evidências espectrais" deveriam ser admitidas pelos tribunais e qualquer indivíduo que fosse visto em um delírio deveria ser imediatamente declarado culpado de bruxaria. Já o vilarejo de Salem era visto pelo reverendo Mather e pelos ministros como um microcosmo do drama universal, representando a luta pela supremacia travada entre Deus e o Diabo e na qual as bruxas eram as servas de Satanás.[564]

---

562. John Putnam Demos, *Entertaining Satan*, Oxford University Press, Oxford, 1982, capítulo 9, p. 305.
563. J.B. Russel, *A History of Witchcraft*, capítulo 6, p. 119-20.
564. Paul Boyer e Stephen Nissenbaum, *Salem Possessed: The Social Origins of Witchcraft*, Editora da Universidade de Harvard, Cambridge, MA, 1974, p. 177.

Assim como no caso das crianças de Lowestoft, as meninas de Salem urravam e desmaiavam no tribunal, apontando novas bruxas aleatoriamente. Como resultado dessa obsessão perversa por bruxas, 150 pessoas acabaram presas. Vinte delas foram enforcadas, incluindo a velha Rebecca Nurse e Sarah Good, a mãe solteira. Um homem chamado Giles Cory foi esmagado com grandes pedras durante dois dias até morrer. Sarah Osburn morreu sem ter tido direito a uma audiência e Tituba foi vendida a um escravocrata do Estado da Virgínia.[565]

Mais tarde, quando o novo governador de Massachusetts, William Phipps, questionou os motivos das meninas e a validade das "evidências espectrais", ninguém assumiu a responsabilidade pelos acontecimentos em Salem. Declarou-se que todos os membros da promotoria haviam sido manipulados e controlados por Satanás. Ele os convencera de que bruxas realmente atuavam na cidade. Quanto aos enforcamentos, ninguém foi responsabilizado, pois o único culpado era o Diabo.

---

565. P. Carus, *The History of The Devil and the Idea of Evil*, p. 368-39.

17

A Luz de Lúcifer*

Uma questão de fé

Apesar do abandono da crença no Diabo no fim do século XVII, ele continuava a ser retratado em escritos e ilustrações satíricas. Em meio à frouxidão geral da época, parecia existir certo temor em relação à comparativamente rápida rejeição às tradições antigas. Por fora, as forças do mal não pareciam preocupar as pessoas, mas ainda havia um medo permanente. E se os intelectuais e as autoridades estivessem errados? Essa apreensão (em grande parte alimentada pela inquietante presença de grupos ocultistas) fez com que o Diabo aparecesse em inúmeras histórias e peças de teatro, que em geral possuíam um cunho humorístico. Mas se tratava de um tipo de humor diferente daquele da Idade Média, que ridicularizava o Diabo. Ele agora era empregado para ocultar um medo íntimo e insistente.

Entre os escritores dessas obras satíricas estava o abade francês Laurent Bordelon, cuja novela intitulada *A History of the Ridiculous Extravagancies of Monsieur Oufle* foi publicada em 1710.[566] Ela tratava das experiências de um homem que lera muitos livros sobre eventos sobrenaturais e as artes negras, mas incluía um quadro

---

*N.E.: Sugerimos a leitura de *Lúcifer – O Diabo na Idade Média*, de Jeffrey Burton Russel, Madras Editora.

566. Tradução inglesa: abade Laurent Bordelon, *A History of the Ridiculous Extravangancies of Monsieur Oufle*, J. Morphew, London, 1711.

de duas páginas mostrando Satanás e um sabá, parodiando uma ilustração feita um século antes pelo cinzelador polonês Jan Ziarnko. A obra original havia sido encomendada por Pierre de Lancre, o juiz de Bordeaux que iniciou a primeira grande caça às bruxas em 1609, após ler o *Compendium Maleficarum*.[567] Curiosamente, a sátira não seguia a percepção mais antiga associada às bruxas de folionas selvagens, seminuas e primitivas. As bruxas de 1710 eram mulheres sofisticadas e vestidas com luxo, que exibiam os penteados da moda enquanto celebravam banquetes com o Diabo, devidamente entronizado em meio a bufões, acrobatas e outros bobos da corte. Esse e outros exemplos da obras da época mostram sem dúvida que as bruxas não tinham sido esquecidas, mas que agora elas faziam parte das camadas mais altas da sociedade, cujo poder independia de qualquer envolvimento diabólico. Considerando que essas mulheres influentes, que acreditavam no Diabo e frequentavam suas missas negras, faziam parte das classes instruídas, muitos deduziram que havia uma boa chance de Satanás realmente existir.

No extremo oposto da sociedade parisiense de mulheres ricas e nobres que frequentavam os centros ocultistas, havia um grande número de andarilhos e pedintes, dentre os quais havia muitas mulheres. Para tirá-las das ruas, o rei Luís XIV fundou o Hospital Geral para Mulheres, localizado em um terreno que havia abrigado um arsenal de onde se extraía salitre para a produção de pólvora. Por essa razão, o hospital ficou conhecido como La Salpêtrière. Adolescentes problemáticas eram internadas na "ala de correção" para reabilitação. Prostitutas lotavam a "ala comum". Mulheres condenadas por crimes mais sérios eram encarceradas na "ala prisional" e aquelas que sofriam de distúrbios mentais ou convulsões eram mantidas na "ala das dementes". Algumas delas eram tratadas, enquanto muitas outras eram consideradas incuráveis. As pacientes consideradas hostis eram acorrentadas.

Embora na época a bruxaria não fosse mais considerada um crime, era comum as moradoras de rua fazerem uso de seus dons, reais ou imaginários, de adivinhação. Muitas dessas supostas feiticeiras, que em outras épocas teriam sido enforcadas ou queimadas, foram levadas à La Salpêtrière. O conde D'Argenson, um político e chefe da polícia de Paris em meados do século XVIII, interessou--se por essas

---

567. Pierre de Lancre, *Tableau de l'inconstance des Mauuaisanges et Demons,* Nicolas Buon, Paris, 1613.

adivinhas.⁵⁶⁸ Apesar das leis a esse respeito, ele não estava convencido da inexistência das bruxas. Aquelas mulheres foram presas por perturbar a ordem pública, mas D'Argenson via uma motivação obscura em suas ações. Ele acreditava que a sombra do Diabo ainda pairava por sobre a cidade, tanto nas ruas como nos palácios.

Enquanto isso, na Inglaterra, o escritor presbiteriano e jornalista de economia Daniel Defoe, autor de *Robinson Crusoe*, publicou um interessante livro em 1726, intitulado *The Political History of the Devil*.⁵⁶⁹ Nessa curiosa obra, Defoe discorre sobre o livro *Paraíso Perdido*, de John Milton, explicando as razões pelas quais ele considerava a obra imprecisa e expondo sua própria visão de filosofia moral. Chegando a uma conclusão em relação à questão do mal, Defoe ridicularizou muitas noções populares sobre Satanás, mas não duvidava de sua existência. Ele retratou o Diabo como ativo participante da história do mundo, sendo o responsável pelos horrores perpetrados pela Igreja Católica, que servia aos seus interesses. A premissa, entretanto, não era de todo satisfatória, pois, para ilustrar a responsabilidade do Diabo nas atrocidades ao longo da história, Defoe discorreu sobre as supostas atrocidades e culpou pessoalmente o Diabo por influenciar aqueles que as causaram, como se isso constituísse prova da existência do Maligno. Em outra de suas obras relacionadas à demonologia, Defoe escreveu:

> Com o perdão de todos os céticos modernos, que negam a existência do Diabo e dos espíritos malignos, tanto neste mundo quanto fora dele, digo-lhes com toda a certeza e sua permissão, sem qualquer sombra de dúvida (...) não apenas o Diabo existe, como também possui vários servos de aparência humana.⁵⁷⁰

Na primeira parte de *The Political History*, Defoe trata do Diabo em termos bíblicos, citando a natureza e os efeitos da influência do Maligno nas pessoas. Na segunda parte, ele foca nos governos contemporâneos e na forma com que os políticos eram corrompidos

---

568. R. Muchembled, *A History of the Devil: From the Middle Ages to the Present*, capítulo 5, p. 168.
569. Atualmente publicado como Daniel Defoe, *The Political History of the Devil*, AMS Press, New York, NY, 2003.
570. Daniel Defoe, *A System of Magic or a History of the Black Art*, Oxford, 1840, p. 53.

pela vontade do Diabo. Ele também salienta que o Diabo não tem uma forma visível ou permanente, mas é capaz de adquirir qualquer aparência que desejar para alcançar seus desejos.

Membro de um sistema britânico que já havia renegado esse tipo de ideia em relação ao Diabo, Defoe é um ótimo exemplo daqueles religiosos inflexíveis que continuavam a seguir os modelos luteranos e calvinistas. Ainda que não fossem mais prevalentes na Inglaterra, tais visões tradicionais eram preservadas pela Igreja da Escócia. Por ser um inglês presbiteriano, Defoe sofreu por suas crenças, sendo exposto ao ridículo e chegando a passar uma curta temporada na prisão após zombar das doutrinas da Alta Igreja. De todo modo, ele abandonou a obsessão pelo culto ao Diabo, tornando-se agente do Serviço Secreto Britânico[571] e fundador do romance inglês, com os livros *Robinson Crusoe*, *Moll Flanders* e *Roxana*.

Fogo do Inferno

Apesar de todas as leis e mudanças de opiniões sobre a influência diabólica na vida das pessoas, havia ainda muitas possibilidades a se considerar. Por conta de uma série de revisões nos ensinamentos das Escrituras, as pessoas cada vez mais se acostumavam à ideia de que talvez Deus fosse uma divindade carinhosa, que cuidava de seus filhos e do mundo que criou. Mas isso não combinava com o sofrimento motivado pelos desastres naturais, que não eram causados pelo homem. Certamente Deus jamais criaria o caos e a destruição por temporais, tempestades, enchentes, pestes e terremotos, causando mortes, ferimentos e a destruição de propriedades. Teria de haver outro agente em ação, e ele só poderia ser o Diabo.

No século II, o orador cristão Tertuliano afirmou que os raios eram "a língua bifurcada do fogo do Inferno", lançados malignamente pelo próprio Satanás. Mais tarde, no século VI, o papa Gregório I confirmou que o Diabo possuía "poderes para controlar o clima". Posteriormente, a doutrina da origem demoníaca das tempestades ganhou força de tal modo que trovões, raios, ventanias, chuvas e nevascas passaram a ser creditados a Satanás. Mesmo após a reforma, essa noção seguiu como parte da fé no Ocidente protestante.

---

571. Richard Deacon, *A History of the British Secret Service*, Grafton Books, London, 1982, capítulo 7, p. 83-94.

Por muito tempo, tocar sinos consagrados foi um método popular para deter as investidas satânicas. Longos tratados foram escritos sobre o assunto, dizendo que os sinos eram capazes de afastar as tempestades diabólicas, pois Satanás não suportava as badaladas sagradas. Mas, apesar dos sinos, as tempestades ainda aconteciam e o Diabo continuava a fazer ventar "com o bater de suas asas".

Outro suposto meio de frustrar a obra do Diabo eram os ídolos do *Agnus Dei* – peças individuais de cera abençoadas pelo próprio papa e decoradas com o Cordeiro de Deus. A confiança em seus poderes de proteção contra a tempestade era tamanha que, em 1471, o papa Sisto IV rogou:

> Ó Deus (...) Nós humildemente suplicamos para que abençoeis estas figuras de cera, seladas com a imagem do cordeiro inocente (...) para que ao toque e a visão destas, o fiel se desdobre em orações, para que a força das nevascas, o sopro dos furacões, a violência das tempestades, a fúria dos ventos e a malícia dos relâmpagos sejam desfeitas e para que os espíritos malignos fujam e tremam ante o estandarte da sagrada cruz, que é gravado sobre elas.

Sisto até mesmo publicou uma bula, reservando para si o monopólio da fabricação e consagração das pequenas estátuas de cera do *Agnus Dei*. Além disso, declarou-se que o simples ato de tocar nessas figuras resultaria em proteção contra incêndios, naufrágios, tempestades, nevascas, raios e trovões.

Por conta da ineficiência, na realidade, da prática de tocar os sinos e de tocar nas imagens mágicas de cera, revelou-se, no século XVI, que o Diabo provavelmente não estaria agindo sozinho. Talvez ele empregasse as bruxas para realizar proezas malignas sobre o clima. Como bruxas e ciganos eram conhecidos por usarem sinos em seus rituais, eles estavam claramente imunes a esse respeito. Levando isso em consideração, o correspondente legal William West escreveu, no fim do século XVI:

> Uma bruxa ou feiticeira é uma mulher que, após ser convencida a fazer um pacto com o Diabo, por persuasão, inspiração ou tramoia, acredita ser ca-

paz de ordenar os desígnios malignos, seja pelo pensamento ou imprecação, de forma a cortar o ar com raios e trovões, causar nevascas e tempestades e remover plantações de milho verde ou árvores para outro local.

No início do século seguinte, as pessoas não estavam inteiramente convencidas em relação à existência ou não das bruxas. Mas, mesmo que existissem, a simples bruxaria já não constituía crime passível de punição. De qualquer modo, era evidente que as supostas bruxas de então não estavam nem um pouco interessadas em controlar o clima; seus motivos para frequentarem as missas negras eram inteiramente ligados ao lucro e ao ganho pessoal. Assim, a antiga especulação permanecia: se não era Deus quem causava as tempestades, elas deveriam ser obra do Diabo. Ele provavelmente havia encontrado algum método para impedir que o badalar dos sinos chegasse aos seus ouvidos. Afinal, o próprio São Paulo havia chamado Satanás de "Príncipe do Poder do Ar".[572]

Foi apenas em 1752, quando Benjamin Franklin soltou uma pipa no ar durante uma tempestade, conduzindo a eletricidade de um raio através do fio, que as ideias relacionadas à demonologia meteorológica começaram a cair por terra. Franklin demonstrou que o raio é constituído do mesmo tipo de energia elétrica que faz com que os pelos secos de um gato estalem, e assim o Diabo começou a perder seu poder sobre o clima. Mas, nos Estados Unidos, muitos continuavam prontos para defender as velhas superstições a qualquer custo. Eles taxaram Franklin de "arqui-infiel" e as mágicas peças de metal inventadas por ele para proteger os edifícios da fúria do Diabo de blasfemas. O Diabo era capaz de fazer apenas aquilo que Deus lhe permitia, e a interferência de Franklin nos planos divinos era sacrílega! Em 1755, o reverendo Thomas Prince, pastor da Velha Igreja do Sul, em Boston, declarou que o violento terremoto que sacudira a cidade certamente fora causado pelas pontas de ferro de Franklin. "Em Boston", ele disse, "há mais desses objetos do que em qualquer outra parte da Nova Inglaterra, e Boston parece ter sido o local mais afetado".[573]

---

572. Efésios 2:2.
573. H.W. Smith, *Man and His Gods,* capítulo VI:viii.

Demorou um bom tempo até que as igrejas permitissem a instalação desses dispositivos heréticos. O campanário de São Marcos, em Veneza, havia se tornado um alvo habitual de relâmpagos e as forças do mal pareciam ter um gosto especial por atacar a torre, ainda que ela fosse armada de um sino e de um anjo, que adornava seu topo. Após a invenção do para-raios, a torre foi atingida ainda duas vezes, quando as autoridades finalmente cederam e instalaram o aparelho. A igreja de Rosenberg, na Áustria, era atingida com tamanha frequência e com resultados tão fatais que as pessoas tinham medo de comparecer à missa. O pináculo da igreja teve de ser reconstruído três vezes, antes que o Diabo fosse "exorcizado pela varinha de metal".

Originalmente um editor na Filadélfia, Benjamin Franklin foi eleito membro da Sociedade Real de Londres em 24 de novembro de 1757, por seu extraordinário trabalho relacionado aos para-raios e à eletricidade.[574] Ele também atraiu bastante atenção na França, onde frequentava regularmente a Académie Française e a Corte Real.[575] De fato, ele tinha tantos bons contatos que, apesar da oposição puritana às suas descobertas científicas, tornou-se o embaixador dos Estados Unidos na França em 1776. Mas, ignorando todos esses feitos, certos grupos religiosos norte-americanos criticavam muito a associação de Franklin a uma sociedade inglesa chamada Cavaleiros de São Francisco de Medmenham Abbey.[576] Localizada em West Wycombe, em Buckinghamshire, a fundação era mais conhecida como O Clube do Inferno.

A Ordem formativa originara-se em St. James, próximo ao palácio real de Londres, e foi uma célula jacobina secreta na campanha dos Stuart contra a monarquia Hanoveriana. A Casa dos Stuart, do rei James II (irmão de Carlos II), havia sido deposta pelo Parlamento anglicano em 1688. Então, após o período dos reinados de Guilherme de Orange, o príncipe holandês, e das duas filhas do rei James, a Casa de Hanover, da Alemanha, assumiu o trono britânico em 1714. As leis restritivas dessa dinastia do rei George resultaram no início da Guerra de Independência Americana (1775-1783), mas Benjamin Franklin estava um passo à frente dos acontecimentos, angariando

---

574. David T. Morgan, *The Devious Doctor Franklin, Colonial Agent,* Mercer University Press, Macon, GA, 1999, capítulo 1, p. 15.
575. James Breck Perkins, *France in the American Revolution,* Cornerhouse, Williamstown, MA, 1970, capítulo 7, p. 140.
576. Geoffrey Ashe, *The Hell-Fire Club,* Sutton, Stroud, 2000, capítulo 9, p. 140-41.

apoio para a causa americana na França e entre os jacobinos ingleses. O famoso jornalista John Wilkes, outro membro do Clube do Inferno, iniciou uma campanha de defesa dos direitos de liberdade, sendo aplaudido por Benjamin Franklin pelo apoio prestado por seu jornal, *The North Briton*, à causa americana.[577] Sem surpresa alguma, Franklin, enquanto ganhava honrarias científicas e diplomáticas, era duramente criticado pelo governo georgiano, cuja máquina de propaganda atuava nos Estados Unidos por meio dos representantes coloniais britânicos. Isso estimulou um boato de que ele era um infiel desprezível que fazia uso da feitiçaria para perturbar as leis de Deus. A Ordem de Medmenham foi acusada de devassidão e culto ao Diabo, o que deu origem ao apelido Clube do Inferno.

As falsas acusações apresentadas informalmente contra os membros da organização incluíam todas as atividades familiares das capelas ocultas da alta sociedade em Paris. Dizia-se que eles praticavam a magia negra e todo tipo de ritual satânico nas antigas cavernas de West Wycombe, chegando até mesmo a realizar sacrifícios. Muito depois do evento, o parlamentar Nathaniel Wraxall publicou as descrições mais sinistras das supostas reuniões. Ele afirmou, em 1815, que o culto demoníaco envolvia a utilização de "cruzes invertidas, velas negras e hóstias da cor de sangue". Tais alegações baseavam-se em meros boatos, não sendo apoiadas por qualquer tipo de evidência material. Toda a documentação acerca das atividades políticas da Ordem de Medmenham foram destruídas por seu presidente, *sir* Francis Dashwood, pouco antes de sua morte, em 1781.[578]

Membros eminentes do grupo, como John Montagu, conde de Sandwich, e Horace Walpole, conde de Orford, seriam os primeiros a admitir que seus companheiros não eram necessariamente modelos de virtude moral. Alguns deles eram notórios libertinos e não era segredo que as reuniões eram frequentadas por cortesãs, mas a adoração ao Diabo não estava nos planos do Clube. Na pior das hipóteses, os únicos registros encontrados que se relacionavam vagamente ao culto ao Diabo datavam da formação do Clube, quando ele ainda era sediado em Londres. O *Applebee's Weekly Journal* de 6 de maio de 1721 noticiou que certos membros do grupo "ridicularizaram

---

577. Russell Phillips, *Benjamin Franklin: The First Civilized American,* Brentano's, New York, NY, 1926, capítulo 24, p. 218.
578. H.T.F. Rhodes, *The Satanic Mass,* capítulo 17, p. 142.

os sagrados mistérios da religião, proferindo blasfêmias e contestações indignas de menção".

Em termos práticos, essa suposta ligação diabólica era conveniente aos membros do clube, pois lhes emprestava um ar sinistro, afastando os curiosos da casa de reunião de Medmenham. Enquanto isso, longe de qualquer envolvimento com o ocultismo, Benjamin Franklin ajudava *sir* Francis Dashwood a editar uma versão revisada do *Book of Common Prayer*. Mais tarde, quando se tornou necessário alterar certos elementos da Bíblia, tais como referências ao rei da Inglaterra e ao Parlamento de Westminster, a Igreja Episcopal dos Estados Unidos utilizou essa nova edição, cujo prefácio foi escrito por Franklin.[579]

Horace Walpole referia-se às mulheres que frequentavam as reuniões da fraternidade de Medmenham (apelidadas de "freiras") e aos barris de vinho armazenados na abadia como "ninfas e tonéis". Além disso, ele revelou que nos jardins da propriedade de West Wycombe havia um templo dedicado à deusa Vênus. Paul Whitehead, secretário e administrador do clube, explicava que as cerimônias da Ordem se baseavam nas tradições grega e romana, e celebravam Vênus como a *bona dea* (a boa deusa).[580] Reconhecendo os elementos simbólicos da Ordem, o pintor George Knapton retratou *sir* Francis Dashwood em um hábito franciscano, ao lado da Vênus nua. Satirizando Baco, o deus do vinho, Knapton pintou lorde Sandwich espiando através da auréola do frade.

Como a antiga deusa romana do amor e da beleza, Vênus sintetizava os preceitos da Ordem. Mas foi exatamente esse vínculo o responsável pela associação dos monges de Medmenham ao satanismo, pois eles se referiam a Vênus por seu nome latino, *Lux-fer*, a "portadora da luz", cujo nome havia sido mal interpretado na tradução bíblica como Lúcifer. Vênus era a "estrela d'alva" que se levantava antes do Sol. É evidente, portanto, que o Clube do Inferno, com todas as suas aspirações românticas, possuía uma faceta pagã. Mas, além disso, sua relação com Lúcifer foi mal interpretada por muitos autores.

---

579. Betty Kemp, *Sir Francis Dashwood,* Macmillan, London, 1967, capítulo 5, p. 144-57.
580. H.T.F. Rhodes, *The Satanic Mass,* capítulo 18, p. 149.

A luxúria do vampiro

Embora os julgamentos e interrogatórios de bruxas (envolvendo perfurações, afogamentos, etc.) fossem ilegais na Inglaterra desde 1682, foi apenas com a publicação da Lei de Bruxaria do rei George II, em 1735, que as leis anteriores, promulgadas em 1541 pela rainha Elizabeth I e em 1604 por James I, foram claramente revisadas, apresentando oficialmente penas substitutas. O estatuto elisabetano, que considerava a bruxaria um crime capital, decretava que:

> Será crime a prática, direta ou indireta, de conjuração, bruxaria, encantamentos ou feitiçaria, que tiver como intuito o lucro ou a subtração do corpo, dos membros, ou dos bens de qualquer pessoa, conduzir qualquer pessoa a um amor ilegal ou, por desprezo a Cristo ou benefício financeiro, retirar uma cruz de seu lugar.

A lei de 1735 era bem mais leniente do que a antiga, determinando que ninguém mais seria executado por esses atos ou por qualquer ligação com "espíritos malignos". Em vez disso, qualquer um que "fingisse" invocar espíritos, lançar encantos ou prever o futuro seria julgado como charlatão, estando sujeito a multas e prisão.

Na década de 1750, a crença no Diabo diminuiu consideravelmente. Ela esboçava um retorno apenas como uma premissa conveniente quando convinha àqueles que pretendiam criticar algum grupo ou indivíduo que não se ajustasse às normas sociais. Os experimentos de Benjamin Franklin relacionados à eletricidade e as atividades da Ordem de Medmenham são bons exemplos disso. A Igreja Anglicana era essencialmente dominante na Inglaterra em relação à vida espiritual, mas ainda havia alguns movimentos dissidentes que a consideravam distante dos problemas reais das pessoas comuns que, por isso, eram populares como alternativas mais acessíveis e simpáticas.

Dentre eles estavam os metodistas, cujos pastores tendiam às antigas tradições de intervenção diabólica. John Wesley, seu líder, tinha uma crença inabalável na existência da bruxaria, e seus seguidores observavam com grande interesse os supostos casos de possessão demoníaca. Os pastores metodistas mantinham um enorme volume de correspondência sobre o assunto, por ser o único movimento protestante a realizar exorcismos na Inglaterra na época.[581] De fato, a religião metodista devia grande parte de sua popularidade a essa adesão ao folclore satanista, pois muitas pessoas, principalmente nas áreas rurais, ainda temiam o Maligno terrivelmente. John Wesley declarou em 1768 que "ignorar a bruxaria significa, na prática, ignorar a Bíblia". Todavia, naquela época, embora a catequese metodista fizesse certas referências ao mal e ao pecado, o Diabo tinha perdido seu posto como uma figura específica de relevância pessoal.

Do outro lado do mundo na Europa, a Igreja Católica do século XVIII seguia flertando com a ideia do "morto-vivo" *vrykolakas*, como foi descrita por Leo Allatius. Ao contrário do que esperavam os bispos, a ameaça dessas aparições errantes simplesmente não assustava as pessoas, e uma evolução era evidentemente necessária. Considerando que a crença no Diabo diminuíra tanto, uma ideia ainda mais aterrorizante do que a do *vrykolakas* teria de ser apresentada para provar sua existência. Felizmente, os clérigos estavam com sorte, pois, nos cem anos transcorridos desde Allatius, uma mitologia paralela havia se desenvolvido nas regiões germânicas. As criaturas dessa tradição eram chamadas de *Nachtzehrer*, ou "devoradores noturnos". De acordo com a lenda, eles eram cadáveres que se levantavam de seus túmulos para devorar outros corpos. Possuíam também o estranho hábito de mastigar as próprias extremidades. Quando supostos *Nachtzehrer* eram encontrados durante buscas por sepulturas em cemitérios, comuns na época, estacas eram fincadas em suas bocas. Com isso, a cabeça do monstro era pregada ao solo, impedindo que ele vagasse pela noite.

O clero logo notou que os *Nachtzehrer* poderiam ser úteis à Igreja e textos relacionados ao mito começaram a ser publicados. Eles incluíam o *De Masticatione Mortuorum*, do teólogo Philip Rohr, que descrevia os "mortos mastigadores", e *De Miraculis Mortuorum*, do médico Christian Frederic Garmann.[582]

No mesmo período, foi publicado em Belgrado um relatório militar austríaco, intitulado *Visum et Repertum* (Visto e Descoberto), a respeito de uma série de assassinatos ocorridos na Sérvia.[583] O

---

581. D. Oldridge, *The Devil in Early Modern England,* capítulo 8, p. 166.
582. Montague Summers, *The Vampire: His Kith and Kin,* Paul Trench & Trubner, London, 1928, introdução, p. vi.
583. Essa reportagem foi totalmente transcrita em Paul Barber, *Vampires, Burial and Death,*

homem acusado pelos aldeães era Arnold Paole, um ex-soldado que havia falecido e fora enterrado recentemente. Quando seu corpo foi exumado, sinais do que parecia ser sangue fresco foram encontrados ao redor de sua boca.

Jornalistas de outras partes da Europa publicaram a história e, em 1732, a reportagem apareceu no *The London Journal*, da Inglaterra. O termo sérvio usado para descrever o cadáver sedento por sangue, que teria "se levantado do submundo", era *upire*. Este era um termo antigo originário da região dos Bálcãs e dos Cárpatos, que significava "por cima", ou "superior".[584]

Na Prússia também houve relatos sobre cadáveres exumados com sinais de sangue ao redor da boca. Na realidade, tratava-se de um sintoma comum da morte causada pela peste pulmonar, quando o sangue era expelido pelos pulmões da vítima.[585] Mas os clérigos já estavam dando asas à sua imaginação. Eles determinaram que a palavra *upire* era vagamente semelhante ao termo bizantino *uber*, ou "bruxa". E assim os "mortos-vivos" *Nachtzehrer* deveriam ser predadores noturnos sedentos de sangue.

Em 1746, o abade beneditino francês dom Augustin Calmet publicou um tratado sobre esses andarilhos da noite, intitulado *Dissertations sur les Apparitions des Anges des Démons et des Esprits et sur les revenants, et Oupires de Hingrie, de Boheme, de Moravic, et de Silésie*. Nessa obra, o termo *upire* possui uma variante, oupire. O dicionário etimológico Oxford explica que, em outras traduções, que utilizavam as palavras eslavas *vapir* e *vbpir*[586] (com um "m" substituído pela letra "b", como era comum em uma alteração consonantal), a palavra logo se transformou em *vmpir*.[587] Em meados do século XVIII, esses sugadores de sangue adoradores do Diabo passaram a ser conhecidos como "vampiros"; e o trabalho de Augustin Calmet ficou conhecido como *A Treatise on Vampire*.

Esse novo tipo de demônio implantou novamente o terror na mente das pessoas, conseguindo atraí-las de volta à Igreja, que representava o único caminho conhecido para a salvação. Dizia-se que os vampiros não podiam ser destruídos por métodos convencionais e

---

Editora da Universidade de Yale, New Heaven, CT, 1988, p. 16-17.
584. Variações derivativas são usadas na língua inglesa hoje em palavras que denotam *upper* (acima) como em *super, supervisor* e *superintendente*.
585. P. Barber, *Vampires, Burial and Death,* capítulo 6, p. 42.
586. J.G. Melton, *The Vampire Book,* p. 626.
587. *Oxford Compact Dictionary,* em Vampiro.

que somente o poder do Cristianismo poderia derrotá-los. Eles eram caracterizados como demônios infernais e emissários de Satanás, que só poderiam ser exorcizados e derrotados por monges e clérigos.

O *Blutsauger* (sugador de sangue) bávaro era outra suposta criatura maligna da época, que de modo semelhante foi condenado por não ter sido batizado. A adoção dessa criatura foi uma das mais inteligentes estratégias concebidas pela Igreja para assegurar que todos os recém-nascidos fossem batizados. Ao contrário dos *Nachtzehrer*, que tinham rostos vermelhos, os *Blutsauger* eram retratados com faces extremamente pálidas. Por sinal, foi a partir dessa lenda que surgiu a ideia de que o alho seria um eficiente repelente de vampiros.[588] Portas e janelas passaram a ser cobertas de alho na tentativa de impedir a entrada do *blutsauger*. Além disso, e de modo mais realista, o alho era visto como uma proteção contra a peste. A Igreja permitiu sua entrada no rol dos instrumentos de defesa contra vampiros, ao lado dos crucifixos e da água-benta, porque, ao contrário de muitas outras plantas, ele não era associado à bruxaria.

Se um *Nachtzehrer* ou um *Blutsauger* conseguisse invadir a casa de uma pessoa, havia métodos oficiais para checar sua autenticidade, caso um cadáver em decomposição não fosse evidência suficiente! Primeiro, sabia-se que eles não possuíam reflexo no espelho, pois se supunha que a imagem projetada em um espelho ou na água fosse o reflexo da alma do indivíduo. Dado que esses mortos-vivos não possuíam alma, eles obviamente não tinham reflexo. Era, portanto, um costume na época cobrir espelhos ou virá-los para a parede quando na presença de um cadáver, pois o espelho poderia atrair o espírito do morto, causando a morte de outra pessoa que olhasse para ele.[589]

O segundo teste consistia em observar a sombra das pessoas, pois os monstros não as possuíam, principalmente se eles tivessem tido a sombra roubada durante suas vidas.[590] A sombra de um indivíduo poderia ser separada dele caso fosse pregada a uma parede, por exemplo. Por mais estranho que possa parecer, esse era de fato um costume em canteiros de obras romenas. De acordo com essa inexplicável superstição, caso um homem projetasse sua sombra sobre um edifício recém-erguido e então pregasse a cabeça dessa sombra com um prego, o edifício teria sua durabilidade e resistência asseguradas.

---

588. J.G. Melton, *The Vampire Book*, p. 283-284, 288.
589. P. Barber, *Vampire, Burial and Death*, capítulo 5, p. 33.
590. J.G. Melton, *The Vampire Book*, p. 467.

Inúmeros supostos casos relacionados a vampiros foram registrados na Europa Oriental e Central. Todos eles falavam de pessoas que morriam e eram enterradas, apenas para então se levantarem de seus túmulos, aterrorizando a população de seus distritos. Havia relatos de cadáveres roubando leite, roupas, galinhas e até mesmo crianças. Além disso, existem inúmeros registros de assassinatos, roubos de gado e estupros cometidos pelos "mortos-vivos".

Na Romênia, os vampiros eram conhecidos como *nosferatu*. De acordo com a lenda, eles criavam novos vampiros ao sugar o sangue de suas vítimas e poderiam ser exorcizados se uma estaca fosse enterrada em seus corpos.[591] Mas todo esse folclore popular antigo sobre mortos-vivos pouco tinha em comum com o regime vampiresco que viria a ser popularizado pela literatura gótica. Não havia nada de encantador o bastante para dar início a uma mitologia perene, tratando-se apenas de uma coleção de superstições locais que possibilitava às autoridades colocar a culpa sobre os mortos para não se dar ao trabalho de uma investigação criminal adequada em áreas pobres e rurais. Para satisfazer a exigência imediata de cada caso, bastava desenterrar um cadáver, prendê-lo ao chão com uma estaca de madeira, cobri-lo com algumas gotas de água-benta enquanto recitava algumas palavras em latim, e a justiça de Deus estava feita.

Mais tarde, em um ambiente marcado pela epidemia da peste e pela propaganda religiosa, o medo dos "mortos-vivos" espalhou-se de tal maneira que uma reedição do livro de Arnold Paole tornou-se a obra mais vendida na Feira do Livro de Leipzig. De repente, a Igreja se viu rodeada de novas oportunidades, com a introdução de um gênero totalmente novo de lendas assustadoras. A premissa por trás de muitas dessas histórias não era a salvação das vítimas, mas a destruição dos inimigos demoníacos da Igreja, com uma abundância de crucifixos e litros de água-benta como armas essenciais no terrível combate entre o bem e o mal.

Uma discussão acadêmica amplamente divulgada, conhecida como "O Grande Debate Vampírico", tomou conta das universidades. Ela foi instigada pelo teólogo Michael Ranfit, cuja obra *De Masticatione Mortuorum in Tumilis Liber* era um ataque direto à crença na existência de vampiros. Após a publicação de *Dissertio de Cadauveribus Sanguiugis*,[592] de John Christian Stock, a comunidade

---
591. *Ibid.*, p. 573.
592. *Ibid.*, p. 288.

acadêmica chegou à conclusão de que os vampiros não passavam de um mito criado e mantido pela superstição religiosa. Mas a história era outra além dos muros acadêmicos e, depois de tantos anos de doutrinação eclesiástica, as pessoas começaram a responsabilizar os vampiros por todo tipo de doença, enfermidade e morte, tornando-os bodes expiatórios para qualquer mal ou infortúnio. Consequentemente, tornou-se comum a prática de profanar túmulos e decapitar seus ocupantes, para depois retirar e queimar os corações dos cadáveres. Esse costume tornou-se um problema tão grande para famílias e comunidades que, em 1755, a imperatriz Maria Teresa da Áustria foi obrigada a promulgar uma lei proibindo-o. Um século mais tarde, em meados do século XIX, após o surgimento da literatura gótica levar a febre por vampiros a um novo estágio, caixas com conjuntos de equipamentos para matar os monstros começaram a ser vendidas. Eles continham um frasco de água-benta, uma lata de hóstias sagradas, uma pequena pistola carregada com balas de prata, um crucifixo, uma estaca afiada e uma marreta.

18

Uma Era de Horror

Contos da cripta

A base de dados de textos franceses registra a publicação de apenas 484 livros, tratados, ensaios e panfletos relacionados ao Diabo entre os anos de 1700 e 1800.[593] Esse número, menos de cinco publicações por ano, indica um declínio considerável na popularidade do tema. Durante a Revolução Francesa (1789-1799), os assuntos de cunho sobrenatural atraíram pouquíssima atenção, ainda que esse tenha sido um fenômeno temporário. As pessoas estavam mais preocupadas com as mudanças políticas e sociais para pensarem no Diabo. Ele foi praticamente esquecido por todos, exceto por aqueles revolucionários que associavam sua figura à classe aristocrática que combatiam e o mesmo, é claro, ocorria no lado oposto da disputa. O conde Joseph le Maistre, um dogmático teocrata, argumentava, por exemplo, que a decadência dos revolucionários e seu desrespeito à autoridade eram desdobramentos diretos da malícia do Maligno.

No início do século XIX, Satanás estava de volta, mas de uma forma bem diferente. Esse não era tanto um retorno pessoal, mas ele havia se tornado a base de uma cultura literária e teatral que abordava o campo da fantasia diabólica à moda do horror gótico e da recém-surgida ficção científica. A Grã-Bretanha e a França foram os precursores dessa estética, exibindo um curioso interesse comum

---

593. R. Muchembled, *A History of the Devil: From the Middle Ages to the Present,* capítulo 5, p. 176.

em uma época em que as nações eram separadas pelas guerras napoleônicas.

O avanço da Revolução Industrial alterou para sempre a vida rural inglesa, pois muitas das atividades comerciais, antes muito valorizadas, tornaram-se obsoletas pela produção em massa. As comunidades foram remodeladas pela nova estrutura social, pois fazendeiros e artesãos deixavam suas vilas em busca de empregos nas fábricas e usinas. Nesse contexto, as noções de "bem" e "mal" foram radicalmente alteradas. As festas, extravagâncias e o consumo desenfreado não eram mais vistos como vícios demoníacos. Agora representavam um aspecto essencial do estilo de vida da classe média burguesa, que tentava minar o orgulho da aristocracia tradicional com demonstrações de riqueza e sucesso.

Todavia, os integrantes do recém-surgido movimento romântico estavam horrorizados com o que viam. Eles ficaram bem perturbados em ver tanta riqueza nas mãos daqueles que colhiam os lucros não só com produtos excelentes, mas também pela exploração dos operários – compatriotas terrivelmente mal remunerados, moradores de regiões superlotadas e miseráveis. Entre os maiores críticos do problema estava o pintor e poeta William Blake, que não via a industrialização como uma bênção, mas como um novo mal no qual o Diabo reinava supremo como nunca antes.

No início do século XIX, Blake escreveu e ilustrou um poema épico, intitulado *Milton*. A obra trata do escritor John Milton, que retorna do mundo dos mortos para discutir com Blake o relacionamento entre um autor vivo e seu antecessor – o lado bom e o ruim das mudanças e o papel da filosofia nesse processo. Como prefácio ao livro, Blake escreveu, em 1804, um poema curto, que iniciava com, "E em tempos remotos aqueles pés caminharam sobre as verdes montanhas da Inglaterra". Mais tarde, esses versos, em que Blake se refere aos locais de trabalho infernais da Revolução Industrial como "fábricas negras e satânicas", foram musicados por C. Hubert H. Parry na famosa canção "Jerusalém".

Na mesma época, o polímata alemão Johann Wolfgang von Goethe escreveu sua versão da popular história do doutor Fausto e Mefistófeles, que havia sido abordada por Christopher Marlowe 200 anos antes. Dividida em duas partes (publicadas em 1808 e 1832), a peça de Goethe, intitulada *Fausto*, é bem mais complexa do que as versões anteriores. Não muito diferente da história bíblica de Jó, o Diabo (agora chamado Mefistófeles) faz uma aposta com Deus, dizendo ser capaz de desviar o doutor Fausto de sua pesquisa acadêmica. Fausto eventualmente abandona os estudos relacionados à ciência e às Escrituras em uma tentativa de aprimorar seu aprendizado da magia e da feitiçaria. Mas, atormentado por não alcançar os resultados esperados, ele considera a possibilidade de se suicidar e então o Diabo surge para ajudá-lo. Propondo um pacto de sangue, ele promete a Fausto atender todos os seus desejos durante sua vida terrena. Em troca, Fausto deve jurar servir o Diabo por toda a eternidade no Inferno. Eventualmente, após vender sua alma ao Maligno, Fausto descobre que a satisfação dos desejos imediatos não lhe traz felicidade. Em vez disso, as recompensas por satisfazer seu orgulho e suas paixões são temporárias e carregadas de problemas. Ao final, ele decide que o prazer material nem se compara à busca pelo conhecimento e retorna ao seu rumo original. Mefistófeles consequentemente perde a aposta.

O poeta inglês Percy Bysshe Shelley, contemporâneo de Blake, era um crítico muito franco da tradição satânica e em 1820 escreveu *An Essay on the Devil and Devils*. Nessa obra, Shelley fala das dificuldades enfrentadas pela Igreja em suas tentativas em reconciliar um mundo, criado e supervisionado por Deus, no qual bem e mal são igualmente aparentes e emaranhados. Explicando sua opinião sobre esse dilema persistente, ele diz: "Os cristãos inventaram, ou adotaram, o Diabo para se desvencilharem dessa dificuldade".[594]

De todo modo, ainda que os julgamentos de bruxas estivessem confinados aos livros de história e os séculos de propaganda religiosa a esse respeito tivessem perdido todo o crédito, o conceito do mal continuava a fascinar as pessoas. O anticatolicismo estava em toda parte, não apenas na Grã-Bretanha, na Alemanha e nos Países Baixos, onde a causa protestante predominava, mas também em países como França, Itália e Espanha, onde a lembrança das torturas da Inquisição seguia viva na memória das pessoas. Se o mal existia, então a Igreja foi sua principal protagonista, e muitos traços da época da Inquisição, como, por exemplo, a arquitetura gótica da Idade Média, estavam revestidos de implicações sinistras nas mentes das pessoas. As antigas igrejas e monastérios da Europa medieval tinham um aspecto agourento, pois eram associados a inquisidores como Bernando Gui, Conrad de Marburg e Tomás de Torquemada.

Na Inglaterra, essa onda de imagens malignas havia sido antecipada por Horace Walpole, membro do Clube do Inferno. Em 1764,

---

594. P. Stanford, *The Devil: A Biography*, capítulo 9, p. 203-204.

ele havia publicado um romance de suspense intitulado *The Castle of Otranto*. Ambientada na Itália na época das Cruzadas, a obra era carregada da atmosfera misteriosa e sobrenatural que se tornaria marca do popular gênero literário conhecido como romance gótico.[595] Em 1794, Ann Radcliffe, também uma escritora inglesa, levou o conceito adiante com seu livro *The Mysteries of Udolpho*.[596] O cenário desse mórbido drama, com seu vilão maquinador e sua heroína atormentada, é o sul da França, em 1584. Apesar de ser repleto de terror físico e psicológico, castelos em ruínas e eventos sobrenaturais, o livro não foi completamente bem-sucedido em suas afirmações anticatólicas. Um livro assim só surgiria dois anos depois, quando Matthew Lewis publicou *The Monk*, uma história lúgubre de devassidão monástica, magia negra e culto ao Diabo.[597] Publicado em 1796, o livro é ambientado na época da Inquisição Espanhola e retrata monges depravados, inquisidores sádicos, pactos demoníacos, estupros e freiras hipócritas a serviço de Satanás. Ambrósio, "o monge", foi vítima das repercussões de sua luxúria nos conventos e é levado diante da Inquisição, mas consegue escapar ao vender sua alma ao Diabo. Em 1797, Ann Radcliffe publicou *The Italian*,[598] um relato de traição passada na Itália do século XVIII. Seus protagonistas infelizes são enredados em uma teia de intrigas maquinada por um malvado frade e acabam sendo levados para os tribunais do Santo Ofício em Roma.

O terror final

Por mais assustadores que fossem esses livros, eles não tinham quaisquer reflexos negativos no mundo cotidiano real. Ainda que não fossem inteiramente ficcionais, essas obras eram ambientadas no passado e seus leitores não corriam qualquer risco de ser seduzidos por freiras devassas ou torturados por inquisidores após serem capturados por monges encapuzados. Faltava alguma coisa a essas histórias, e isso foi resolvido pelo poeta inglês George Gordon, o Lord Byron, que publicou seu poema *The Giaour* em 1813.[599] Byron percebeu que o elemento que faltava àquelas outras histórias era uma

---

595. Horace Walpole, *The Castle of Otranto,* Clássicos Mundiais de Oxford, Oxford, 1998.
596. Ann Radcliffe, *The Mysteries of Udolpho,* Clássicos Mundiais de Oxford, Oxford, 1998.
597. Mathew Lewis, *The Monk,* Clássicos Mundiais de Oxford, Oxford, 1998.
598. Ann Radcliffe, *The Italian,* Clássicos Mundiais de Oxford, Oxford, 1998.
599. *Giacour* (corretamente *gavur*) é a palavra turca para "infiel".

presença física palpável – não um servo do mal, mas uma personificação dele, como o Diabo havia sido originalmente concebido. Com isso, Byron usou o conceito cristão da ressurreição do corpo, difundido com tamanha veemência pelas epístolas de São Paulo no Novo Testamento.[600] Nelas é dito que, quando chegar o momento do Julgamento Final: "aqueles que morreram em Cristo ressuscitarão primeiro".[601] Mas e se Paulo estivesse errado? E se aqueles que morreram por Satanás se levantassem primeiro? O que aconteceria se eles não esperassem até o Dia do Julgamento para retornar? E se eles estivessem aqui, agora?

Há algum tempo, histórias semelhantes a essas vinham sendo preparadas. Os mitos dos *vrykolakas*, *Nachtzehrer*, *Blutsauger*, *nosferatu* e *upires* tratavam todos de horrendos demônios "mortos-vivos". Em 1746, todas essas criaturas foram combinadas e classificadas como "vampiros" por dom Augustin Calmet. O termo começou a ser empregado, podendo ser encontrado em alguns escritos da época. Em 1748, um poema alemão chamado "Der Vampir" foi publicado por Heinrich August Ossenfelder. Em seguida, no ano 1797, surgiu *Die Braut von Korinth* (A Noiva de Corinto), escrito por Goethe antes da publicação de *Fausto*. Então apareceram os poemas ingleses "Christabel", de Samuel Taylor Coleridge (1798), e "Thalaba", de Robert Southey (c.1800).[602]

Embora todas essas obras fizessem referências ao vampirismo, foi Lord Byron em seu *O Giaour* que trouxe os aterradores "mortos-vivos" para um contexto mais realista:

> Mas antes, sobre a terra, como vampiro enviado,
> Teu cadáver do sepulcro será arrancado;
> E então, lívido, assombrarás aquele que fora teu lugar,
> E o sangue dos teus irá sugar.
> De tua filha, de tua irmã, de tua mulher,
> À meia-noite, a fonte da vida secarás;
> E embora abomine esse banquete forçado

---

600. Por exemplo, em 1 Coríntios 15:13-16.
601. 1 Telassalonicences 4:16.
602. Na Inglaterra, a palavra "vampiro" não aparece no *Nathan Bailey's Dictionary*, publicado em 1721. A palavra relacionada *vamp* aparece em dicionários modernos como "uma mulher que usa sua sexualidade para abusar dos homens", mas no *Bailey's* essa mesma palavra é descrita como "um certo tipo de meia curta". No popular *Walker's Dictionary* de 1862, o significado do vampiro é descrito apenas como "um demônio", enquanto a palavra é descrita como "um espírito maligno ou diabo".

Deverás nutrir seu lívido e vivo cadáver:
Tuas vítimas, antes de expirar
Reconhecerão o demônio como seu senhor.

Então, em 1819, um colega de Byron chamado John Polidori escreveu "O Vampiro". Esse conto foi o primeiro trabalho em prosa na língua inglesa sobre o assunto e contava a história de um misterioso aristocrata chamado lorde Ruthven, que caçava mulheres inocentes em busca de seu sangue. A essa altura, o vampiro já não era um monstro fedorento coberto de trapos sujos como o *Nachtzehrer*, mas havia se tornado um nobre, com um charme sedutor peculiar.[603]

Mary Shelley (esposa do poeta Percy Bysshe Shelley) também integrava o grupo de Byron e Polidori. Uma de suas histórias de terror, escrita para divertir seus amigos durante uma reunião perto de Genebra, acabou sendo publicada. Intitulado *Frankenstein*, o clássico livro foi o precursor da ficção científica. Outras obras eram consideradas góticas por sua temática sombria, ainda que não fizessem parte do gênero "horror", tais como *Northanger Abbey*, de Jane Austen, e *O Morro dos Ventos Uivantes*, de Emily Brontë.

O próximo autor a abordar o tema dos vampiros foi o heráldico, dramaturgo e libretista James R. Planché, que reconheceu seu potencial para o teatro. Em 1820, seu drama romântico escocês *The Vampire, or the Bride of the Isles* estreou no English Opera House, em Londres. A história baseava-se em outra peça, intitulada *The Vampyre*, encenada no ano anterior por Charles Nodier, em Paris. No ano de 1829, a ópera do alemão Heinrich Marschner, *Der Vampire*, foi encenada em Leipzig. Em 1841, o escritor russo Alexei Tolstoy publicou *Upyr*. Dez anos depois, em Paris, foi encenada a última peça dramática de Alexandre Dumas (o famoso autor de *Os Três Mosqueteiros*), intitulada *Le Vampire*.

Veio então a famosa série britânica, *Varney the Vampire*, de James Malcolm Rymer, publicada semanalmente como folhetim em jornais sensacionalistas. Reunidas em um livro publicado em 1847, com o título *The Feast of Blood*,[604] as histórias narravam as aventuras de *sir* Francis Varney, um monarquista da Guerra Civil que, após ser morto pelos soldados de Oliver Cromwell, continua a lutar por sua causa

---

603. Algum tempo depois, lorde Ruthven foi utilizado como personagem por vários escritores de revistas, e o conceito de vampiros como criaturas da noite foi introduzido em meados do século XIX.
604. James Malcolm Rymer, *Varney the Vampire – The Feast of Blood*, E Lloyd, London, 1847.

como um simpático vampiro. Foi Varney quem realmente solidificou a transformação dos vampiros de um zumbi nojento, sujo e fedorento dos antigos mitos europeus para uma figura normal sedutora com amigos refinados.[605] Assim, finalmente se criava uma imagem com a qual as pessoas poderiam se identificar, pois Varney tinha elegância, talento e sensualidade. Além disso, sua sedução era mortal:

> Com uma investida ele abocanha seu pescoço com os dentes em forma de presa; uma golfada de sangue e depois um som horrorizante (...) [mais tarde] Todos viram no pescoço de Flora um pequeno ferimento, ou melhor, dois pequenos furos levemente separados.

Em 1872, o advogado irlandês J. Sheridan le Fanu levou o tema adiante ao publicar um romance curto sobre uma vampira, intitulada *Carmilla*. Essa foi outra história lúgubre que introduziu vários temas góticos que se tornariam marca registrada em histórias de vampiros. Carmilla dormia em um caixão, tinha força sobre-humana, tornou-se uma vampira após ser mordida por outro vampiro e foi destruída quando uma estaca de madeira atravessou seu coração. Mais tarde, em 1897, o poeta laureado britânico Joseph Rudyard Kipling também escreveu sobre uma vampira em seu poema "The Vampire". E então, nesse mesmo ano, surgiu o vampiro definitivo, e o Diabo (ou algo parecido o suficiente) retornou triunfante nas páginas do aterrorizante romance de Bram Stoker, *Drácula*.[606]

A exigência considerada de dar ao vampiro literário uma aparência normal se devia ao fato de que, no século XIX, a imagem de Satanás havia mudado no imaginário público. Imaginava-se que uma criatura com tantos seguidores não deveria ser deformada ou grotesca, mas verdadeiramente sedutora. Seria de se esperar que ele assumisse a aparência de alguém inteligente e atraente.[607] Então o vampiro diabólico passou a emular sofisticação, escondendo assim sua natureza bestial do mundo exterior.

Reconheceu-se finalmente que o verdadeiro medo não seria provocado por dragões horrendos ou monstros míticos que ninguém jamais havia visto ou poderia ver. Os cruéis monges da inquisição eram muito

---

605. P. Barber, *Vampires, Burial and Death,* introdução, p. 2.
606. Bram Stoker, *Dracula,* Archibald Constable, London, 1897.
607. H.T.F. Rhodes, *The Satanic Mass,* capítulo 16, p. 137.

mais assustadores do que demônios imaginários. Sua brutalidade era parte da realidade, e, além disso, eles eram membros da Igreja. Eles eram o próprio Diabo que se esconde por trás de um disfarce humano – um mal que existe no lugar mais improvável. Essa nova e sombria forma de horror tornou-se a essência da literatura gótica de vampiros: o medo do Diabo oculto por trás de uma máscara de pretensa inocência. Dessa forma, o Diabo nunca precisaria ser retratado como um indivíduo; sua presença se faria sentida no comportamento dos possuídos por ele. No caso do conde Drácula, que esteve "morto-vivo" por mais de 400 anos, a transformação em vampiro era suficiente para aplacar qualquer curiosidade relacionada ao Diabo. Ele surgiu como o novo Príncipe das Trevas, uma figura mais feroz e predatória do que um bode negro ou qualquer outra encarnação de Satanás:

> Nunca eu imaginei tal ira e fúria, mesmo nos demônios do abismo. Seus olhos ardiam de fato. A luz vermelha projetada por eles era escabrosa, como se as chamas do fogo do inferno queimassem por trás deles. Seu rosto era mortalmente pálido, suas feições eram rígidas, como fios torcidos. Suas grossas sobrancelhas, que se juntavam sobre o nariz, pareciam-se barras de metal fumegante.

O autor dessa obra, Bram Stoker (1847-1912), nasceu na Irlanda e frequentou o Trinity College, em Dublin, onde se tornou presidente da Sociedade Filosófica e auditor da Sociedade Histórica. Em 1870, graduou-se com honras em ciências e em jornalismo e em 1878 se tornou gerente do Teatro Liceu de *sir* Henry Irving, em Londres. Tratava-se de um teatro essencialmente shakespeariano, mas foi lá que, antes dos dias de Irving e Stoker, a peça de James R. Planché, *O Vampiro*, havia sido encenada em 1820, quando o estabelecimento ainda era chamado English Opera House. Pouco antes da publicação do *Drácula* de Bram Stoker, em 26 de maio de 1897, o autor conduziu uma leitura dramática com quatro horas de duração de seu livro, no Liceu. Infelizmente, houve um incêndio no teatro pouco tempo depois e todas as roupas e adereços da peça foram queimados. Em 1902 o Liceu foi fechado.

Foi em 1890, durante sua parceria com Irving, que durou até a morte deste, em 1905, que Stoker começou a escrever seu inovador romance vampiresco, sendo inspirado, em especial, pela história da *Carmilla,* de J. Sheridan le Fanu. Também influenciado pelo estilo do livro *The Moonstone*, de Wilkie Collins, Stoker optou por contar a história pelos olhos de vários personagens, criando uma narrativa intrigante que envolvia o uso de cartas, diários e fragmentos de jornais. Hoje, os originais e rascunhos do livro estão no Museu Rosenbach, na Filadélfia. Eles mostram que o vampiro foi idealizado originalmente como um conde austríaco de nome Vampyr.[608] Todavia, em suas pesquisas na biblioteca pública de Whitby, em Yorkshire, na Inglaterra, Stoker deparou-se com um texto de 1820 sobre a Romênia, intitulado *An Account of the Principalities of Wallachia and Moldavia*. Escrita por William Wilkinson, um ex-cônsul britânico em Bucareste, foi a partir de uma referência dessa obra que nasceu a visão do vampiro definitivo de Stoker. Ele falava do *"voivode"* [príncipe] Drácula, que no fim do século XV liderou suas tropas através do rio Danúbio para uma batalha contra os turcos.[609]

A passagem inspirou muito Bram Stoker e ele imediatamente transformou o austríaco conde Vampyr no conde Drácula da Transilvânia. Além disso, ele atribuiu as informações contidas no texto de Wilkinson ao seu fictício caçador de vampiros holandês, o dr. Abraham Van Helsing:

> De fato deve se tratar do *voivode* Drácula, famoso por lutar contra os turcos, nos grandes rios na fronteira do território turco. Nesse caso, ele não era um homem comum, pois naquele tempo, e nos séculos seguintes, ele era considerado o mais esperto e mais astuto, assim como o mais corajoso, dos filhos das terras além da floresta. Esse cérebro formidável e essa força de vontade de ferro foram com ele para o túmulo e ainda agora são nossos inimigos.

Não era apenas a maravilhosa sonoridade do nome Drácula que encantou Stoker, mas também a informação sugerida por Wilkinson de que em romeno ele significava "Diabo". Mais tarde, ele descobriu que o nome significava, mais precisamente, "Filho do Dragão".[610] Era o nome perfeito, portanto, para um vampiro enviado por Satanás. Historicamente, os estilos do "dragão" foram usados por dois príncipes de Wallachia, na Romênia do século XV: Vlad II (c. 1390-1447),

---

608. Elizabeth Miller, *Dracula: Sense and Nonsense,* Desert Island Books, Westcliff-on-Sea, 2000, capítulo 2, p. 72.
609. *Ibid.*, capítulo 5, p. 187-88.
610. J.G. Melton, *The Vampire Book,* p. 573, 758-59.

chamado de Dracul, e seu filho, Vlad III (c. 1431-1476), conhecido como Drácula. Wallachia era uma província romena ao norte do Rio Danúbio e ao sul dos montes Cárpatos. A Transilvânia (então um domínio húngaro) ficava ao norte, assim como a Moldávia. Ao leste de Wallachia estava o Mar Negro e ao sul, a Bulgária.

Embora o vampiro seja identificado como Vlad no filme de Francis Ford Copolla, de 1992, intitulado *Drácula de Bram Stoker*, o nome do príncipe romeno não é mencionado em nenhum momento no livro. Não se sabe ao certo, portanto, quanto o autor sabia sobre o Vlad III histórico. É possível que ele tenha discutido o assunto com um professor húngaro chamado Arminius Vambéry, que ele conheceu em 1890, segundo menciona em seu livro *Reminiscences of Henry Irving*. Mas não há nada nas notas de *Drácula* para confirmar que Vambéry tenha sido necessariamente uma fonte para a composição da obra. De todo modo, é interessante ver que (novamente citando o ficcional doutor Van Helsing) Stoker menciona o nome do professor no livro:

> Eu pedi a opinião de meu amigo Arminius, da Universidade de Budapeste; e, do alto de todo o seu conhecimento, ele me fala sobre a identidade dele [Drácula]. De fato deve se tratar do *voivode* Drácula, famoso por lutar contra os turcos.

Há um bom número de evidências de que Vlad III usava a alcunha Drácula, pois ela aparece em vários registros históricos dos séculos XV e XVI, além de fazer parte de sua assinatura.[611] Mas não existe qualquer referência ao fato de ele, em momento algum, ter sido considerado um vampiro sugador de sangue, em um contexto literal ou metafórico. Muito pelo contrário, na prática Vlad era considerado pelo povo romeno um grande herói nacional, tendo uma bela estátua erguida em sua homenagem em Tirgoviste e outra ao lado de seu castelo, em Capîtîneni, no Rio Arges.

Demorou quase um século após a publicação de *Drácula*, em 1897, para que os romenos percebessem a conexão entre o conde ficcional e seu príncipe histórico. Esse fato só se tornou evidente após a queda do Comunismo soviético, em 1989, quando os estudos literários ocidentais começaram a circular no país. Isso levou agora o

---

611. Radu Florescu e Raymond McNally, *Dracula,* Robert Hale, London, 1973, introdução, p. 9-10.

lendário conde Drácula a tornar-se a atração central da crescente indústria turística do país. Na realidade, Vlad-Drácula é lembrado por seu apoio às classes camponesas contra os inescrupulosos aristocratas. Ele foi um protetor da leis e da ordem naquela época turbulenta e um defensor do principado de Wallachi contra a ameaça do Império Otomano.[612] Ele muitas vezes é citado na literatura moderna como um tirano brutal, responsável por inúmeras atrocidades, e, de fato, ele era um homem duro e impiedoso ao extremo. Registros feitos por turcos e saxões que se infiltraram nas regiões romenas contam que seu método de punição favorito aos inimigos do Estado era o da empalação com estacas de madeira. Por conta disso, ele ficou conhecido como Vlad, o Empalador.

Outra referência intrigante feita por Stoker às possíveis informações recebidas de Arminius é a seguinte:

> Ele foi em vida um homem maravilhoso: soldado, estadista e alquimista. Este último representava o mais alto nível de conhecimento científico de então. Ele possuía um cérebro formidável, uma incomparável capacidade de aprendizado e um coração que não conhecia medo ou remorso. Ousava até mesmo frequentar a escola de Scholomance e não havia ramo de conhecimento de sua época que ele não tivesse estudado.

A Scholomance (Escola de Salomão), localizada nas montanhas próximas a Hermannstadt, na Áustria, é mencionada na obra *The Land Beyond the Forest* (1888) de Emily de Laszowska Gérard, uma especialista em folclore romeno. Bram Stoker conhecia a obra de Gérard, pois ambos eram correspondentes do periódico *The Nineteenth Century*. Ela escreveu que a Scholomance era considerada "uma escola do Diabo, na qual os segredos da natureza, o falar dos animais e todos os feitiços mágicos são ensinados".[613] Emily Gérard (que se referia aos vampiros romenos como *nosferatu*) escreveu ainda um ensaio em 1885, intitulado *Transylvanian Superstitions*, que levou Stoker a situar seu conde

---

612. Sucedendo o império dos Turcos Selêucidas, o Império Otomano foi fundado em c. 1300. Em 1452, os turcos otomanos recuperaram Constantinopla, que há muito era a cidadela do Império Bizantino Romano Oriental. No fim do século XVI, os domínios otomanos se estendiam desde a Hungria até o Egito e partes da Pérsia. A partir de então, o império entrou em gradual declínio, até o estabelecimento da República Turca e o fim do império em 1920.
613. R. Florescu e R. McNally, *Dracula,* capítulo 7, p. 151.

Drácula na Transilvânia, embora o Vlad histórico (mesmo possuindo um castelo próximo à fronteira da Transilvânia) fizesse parte da dinastia que reinava nas regiões de Wallachia. Gérard confirmou também a lenda de que os *nosferatu* eram capazes de criar outros vampiros ao extrair o sangue de suas vítimas e que essas criaturas poderiam ser exorcizadas com uma estaca de madeira enterrada em seus corpos – aspectos bem aproveitados por Bram Stoker em seu romance.[614]

O bode de Mendes

Embora a ideia presente no *Compendium Maleficarum* de um Diabo com aparência de bode tivesse caído no esquecimento (exceto pelas máscaras usadas durante as missas negras), a imagem voltou à tona durante os últimos anos do século XIX. A partir da metade desse século, o ocultista francês Alphonse Louis Constant, que assumiu o nome Eliphas Levi, escreveu várias obras acerca da magia transcendental. Seu livro mais conhecido é intitulado *Dogma e Ritual de Alta Magia*.* Nessa obra, Levi apresenta uma figura semelhante a um bode, identificada por ele como Baphomet – um nome misterioso que, de acordo com Levi, vem de transcrições dos julgamentos dos cavaleiros templários durante a Inquisição, no século XIV.

Levi compôs seu Baphomet de forma criativa, inspirada em uma variedade de tradições ocultistas e doutrinas alquímicas, e o considerava a representação simbólica definitiva de um absoluto hermético (ver ilustração na página 16). Descrevendo a figura e sua complexidade em detalhes, Levi escreveu:

> O bode carrega o sinal do pentagrama em sua testa, com uma das pontas no alto, um símbolo de luz, com suas mãos formando o sinal do hermetismo, uma apontando para cima, para a lua branca de *Chesed* (Misericórdia), a outra apontando para baixo, para a lua negra de *Geburah* (Severidade). Esse sinal expressa a harmonia perfeita de misericórdia com justiça. Um de seus braços é feminino, enquanto o outro é masculino, assim como as figuras andróginas de *khunrath* [a arte do movimento das mãos, das posturas sobre as palmas das mãos,

---
614. J.G. Melton, *The Vampire Book*, p. 573.
*N.E.: Obra publicada no Brasil pela Madras Editora.

etc.], cujos atributos nós temos de unir com os de nosso bode, pois eles são um único símbolo.

A chama da inteligência que brilha entre seus dois chifres é a luz mágica do equilíbrio universal, a imagem de uma alma elevada acima da matéria, como a chama unida à matéria brilha no alto. A cabeça da besta expressa o horror do pecador, que, agindo materialmente, é inteiramente responsável, devendo suportar o castigo exclusivamente; porque a alma é insensível por natureza e apenas pode sofrer quando se materializa. A vara que substitui a genitália simboliza a vida eterna; o corpo coberto com escamas é a água; o semicírculo acima é a atmosfera, as penas que seguem acima são o volátil. A humanidade é representada pelos dois seios e pelos braços andróginos dessa esfinge das ciências ocultas.[615]

O modelo do Baphomet baseia-se no desenho do bode de Mendes, do Egito antigo. Ele representava um ser completamente mágico, mas nada sinistro e certamente não o Diabo.[616] Entretanto, como o bode sabático das bruxas havia sido associado a Satanás, o enigmático bode de Levi era bem adequado ao retrato diabólico. Consequentemente, essa imagem se tornou uma das representações mais populares do Diabo, presente, por exemplo, na sequência de abertura do filme de Dennis Wheatley de 1968, *As Bodas de Satã*.

O segredo do nome Baphomet, como usado pelos Cavaleiros Templários da Idade Média, foi descoberto na década de 1950 pelo dr. Hugh Schonfield, um especialista em estudos do Oriente Médio, e ex-presidente da organização pacifista chamada Commonwealth of World Citizens and the International Arbitration League. O dr. Schonfield foi indicado para o Prêmio Nobel da Paz em 1959 e foi o primeiro judeu a fazer uma tradução objetiva do Novo Testamento Cristão do grego para o inglês – um trabalho cuja precisão é extremamente elogiada.[617]

---

615. A tradução inglesa do *Dogme et Rituel de la Haute Magie* foi publicada em Arthur E. Waite, *Transcendental Magic*, Samuel Weiser, York Beach, ME, 1896.
616. Ver "Cerimonial Magic and Sorcery" em MP Hall, *Masonic, Hermetic, Qabbalistic and Rosicrucian Symbolical Philosophy – The Secret Teachings of All Ages*.
617. Hugh J. Schonfield, *The Original New Testament*, Waterstone, London, 1985.

Ao estudar a relação entre os códigos dos Manuscritos do Mar Morto e aspectos do Antigo Testamento, Schonfield descobriu um código específico muito usado, mas muito simplista. O alfabeto hebraico tem 22 letras e esse método de criptografia trocava as primeiras 11 letras pelas últimas 11, em ordem inversa. No nosso alfabeto, a letra Z seria trocada pela letra A; Y por B; X por C e assim em diante. Em hebraico, isso resultava em Aleph = Tau, Bet = Shin, etc. Por conta dessas iniciais (ATBSh), ficou conhecido como o código Atbash.[618]

Considerando que os Templários trouxeram muitos manuscritos antigos da Terra Santa à Europa em 1127, o dr. Schonfield percebeu que ele poderia ter adquirido um documento que descrevia essa antiga técnica judaica de criptografia. Dessa forma, ele inferiu que a palavra Baphomet, proferida pelos cavaleiros durante os interrogatórios, poderia ser um código. Após a transcrição do termo em hebraico e a aplicação do Atbash, chegou-se à palavra *Sophia* [Sofia], a palavra grega para "sabedoria".[619]

No início do século XX, o ocultista inglês Aleister Crowley acabou associando erroneamente um caráter sombrio ao Baphomet de Levi (o bode sagrado da sabedoria). Proponente das artes perversas, que ele chamava de "magia sexual", Crowley identificava-se pessoalmente com Baphomet, associando a figura de modo incorreto à "lascívia da besta". Levando seu conceito inventado adiante, ele afirmou: "Este Diabo é chamado Satanás (...) o Diabo é Capricórnio, o Bode que salta por sobre as mais altas montanhas: a Divindade". E ainda: "Portanto, não hesitaremos em restaurar a adoração ao Diabo".[620]

---

618. Hugh J. Schonfield, *The Essene Odyssey*, Element Books, Shaftesbury, 1984, introdução, p. 7-8, e capítulo 11, p. 66-68.
619. *Ibid.*, páginas 162-165. *Baphomet* em língua hebraica (da direita para a esquerda) é [*taf*] [*mem*] [*vav*] [*pe*] [*bet*]. A aplicação do código de *Abash* resulta (novamente, da direita para a esquerda) em [*alef*] [*yud*] [*pe*] [*vav*] [*shin*] = "Sofia".
620. *Extracts from Aleister Crowley, Magick in Theory and Pratice – Magick: Liber Aba*, Livro 4, Castle Books, New York, NY, 1961, parte 3, capítulo V.

19

A Maré Baixa

Nas asas do Diabo

A figura do "morto-vivo" oriundo da nobreza da Transilvânia criada por Bram Stoker reuniu vários conceitos vampirescos anteriores, incluindo a transformação do conde Drácula em outra criatura da noite: o morcego. A associação não era uma alusão específica ao morcego vampiro; na verdade, ocorreu exatamente o inverso: o animal recebeu este nome por causa do tratado sobre vampiros escrito no século XVIII por dom Augustin Calmet. Esse morcego específico foi nomeado pelo naturalista francês conde George de Buffon, guarda do Jardin du Roi, autor de *Histoire Naturelle*, de 1765, e de *Des Époques de la Nature*, de 1778. Antes dessas obras não existia qualquer ligação, em nenhuma cultura, entre vampiros e morcegos. Todavia, como esses mamíferos noturnos, provenientes da América do Sul, alimentavam-se do sangue de outros animais, Buffon os associou aos vampiros.[621] O conceito do Drácula de Bram Stoker possuía uma relação mais direta com as asas de morcego, pois elas eram parte da tradição satânica do anjo caído.

Na época de Stoker e do movimento gótico, Satanás teve sua imagem revisada mais uma vez. Ele voltou a ser associado à imagem heroica criada por John Milton em 1667 e descende do retrato feito por William Blake no início do século XIX. Blake e seus colegas românticos baseavam-se na descrição feita de Satanás no Antigo

---
621. J.G. Melton, *The Vampire Book*, p. xi.

Testamento, um "filho de Deus", percebendo que os inquisidores e os ocultistas imaginavam o Diabo de uma maneira completamente errônea. Eles afirmavam que Satanás sequer era mal. Ele também não era, de forma alguma, um inimigo, mas sim um membro angelical da corte celestial, que caiu em desgraça e foi banido para as profundezas do inferno. Uma história semelhante foi atribuída ao conde Drácula ficcional, que existia no limbo dos "mortos-vivos", alimentando-se do sangue dos vivos.

No século XIX, os românticos viram certa correspondência entre Satanás e Drácula, pois todo o mal por eles cometido era fruto de sua busca desesperada por libertação pessoal (ainda que isso não justificasse necessariamente seus atos). Lord Byron e seus colegas afirmavam que a maldade do Diabo não era bíblica, mas uma invenção da Igreja como resposta à justificada revolta de Satanás contra um Deus despótico.[622] Desse modo, a partir da época de William Blake, passando pelo tempo de Gustave Doré e outros artistas do século XIX, Satanás foi retratado em geral como um jovem atlético de qualidades angelicais, diferenciado dos outros anjos apenas pela troca à noite de suas penas por asas de morcego.

O mal verdadeiro, eles diziam, não emanava do Diabo. Ele era um aspecto da condição humana, que nunca havia sido tão evidente quanto no período de perseguições e torturas perpetradas pelos inquisidores e caçadores de bruxas instituídos pelas Igrejas Católica e Protestante. Os verdadeiros diabos do mundo real, aqueles que perseguiram, torturaram e queimaram vítimas inocentes, criando um legítimo Inferno na Terra, foram os padres, ministros e frades da Igreja. Em termos mais gerais, a ideia de que o potencial para o mal reside dentro da natureza da humanidade foi explorada em 1886 pelo escritor Robert Louis Stevenson no livro *O Estranho Caso do Dr. Jekyll e Mr. Hyde*.[623] Reconhecendo que os traços mais malignos do Diabo eram aqueles que encarnavam o lado cruel da natureza humana, o poeta francês Charles Pierre Baudelaire escreveu que "em cada pessoa, duas tendências existem em todos os momentos, uma voltada a Deus e a outra voltada ao Diabo".

Em seu poema épico de 1850, "La Fin de Satan", Victor Hugo explora a ideia de que Satanás possuía originalmente asas com penas,

---

622. R. Muchembled, *A History of the Devil: From the Middle Ages to the Present*, capítulo 6, p. 192.
623. Robert Louis Stevenson, *The Strange Case of Dr Jekyll and Mr Hyde*, Oxford World Classics, Oxford, 2006.

como as de qualquer outro anjo da tradição cristã. O poema relata que, durante o conflito com Deus após sua queda, Satanás perdeu uma de suas penas. Ela se transformou em uma bela figura angelical chamada Liberdade, instruída por Satanás a acabar com todo o mal e destruir a infame prisão da Bastilha, em Paris. Os românticos, da Inglaterra de Byron até a França de Hugo, acreditavam firmemente que a rebelião de Satanás havia sido perfeitamente legítima, pois ele se opunha às leis injustas impostas por uma Igreja tirânica e pelos escravos de sua dominação implacável.

Dança da morte

Na música, o Diabo também teve sua posição relaxada no fim do século XIX. A mudança foi iniciada em 1830, com a *Symphonie Fantastique* do compositor francês Hector Berlioz. Como uma das obras mais importantes e representativas do início do período romântico, o quinto movimento dessa sinfonia, intitulado "Songe d'une unit de Sabbat", apresenta um sabá de bruxas e um círculo de dançarinos (o "Ronde du Sabbat"). A obra também junta uma paródia musical do "Dies Irae" (Dia da Ira), hino litúrgico da Igreja Latina do século XIII que trata das missas dos mortos, além de uma fuga que Berlioz descreveu como a representação de uma orgia selvagem. Em 1980, o "Dies Irae" apareceu nos créditos iniciais do filme de terror de Stanley Kubrick, *O Iluminado*.

No século XIX, o duradouro desprezo da Igreja com relação a um intervalo musical particular, conhecido como Trítono do Diabo ou o *Diabolus in Musica* (o Diabo na Música) era ainda bastante evidente. Na Idade Média, o trítono em quarta aumentada (ou quinta diminuta) foi banido pelos bispos católicos, que creditavam a ele o poder de invocar o próprio Diabo. Em termos simples, trata-se de um intervalo formado por três passos completos – por exemplo, de Fá a Si, contendo os passos Fá-Sol, Sol-Lá e Lá-Si –, que produz um som muito tenso e dissonante. Dizia-se que a prova de seu conteúdo diabólico consistia no fato de que os três tons cheios (os trítonos) são seis semitons. Os clérigos insistiam que essas notas eram diretamente relacionadas ao número da besta, "666".

No ano 1805, Beethoven quebrou com essa tradição no Ato II de sua ópera *Fidélio*. Para criar o clima sombrio do interior de um calabouço, os tímpanos são afinados com um trítono de diferença, de

Lá para Mi Menor, em vez das comumente utilizadas quintas perfeitas. Em 1874, o trítono foi usado de forma mais evidente por Camille Saint-Saëns em sua *Danse Macabre* (Dança da Morte), na qual a corda superior do violino solo era ajustada de Mi para Mi Menor. Isso cria um trítono com o Lá Aberto, que servia para representar o Diabo afinando sua rabeca para a dança. Mais recentemente, com o fim das restrições religiosas relacionadas ao tema, o Trítono do Diabo tem sido empregado em inúmeras composições, desde o repetitivo motivo presente no musical *Amor, Sublime Amor*, de Leonard Bernstein, às apresentações da banda de *heavy metal* Black Sabbath.

A sinagoga de Satanás

Nos Estados Unidos do século XIX, a crença no Diabo como uma entidade física estava em forte declínio, assim como ocorrera na Grã-Bretanha e na Europa. Por todo o Ocidente, as pessoas começavam a se conscientizar do lado negro da humanidade, ainda que os professores religiosos tentassem manter vivas as antigas tradições relacionadas ao Maligno. Enquanto os românticos redefiniam Satanás, desconsiderando totalmente qualquer medo do Inferno, os grupos religiosos temiam perder o controle sobre a sociedade. Sem a crença no Diabo, era bastante possível que a crença em Deus também perdesse sua força, como de fato começava a ocorrer em algumas regiões. O clero sentia-se ameaçado pelo fato de que muitas pessoas agora acreditavam que o Diabo não passava de uma representação do lado sombrio da condição humana. Uma extensão natural dessa interpretação poderia muito bem levar as pessoas a acreditar no mesmo em relação a Deus – que seu espírito existisse dentro de todos. Isso facilitaria o acesso individual a Deus sem a necessidade de sacerdotes agindo como os intermediários autorizados. Deixaria as pessoas mais perto de Deus, enquanto as afastava da Igreja. Portanto, era cada vez mais necessário que os clérigos lutassem pela manutenção das crenças tradicionais, segundo as quais Deus e o Diabo não eram apenas elementos espirituais, mas presenças materiais em uma disputa constante por seus respectivos propósitos de bem e mal.

A própria sobrevivência da Igreja Católica dependia do conceito de salvação da danação eterna, mas a ciência e a razão faziam com que as pessoas questionassem esse conceito. Nesse ambiente crítico, embora os grupos ocultos e as sociedades pseudossatânicas se opusessem completamente ao Cristianismo, eles se tornavam úteis, pois mantinham o mito satânico vivo, ainda que em uma escala limitada. A Igreja desenvolveu uma estratégia de propaganda, fazendo com que muitos cristãos passassem a acreditar que o culto ao Diabo ganhava força. Acusações absurdas de satanismo e rituais de sacrifício foram feitas contra vários grupos e sociedades, assim como a fraternidades menos vulneráveis, como a Maçonaria, cuja política oficial era a de ignorar todo tipo de propaganda negativa.

Uma das figuras centrais nessas acusações do fim do século XIX foi o francês Gabriel Jorgand-Pages, mais conhecido pelo pseudônimo Léo Taxil. Ele ficou conhecido como um grande falsário, capaz de esvaziar praias com anúncios falsos de ataques de tubarão e de enganar um grupo de arqueólogos suíços, convencendo-os da existência de uma cidade romana inteira no fundo de um lago. Ele acabou sendo processado várias vezes, acusado de plágio e fraude. Taxil era também um maçom, mas acabou sendo expulso da fraternidade em 1881, quando sua situação judicial se tornou um enorme embaraço. Para se vingar, ele elaborou um grande boato sobre satanismo, para desacreditar a organização.

Primeiro ele imaginou um ritual maçônico feminino, chamado Paladismo, que ele alegava ser controlado dos Estados Unidos por Albert Pike, o Grão-Mestre maçônico da Jurisdição do Sul.[624] Taxil descreveu o suposto ritual satânico em todos os seus detalhes graficamente sexuais, afirmando ter sido importado para a França por Phineas Walder, que, com a ajuda de Eliphas Levi, fundou a Loja de Lótus. A história enfureceu a Igreja, que reagiu com sua própria condenação da Maçonaria. O impetuoso bispo Fava de Grenoble publicou um livro sobre o assunto, baseando-se na mentira de Taxil. O arcebispo Léon Meurin de Port Louis, na Mauritânia, também lançou seus ataques, referindo-se a Albert Pike como o sumo sacerdote da sinagoga de Satanás.

Após estabelecer esse cenário inicial, Léo Taxil alterou seu nome mais uma vez para escrever *The Devil in the Nineteenth Century*, como dr. Georges Bataille. A obra levava adiante o conceito do culto maçônico ao Diabo, alegando que, nas tardes de sexta-feira, Albert Pike se encontrava secretamente com um demônio que lhe trazia um crocodilo alado para tocar piano nos encontros da Ordem! Documentos maçônicos foram forjados na França, com fotografias

---

624. A estátua de 11 pés de Albert Pike, produzida pelo escultor italiano Gaetano Trentaove, fica no centro de Washington, DC.

e desenhos dos supostos encontros ocultos na América. Nessa época, acreditava-se que o Rito Paladiano era realizado em Charleston, Washington, Roma, Berlim, Nápoles e Calcutá. Então, sob seu pseudônimo original (para confirmar a obra do imaginário dr. Bataille), Taxil publicou um texto intitulado *The Mysteries of the Freemasons Revealed*. Ele identificava um demônio feminino, de nome Bitruand, como parte da alta cúpula da organização na França e ainda que ela havia sido escolhida para ser a avó do Anticristo.

A última parte do plano consistia nas revelações de um membro reformado do culto. Elas surgiram no livro *Memoirs of an Ex-Palladist*, escrito por uma tal Diana Vaughan. A obra, novamente de autoria de Taxil, revelava como, após a morte de Albert Pike, a posição de Grão-Mestre nos Estados Unidos foi passada para alguém em Roma. E, para dar peso e autenticidade a essas revelações, os nomes de maçons bem conhecidos na França, Itália e Inglaterra foram incluídos como parte do grupo.[625] O texto era tão convincente que até mesmo a *Nova Enciclopédia Ilustrada Larousse* incluiu um texto de duas colunas sobre o movimento e o Rito Paladiano. Em 1896 (ainda escrevendo como Diana Vaughan), Taxil anunciou sua maior descoberta: Satanás havia feito seu quartel-general na Terra no interior de uma caverna no Rochedo de Gibraltar!

A essa altura, alguns bispos da Igreja Católica começaram a suspeitar se eles não tinham sido enganados. Uma detalhada investigação sobre o assunto foi conduzida por Arthur E. Waite da Sociedade Teosófica, que, embora não fosse um grande admirador da Maçonaria, produziu uma devastadora exposição das mentiras de Taxil, chamadas por ele de Pala Dium, em seu livro *Devil Worship in France, or the Question of Lucifer*.[626] Uma por uma, todas as invenções de Léo Taxil, classificadas como "um extraordinário embuste literário", foram desmascaradas.

Em um congresso internacional em Trento, na Áustria, em 26 de setembro de 1896, até mesmo os opositores da Maçonaria começaram a ficar preocupados. Sugeriu-se que Diana Vaughan faria uma aparição, levando provas de suas alegações. Charles Hacks,

---

625. Uma edição completa da obra existe em Diana Vaughan, *Mémoires d'une Ex-Palladiste Parfait Initiée, Indépendant Publication mensuelle Cesi este un aeuvre de bonne foi* (ed, A Pierret), Paris (sem data).
626. Uma versão dessa obra agora está disponível em Arthur Edward Waite, *Devil Worship in France with Diana Vaughan and the Question of Modern Paladism,* Red Wheel Weiser, York Beach, ME, 2003.

colaborador de Taxil, foi forçado a admitir que Vaughan não existia. O jornal católico *Universe* fez um pedido semelhante, recebendo a mesma resposta. A situação criou um enorme constrangimento para o Conselho do Vaticano, pois em 1884 o papa Leão XIII baseou a encíclica *Humanum Genus*, que abordava a "bem organizada e difundida associação conhecida como Maçonaria" nas afirmações de Taxil:

> Não mais mantêm segredo sobre seus propósitos, eles agora estão se levantando, sem nenhum medo, contra o próprio Deus. Eles planejam a destruição da Sagrada Igreja pública e abertamente, com o propósito de despojar totalmente todos os países do Cristianismo (...) Nós oramos e suplicamos para vós, veneráveis irmãos, unirdes vossos esforços aos nossos, para extirparmos essa praga obscena.

Sob uma pressão extrema, Taxil concordou em comparecer à Sociedade Geográfica de Paris em 19 de abril de 1897, prometendo levar consigo a verdadeira Diana Vaughan. Mas ele não foi capaz de encontrar uma impostora disposta a tanto e sua mentira por fim estava com os dias contados. Ironicamente, existia uma mulher chamada Diana Vaughan, mas ela não possuía absolutamente nenhuma relação com a sociedade maçônica. Taxil simplesmente usou seu nome após tê-la conhecido em Paris. Na realidade, ela era uma representante de vendas da empresa Remington, fabricante de máquinas de escrever. Taxil chegou sozinho ao evento na Sociedade Geográfica, insistindo (por seu próprio bem) que todos os guarda-chuvas, bengalas e afins fossem guardados no bengaleiro. Em sua última piada, enquanto fingia esperar pela chegada da srta. Vaughan, ele rifou uma máquina de escrever portátil Remington, extorquindo algum dinheiro dos presentes. Sobre a encíclica papal *Humanun Genus*, Taxil afirmou ter ganhado um bom dinheiro se aproveitando da "estupidez dos católicos". Por fim, antes de deixar o palco escoltado pela polícia, ele anunciou publicamente para a imprensa: "o Rito Paladiano não existe mais. Eu o criei, e agora o destruí".[627]

---

627. Esse encontro foi noticiado por Edmond Frank, em *l'Illustration*, Paris, número 2827, 1º de maio de 1897.

O ritual profano

Em uma frente mais digna de crédito em 1896, uma obra intitulada *La Satanisme*, escrita pelo filósofo esotérico francês Henri Antoine Jules-Bois, descreveu um ritual diabólico identificado como "Vain Observance". Essencialmente, o ritual consistia no uso de um objeto ou técnica para obter um resultado que, por sua natureza, era impossível de conseguir pelo uso desse objeto ou técnica. Ele era semelhante ao conceito papal do *Agnus Dei*, com suas imagens de cera capazes, de acordo com o Vaticano, de impedir tempestades. Com a descoberta do ritual "Vain Observance", revelou-se que hóstias consagradas da eucaristia continuavam a ser roubadas nas igrejas francesas, e que em Paris ressurgia o interesse pelas missas negras satânicas.[628]

Maurice Renard, um repórter francês do jornal *Le Matin*, escreveu um artigo sobre a inexistência desses encontros, mas logo em seguida foi convidado a participar de um. Ele contou que a capela à qual ele foi levado era negra e totalmente enfeitada com murais eróticos. No altar havia uma imagem de um bode pisoteando um crucifixo, cercada por seis grandes velas negras, feitas de piche e alcatrão. Os padres renegados usavam batinas vermelhas e havia cerca de 50 homens e mulheres presentes. Uma garota nua foi deitada sobre o altar e a missa negra foi conduzida sobre seu corpo, resultando em uma descontrolada orgia entre os adoradores.[629]

Vários relatos de eventos semelhantes surgiram nas décadas seguintes e, em 1940, William Seabrook, um investigador de ocultismo americano, afirmou ter presenciado missas negras em Londres, Paris, Lyons e Nova York. Suas experiências eram parecidíssimas com a de Renard. Em seu livro *Witchcraft: Its Power in the World Today*, ele descreveu os mesmos crucifixos quebrados, as batinas escarlate, as velas negras e as garotas nuas deitadas sobre o altar segurando cálices entre seus seios.[630]

Algumas representações ficcionais da missa negra em romances e no cinema incluem o assassinato da jovem no altar. É possível que tal ato tenha ocorrido, mas não há nenhum registro relacionado, nem esse era um aspecto inerente do ritual, pois a mulher era o foco da cerimônia, constituindo o "altar". Não existe um registro completo

---

628. H.T.F. Rhodes, *The Satanic Mass,* capítulo 20, p. 171-75.
629. R. Cavendish, *The Black Arts,* capítulo 7, p. 337.
630. William Seabrook, *Witchcraft: Its Power in the World Today,* Harcourt Brace, New York, NY, 1940.

de uma missa satânica, mas relatos de inúmeros encontros, desde o século XVII, indicam que eles seguem um procedimento ritualístico consistente. Todos os casos registrados possuem alguma semelhança com a missa de Guibourg, da amante real francesa, de 1678. Em todos os casos, a devassidão sexual em um ambiente ritualístico (que parece constituir o propósito central das assembleias) parodia de forma grotesca as tradicionais missas católicas.

Em 1903, o dr. Gabriel Legué (famoso pela descoberta da doença neurológica conhecida como Síndrome de Tourette) publicou uma descrição da missa de Guibourg em seu livro intitulado *La Messe Noire*.[631] Combinando esse e outros relatos, é possível reconstruir de forma bem precisa a litania e os procedimentos das assembleia. Desde o início do rito profano, uma mulher nua era colocada sobre o altar negro. A partir de então, ela "se tornava o altar". Além do celebrante e da mulher, os outros participantes principais incluíam um menino e uma menina, como servos, com outros acólitos mais velhos que carregavam turíbulos (tradicionalmente contendo meimendro, figueira-do-diabo e beladona). Outros itens do ritual incluíam velas negras e um grande retrato de Satanás, caso não houvesse uma pessoa vestida como ele.

A hóstia negra muitas vezes era uma hóstia profanada, roubada de uma igreja ou mesmo uma fatia de nabo podre, e o cálice continha vinho adulterado com substâncias alucinógenas. O cálice era envolto em um tecido negro e colocado acima ou entre os seios do "altar". Em meio a uma série de versículos e respostas, o padre envolvia a congregação em um ritual, invocando sua lealdade para com o mestre infernal:

> Senhor Satanás, recebe esta hóstia que eu, um servo digno, te ofereço (...) Nós te oferecemos o cálice da luxúria carnal, para que ele surja em seu majestoso olhar para nosso uso e gratificação.

Após alguns rituais com incenso, toques de sinos, súplicas ao Diabo e encontros íntimos do padre com o "altar" (a mulher), a cerimônia era preparada de forma a ser finalizada com uma libertinagem grupal. Os adoradores eram conclamados a tirar suas roupas, postar-se diante do "altar" de Satanás e em seu nome pronunciar:

---

631. Gabriel Legué, *La Messe Noire,* Charpentier et Fasquelle, Paris, 1903.

> Eu sou a raiz e o tronco de Lúcifer, a luminosa estrela d'alva. Vinde até mim todos que me desejam e estejais saciados com meus frutos. Sombras me cobrirão e que a noite seja minha luz no prazer.

Acompanhadas de uma ladainha apropriadamente criada, as atividades perversas continuavam entre o padre, as crianças, os acólitos e o "altar".[632] Em dado momento, uma versão satânica do Pai-Nosso era recitada: "Seja feita a vossa vontade, assim na Terra como no Inferno (...), etc.". O cálice era posto de lado e o padre explicava: "O Senhor Satanás disse: entre tumultos e bebedeiras, eu me erguerei novamente. Satisfazei os desejos da carne".

Depois disso, o padre novamente instruía todos os presentes a iniciar uma orgia "sem respeito à privacidade ou aos relacionamentos amorosos de seus parceiros". Por fim, ele erguia o cálice, dizendo: "aceite o cálice de voluptuosa carne em nome do Senhor Infernal". Com o ritual concluído, ele deveria abençoar a congregação em nome de Satanás e logo em seguida todos deixavam o recinto.

Em 1946, durante suas investigações na Grã-Bretanha, o reverendo Montague Summers, clérigo e pesquisador de ocultismo inglês, escreveu:

> As missas negras hoje são celebradas às vezes em porões ou adegas, mas os satanistas se tornaram tão audaciosos e fortes em seu mal que acabam usando o maior cômodo de suas casas como um local permanentemente preparado para esses abomináveis mistérios. Em um caso o cômodo foi decorado com tapeçarias pretas e as janelas estavam sempre fechadas com grossas cortinas. O fato de a porta estar trancada com uma fechadura e a chave não levanta nenhuma suspeita. Algumas vezes até mesmo uma capela abandonada é comprada por um satanista rico e decorada para a cerimônia da liturgia do poço.

Sobre um local de missas negras que ele viu em Merthyr Tydfil, no País de Gales, Summers disse:

---

632. Detalhes sobre a missa negra latina, que se originou na França do século XVII, estão em Aubrey Melech, *Missa Niger: La Messe Noire,* Sut Anubis, Northampton, 1986.

A sala de trás estava decorada como uma capela e no altar estavam suspensos um esquisito par de chifres, enquanto vários objetos estranhos nas gavetas acima do altar brilhavam como lâmpadas. Em alguns momentos o altar estava envolto em um veludo preto e havia seis velas negras, três de cada lado do crucifixo. O crucifixo era horrivelmente distorcido e caricaturado (...) Serge Basset [o autor francês, 1866-1917], que foi levado para a missa negra, observava que no centro do altar, onde o crucifixo deveria ter sido posto, estava de cócoras uma monstruosa figura, metade humana metade bode, com olhos que olhavam fixamente com um brilho vermelho, enquanto do topo de seus grandes chifres saía uma leve chama carmesim.[633]

O resultado dos estudos de vários registros de cerimônias de missas negras nos séculos XIX e XX é uma clara indicação de que elas eram meticulosamente planejadas para iludir. No século XIX, pessoas ricas eram atraídas a essas missas por serem clientes privilegiados, selecionados para testemunhar "rituais antigos genuínos de culto ao Diabo". Na Inglaterra, isso era comum nos altos escalões da sociedade – ricos dissidentes da Igreja que procuravam o perigo e as emoções em um ambiente pudico como a Era Vitoriana. Mas o preço para esse privilégio era alto, embora as *performances* fossem espetaculares, tendo sido criadas por cenografistas experientes. O mesmo ocorria na França, onde uma forte ênfase no elemento sexual das produções as tornou extremamente populares, até o ponto em que se transformaram em uma parte integral da vida noturna de Paris. Até mesmo aqueles que não se permitiam participar desse tipo de extravagância foram seduzidos pelo caráter singular da experiência. Tratava-se, em suma, de vício e voyeurismo disfarçados de um ritual de ocultismo, e aqueles que promoviam esses eventos lucraram muito.[634]

---

633. Montague Summers, *Witchcraft and Black Magic*, Dover, New York, NY, 2000, capítulo 7, passim.
634. H.T.F. Rhodes, *The Satanic Mass,* capítulo 27, p. 230.

O Diabo vai além

Ao fim do século XIX, não havia uma unanimidade acerca do Diabo. Alguns acreditavam nele; outros não. Alguns consideravam a tradição diabólica uma mera superstição; outros viam o assunto com toda a seriedade possível. Alguns ridicularizavam o Diabo; outros o veneravam. Mas, em todo caso, as pessoas tinham entrado na era das escolhas pessoais e há poucos registros de brigas ou disputas entre os racionalistas e os crentes. A nova disputa agora era travada acima da multidão, entre os cientistas e o clero. Charles Darwin e outros cientistas criaram o conceito da Teoria da Evolução e a Igreja se ocupava da defesa do "criacionismo" e da natureza de Deus. Não havia motivos para falar no Diabo, pois o mundo da ciência não estava nem remotamente interessado nele. O Diabo só poderia existir se Deus existisse e, a menos que a existência de Deus fosse comprovada, não havia nada a ser debatido.

Auxiliados pela crescente popularidade do romance gótico, alguns escritores católicos da época usaram o romance de ficção para defender a existência do Diabo, em vez de debater o tema em um nível acadêmico. Não era difícil sustentar a ideia de uma força do mal dominante, dado que, pelo menos aos olhos da Igreja, os vícios e a corrupção predominavam. Uma obra notável a esse respeito foi o livro *Les Diaboliques* (Os Diabos), de Jules Barbey d'Aurevilly. Tratava-se de uma coleção de contos de 1874 focados em mulheres vingativas que cometiam atos de homicídio e extrema violência. O tema geral era a maldade intrínseca das mulheres, caindo facilmente nas armadilhas do orgulho, da luxúria e da histeria.[635] Mas os tempos mudaram. Essas ideias retrógradas não eram mais aceitáveis, principalmente na França, que era predominantemente não sexista depois da Revolução. A obra foi considerada indecente e ofensiva e o autor foi processado. Obviamente, o processo trouxe mais publicidade ao livro, garantindo que ele se tornasse um sucesso comercial. O filme *Les Diaboliques*, protagonizado por Simone Signoret e Véra Clouzot, foi lançado nos cinemas em 1955.

O abade Brulon foi um importante escritor da Igreja na França do fim do século XIX. Em seu *L'explication du Catéchisme* (1891), ele lançou um forte ataque contra o satanismo e os adoradores do Diabo, que estavam determinados a derrubar a religião tradicional.

---
635. R. Muchembled, *A History of the Devil: From the Middle Ages to the Present*, capítulo 6, p. 213.

Seguindo esse caminho, ele se opunha particularmente aos maçons, citando os estudos do personagem de Léo Taxil, dr. Bataille.[636] Ele ressaltou que preparações eram feitas para a iminente chegada do Maligno. Porém, quando Taxil desacreditou seu próprio trabalho, a credibilidade de Brulon sofreu um duro golpe. Ele não impressionou ninguém, e seus escritos enfraqueceram ainda mais a integridade do clero em sua disputa com a comunidade científica. Enquanto isso, muitas crianças nas escolas na Grã-Bretanha, França, Holanda e Alemanha eram educadas por racionalistas, ao mesmo tempo em que tinham aulas de teologia. Essas opiniões contraditórias podem ter confundido as crianças pequenas, mas a verdade é que elas foram a primeira geração a poder decidir no que acreditar. Isso afetou profundamente a crença no Diabo e sua tradição estava mais enfraquecida do que nunca no início do século XX.

---

636. *Ibid.*, capítulo 6, p. 205.

20

A Última Batalha de Satanás

A grande besta

Arthur E. Waite inicia o seu livro de 1896, *Devil Worship in France*, sobre sua investigação da farsa de Léo Taxil, resumindo a opinião pública sobre o Diabo naquela época:

> Se, há pouco tempo, a fonte de referência definitiva e universal, a pessoa de inteligência mediana, fosse questionada sobre o culto moderno ao Diabo ou a respeito de Lúcifer – O que é? Quem são seus discípulos? Onde é praticado? E como? –, ela teria respondido, possivelmente com certa aspereza: "A questão de Lúcifer! Não há questões sobre Lúcifer. Culto moderno ao Diabo! Isso não existe". E todas as pessoas sofisticadas e todas as mentes formidáveis teriam exaltado a inteligência mediana, e, portanto, o assunto estaria concluído.[637]

Excetuando-se as atividades de uns poucos grupos ocultistas, que tentavam preservar certas tradições libidinosas e criar

---

[637]. Arthur Edward Waite, *Devil Worship in France,* George Redway, London, 1896, capítulo I, p. 1.

pseudorrituais contemporâneos, disfarçando tais atividades de satanismo, o Diabo estava fora do foco do grande público no início do século XX. Ele era, no máximo, assunto de livros sobre as missas negras e cerimônias diabólicas. Fossem ou não reais, essas atividades diabólicas eram sempre vistas como anticristãs, mas seu maior fomentador de obras relativas a isso era a Igreja Católica! Como resultado do racionalismo e das pesquisas científicas, o interesse na religião e nas missas havia diminuído consideravelmente. Os bispos procuravam desesperados por um inimigo – um adversário que pudesse ser combatido na guerra pela salvação das almas para levar as pessoas de volta às igrejas. Sem o próprio Diabo, eles teriam de fazer esse embate com seus discípulos, exatamente como fizeram séculos antes com as bruxas e os hereges. Mas, em geral, os clubes de ocultismo da época eram secretos e não propagandeavam seus atos perversos nem publicavam descrições de seus rituais. Estava claro que os clérigos teriam de se virar sozinhos e criar seus próprios inimigos. Sobre esse assunto, Arthur E. Waite comentou:

> A fonte de todo o conhecimento sobre o culto moderno ao Diabo existe apenas na pálida Igreja Católica; toda a literatura é escrita do ponto de vista da Igreja e tem sido criada apenas para satisfazer seus interesses.[638]

Um dos poucos ocultistas da época a tratar do assunto foi o místico inglês Aleister Crowley (1895-1947).* Como já vimos, ele declarava abertamente coisas como: "não hesitaremos em restaurar a adoração do Diabo". Em 1923, o periódico *John Bull* afirmou que Crowley era "o homem mais maligno da face da Terra".[639] Pretensioso e impudente, Crowley fundou uma filosofia chamada Thelema (do grego, "vontade" ou "propósito"). Lançou um livro intitulado *The Book of the Law*, descrevendo as regras de sua filosofia, afirmando que a "magia sexual" era um método essencial para que as pessoas alcançassem o verdadeiro autoconhecimento. Escrito em uma época na qual ele se autointitulava o Anticristo e a Grande Besta, o principal axioma do livro era "não existe lei além de Faça o que quiseres",

---
638. *Ibid.*, capítulo II, p. 22.
*N.E.: Sugerimos a leitura de *A Magia de Aleister Crowley*, de Lon Milo DuQuette, Madras Editora.
639. "The Wickedest Man in the World", em *John Bull,* Odham's Press, London, 24 de março de 1923.

que está ligado à premissa: "deixemos que a Virgem Maria seja esmagada por rodas; por ela, despreze todas as mulheres castas".⁶⁴⁰

Ao promover sua teoria de depravação sem limites, Crowley conseguiu compreender a atração, para alguns, do comportamento ultrajante das bruxas descrito pelos inquisidores. Ele se deliciava ao chocar a sociedade britânica descrevendo explicitamente a promiscuidade sexual como uma técnica mágica, declarando que "o indivíduo tem todo direito de satisfazer seus instintos sexuais (...) a única regra é tratar todos esses atos como sacramentos".

Embora Crowley estivesse expondo o conceito aceitável do culto ao Diabo, seu ego era tamanho que ele na verdade pretendia ser venerado como um aprendiz do Diabo. Ou, considerando os títulos diabólicos que ele mesmo se concedia, talvez ele quisesse ser confundido com o próprio Diabo.

Na opinião do psicanalista Sigmund Freud, a obsessão sexual evidente de Crowley representava precisamente o elemento do satanismo que sempre havia preocupado os inquisidores, desde a época da caça às bruxas. Em seu trabalho de 1923, *A Seventeenth Century Demonological Neurosis*, Freud afirma que as acusações de bruxas copulando com demônios nos sabás noturnos eram resultado da imensa repressão sexual dos acusadores e da sociedade em geral, sempre preparada a acreditar neles.⁶⁴¹ De fato, isso parece ser verdade em relação a muitas daquelas testemunhas – participantes como Catherine Deshayes, que confessou ter sido anfitriã nas missas negras de Guibourg, no século XVII.

Esse aspecto de repressão sexual, aliado à fantasia decorrente, parece desempenhar um papel essencial nos chamados "rituais satânicos modernos". Fossem descritas pelos participantes como "magia", "religião" ou simples "individualismo", a prática era muito mais relacionada à total entrega e submissão aos "demônios internos" do que com o culto ao Diabo como uma entidade pessoal separada. Da mesma forma, era uma luxúria pessoal claramente perversa, não o Diabo, que motivava as seduções ameaçadoras de padres como Louis Gauffridy, que convenceu seu colega Urbain Grandier e as freiras do convento de Loudun a realizarem orgias com ele. A devassidão de Gauffridy foi vividamente retratada por Ken Russell no filme *Os Demônios*, de 1971.

---

640. Aleister Crowley, *Liber Al vel Legis: The Book of Law*, Madrake, Oxford, 1992, capítulo III, item 55.
641. P. Stanford, *The Devil: A Biography*, capítulo 14, p. 267.

A "arte" emergente

Não obstante a natureza sombria e verdadeiramente depravada do projeto concebido de Aleister Crowley, as cerimônias mágicas continuaram a atrair um grande interesse em um movimento do século XX que se afastou do Cristianismo no período entre as duas guerras mundiais. Durante esse período, muitas pessoas na Inglaterra se viram mais espiritualizadas, abandonando a obsessão material em prol de uma vivência mais voltada aos instintos naturais básicos. Isso levou a uma versão revisada e atualizada da bruxaria, que ficou conhecida como Wicca. O termo deriva do verbo saxão *wicce* (feminino) ou *wicca* (masculino), que significa curvar-se ou render-se, assim como fazem o salgueiro e o vime. À frente do movimento, e considerado o fundador da nova Wicca nos anos 1950, estava Gerald B. Gardner,* um antropólogo amador que até então era membro da fraternidade de Crowley. Gardner foi iniciado no *coven* de New Forest, no sul da Inglaterra, de onde ele tirou inspiração para a criação da Wicca e afastou-se dos aspectos mais sombrios do grupo de Crowley.[642] Ele escreveu que os rituais de New Forest eram desconexos, mas que ele acrescentou materiais de outras fontes para formular um sistema coerente de rituais, chamado *The Book of Shadows*.[643]

Baseado em vários aspectos da tradição antiga, a Wicca moderna reintroduziu muitos costumes da sabedoria popular antiga, como já discutimos. Ela reviveu os costumes do Rei do Carvalho e do Rei do Azevinho, reformulou os sabás e combinou os ciclos dos calendários lunar e solar, algo conhecido como a Roda das Bruxas, concentrando-se nos antigos rituais relacionados ao plantio e à colheita. Embora a reestruturação dos movimentos das bruxas nada tivesse a ver com o Diabo ou Satanás, ela criou um novo envolvimento com aqueles antigos deuses corníferos, como o Kerne medieval ou Pan árcade. Portanto, em um ambiente neopagão emergente, restaurou a antiga mitologia dos sátiros, com a qual iniciamos este livro. Além disso, em contraste com o domínio masculino do Cristianismo, a Wicca reintroduziu o culto à Deusa Terra, e as sumo sacerdotisas estavam no centro dessa religião, também conhecida como "Arte".[644]

---

*N.E.: Sugerimos a leitura de *A Bruxaria Hoje* e *Com o Auxílio da Alta Magia*, de Gerald Gardner, ambos da Madras Editora.
642. Detalhes da iniciação de Gerald Gardner na bruxaria são encontrados em Gerald B. Gardner, *Witchcraft Today*, I-H-O Books, Thame, 1954.
643. Detalhes sobre esses rituais e suas filosofias são encontrados em J&S Farrar, *A Witches' Bible*, parte 2, p. 1-275.
644. J.B. Russel, *A History of Witchcraft*, capítulo 9, p. 154.

O templo do desejo

Mas e o Diabo nos tempos modernos? Se a bruxaria moderna não o representa, há algum culto ou movimento que o faça? Aparentemente, sim. Em 1966, a Igreja de Satanás (denunciada e rejeitada pelos wiccas) foi fundada em São Francisco por Anton LaVey,* um ex-domador de leões e entusiasta da indústria do entretenimento. Isso atraiu bastante atenção e controvérsia, permitindo a LaVey anunciar ao mundo que o mal (em inglês, *evil*) era simplesmente vivo (*live*) ao contrário, mesma relação entre Diabo (*devil*) e vivia (*lived*). Portanto, ele argumentou, o Mal e o Diabo eram apenas reflexos da realidade da vida. É evidente que essa manipulação por anagramas só funciona na língua inglesa, não constituindo qualquer tipo de argumento em escala internacional.

A Igreja de Satanás possui sua própria *Bíblia Satânica*, publicada em 1969, e um livro intitulado *Satanic Rituals*, cujo prefácio afirma: "o resultado derradeiro de defender os homens dos efeitos da insensatez é encher o mundo de insensatos". Usando uma interpretação do pentagrama de Mendes como seu selo oficial, a Igreja de Satã tem um *site* no qual afirma que a intenção do falecido LaVey era desafiar os preceitos do Cristianismo, por métodos alternativos, como o batismo satânico. Ele afirmava: "em vez de purificar a criança do pecado original, como no batismo cristão, impondo uma culpa injustificada, nós glorificaremos os instintos naturais e intensificaremos seu desejo pela vida". O objetivo é rejeitar a opressão dos instintos naturais, não reprimir as vontades individuais e abraçar as paixões da vida, trabalhando com elas para conquistar os objetivos pessoais.[645] Em suma, a Igreja de Satã é inteiramente hedonista, e seus preceitos se preocupam apenas com os benefícios imediatos de uma vida completamente egoísta e mercenária.

Outra versão da Igreja de Satanás, promovida como "a maior instituição religiosa do mundo", é uma organização chamada Templo de Set. Em seu *site*, seus organizadores explicam que a igreja de LaVey não era verdadeiramente satanista e então "um membro veterano do grupo invocou o Príncipe das Trevas em busca de uma nova missão". Após receber essa nova missão "diretamente da entidade em sua mais antiga encarnação, Set", o Templo foi estabelecido na Califórnia em 1975. Eles descrevem ainda que "o culto a Set é o culto ao individualismo", que a Igreja de Satanás interpretou como

---

*N.E.: Sugerimos a leitura de *A Bruxa Satânica*, de Anton Szandor LaVey, Madras Editora.
645. *Ibid.*, capítulo 8, p. 146.

sendo a satisfação de todos os desejos do corpo e do ego. Mas, como muitos desejos são impulsivos e destrutivos, eles podem se tornar degradantes em vez de exaltantes. Isso aparentemente conduziu às tensões e à formação de uma nova seita, que levará adiante os princípios do chamado "eu superior", por meio do "colorido legado das Artes Negras".

O Diabo nas telas

Além do mundo das sociedades ocultas e das seitas diabólicas, com pouca ou nenhuma notoriedade em um ambiente tradicional, o Diabo foi pouco lembrado durante o século XX. Isso não significa que a fascinação pelo mal tenha desaparecido, apenas que as questões sobrenaturais foram desatreladas da realidade. As pessoas tinham uma abordagem mais objetiva ao assunto e, quanto mais alheias elas se tornavam em relação ao Diabo, mais crescia o potencial deste na ficção e na fantasia, como comprovado pela crescente popularidade das histórias de horror góticas. Os inquisidores e os caçadores de bruxas, assim como ocorreu com os demônios e os feiticeiros das tradições antigas, agora eram incorporados pela indústria do entretenimento.

Para começar, Satanás já não desempenhava o papel de protagonista, como era o caso no Teatro de Mistério da Idade Média. Sua presença era sentida por meio da maldade propagada no retrato de seus emissários. Dentre todos os demônios, o vampiro era o mais relevante a esse respeito, contudo, embora muito bem estabelecida na Grã-Bretanha e na Europa, a tradição do "morto-vivo" maligno não causou grande impacto na América do Norte até o fim do século XIX. Alguns dos primeiros colonizadores levaram consigo algumas superstições fantasmagóricas relacionadas à costa oriental, principalmente aos estados da Nova Inglaterra, onde o primeiro caso documentado de atividade vampiresca data de 1888. Ele afetou a família Stukeley, com seus 14 filhos, que começaram a morrer um a um. Após a morte de seis deles, seus corpos foram exumados para exames. À exceção de um, todos os cadáveres se encontravam no estágio esperado de decomposição. Por conta disso, Sarah, a filha cujo corpo estava mais bem preservado, foi responsabilizada pela morte dos irmãos e as seis crianças foram tratadas de acordo com os costumes europeus, tendo seus corações extraídos e queimados. Na realidade, esse relato nada tinha a ver com vampiros, mas serviu para trazer à tona a antiga lenda dos "mortos-vivos", e casos semelhantes foram registrados em locais como Connecticut, Vermont e Rhode Island.[646]

Em 1927, o ator e dramaturgo Hamilton Deane levou a peça *Drácula* aos palcos de Londres. Sua mãe era irlandesa e foi amiga de Bram Stoker. Essa encenação inovou ao introduzir a capa preta do conde, que viria a se tornar uma de suas marcas registradas. Cinco anos antes, o filme mudo alemão *Nosferatu: Uma Sinfonia de Horror*, primeira filmagem do livro de Stoker, havia sido lançado. Por se tratar de uma adaptação não autorizada, muitos dos seus detalhes não correspondem aos do livro, mas ele foi o precursor dos filmes sobre vampiros e demônios, que continuam a atrair o público mais de oito décadas depois. Em seguida, foi a vez de os Estados Unidos levarem o personagem para as telas de cinema, com o filme legendado *Londres Depois da Meia-Noite*, estrelado por Lou Chaney em 1927. Nesse mesmo ano, o ator húngaro Bela Lugosi se apresentou por 40 semanas nos palcos da Broadway, interpretando o Drácula em uma produção baseada na peça de Hamilton Deane. Então, após um acordo ser firmado entre um estúdio de cinema e a viúva de Bram Stoker, Lugosi interpretou o famigerado conde na adaptação de cinema realizada em 1931. Em 1958, o ator Christopher Lee ficou famoso interpretando Drácula na série de filmes britânicos da produtora Hammer Films, que incluiu o estrondoso sucesso de bilheteria internacional *O Vampiro da Noite*, que estreiou no Warner Theater em Milwaukee. Daí em diante, a indústria cinematográfica nunca mais abandonou o tema, lançando filmes como *Drácula de Bram Stoker*, de Francis Ford Coppola, produção de 1992 que se tornou um dos filmes de temática gótica mais populares da história.

De muitas formas, pode-se dizer que o cinema tem sido o responsável por prolongar a vida do Diabo nos tempos modernos, principalmente a partir dos anos 1950, quando a indústria de filmes de horror reconheceu seu apelo. Desde então, ele aparece nos cinemas sob todo tipo de disfarce. Em 1957, uma diabólica criatura cuspidora de fogo, com asas de couro e garras dilacerantes, surgiu no filme *A Noite do Demônio*. Uma década mais tarde, a breve aparição de Satanás foi devidamente demoníaca em *O Bebê de Rosemary*, de Roman Polanski. Nesse mesmo ano de 1968, ele voltou a assumir a forma de bode que possuía nos tempos da Inquisição ao participar

---

646. J.G. Melton, *The Vampire Book*, p. 11.

de um sabá de bruxas em *As Bodas de Satã*, baseado no romance de Dennis Wheatley. O filme *O Bebê de Rosemary* narra a história de uma mulher (interpretada por Mia Farrow) que fica grávida de Satanás, dando à luz seu filho. Um conceito parecido foi usado no filme *A Profecia*, de 1976, no qual a esposa de um embaixador dos Estados Unidos na Inglaterra (interpretada por Lee Remick) torna-se mãe do Anticristo. O tema foi revisitado pelo diretor Richard Caesar no ano 2000, com o filme O *Chamado do Anticristo*.

Antes disso, em 1973, *O Exorcista* (baseado no romance de William Peter Blatty) contava a história de uma menina pequena possuída pelo Diabo, ou, mais precisamente, por Pazuzu, o rei dos demônios, sobre quem falamos no capítulo 1 deste livro. Em 1985, o diretor Ridley Scott lançou *A Lenda*, em que um jovem deve impedir o Senhor das Trevas de destruir a luz do dia e se casar com a mulher que ele ama. Em *Fim dos Dias* (1999), Satanás (interpretado por Gabriel Byrne) visita Nova York à procura de uma esposa e apenas um ex-policial pode impedi-lo. Outro filme que apresenta o Diabo em uma roupagem mais moderna é *O Advogado do Diabo* (1997), no qual Satanás (Al Pacino) é um advogado. Roman Polanski voltou a tratar do tema em 1999, com seu filme *O Último Portal*, em que o protagonista (Johnny Deep) coloca as mãos em um antigo livro capaz de invocar o Diabo. *Constantine* (2005) mostra Satanás (Peter Stormarre) como um homem de terno branco, que deixa um rastro de pegadas repugnantes por onde passa, e *Coração Satânico* (1987) tem o Diabo (Robert de Niro) com o sugestivo nome de Louis Cyphre (Lúcifer).

Segmentos de uma lenda

Na década de 1980, o apresentador de televisão norte-americano Giraldo Rivera apresentou uma série de programas sobre uma suposta epidemia de rituais satânicos abusivos. Ele estimou que houvesse mais de 1 milhão de satanistas nos Estados Unidos, muitos deles ligados a uma sociedade secreta altamente organizada. Ele associou diversos casos de abuso de crianças, pornografia infantil e pedofilia à adoração do Diabo. Ao fazer essas alegações, Rivera afirmou: "é bastante provável que isso esteja acontecendo em sua cidade". É claro que os crimes a que ele se referia aconteciam mesmo (ainda que em uma escala bastante pequena), e a histeria tomou conta de inúmeras cidades. As acusações de satanismo atingiram todas as camadas da sociedade, desde adolescentes problemáticos até funcionários de berçários escolares. De repente, os satanistas estavam por toda parte! Até mesmo a Grã-Bretanha não escapou dessa nova caçada às bruxas e casos de Rituais Satânicos Abusivos (RSA) foram registrados em Rochdale, Nottigham e Orkney. Em muitos casos, as acusações eram infundadas e algumas poucas eram justificadas. Mas em nenhum deles havia qualquer evidência de envolvimento satânico ou adoração do Diabo. Eram simples atos de maldade levados a cabo por criminosos sádicos. Portanto, embora o termo Rituais Satânicos Abusivos ainda seja utilizado para descrever crimes ritualísticos ou relacionados a cultos, a nomenclatura Rituais Sádicos Abusivos é preferível.

Em um esquema mais amplo, além dos confins de alguns poucos movimentos ocultistas que ainda possuem motivações diabólicas, sérias ou não, o Diabo perdeu sua relevância social. Alguns protestantes mais conservadores tentam preservar a imagem tradicional do Diabo e há ainda um número considerável de pessoas que acredita em Satanás, o Maligno. Isso fica evidente nas palavras de pessoas como Billy Graham, da Convenção Batista Sulista na América. Em 1994, ele afirmou ao jornal *Weekly World News* o seguinte: "Quando eu ouço pessoas duvidando da existência do Diabo, tenho calafrios (...) o Diabo é real e é dono de um poder e uma influência profanos dos quais não se pode duvidar".[647] Mas o tema raramente é discutido pelas religiões mais populares, pois não há realmente nada a se dizer. O Diabo permanece um conceito simbólico de maldade, mas, para a grande maioria das pessoas, ele não é mais uma entidade pessoal e perdeu muito de sua relevância. Em 23 de dezembro de 1993, o reverendo David Jenkins, bispo da Igreja Anglicana de Durham, afirmou ao programa *The Moral Maze*, da rádio BBC-4, que o Diabo era um "mito cristão poderoso e historicamente significativo, mas que não aparenta mais ser real".[648] Mas essa não representa a visão unânime das lideranças anglicanas e, enquanto o Diabo é ofuscado, a crença em demônios e espíritos malignos ainda sobrevive em alguns grupos.[649]

---

647. *Weekly World News,* American Media Inc, Boca Raton, FL, 18 de outubro de 1994.
648. P. Stanford, *The Devil: A Biography,* capítulo 10, p. 217.
649. Bispo Graham Dow, "The Case for the Existence of Demons", em *Churchman,* The Church Society, Watford, edição de 94/3, 1980.

A última queda

Em 7 de dezembro de 1965, a Suprema e Sagrada Congregação do Santo Ofício e Inquisição Universal de Roma e mudou seu nome para Congregação Sagrada para a Doutrina da Fé. Depois, em 1983, o Segundo Concílio do Vaticano confirmou a abreviatura do nome para Congregação da Doutrina da Fé. De acordo com o artigo 48 da Constituição Apostólica da Cúria Romana, promulgada pelo papa João Paulo II em 28 de junho de 1988, "o dever da Congregação da Doutrina da Fé é o de promover e salvaguardar a doutrina da fé e a moral por todo o mundo católico. Por essa razão, tudo o que de alguma forma se relacionar a esses assuntos é de sua competência".

A Igreja Católica Apostólica Romana ainda se prende um pouco às crenças da Idade Média sobre o Diabo, mas, quando questionado sobre o assunto em 1972, o papa Paulo VI foi pouco claro, afirmando apenas: "trata-se de uma esfera misteriosa, jogada na confusão por um drama infeliz sobre o qual ainda compreendemos muito pouco".[650] Afora isso, o Diabo ainda desempenha um papel na doutrina católica. Em 1993, o catecismo da Igreja Católica foi pronunciado pelo papa João Paulo II, sendo depois traduzido para o inglês em um compêndio no ano 2005. Está publicado em sua totalidade no *site* do Vaticano. O artigo 597 – o penúltimo item unificador do compêndio do catecismo (pois o último artigo, 598, lê simplesmente "Amém") – afirma inequivocamente que a pessoa Satanás continua viva e ativa na visão de Roma:

> O Mal indica a pessoa de Satanás, que se opõe a Deus e é o sedutor do mundo todo. A vitória contra o Diabo já aconteceu nas mãos de Jesus Cristo. Rogamos, entretanto, para que a família humana seja liberta de Satanás e de seus trabalhos. Suplicamos também pelo precioso presente da paz e a graça da perseverança, enquanto esperamos pela segunda vinda de Cristo que nos libertará definitivamente do Maligno.[651]

---

650. Henry Ansgar Kelly, *Satan, a Biography,* Editora da Universidade de Cambridge, New York, 2006, parte V, capítulo 14, p. 316.
651. Artigo 598, *Compendium of the Cathechism of the Catholic Church,* Libreria Editrice Vaticana, 2005.

Embora a Inquisição tecnicamente ainda exista, mesmo com um nome diferente, as autoridades seculares do Cristianismo não são mais influenciadas de forma alguma pelos inquisidores. O Santo Ofício foi resultado de uma crença arraigada no Diabo, mas agora já não possui nenhum poder e se esconde atrás dos muros do Vaticano. Entretanto, o ritual do batismo mantém a menção ao "Diabo e todas as suas práticas" e exorcismos ainda são conduzidos. O padre Gabriele Amorth, exorcista chefe da cidade do Vaticano, afirmou há alguns anos ter realizado mais de 50 mil exorcismos, acrescentando que Roma é um caso particular e que "há mais exorcismos aqui, pois este é o centro da Igreja e o local mais atacado".[652] Mais recentemente, o padre Amorth virou manchete em todo o mundo por conta suas opiniões sobre o satanismo da série de livros infantis *Harry Potter*, de J. K. Rowling. Em 4 de janeiro de 2002, o jornal *Catholic News* noticiou que Amorth afirmou em uma entrevista: "Por trás dos livros de *Harry Potter* se esconde a marca do rei das trevas, o Diabo".[653]

Ainda mais bizarro do que isso: em 20 de março de 2007, a rede de televisão CBS Business News noticiou que a companhia multinacional Procter & Gamble (fabricante das marcas como Pampers, Ariel, Crest, Fairy e Pantene) recebeu 19,25 milhões de dólares após um longo julgamento sobre acusações de satanismo. Os agentes de uma empresa competidora, a Amway, espalharam o boato de que o logotipo "homem na lua" da P&G era um artifício espalhafatoso do Diabo. Os representantes da Amway alegavam que a Procter & Gamble era comandada por adoradores de Satanás, pois a imagem no espelho dos três caracóis no cabelo contido na logomarca revelaria o número 666 – o número da besta no livro do Apocalipse. Chegou-se até a dizer que o presidente da P&G havia anunciado em rede nacional que uma grande porcentagem dos lucros da empresa era doada a movimentos satânicos. Obviamente, o tribunal distrital de Salt Lake City decidiu em favor da Procter & Gamble, mas, nesse ínterim, a empresa modificou levemente o logotipo para abafar o caso. Preocupar-se com a defesa de acusações tão ridículas pode parecer uma atitude estranha nos dias de hoje, mas indica uma onda persistente de superstição entre parte dos consumidores. Muitos cristãos

---

652. P. Stanford, *The Devil: A Biography*, capítulo 10, p. 215.
653. Artigo publicado como "Rome's Chief Exorcist warns parents against *Harry Potter*" em *Catholic News*, Catholic Telecommunications, Church Resources, Crows Nest, NSW, 4 de janeiro de 2002.

evangélicos realmente começaram a boicotar os produtos da empresa. Outras empresas foram vítimas desse tipo de acusação bizarra. Por exemplo, o conhecido símbolo da empresa Apple – uma maçã com uma mordida – foi ferozmente atacado por fundamentalistas, que afirmavam se tratar de uma representação da vontade do Diabo de que se coma o fruto proibido do Éden!

A questão da existência de uma entidade maligna e consciente, que pretende destruir os indivíduos e o mundo, foi discutida objetivamente pelo reverendo Anthony David, da Igreja Pathways Church em Southlake, Texas. Em um sermão recente, "God and Satan in the 21st century", o reverendo David discutiu esse polêmico drama na duradoura tradição cristã. Ele afirmou que é muito comum as pessoas tentarem se livrar de responsabilidades pessoais, apontando o Diabo como o responsável pelos problemas estruturais da sociedade, como famílias, comunidades e nações desajustadas e desarranjos sociais que levam ao racismo, sexismo, homofobia, consumismo, pobreza e guerra. Além, é claro, dos trágicos acidentes da vida, dos fenômenos naturais, como furacões e terremotos, de doenças como o câncer e *aids* ou ainda de estilos de vida destrutivos, caracterizados pela ganância, traição, abuso, terrorismo, homicídio, entre outros crimes.

Na vida cotidiana, embora tenhamos a consciência do que é virtuoso, somos sempre tentados a fazer coisas erradas, pois elas parecem conter gratificações razoáveis, ainda que carreguem consigo algum tipo de arrependimento. Em alguns casos, esses atos são vistos (por aqueles que não querem assumir a responsabilidade pelas próprias ações) como intervenções diabólicas, como se fôssemos todos infelizes marionetes no teatro universal do conflito entre o bem e o mal. Mas, após 2 mil anos de subterfúgio clerical, chegou a hora de deixarmos o Diabo de lado e encararmos nossos próprios demônios internos. Esse Satanás da tradição fabricada está em seus últimos momentos e fica agora na companhia limitada de sociedades pseudo-ocultas, padres fanáticos que se agarram aos últimos vestígios da Inquisição e nas mentes daqueles que se recusam a aceitar a responsabilidade pelos próprios problemas. A carreira mítica do Diabo começou com uma queda imaginada da graça divina e agora chega à sua conclusão, enquanto o Maligno mergulha em direção às trevas do esquecimento.

Produto notável do século XX, enquanto o Diabo mergulhava no vazio, foi definitivamente trivializado. Por séculos no passado ele fora o oponente celestial de Deus, um formidável todo-poderoso na guerra entre o Céu e o Inferno. Consideravam-no a semente de todo mal, para que não se tivesse dúvida das motivações de Deus. Contudo (ao contrário do que aconteceu com Deus), o Diabo foi transportado para o universo dos quadrinhos, das roupas da moda e das máscaras de plástico do Dia das Bruxas. Ele se tornou uma ferramenta de *marketing* usada pelos publicitários, que o utilizam para criar uma imagem de prazer e entrega. Na cultura contemporânea, o Diabo não é mais um símbolo do crime e da luxúria bestial dos sabás, mas tornou-se uma figura de entretenimento, um velhaco esquivo, completamente distante de qualquer motivação moral ou religiosa.

Claramente, algumas vertentes periféricas do Cristianismo atual seguem presas ao tipo de pensamento puritano do fim do século XVI, uma cultura em que os medos e as superstições ancestrais prevalecem, assim como na época das caças às bruxas. Há ainda aqueles que acreditam sinceramente em um Diabo presente, liderando seus exércitos contra Deus e a humanidade – um Diabo que se opõe a tudo aquilo que é bom e que deseja perverter todos os aspectos da vida terrena. Em geral, porém, excetuando-se os resquícios daquelas crenças medievais que por séculos facilitaram o controle brutal das pessoas e da sociedade, o Diabo está morto e é apenas uma lembrança de nosso passado cruel e ignorante.

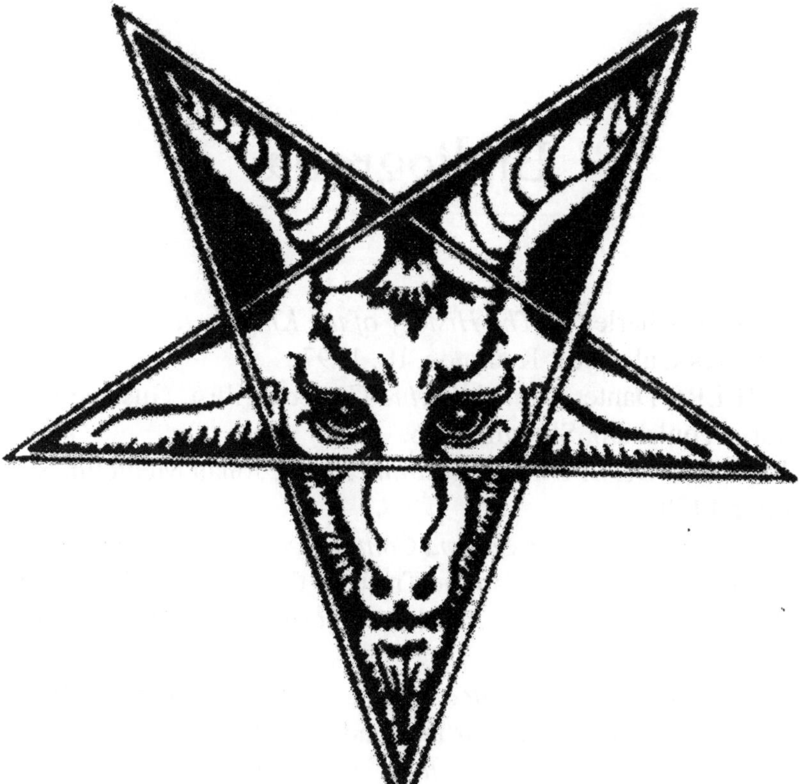

Bibliografia

ADDISON, Charles G. *The History of the Knights Templars* (1842). Adventures Unlimited, Kempton, IL, 1997.
ALIGHIERI, Dante, *Dante's Divine Comedy*, (ilust. Gustave Doré), Arcturus Foulsham, Slough, 2006.
ALPHONSO DE SPINA, *Fortalitium Fideli*, Johan Mentelin, Strasbourg, c.1470.
AQUINO, São Tomás de, *Summa Contra Gentiles* (Summary Against the Gentiles – The Book on the Truth of the Catholic Faith against the Errors of the Infidels, c.1264 – ed, Joseph Rickaby), Burns and Oates, London, 1905.
_____. *Summa Theologica* (trans, Padres da Província Inglesa Dominicana), R&T Washbourne, London, 1912.
_____. *A Literal Exposition on Job*, Oxford University Press, Oxford, 1989.
ARNOT, Hugo, *A Collection and Abridgement of Celebrated Criminal Trials in Scotland from 1536 to 1784*, William Smellie, Edimburgh, 1785.
ASHE, Geoffrey, *The Hell-Fire Clubs*, Sutton, Stroud, 2000.
ASHTON, John, *The Devil in Britain and America*, Ward & Downey, London, 1896.
ASHELY, Leonard R. N., *The Complete Book of Devils and Demons*, Robson Books, London, 1997.

BAIGENT, Michael; LEIGH, Richard; LINCOLN, Henry. *The Holy Blood and the Holy Grail*, Jonathan Cape, London, 1982.
BAILEY, Nathan (ed), *Bailey's Universal Etymological Dictionary*, T Cox at The Lamb, Royal Exchange, London, 1721.
BARBER, Malcolm, *The Trial of the Templars*, Cambridge University Press, Cambridge, 2006.
BARBER, Paul, *Vampires, Burial and Death*, Yale University Press, New Haven, CT, 1988.
BARING-GOULD, Sabine, *The Book of Werewolves*, Senate, London, 1995.
_____. *Myths of the Middle Ages* (ed, John Matthews), Blandford, London, 1996.
BARNARD, Leslie, *Justin Martyr, His Life and Thought*, Cambridge University Press, Cambridge, 1967.
BARNSTONE, Willis (ed), *The Other Bible*, HarperSanFrancisco, San Francisco, CA, 1984.
BATAILLE, Georges, *Le Procès de Gilles de Rais*, Pauvert, Paris, 1977.
BAYNE-POWELL, Rosamond, *Travellers in Eighteenth-Century England*, John Murray, London, 1951.
BECON, Thomas, *The Catechism of Thomas Becon* (ed, rev. John Ayre para a Parker Society), Cambridge University Press, Cambridge, 1844.
BERNARD, Richard, *Guide to Grand Jury Men in Cases of Witchcraft*, London, 1627.
BETTENSON, Henry, *Documents of the Christian Church*, Oxford University Press, Oxford, 1950.
BINSFELD, Peter, *Tractatus de Confessionibus Maleficorum et Sagarum*, Heinrich Bock, Trier, 1596.
BIRCH, Thomas, *The Court and Times of Charles I* (ed, R.F. Williams), Henry Colburn, London, 1842.
BIRKS, Walter; GILBERT, R.A., *The Treasure of Montségur*, Aquarian, Wellingborough, 1987.
BLACK, Jeremy; GREEN, Anthony. *Gods, Demons and Symbols of Ancient Mesopotamia*, British Museum Press, London, 1992.
BODIN, Jean, *La Démonomanie des Sorciers*, Paris, 1580.

BORDELON, Abbé Laurent, *A History of the Ridiculous Extravagancies of Monsieur Oufle*, J. Morphew, London, 1711.
BOUREAU, Alain, *Satan the Heretic: The Birth of Demonology in the Medieval West*, University of Chicago Press, Chicago, IL, 2006.
BOYER, Paul; NISSENBAUM, Stephen. *Salem Possessed: The Social Origins of Witchcraft*, Harvard University Press, Cambridge, MA, 1974.
_____. *Salem-Village Witchcraft: A Documentary Record of Local Conflict in Colonial New England*, Northeastern University Press, Boston, MA, 1993.
BRADBROOK, Muriel C. *The School of Night: A Study in the Literary Relationships of Raleigh*, Cambridge University Press, Cambridge, 1936.
BROWN, John, Ministro da Bunyan Church em Bedford, *John Bunyan, His Life, Times and Work*, Ibister, London, 1902.
BROWN, Milton Perry, *The Authentic Writings of Ignatius: A Study of Linguistic Criteria*, Duke University Press, Durham, NC, 1963.
BRUYN, Lucy de, *Women and the Devil in Sixteenth Century Literature*, Old Compton Press, Tisbury, 1979.
BUDGE, *Sir* Ernest A. Wallis (trans), *The Book of the Cave of Treasures*, The Religious Tract Society, London, 1927.
BULL, Norman J. *The Rise of the Church*, Heinemann, London, 1967.
BUNYAN, John, *The Pilgrim's Progress*, W Oliver, London, 1776.
BURMAN, Edward, *The Inquisition: The Hammer of Heresy*, Sutton, Stroud, 2004.
BURR, George Lincoln (ed), *The Witch Persecutions*, University of Pennsylvania History Department, Philadelphia, PA, 1897.
_____. *The Witch Persecutions in Translations and Reprints from the Original Sources of European History*, University of Pennsylvania History Department, Philadelphia, PA, 1898-1912.
_____. *Narratives of the Witchcraft Cases, 1648-1706*, Charles Scribner"s Sons, New York, NY, 1914.
BYOCK, Jesse (ed), *The Saga of the Volsungs*, Penguin, London, 1999.

CÉSAR DE HEISTERBACH, *Caesarii Heisterbacensis Monachi Ordinis Cisterciensis Dialogus Miraculorum* (ed, Strange), Paris, 1851.
CAMPORESI, Piero, *The Fear of Hell: Images of Damnation and Salvation in Early Modern Europe*. Polity Press, Oxford, 1990.
CAROZZI, Claude, *Apocalypse et salut dans le christianisme ancien et médiéval*, Collection Historique, Aubier, Paris, 1999.
CARPENTER, Richard, *Experience, Historie and Divinitie*, Andrew Crooke, London, 1642.
CARUS, Paul, *The History of the Devil and the Idea of Evil*, Gramercy, New York, NY, 1996.
Catholic Encyclopedia, Robert Appleton, New York, NY, 1910.
CAVENDISH, Richard, *The Black Arts*, Perigee, New York, NY, 1983.
CAWTHORNE, Nigel, *Sex Lives of the Popes*, Prion, London, 2004.
CHADWICK, Henry, *Priscillian of Avila: The Occult and the Charismatic in the Early Church*, Clarendon Press, Oxford, 1997.
CHARLES, R.H. (trans), *The Book of Enoch* (da edição de Dillmann de 1893 do texto etíope), Oxford University Press, 1906-1912.
_____. *The Apocrypha and Pseudoepigrapha of the Old Testament*, Clarendon Press, Oxford, 1913.
CHARLESWORTH, James H. (ed), "The Testament of Solomon" (trans, Dennis C. Duling), em *Old Testament Pseudoepigrapha*, Doubleday, Garden City, NY, 1983.
CHARPENTIER, Louis, *The Mysteries of the Chartres Cathedral*, Research Into Lost Knowledge Organization e Thorsons, Wellingborough, 1992.
CLARKE, Samuel, *The Lives of Thirty-Two English Divines*, William Birch, London, 1677.
CLAYTON, Peter A., *Chronicle of the Pharaohs*. Thames and Hudson, London, 1994.
CLÉBERT, Jean-Paul, *The Gypsies* (trans. Charles Duff), Visita Books, London, 1963.
COLLINS, Andrew, *From the Ashes of Angels*, Michael Joseph, London, 1996.

COLONNA, Francesco, *Hypnerotomachia Polyphili* (trans, Joscelin Godwin), Thames and Hudson, London, 2005.
CONWAY, Moncure Daniel, *Demonology and Devil Lore*, Chatto & Windus, London, 1879.
COOPER, Thomas, *Pleasant Treatise of Witches*, London, 1673.
COULTON, C.G. (ed), *Life in the Middle Ages*, Macmillan, New York, NY, 1910.
COX, John D., *The Devil and the Sacred in English Drama, 1350-1642*, Cambridge University Press, Cambridge, 2006.
CROWLEY, Aleister, *Magick in Theory and Practice – Magick: Liber Aba*, Livro 4, Castle Books, New York, NY, 1961.
_____. *Liber AL vel Legis: The Book of the Law*, Mandrake, Oxford, 1992.
DALTON, Michael, *Country Justice* (London, 1630), The Legal Classics Library, Gryphon Editions, New York, NY, 1996.
DEACON, Richard, *A History of the British Secret Service*, Grafton Books, London, 1982.
DEFOE, Daniel, *A System of Magic or a History of the Black Art*, Oxford, 1840.
_____. *The Political History of the Devil*, AMS Press, New York, NY, 2003.
DE LANCRE, Pierre, *Tableau de l'inconstance des Mauvais Anges et Demons: ou il est Amplement Traite des Sorciers et de la Sorcellerie*, Paris, 1613.
DEMOS, John Putnam, *Entertaining Satan*, Oxford University Press, Oxford, 1982.
DENDLE, Peter, *Satan Unbound: The Devil in Old English Narrative Literature*, University of Toronto Press, Toronto, 2001.
DOUGLAS, Mary, *Witchcraft Confessions and Accusations*, Tavistock, London, 1970.
DRAKE, Samuel G., *Annals of Witchcraft in New England and Elsewhere in the United States*, Scholarly Publishing, University of Michigan, Michigan, MI, 2005.
DUFFY, Eamon, *The Stripping of the Altars: Traditional Belief in England, 1400-1580*, Yale University Press, New Haven, CT, 1992.
DUPONT-SOMMER, André, *The Essene Writings from Qumrâm* (trans, Geza Vermes), Basil Blackwell, Oxford, 1961.

EARLE, John, *Anglo-Saxon Literature,* Society for Promoting Christian Knowledge, London, 1884.
EMERSON, Richard Kenneth, *The Antichrist in the Middle Ages: A Study of Medieval Apocalyptcism*, Manchester University Press, Manchester, 1981.
EUSÉBIO DE CESAREIA, *The History of the Church from Christ to Constantine*, Penguin, London, 1989.
EWEN, C. l'Estrange (ed), *Witchcraft and Demonianism*, Frederick Muller, London, 1970.
FARRAR, Janet e Stewart, *A Witches' Bible*, Phoenix, Custer, WA, 1996.
FIEDLER, Maureen; RABBEN, Linda (eds), *Rome Has Spoken*, Crossroad Publishing, New York, NY, 1998.
FINAMORE, Frank J. (ed), *Devilish Doings*, Gramercy Books, New York, NY, 1997.
FISKE, John, *New France and New England*, Houghton Mifflin, Boston, MD, 1902.
FLÖGEL, Karl Friedrich; EBELING, Friedrich W. *Geschichte des Grotesk-Komischen*, H. Barsdorf, Leipzing, 1887.
FLORESCU, Radu; MCNALLY, Raymond, *Dracula*, Robert Hale, London, 1973.
FRAZER, *Sir* James George, *The Golden Bough*, Macmillan, London, 1907.
FREEMAN, David (ed), *Anchor Bible Dictionary*, Doubleday, Garden City, NY, 1992.
FRASSETTO, Michael, *The Year 1000: Religious and Social Response to the Turning of the First Millennium*, Palgrave Macmillan, London, 2003.
GARDNER, Gerald B. *Witchcraft Today*, I-H-O Books, Thame, 1954.
GEIS, Gilbert; BUNN, Ivan. *A Trial of Witches – A Seventeenth-century Witchcraft Prosecution*, Routledge, London, 1997.
GRAF, Arturo, *The Story of the Devil* (trans, Edward N. Stone), Macmillan, New York, NY, 1931.
GRAVES, Robert, *The White Goddess*, Faber & Faber, London, 1961.

GRIMM, Jacob, *Teutonic Mythology*, Thoemmes Press, London, 1999.
GUAZZO, Francesco Maria, *Compendium Maleficarum*, 1608 (ed, Montague Summers), Dover Publications, New York, NY, 1988.
HALL, Manly P. *Hermetic, Qabbalistic and Rosicrucian Symbolical Philosophy - The Secret Teachings of All Ages*, Philosophical Research Society, Los Angeles, CA, 1989.
HASTINGS, James (ed), *Dictionary of the Bible*, T&T Clark, Edimburgh, 1909.
HAUSRATH, A. *Der Ketzermeister Konrad von Marburg*, Leipzig, 1883.
HENKE, E.L.T. *Konrad von Marburg*, Marburg, 1861.
HERÓDOTO, *The Histories* (trans, Robin Waterfield), Oxford University Press, Oxford, 1998.
HILL, Frances, *A Delusion of Satan: The Full Story of the Salem Witchcraft Trials*, Doubleday, Garden City, NY, 1995.
HUTCHINSON, Thomas, *The History of the Colony and Province of Massachusetts-Bay in New England*, Boston, MA, 1749-74.
HUXLEY, Aldous, *The Devils of Loudun*, Chatto & Windus, London, 1952.
HYATTE, Reginald, *Laughter for the Devil: The Trials of Gilles De Rais* (1440), Fairleigh Dickingson University Press, Madinson, NJ, 1984.
JACOBUS DE VORAGINE, Arcebispo de Gênova, *The Golden Legend or Lives of the Saints* (1275), William Caxton, London, 1483; (ed,F.S. Ellis), Dent, London, 1900.
JAMES VI, Rei da Escócia, I da Inglaterra, *Daemonology*, Edimburgh, 1597. Reedição: *James Stuart, King James's Daemonologie in the Form of a Dialogue Divided into Three Books*, Godolphin House, Mandrake, Oxford, 1996.
JAMES, Montague R. (ed), *The Apocryphal New Testament*, Clarendon Press, Oxford, 1924.
Jewish Enciclopedia, Funk & Wagnalls, New York, NY 1906.
JOHNSTONE, Nathan, *The Devil and Demonism in Early Modern England*, Cambridge University Press, Cambridge, 2006.
JONES, William, *The History of the Christian Church from the Birth of Christ to the 18th Century*, W. Myers, London, 1812.

JOSEPHUS, Flavius, *The Antiquities of the Jews* (trans, William Whiston), Milner & Sowerby, London, 1870.

_____. *The Wars of the Jews* (trans, William Whiston), Milner & Sowerby, London, 1870.

KALTNER, B, *Konrad von Marburg and die Inquisition in Deutschland*, Praga, 1882.

KELLY, Henry Ansgar, *Satan, a Biography*, Cambridge University Press, New York, NY, 2006.

KEMP, Betty, *Sir Francis Dashwood*, Macmillan, London, 1967.

KIECKHEFER, Richard, *European Witch Trials: Their Foundations in Popular and Learned Culture, 1300-1500*, Routledge & Kegan Paul, London, 1976.

KIRK, Robert, *The Secret Commonwealth of Elves, Fauns and Fairies*, NYRB Classics, New York, NY, 2006.

KLAITS, Joseph, *Servants of Satan: The Age of the Witch Hunts*, Indiana University Press, Bloomington, IN, 1985.

KLEIST, James A. (trans), *The Didache, The Epistle of Barnabas, the Epistle and the Martyrdom of St Polycarp, the Fragments of Papias, the Epistle to Diognetus,* Ancient Christian Writers, Paulist Press International, Mahwah, NJ, 1946.

KORS, Alan C; PETERS, Edward. (eds), *Witchcraft in Europe, 1100-1700: A Documentary History*, University of Pensylvania Press, Philadelphia, PA, 1972.

KRAEMER, Heinrich; SPRENGER, James. *The Malleus Maleficarum* (trans, Montague Summers), Dover Publications, New York, NY, 1971.

LADNER, Gerhart, *The Idea of Reform: Its Impact on Christian Thought and Action in the Age of the Fathers*, Harvard University Press, Cambridge, MA, 1959.

LAMONT, William, *Puritanism and Historical Controversy*, University College Press, London, 1996.

LANCRE, Pierre de, *Tableau de l'inconstance des Mauuaisanges et Demons*, Nicolas Buon, Paris, 1613.

LARNER, Christina, *Enemies of God – The Witch Hunt in Scotland*, Chatto & Windus, London, 1981.

LEA, HC (trans), *A History of the Inquisition of the Middle Ages*, Harper & Brothers, New York, NY, 1887.

LE FRANC, Martin, *Le Champion des Dames,* 1451 (ed, Robert Deschaux), Honore Champion, Paris, 1999.
LEGUÉ, Gabriel, *La Messe Noire*, Charpentier et Fasquelle, Paris, 1903.
LEWIS, Matthew, *The Monk,* Oxford World's Classics, Oxford, 1998.
LUKKEN, G. M., *Original Sin in the Roman Liturgy*, E.J. Brill, Leiden, NL, 1973.
MALAN, Rev. S. C. (trans), *The Book of Adam and Eve* (do texto etíope), Williams & Norgate, London, 1882.
MALINOWSKI, Bronslaw, *Magic, Science and Religion*, Doubleday, Garden City, NY, 1954.
MAP, Water, *De Nugis Curialium* (trans, Christopher Brooke), Clarendon Press, Oxford, 1983.
MARIE DE FRANCE, *Lays* (trans, Eugene Mason), J.M. Dent, London, 1954.
MARTEN, Anthony, *An Exhortation to Stirre up the Mindes of all Her Maiesties Faithfulle Subjects to Defend their Countrey in this Dangerous Time, from the Invasion of Enemies*, John Windet, London, 1588.
MATHER, Cotton, *Wonders of the Invisible World*. Reedição: John Russel Smith, London, 1862.
MELECH, Aubrey, *Missa Niger: La Messe Noire*, Sut Anubis, Northampton, 1986.
MELTON, J. Gordon, *The Vampire Book*, Visible Ink Press, Farmington Hills, MI, 1999.
MENGHI, Girolamo; PAXIA, Gaetano. *The Devil's Scourge: Exorcism During the Renaissance*, Red Wheel/Weiser, San Francisco, 2003.
MICHELET, Jules, *La Sorcière* (trans, L. J. Trotter), Simpkin Marshall, London, 1863.
_____. *Satanism and Witchcraft*, Tandem, London, 1970.
MITCHELL, John, *Dimensions of Paradise*, Thames e Hudson, London, 1988.
MIGNE, Jacques-Paul (ed), *Patrologiae Latinae Cursus Completus (Patrologia Latina)*, Foucher, Paris, 1844-55.

MILLER, Elizabeth, *Dracula: Sense and Nonsense*, Desert Island Books, Westcliff-on-Sea, 2000.
MILTON, John, *Paradise Regained*, W. Taylor, London, 1721.
_____. *Paradise Lost*, Jacob Tonson, London, 1730.
_____. *A Treatise Of Civil Power in Ecclesiastical Causes: That It Is Not Lawful For Any Power On Earth To Compel In Matters Of Religion*, Kessinger, Kila, MT, 2004.
MOLITOR, Ulrich, *De Lamiis et Pythonicis Mulieribus*, Johann Pruss, Reutlingen, 1489.
MONCREIFFE, Sir Iain, *Royal Highness Ancestry of the Royal Child*, Hamish Hamilton, London 1982.
MORE, Henry, *Antidote Against Atheism*, London, 1653.
MORGAN, David T. *The Devious Doctor Franklin,* Colonial Agent, Mercer University Press, Macon, GA, 1999.
MUCHENBLED, Robert, *A History of the Devil: From the Middle Ages to the Present*, Polity Press Cambridge, 2003.
MURRAY, Margaret Alice, *The God of the Witche*s, Oxford University Press, Oxford, 1970.
_____. *The Witch Cult in Western Europe*, Oxford University Press, Oxford, 1971.
NEVINS, Winfield S. *Witchcraft in Salem Village*, Northshore Publishing, Boston, 1892.
NICOLSON, Adam, *Power and Glory*, HarperCollins, London, 2003.
NIDER, Johannes, *Formicarius*, Anton Sorg, Augsburg, 1484.
O'BRIEN, Christian; JOY, Barbara *The Genius of the Few*, Dianthusm Curencester, 1999.
OBERMAN, Heiko, *Luther: Man Between God and the Devil*, Yale University Press, New Haven, CT, 1989.
OLDRIDGE, Darren, *The Devil in Early Modern England*, Sutton, Stroud, 2000.
OSBORNE, Eric F. *Ethical Patterns in Early Christian Thought*, Cambridge University Press, 1976.
OVÍDIO, *Metamorphoses* (trans A. D. Melville), Oxford University Press, Oxford, 1986.
PAGE, Sydney H. T. *Powers of Evil: A Biblical Study of Satan and Demons*, Baker Academic, Grand Rapids, MI, 1995.

PAGELS, Elaine, *The Gnostic Gospels*, Weidenfeld e Nicolson, London, 1980.

_____. *The Origin of Satan*, Random House, New York, NY, 1995.

PATAI, Raphael, *The Hebrew Goddess*, Wayne State University Press, Detroit, IL, 1967.

PATRICK, A. J. *The Making of a Nation: 1603-1789*, Penguin, London, 1981.

PEREZ, Joseph F., *The Spanish Inquisition: A History* (trad. J. Lloyd), Profile Books, London, 2004.

PERKINS, James Breck, *France in American Revolution*, Cornerhouse, Williamstown, MA, 1970.

PERNOUD, Regine; CLIN, Marie-Veronique. *Joan of Arc* (trans, Jeremy du Quesnay Adams), Weidenfeld & Nicholson, London, 2000.

PERRIN, J. P. *Histoire des Vaudois* (Genebra, 1619), Tradução inglesa de R. Baird e S. Miller, Philadelphia, PA, 1847.

PHILIP, Robert, *The Life, Times and Characteristics of John Bunyan*, W.M. Carlon Regand, New York, NY, 1888.

PETRIE, *Sir* Charles, *The Stuarts*, Eyre and Spottiswoode, London, 1937.

PERKINS, William, *A Discourse of the Damned Act of Witchcraft*, Cantrell Legge for the University of Cambridge, 1616.

PHILLIPS, Russel, *Benjamin Franklin: The First Civilized American*, Bretano's, New York, NY, 1926.

PLATT, Rutherford H. (ed), *The Lost Books of the Bible and the Forgotten Books of Eden*, New American Library, New York, NY, 1974.

POLLINGTON, Stephen, *Leechcraft: Early English Charms, Plantlore and Healing*, Anglo Saxon Books, Swaffham, 2000.

POTTS, Thomas, *The Wonderful discoverie of witches in the countie of Lancaster: with the arraignment and triall of nineteene witches*, W. Stansby for John Barnes, London, 1613; reedição em fac-símile: Carnegie Publishing, Lancaster, 2003.

PRUDENTIUS, Aurelius Clemens, *The Hymns of Prudentius* (trans, R. Martin Pope), J.M. Dent, London, 1905.

PRYNNE, William, *Historio-Mastix: The Player's Scourge, or Actors Tragedie*, London, 1633.

RADCLIFFE, Ann, *The Mysteries of Udolpho*, Oxford World's Classics, Oxford, 1998.

_____. *The Italian*, Oxford World's Classics, Oxford, 1998.

RAWLINGS, Helen, *The Spanish Inquisition*, Blackwell, Oxford, 2005.

RHODES, H.T.F., *The Satanic Mass*, Rider, London, 1954.

ROBERTS, Rev. Alexander; DONALDSON, James. (eds), *The Ante-Nicene Fathers – The Writings of the Fathers down to AD 325*, T&T Clark, Edinburgh, 1870.

_____. *The Apostolical Constitutions*, The Ante-Nicene Christian Library, T&T Clark, Edinburgh, 1870.

ROBINSON, James M. (ed), *The Nag Hammadi Library*, Coptic Gnostic Project, Institute for Antiquity and Christianity, E.J. Brill, Leiden, NL, 1977.

ROUGEMONT, Denis de, *Love in the Western World* (trans, Montgomery Belgion), Princeton University Press, Princeton, NJ, 1983.

RUDWIN, Maximillian, *The Devil in Legend and Literature*, Open Court, La Salle, IL, 1973.

RUSSEL, Bertrand, *History of Western Philosophy*, Routledge, London, 2004.

RUSSEL, Jeffrey Burton, *A History of Witchcraft,* Thames and Hudson, London, 1980.

_____. *Satan: The Early Christian Tradition*, Cornell University Press, Ithaca, NY, 1987.

_____. *The Devil: Perception of Evil from Antiquity to Primitive Christianity.* New York: Cornell University Press, 1987.

RYMER, James Malcolm, *Varney the Vampire – The Feast of Blood*, E. Lloyd, London, 1847.

SACCHO, Reinerius, "Of The Sects of Modern Heretics" – *Summa de Catharis et Pauperibus de Lugduno, 1254* (trans, S.R. Maitland), in *Facts and Documents Illustrative of the History of the Albigenses and Waldensians*, C. J. G. e F. Rivington, London, 1832.

SALOMON, David A., *The Glossa Ordinaria: Medieval Hypertext*, University of Wales Press, Cardiff, 2006.

SCHAFF, Philip (ed), *The Principal Works of St. Jerome*, Christian Literature Publishing, New York, NY, 1892.

_____. *History of the Christian Church*, Charles Scribner's Sons, New York, NY, 1910.

_____; WACE, Henry (eds), *Nicene and Post-Nicene Fathers*, Eerdmans Publishing, Grand Rapids, ML, 1997.

SCHODDE, Rev. George H. (trans), *The Book of Jubilees*, Capital University, Columbus, OH, 1888; reedição Artisan, CA, 1992.

SCHONFIELD, Hugh J., *The Essene Odyssey*, Element Books, Shaftesbury, 1984.

_____. *The Original New Testament*, Waterstone, London, 1985.

SCHRECK, Nikolas, *The Satanic Screen: An Illustrated Guide to the Devil in Cinema*, Creation Books, New York, NY, 2001.

SCOTT, Reginald, *The Discoverie of Witchcraft* (1584), Dover Publications, New York, NY, 1989.

SCRIBNER, R.W., *Popular Culture and Popular Movements in Reformation Germany*, Hambledon Continuum, London, 1988.

SEABROOK, William, *Witchcraft: Its Power in the World Today*, Harcourt Brace, New York, NY, 1940.

SELLWOOD, Arthur Victor, *Devil Worship in Britain*, Transworld, London, 1964.

SETH, Ronald, *In the Name of the Devil: Great Witchcraft Cases*, Arrow, London, 1970.

SEWARD, Desmond, *The Monks of War*, Paladin/Granada, St. Albans, 1974.

SHARPE, J. A. *Crime in Seventeenth-Century England: A Country Study*, Cambridge University Press, Cambridge, 1983.

SIEFKER, Phyllis, *Santa Claus, Last of the Wild Men*, MacFarland, Jefferson, NC, 1997.

SINKER, Rev. Robert (trans), "Testament of the Twelve Patriarchs III" in *Ante-Nicene Fathers* (ed, A. Cleveland Coxe, 1886), Eerdmans, Grand Rapids, MI, 1988.

SITCHIN, Zecharia, *The 12th Planet*, Avon Books, New York, NY, 1978.

SMITH, Homer M., *Man and His Gods*, Little, Brown, Boston, MD, 1952.

SOMERSET, Anne, *The Affair of the Poisons: Murder, Infanticide, and Satanism at the Court of Louis XIV*, St. Martin's Press, New York, NY, 2003.
SPEE VON LANGENFELD, Friedrich, *Cautio Criminalis, or a Book on Witch Trials*, 1631 (trans, Marcus Hellyer), University of Virginia Press, Charlottesville, VA, 2003.
STANFORD, Peter, *The Devil: A Biography*, Mandarin, London, 1996.
STEVENSON, Robert Louis, *The Strange Case of Dr. Jekyll and Mr. Hyde*, Oxford World's Classics, Oxford, 2006.
STOKER, Bram, *Dracula*, Archibald Constable, London, 1987.
Stoyanov, Yuri, *The Hidden Tradition in Europe*, Arkana/Penguin, London, 1995.

_____. *The Other God*, Yale University Press, New Haven, CT, 2000.
SUMMERS, Montague, *The Vampire: His Kith and Kin*, K. Paul Trench & Trubner, London, 1928.

_____. *The Confessions of Madeleine Bavent* (1652), Fortune Press, London, 1930.

_____. *The History of Witchcraft*, Castle Books, Edison, NJ, 1992.

_____. *Witchcraft and Black Magic*, Dover Publications, New York, NY, 2000.
SWANTON, Michael (trans), *The Anglo-Saxon Chronicle*, J.M. Dent, London, 1997.
TERRY, Milton S. (trans), *The Sibylline Oracles*, Eaton & Mains, New York, NY, 1899.
THATCHER, Oliver J. (ed), *The Library of Original Sources*, University Research Extension, Milwaukee, WI, 1901.
THIERING, Barbara, *Jesus the Man*, Doubleday, London, 1992.

_____. *Jesus of the Apocalypse*, Doubleday, London, 1996.
TITUS LIVIUS ('Livy' c.59 a.C. – 17), *Ab Urbe Condita (From the Founding of the City)* – vol. I, Loeb Classic Library, Harvard University Press, Cambridge, MA, 1919; vol. II, Bristol Classical Press, Bristol, 1998; vols. III, IV, Loeb Classical Library, 1989.

Translations and Reprints from the Original Sources of European History, University of Pennsylvania Department of History, University of Pennsylvania Press, Philadelphia, PA, 1897-1907.
TUDOR-CRAIG, Sir Algernon, *Mélusine and the Lukin Family*, Century House, London, 1932.
VAN DALE, Anton, *De Oraculis Ethnicorum*, Amsterdam, 1685.
_____. *Dissertationes de origene ac progressy Idolatriae*, Amsterdam, 1696.
VERMES, Geza, *The Complete Dead Sea Scrolls in English*, Penguin, London, 1997.
WAITE, Arthur Edward, *Devil Worship in France*, George Redway, London, 1896.
_____. *Transcendental Magic*, Samuel Weiser, York Beach, ME, 1896.
_____. *Devil Worship in France with Diana Vaughan and the Question of Modern Palladism*, Red Wheel Weiser, York Beach, ME, 2003.
WAKEFIELD, Walter; EVANS, Austin P. *Heresies of the High Middle Ages*, University of Columbia Press, New York, NY, 1969.
Walpole, Horace, *The Castle of Otranto*, Oxford World's Classics, Oxford, 1998.
WHEATLEY, Dennis, *The Devil and All His Works*, American Heritage Press, New York, NY, 1971.
WIJNGAARDS, J. *No Women in Holy Orders*, Canterbury Press, Norwich, 2002.
WILLIAMS, Charles, *Witchcraft*, Faber & Faber, London, 1941.
WILLIAMS, Gryffith, *The True Church, shewd to all Men that desire to be Members of the Same*, London, 1629.
WILLIAMSON, John, *The Oak King, the Holly King and the Unicorn*, Harper & Row, New York, NY, 1986.
WRAY, T.J.; MOBLEY, Gregory. *The Birth of Satan – Turning the Devil's Biblical Roots*, Palgrave Macmillan, Basingstoke, 2005.
WRIGHT, W., *News from Scotland, Declaring the Damnable Life and Death of Doctor Fian*, London, 1592.
YATES, Frances A., *The Occult Philosophy in the Elizabethan Age*, Routledge & Kegan, London, 1983.

Índice Remissivo

Compilado por Walter Schneider

666 141, 142, 276, 297

A

Abadie 194
Abadom 53, 219, 220, 221
aborto 109
absolvição por dinheiro 151, 155, 222
abuso 229, 237, 294, 298
abuso sexual 229, 237
Account of the Principalities of Wallachia and Moldavia, An 268
acusador 11, 12, 18, 23, 24, 48, 52, 85, 128, 156
Ad Abolendum (bula pontifícia, papa Lúcio) 84
Adão e Eva 22, 41, 42, 43, 44, 45, 46, 47, 57, 58, 99, 185
Adeline Guillaume 109, 110, 127
adivinhação 68, 79, 128, 151, 186, 247
Adso of Montiër-en-Der 61, 62, 63, 64
Adversus Haereses 91
Advogado do Diabo, O (filme) 294
afogamento 75, 115, 164, 234
Agnus Dei 250, 281
Agostinho de Hipona, Santo 35, 39, 126, 172
água-benta 66, 68, 71, 144, 145, 215, 258, 259
Ahura Mazda. *Consulte também* dualismo persa
Alemanha 74, 97, 101, 102, 120, 123, 126, 143, 146, 152, 173, 212, 213, 234, 236, 252, 262, 286

Alexandre III, papa 95, 131
Alexandre VI, papa 159
Alfredo, o Grande, rei da Inglaterra 161, 162
alho 257
Allah 57
Allatius, Leo 215, 216, 255, 256
Amaury, Arnaud 100
América do Norte. *Consulte também* Novo Mundo, América do Norte
amoreira 171
Amor, Sublime Amor 277
Amorth, padre Gabriele 14, 297
amuletos. *Consulte também* feitiçaria
anagramas 291
Angële of Labarthe 103
Anges, Jeanne des 195, 197, 257, 304
Anglo-Saxon Chronicle, The 107, 162, 304, 312
anjos. *Consulte também* guardiões
anjos caídos 30, 36, 44, 53, 71, 77, 92
Anjou, Renè d' 82, 116
Anticristo 7, 12, 17, 18, 26, 49, 60, 61, 62, 63, 64, 65, 140, 141, 142, 146, 152, 157, 177, 207, 217, 279, 288, 294
  666 141, 142, 276, 297
  Aleister Crowley 273, 288, 289, 290
  A short description of Antichrist 176, 304
  Belial 26, 27, 33
  filho de Deus 12, 17, 18, 22, 48, 219, 275
  o termo 19, 20, 23, 29, 30, 32, 33, 34, 37, 38, 39, 40, 43, 114, 128, 178, 215, 219, 257, 295
Antidote Against Atheism 194, 308
Antigo Testamento. *Consulte também* Bíblia cristã
aparições do Diabo
  Diabo disfarçado 209
Apocalipse de São João 48, 50, 52, 59
apostasia 62, 86, 112, 156, 205
Apple 298
Aragão, Alfonso de 120
Aragão, Yolande d' 116
Argenson, Conde d' 247, 248
Armagedom 25, 51, 55, 60
Arraignment and Execution of the Late Traitors, The 190

arte 10, 68, 127, 151, 157, 158, 185, 212, 271, 290
Arte, A 290
Árvore do Conhecimento 39, 40
asas 10, 37, 42, 54, 77, 78, 83, 90, 221, 250, 257, 274, 275, 293
Ashtaroth 239
Asmodai 25, 26, 101, 239
Assíria 19, 21
Atanásio de Alexandria 78, 126, 149
Athelstan, rei 162, 163
Aubray, Marie-Madeleine d' 237
Aulon, Jean d' 117
Aurevilly, Jules Barbey d' 285
Austen, Jane 265
Azazel 36, 37, 38, 53

B

Baalzebub. *Consulte também* Belzebu
Babilônia 19, 21, 23, 32, 218
Bacon, *sir* Edmund 224
bala de prata 151
Balfour, Alesoun 164
Balfour, John 164, 226
banco de afogamento 234
Baphomet (ilustração) 16, 271, 272, 273
Barbon (Barebones) 189
Bardie, Isobel 126
Baretti, Joseph 234
Barker, Jonet 126
Bataille, dr. Georges 118, 278, 279, 286, 301
batismo 13, 39, 41, 59, 65, 70, 86, 94, 99, 135, 187, 192, 194, 291, 297
batismo satânico 192, 291
Baudelaire, Charles Pierre 65, 275
Bavent, Madeleine 198, 312
Beard, Thomas 183
Bebê de Rosemary, O 63, 293, 294
bebida 153
Becket, Thomas 79, 105
Becon, Thomas 154, 167, 301
Beemot 88, 89

beijo da vergonha 192
Bekker, Balthasar 235, 236
Belial 26, 27, 33
Belzebu 17, 33, 34, 122, 228
bem e mal 56, 262, 277
  conceito de 13, 23, 28, 30, 67, 75, 82, 92, 95, 97, 126, 128, 202, 229, 265, 277
  conhecimento 30, 35, 39, 40, 43, 86, 128, 143, 180, 181, 182, 229, 235, 236, 239, 262, 269, 270, 288
  debate 42, 79, 86, 88, 110, 118, 124, 140, 181, 219, 233
  espíritos opostos 56
  evil - live (anagrama) 291
  força do mal 285
  livre-arbítrio 77, 155
  origem 11, 18, 28, 29, 43, 68, 80, 83, 96, 113, 128, 145, 152, 169, 171, 180, 204, 208, 218, 228, 236, 243, 249, 253
Bento XI, papa 108
Berkeley, a bruxa de 80, 163, 184
Berlioz, Hector 276
Bernard, Richard 225, 226, 301
Bernhard de Clairvaux 100
Bernstein, Leonard 277
Besta, a 288
Betoverde Weereld, De 235
Bíblia 11, 13, 17, 18, 19, 21, 22, 26, 28, 32, 34, 35, 37, 42, 43, 44, 59, 60, 73, 95, 96, 98, 120, 127, 128, 131, 137, 153, 166, 174, 189, 211, 214, 220, 240, 253, 255, 291
  cristã 12, 15, 17, 18, 19, 21, 24, 25, 26, 27, 31, 34, 35, 37, 38, 39, 41, 43, 46, 47, 54, 56, 66, 67, 68, 70, 96, 129, 152, 172, 186, 189, 235, 238, 239, 276, 298
  hebraica 17, 18, 21, 25, 26, 28, 32, 40, 43, 53, 59, 77, 141, 214, 273
  luterana 153, 174, 176, 180
  rei James 32, 34, 37, 43, 179, 182, 188, 189, 190, 199, 200, 202, 203, 211, 240, 252
Bíblia hebraica 17, 21, 26, 28, 32, 43, 59
Bíblia luterana 174
Binsfeld, Peter 163, 164, 301
Bisclavaret 149
Black Sabbath (banda de rock) 277
Blake, William 261, 262, 274, 275

Bloody Mary. *Consulte também* Mary I, rainha
boatos 253
Bodas de Satã, As (filme) 272, 294
Bode de Mendes 81
bode expiatório 37
bode preto 193
bodes 37, 81, 121, 125, 140, 149, 259
Bodin, Jean 168, 169, 170, 180, 301
Bogomil 18, 97, 99
Boguet, Henri 150, 151, 172, 186, 194
Bonifácio VIII, papa 108
Book of Shadows, The 290
Book of the Cave of Treasures, The 47, 302
Book of the Two Principles 99
Bordelon, Laurent 246, 301
Bórgia, Lucrécia 159
Boulle, padre Thomas 198
Bourignon, Antoinette 224
Boyle, Robert 220
Bragança, Catarina de 220
Braut von Korinth, Die 264
Bretanha 107, 112, 113, 114, 121, 126, 127, 146, 147, 156, 161, 200, 212, 215, 216, 220, 234, 260, 262, 277, 283, 286, 292, 295
Brontë, Emily 265
bruxa de Endor 128
bruxaria 66, 67, 74, 75, 76, 105, 112, 115, 119, 120, 121, 122, 125, 126, 127, 128, 129, 132, 133, 136, 137, 138, 139, 149, 150, 153, 154, 156, 161, 162, 164, 169, 170, 173, 174, 177, 178, 179, 180, 186, 190, 191, 192, 195, 197, 198, 199, 200, 203, 208, 210, 212, 223, 226, 228, 229, 234, 235, 239, 241, 242, 244, 247, 251, 254, 255, 258, 290, 291. *Consulte também* bruxas
  Compendium Maleficarum 191, 194, 195, 201, 247, 271, 305
  e a Igreja 84, 150, 186, 285
  e heresia 112, 117
  ilusão 65, 127, 149, 180
  Lei 4, 163, 220, 254
  livros 14, 17, 21, 22, 26, 30, 31, 56, 57, 59, 83, 120, 150, 169, 206, 222, 240, 246, 249, 260, 262, 263, 288, 297
  Malleus Maleficarum 133, 135, 136, 137, 138, 139, 140, 143, 146, 147, 150, 187, 190, 236, 307

Novo Mundo 132, 240
punição 40, 41, 70, 95, 105, 156, 169, 170, 175, 198, 251, 270
bruxas 8, 9, 14, 49, 63, 68, 75, 76, 77, 79, 80, 89, 101, 102, 111, 113, 114, 115, 119, 120, 122, 123, 126, 127, 128, 129, 130, 131, 134, 135, 136, 137, 138, 140, 142, 143, 144, 150, 152, 153, 154, 156, 158, 162, 163, 164, 166, 170, 171, 172, 173, 177, 178, 179, 180, 182, 185, 186, 187, 191, 192, 194, 195, 198, 199, 200, 201, 203, 207, 208, 209, 210, 211, 212, 213, 216, 218, 222, 223, 224, 225, 226, 229, 230, 233, 234, 235, 236, 237, 239, 240, 242, 243, 244, 245, 247, 248, 250, 251, 254, 262, 272, 275, 276, 288, 289, 290, 292, 294, 295, 299
  assembleia 23, 189, 201, 282
  covens 121, 210, 240. *Consulte também* sabás
  culto a Satanás 100
  extermínio 153
  reuniões 89, 96, 120, 121, 122, 135, 189, 222, 229, 230, 253, 254
  Roda das Bruxas 290
bruxas de Lancashire em Pendle 199
bruxos 105, 161, 187, 240
Buckingham, duque de 203, 204
Bunyan, John 220, 221, 222, 302, 309
Bury St. Edmonds 222, 223, 224
Byron, Lord 263, 264, 265, 275, 276

C

cabeças redondas 206, 207
caça às bruxas 49, 63, 152, 162, 195, 208, 224, 226, 233, 247, 289
  Bordeaux 108, 168, 195, 247
  ilegal 137, 162, 255
  Matthew Hopkins 208, 209, 210
  puritano 157, 163, 178, 183, 189, 202, 204, 206, 210, 219, 240, 299
  Salem, Massachussetts 223, 239, 242, 243, 244, 245, 302, 305, 308
Cães do Senhor 101
calendário lunar 114
calendários, lunar-solar 114, 290
Calmet, dom Augustin 257, 264, 274
Cambrue, Estebëne de 121

Canon Episcopi 139
canto 90, 233
canto do galo 90
Capela Sistina 158
Carcassonne, prior 97, 105. *Consulte também* Bernardo Gui
Carlos I, rei da Inglaterra 203, 205, 220, 240
Carlos IV, rei da França 113
Carlos VII, rei da França 116, 118
Carmilla 266, 267
casamento 120, 188
cata-ventos 90
Catolicismo 87, 129, 146, 159, 168, 220, 228
Cattanei, Vanozza dei 159
Cauchon, Pierre 116
Cavaleiros Templários 106, 108, 110, 272
celibato 158
Chamado, O (filme) 23, 63, 294
Champion des Dames, Le 112, 307
Chattox, Old 199, 200
chifres 8, 14, 18, 38, 42, 44, 52, 77, 81, 124, 125, 128, 133, 141, 149, 165, 233, 272, 284
Christabel 264
Christina, rainha da Suécia 234, 307
Chub, William 154
ciclos lunares 114
ciência 30, 131, 213, 236, 262, 277, 285
ciganos 151, 172, 186, 187, 213, 216, 233, 237, 250
Cipriano de Cartago 93, 178
Clarke, Samuel 181, 208, 303
clausura 231
Clemente de Alexandria 76, 94
Clemente VII, papa 168
Clemente V, papa 108, 109, 110
Clerics Laicos 108
Clouzot, Vèra 285
Clube do Inferno 252, 253, 254, 262

código Atbash 273
códigos 51, 273
coito com o Diabo 129
  Aleister Crowley 273, 288, 289, 290
  Angèle de Labarthe 103
  bruxas 8, 9, 14, 49, 63, 68, 75, 76, 77, 79, 80, 89, 101, 102, 111,
      113, 114, 115, 119, 120, 122, 123, 126, 127, 128, 129, 130, 131,
      134, 135, 136, 137, 138, 140, 142, 143, 144, 150, 152, 153, 154,
      156, 158, 162, 163, 164, 166, 170, 171, 172, 173, 177, 178, 179,
      180, 182, 185, 186, 187, 191, 192, 194, 195, 198, 199, 200, 201,
      203, 207, 208, 209, 210, 211, 212, 213, 216, 218, 222, 223, 224,
      225, 226, 229, 230, 233, 234, 235, 236, 237, 239, 240, 242, 243,
      244, 245, 247, 248, 250, 251, 254, 262, 272, 275, 276, 288, 289,
      290, 292, 294, 295, 299
  rituais 66, 79, 80, 130, 131, 132, 162, 172, 177, 189, 194, 227, 228,
      236, 237, 238, 239, 250, 278, 282, 284, 288, 289, 290, 294
Coke, *sir* Edward 190
Coleridge, Samuel Taylor 264
Collins, Wilkie 30, 64, 268, 303
Colômbia, Cartagena na 132
Commentary on Job 88
Common Prayer, the book of 187, 188, 202, 206, 208, 253
Compendium Maleficarum 191, 194, 195, 201, 247, 271, 305
Concílios
  Ancira 74
  Auxerre 124
  Basle 127
  Cátaro 97
  Elvira 74
  Trento 155, 185, 279
  Troyes 83, 107, 108, 115
  Verona 84, 95
  Viena 110, 120, 197
Concordia Discordantium 84, 102
  Canonum 84, 102
"conde mago" 200
Confessionibus Maleficorum et Sagarum, De 163, 164, 301
Confissão 85, 155. *Consulte também* Sacramento da Penitência
confissões 86, 103, 123, 136, 144, 164, 173, 179, 192, 212
  coito com o Diabo 129

por tortura 179
procedimento 103, 137, 139, 225, 230, 282
validade 109, 245
Conflict of Adam and Eve with Satan, The 46
conjurações 180
Conspiração da Pólvora 190, 202
Constant, Alphonse Louis, 271
Constantine (filme) 50, 55, 294, 304
conversão 130
Coppola, Francis Ford 293
Coração Satânico (filme) 294
Corão 7, 57, 58, 59
Corrector, The 75, 76
costumes 25, 80, 87, 90, 131, 151, 161, 172, 290, 292
Country Justice Guide 225
covens 121, 210, 240
Cranmer, Thomas (arcebispo) 154, 166, 167
cristãos gnósticos 56
Crowley, Aleister 273, 288, 289, 290, 303
crucifixos 68, 178, 258, 259, 281
Cruzada Albigense 100
Cruz, Magdalena de la 198
Cullender, Rose 222, 223, 224
culto a Satanás 100
Cunny, Joan 165
cura 66, 162, 211

D

Daemonialitate, De 225
Daemonology (rei James) 179, 180, 203, 211, 306
Dalton, Michael 225, 304
danação eterna 55, 60, 277
dança 9, 123, 168, 171, 172, 194, 204, 277
Danse Macabre 277
Dante Alighieri 108
Dashwood, *sir* Francis 253, 254, 306
David, rev. Antony 23, 103, 252, 295, 298, 305, 308, 311
Deane, Hamilton 293
Defoe, Daniel 248, 249, 304

Delort, Catherine 111
Demdike, Old Mother 199, 200
De Miraculis Mortuorum 256
demônios 7, 13, 14, 17, 19, 20, 21, 24, 25, 26, 28, 33, 34, 37, 43, 44, 50, 58, 65, 66, 68, 69, 70, 71, 75, 77, 80, 88, 90, 91, 121, 126, 135, 136, 140, 180, 186, 191, 198, 215, 216, 257, 264, 267, 289, 292, 293, 294, 295, 298
demonologia 21, 78, 83, 174, 238, 248, 251. *Consulte também* amuletos; *Consulte também* encantos
dentes das bestas, os 150
Descartes, Renè 213, 220
Deshayes, Catherine 227, 228, 236, 237, 238, 239, 289
Deusa Terra 290
deuses pagãos 161
Deuteronômio 17, 19, 73, 85, 150, 239
Devil Incarnate, The 178
Devil in the Nineteenth Century, The 278
Devil Turn'd Round-head, The 206
Devil Worship in France 279, 287, 313
Diabo interno 9, 166
Diaboliques, Les (filme) 285
diabolos 18
Dialoguus Miraculorum 82
Diana, cavalgando com 75, 83, 139, 140, 279, 280, 313
dicionários 33, 264
  Anchor Bible Dictionary 23, 24, 305
  Oxford English Dictionary 33, 128
Dick, John 226
Dies Irae 276
Discourse des Sorciers 172, 187
Discourse of the Damned Art of Witchcraft 177, 309
Discovery of Witches, The 209, 210
disfarce, Diabo com 88, 126, 166, 182, 267, 293
  Baphomet, ilustração 16, 271, 272, 273
  cachorro preto 200, 209
  dragão 17, 42, 52, 53, 54, 77, 78, 88, 111, 140, 141, 147, 221, 233, 268
  elefante 88, 89
  furão 165
  gato preto 80
  gigante 78

metamorfose 76, 124, 149
morcego 37, 42, 83, 274, 275
rãs (Jack e Gill) 165
sapo (Jack e Gill) 111, 140, 165, 166, 222, 225
sátiro 18, 37, 42, 52, 77, 81, 121, 147, 232
serpente 8, 13, 39, 40, 41, 42, 43, 45, 46, 52, 53, 56, 57, 82, 83, 84, 92, 93, 149, 154, 178
toupeira e sapo 166
Disputation Betwixt the Devil and the Pope, A 206
Divina Comédia 108
divinos (teólogos) 20, 29, 68, 73, 176, 214, 229, 251
Documento de Damasco 27, 31
do Diabo 7, 8, 9, 10, 11, 13, 14, 15, 16, 20, 22, 28, 35, 36, 38, 42, 43, 44, 45, 46, 50, 57, 59, 61, 62, 65, 66, 67, 69, 70, 71, 73, 74, 76, 77, 78, 79, 81, 82, 84, 86, 89, 90, 92, 93, 94, 95, 98, 100, 102, 104, 111, 112, 114, 116, 117, 119, 121, 123, 125, 127, 128, 131, 134, 138, 142, 143, 145, 146, 147, 149, 150, 153, 156, 157, 159, 163, 166, 168, 171, 174, 175, 176, 177, 178, 179, 180, 183, 184, 186, 187, 188, 192, 193, 194, 196, 197, 201, 203, 204, 206, 207, 216, 218, 221, 223, 224, 225, 228, 233, 234, 235, 236, 239, 241, 244, 248, 250, 251, 257, 267, 270, 272, 274, 275, 276, 277, 285, 288, 289, 293, 294, 295, 297, 298
carrinho de mão 145, 157
disfarces 104, 146
Escola 109, 189, 270
marcas 138, 163, 196, 224, 225, 293, 297
número 8, 52, 65, 72, 75, 82, 110, 118, 121, 123, 140, 141, 142, 162, 168, 170, 174, 183, 184, 196, 205, 211, 212, 222, 223, 228, 237, 240, 244, 247, 260, 269, 276, 280, 295, 297
rabo 18
sexo 89, 93, 111, 133, 137, 153, 194
Trítono do Diabo 276, 277
Dogme et Rituel de la Haute Magie 272
Domini Canes 101
Doutrina da Salvação 12, 13, 65
Doutrina da Transubstanciação 95
Drácula, conde 266, 267, 268, 269, 270, 271, 274, 275, 293
dragão 17, 42, 52, 53, 54, 77, 78, 88, 111, 140, 141, 147, 221, 233, 268
dragão vermelho 140, 141
Dumas, Alexandre 204, 265

Dunstan, St. 145
Duny, Amy 222, 223
duque de Buckingham 203, 204
Durer 185

E

Ecclesiasticis Disciplinis, De 75, 140
Eco, Umberto 105
Edelin, William von 127
Éden 13, 39, 40, 42, 46, 56, 298
Edward II, rei da Inglaterra 113
Edward I, rei da Inglaterra 105
elefante 88, 89
Elizabeth I, rainha 50, 153, 203, 254
encantamentos 162, 226, 236, 254
Endor, a sábia de 128
entretenimento 177, 204, 208, 291, 292, 299
envenenamento 228, 234, 237, 238
Epístola de Barnabás 73
Era da Razão 213, 220, 229, 232
Errores Gazariorum 126
Escócia 153, 164, 171, 178, 179, 180, 182, 188, 189, 192, 200, 202, 205, 206, 211, 212, 216, 220, 222, 225, 226, 249, 306
Escócia presbiteriana 205, 222
escola, do Diabo 168, 270
Espanha 74, 120, 130, 131, 132, 145, 146, 152, 167, 189, 197, 198, 262
espíritos 18, 20, 21, 22, 24, 56, 58, 61, 66, 69, 74, 75, 89, 91, 116, 180, 193, 210, 248, 250, 255
Essay on the Devil and Devils, An 262
Estranho Caso de dr. Jekyll e Mr. Hyde, O 275
estrela d'alva (Vênus) 33, 218, 254, 283. *Consulte também* Lúcifer
etimologia
  Oxford English Dictionary 33, 128
Eugênio IV, papa 119
Europa Central 215
Europa Oriental 258
Evangelho da Verdade 57
Evangelho de Bartolomeu 78
Evangelium Nicodemi 34

evidência espectral 223, 243
Excommunicamus 103
exorcismo 59, 66, 67, 69, 70, 71, 72
  autorização 66, 68, 72, 99, 220, 228, 232
  batismo 13, 39, 41, 59, 65, 70, 86, 94, 99, 135, 187, 192, 194, 291, 297
  dever 75, 175, 192, 230, 296
  e demônios 66, 293
  fórmulas 71
  John Darrel 180
  no batismo 291
  nos evangelhos 47, 149
  ordenação de exorcistas 71
  Protestante 112, 140, 142, 146, 152, 155, 156, 157, 186, 275
  rituais 66, 79, 80, 130, 131, 132, 162, 172, 177, 189, 194, 227, 228, 236, 237, 238, 239, 250, 278, 282, 284, 288, 289, 290, 294
Exorcista, O (filme) 20, 294
Ezequiel 19

F

falsos profetas 61, 149
família Stukeley 292
Fanu, J. Sheridan le 266, 267
Farnese, Alessandro 159
Farnese, Giulia 159
Fausto, Doutor (Marlowe) 182, 261, 262, 264
Fausto (Goethe) 182, 261, 262, 264
Faustus, History of Doctor 182
Fawkes, Guido (Guy) 190
Feast of Blood, The 265, 310
fé diabólica 192
feitiçaria 67, 70, 73, 74, 75, 82, 94, 102, 105, 115, 117, 118, 131, 132, 135, 140, 143, 151, 156, 162, 165, 187, 192, 200, 203, 210, 212, 229, 230, 234, 236, 240, 244, 253, 254, 262
feiticeiros 14, 66, 68, 73, 74, 76, 77, 79, 82, 102, 105, 111, 113, 115, 129, 130, 132, 134, 135, 150, 154, 158, 162, 169, 170, 177, 213, 229, 234, 235, 240, 292
Felipe IV, rei 115
Felton, John 204
ferraduras 145

fertilidade 80, 81, 162, 170, 171
Feyerabend, Sigmund 174
Fian, dr. John 179, 182, 192, 313
figleafers 185
figuras de cera 169, 250
filhas das trevas. *Consulte também* mulheres
Filho da Perdição 62
Filhos da Luz 25, 51
Filhos das Trevas 25, 26, 47, 51
filhos de Deus 28, 29, 30, 219, 233
Fim dos Dias 294
Fin de Satan, La 275
First Book of Adam and Eve, The 46
Flade, dr. Dietrich 173
Flávio Josefo 19, 29, 90, 128
fogo eterno 50. *Consulte também* Inferno
Fortalitium Fidei 120
Frades pregadores. *Consulte também* dominicanos, franciscanos
França 64, 79, 89, 95, 97, 100, 101, 106, 107, 108, 110, 111, 113, 115, 116, 118, 120, 121, 122, 131, 146, 151, 168, 170, 197, 204, 213, 227, 234, 237, 252, 260, 262, 263, 276, 278, 279, 283, 284, 285, 286
Francis, Elizabeth 82, 164, 165, 179, 253, 254, 265, 269, 293, 306
Frankenstein 265
Franklin, Benjamin 12, 251, 252, 253, 254, 255, 308, 309
Freud, Sigmund 289

G

galhadas 81, 124
Gallicinium 90
Gardner, Gerald B 3, 4, 15, 290, 305
Garmann, Christian Frederic 256
gatos 209
Gaule, John 209
Gelasian Sacramentary 228
Gênesis 13, 22, 24, 28, 30, 36, 38, 39, 40, 41, 42, 43, 44, 113, 128
George II, rei da Inglaterra 254
Georgel, Anne-Marie 111, 127
Giaour, The 263, 264

Glossa Ordinaria 103, 311
Goethe, Johann Wolfgang von 182, 261, 264
Golden Legend, The 104, 105, 306
Gótico
  histórias de terror 265
  romance 105, 204, 220, 249, 263, 266, 267, 271, 285, 294
  temas 74, 165, 266
Graecorum Hodie Quorundam Opinationibus, De 215
Graham, Billy 12, 295
Grande Besta 288
Grandes Inquisidores
  Bernardo Gui 105, 106, 127
  Guillaume de Paris 109, 110
  Heinrich Kraemer 133, 134
  Jacob Sprenger 134
  Paolo Grillandi 228
  Robert le Bougre 102
  Tomás de Torquemada 131, 262
Grandier, Urbain 197, 198, 289
Grand Remonstrance 205
Gregório I, papa 37, 124, 249
Gregório IX, papa 101, 103
Gregório XIII, papa 168
Griggs, dr. William 243
Grillandi, Paolo 228
Grimm, irmãos 125, 186, 305
guardiões 7, 30, 31, 36, 37, 38, 47
Guazzo, Francesco Maria 191, 192, 193, 194, 195, 201, 305
Gui, Bernardo 83, 105, 106, 127, 262
Guibourg, abade Etienne 227, 228, 236, 237, 238, 239, 282, 289
Guicciardini, Francesco 158
Guide to Grand Jury Men in Cases of Witchcraft 225, 226, 301
Guillaume de Paris 109, 110
Gutenberg, Johannes 120, 137, 147
Guthrie, Helen of Forfar 126

H

Hades 34, 35
Hale, *sir* Matthew 223, 224, 243, 269, 305

Halley Edmond 64, 220
Harry Potter 14, 297
Heisterbach, Caesar of 72, 82, 302
Henrique II, rei da Inglaterra 79, 82
Henrique VIII, Tudor, rei 153, 167, 203
Henrique V, rei da Inglaterra 115, 116
heresia 70, 74, 84, 85, 87, 90, 92, 97, 102, 103, 108, 111, 112, 117, 118, 127, 129, 137, 156, 164, 186, 187
Hexenhammer. Consulte também *Malleus Malleficarum*
Hipólito 92
hipopótamo 88
History of the Ridiculous Extravagancies of Monsieur Oufle, A 246, 301
Histrio-Mastix 204
Hocker, Reverendo 174
Holanda 101, 132, 146, 234, 235, 286
Hopkins, Matthew 208, 209, 210, 224
Hugo, Victor 164, 275, 276, 300
Hugues de Baniol (inquisidor) 103
Humanum Genus (encíclica) 280
humor 246

I

Igreja 8, 13, 14, 15, 32, 34, 35, 38, 41, 42, 43, 46, 49, 54, 55, 56, 60, 65, 66, 67, 68, 69, 71, 72, 73, 74, 78, 79, 81, 84, 85, 87, 90, 91, 92, 94, 95, 96, 98, 99, 100, 102, 105, 106, 107, 109, 111, 112, 113, 117, 120, 122, 124, 125, 127, 128, 129, 130, 131, 132, 140, 146, 147, 149, 150, 152, 153, 154, 155, 157, 158, 160, 162, 167, 168, 169, 172, 173, 176, 177, 178, 179, 180, 181, 185, 186, 187, 188, 189, 190, 195, 196, 202, 203, 205, 206, 208, 210, 211, 213, 214, 215, 216, 217, 218, 219, 220, 221, 222, 226, 229, 231, 233, 239, 248, 249, 251, 253, 255, 256, 257, 259, 262, 267, 275, 276, 277, 278, 279, 280, 284, 285, 288, 291, 295, 296, 297, 298
  adivinhos 119, 177
  autoridade 26, 43, 50, 86, 102, 110, 111, 122, 131, 152, 153, 173, 180, 186, 195, 231, 260
  da Inglaterra 105, 113, 115, 125, 161, 163, 167, 171, 180, 188, 189, 199, 202, 205, 206, 221, 230, 239, 243, 253, 256, 261, 276, 290, 306
  demônios 7, 13, 14, 17, 19, 20, 21, 24, 25, 26, 28, 33, 34, 37, 43, 44, 50, 58, 65, 66, 68, 69, 70, 71, 75, 77, 80, 88, 90, 91, 121, 126,

135, 136, 140, 180, 186, 191, 198, 215, 216, 257, 264, 267, 289,
  292, 293, 294, 295, 298
de Roma 53, 54, 55, 56, 79, 85, 87, 90, 94, 95, 98, 125, 129, 131,
  140, 157, 177, 186, 189, 296
de Satã 180, 190, 272, 291, 294
e as mulheres 36, 237
heresia 70, 74, 84, 85, 87, 90, 92, 97, 102, 103, 108, 111, 112, 117,
  118, 127, 129, 137, 156, 164, 186, 187
Igreja Presbiteriana 153
judeus 17, 24, 30, 52, 98, 130, 152
obediência 23, 49, 55, 96, 192
oração 106
o único 28, 43, 65, 99, 107, 174, 245, 255, 257
Pais da Igreja 54, 91
Igreja Nacional da Escócia 153
Igreja Presbiteriana 153
Iluminado, O (filme) 276
imagem 12, 15, 24, 37, 41, 42, 68, 81, 89, 93, 94, 95, 104, 105, 145, 147,
  149, 157, 179, 200, 215, 218, 233, 238, 250, 258, 266, 271, 272,
  274, 281, 295, 297, 299. *Consulte também* disfarce, Diabo com
íncubo (íncubos) 201
Inferno 8, 10, 27, 28, 34, 35, 36, 47, 55, 59, 60, 65, 99, 108, 111, 123,
  125, 145, 146, 154, 157, 159, 167, 169, 189, 190, 193, 195, 204,
  214, 218, 219, 220, 235, 236, 249, 252, 253, 254, 262, 275, 277,
  283, 298
  Clube do Inferno 252, 253, 254, 262
  conceito 13, 23, 24, 28, 30, 31, 37, 60, 62, 67, 75, 82, 90, 92, 95, 97,
   99, 126, 128, 148, 149, 159, 202, 214, 215, 216, 222, 229, 262,
   263, 264, 265, 273, 274, 277, 278, 281, 285, 289, 294, 295
  danação eterna 55, 60, 277
  Dante Alighieri 108
  Divina Comédia 108
  Portões do Inferno 28
Inglaterra 79, 105, 107, 111, 112, 113, 115, 116, 121, 124, 125, 140,
  144, 146, 153, 154, 159, 161, 163, 164, 167, 170, 171, 180, 184,
  188, 189, 199, 202, 205, 206, 207, 212, 215, 221, 222, 225, 226,
  230, 234, 237, 239, 240, 241, 243, 248, 249, 251, 253, 254, 255,
  256, 261, 262, 264, 268, 276, 279, 284, 290, 292, 294, 306
  a bruxa de Berkeley 80
  bruxaria 66, 67, 74, 75, 76, 105, 112, 115, 119, 120, 121, 122, 125,

126, 127, 128, 129, 132, 133, 136, 137, 138, 139, 149, 150, 153, 154, 156, 161, 162, 164, 169, 170, 173, 174, 177, 178, 179, 180, 186, 190, 191, 192, 195, 197, 198, 199, 200, 203, 208, 210, 212, 223, 226, 228, 229, 234, 235, 239, 241, 242, 244, 247, 251, 254, 255, 258, 290, 291
contos populares 144
Igreja da Inglaterra 188, 189, 205, 221
julgamentos de bruxas 114, 126, 140, 166, 178, 194, 199, 203, 223, 234, 262
Malleus Maleficarum 133, 135, 136, 137, 138, 139, 140, 143, 146, 147, 150, 187, 190, 236, 307
parteiras 187, 212
puritanos 158, 160, 168, 170, 176, 181, 187, 188, 189, 190, 203, 205, 206, 207, 208, 225, 233, 239, 240
reforma 42, 152, 206, 249
Revolução Industrial 261
Inocêncio III, papa 84, 96, 100
Inocêncio II, papa 107
Inocêncio VIII, papa 131, 133, 159
inquisição 198, 266. *Consulte também* Grandes Inquisidores
  espanhola 130, 131, 132, 146, 152, 159, 167
  estabelecimento 56, 65, 152, 153, 227, 267, 270
  exército 53, 64, 100, 205, 222, 240
  julgamentos 23, 74, 103, 114, 115, 119, 120, 126, 140, 142, 151, 164, 166, 178, 179, 183, 192, 193, 194, 195, 196, 199, 203, 208, 211, 222, 223, 230, 234, 235, 239, 242, 254, 262, 271
  poder 14, 33, 38, 39, 49, 53, 54, 55, 62, 63, 65, 66, 70, 71, 72, 76, 78, 86, 91, 92, 95, 111, 113, 129, 133, 138, 152, 153, 162, 166, 168, 175, 181, 182, 185, 193, 196, 204, 206, 207, 213, 227, 233, 235, 237, 247, 251, 257, 276, 286, 295, 297
  Santo Ofício 101, 119, 131, 156, 263, 296, 297
Inquisição espanhola 130, 131, 132, 146, 152, 159
Inverness, Paterson of 226
investigação satânica (corte) 237
invocações do Inferno 111
Irmãos de São Domingos. *Consulte também* Ordem Dominicana
Isaías 18, 31, 32, 33, 43, 218, 239
Itália 97, 101, 131, 146, 155, 262, 263, 279
Italian, The 263, 310

J

Jacquier, Nicholas 121
James II, rei 222, 252
James I, rei da Inglaterra 188, 189, 202, 240, 254
James VI, rei dos escoceses 179, 180, 182, 188, 306
Jenkins, rev. David 295
Jerônimo, São 27, 32, 219
Jerusalém 22, 23, 24, 52, 59, 66, 70, 83, 90, 106, 107, 261
Jesus Cristo 18, 26, 49, 62, 63, 65, 70, 96, 97, 98, 125, 221, 223, 296
  tentação 7, 27, 47, 50, 157, 181, 219, 233
Jewish Encyclopedia 18, 19, 25, 33, 35, 38. Jó 12, 17, 18, 23, 28, 88, 89, 219, 261
Joana d'Arc 115, 116, 117, 186
João e Maria 186
João, o Evangelista 50
João Paulo II, papa 13, 296
João XXII, papa 111
John Bull (periódico) 288
Jorgand-Pages, Gabriel 278. *Consulte também* Taxil, Léo
Josefo, Flávio 19, 29, 90, 128
Jubileus, Livro dos 22, 26, 29, 30, 31
judeus 17, 24, 30, 52, 98, 130, 152
Jules-Bois, Henri Antoine 281
julgamento das bruxas de Chelmsford 163
Julgamento Final 7, 24, 25, 55, 60, 64, 264
Julgamento, o Dia do 7, 24, 25, 55, 60, 64, 264
julgamentos de North Berwick 179, 192
Júlio II, papa 158
Junius, Johannes 142, 143
Junius, Veronica 142, 143

K

Kerne 81, 121, 128, 290
Kipling, Joseph Rudyard 266
Kirkcudbright, Elspeth 212
Kirk, Robert 225, 306
Knox, John 153
Kraemer, Heinrich 133, 134, 135, 136, 137, 138, 139, 143, 150, 187, 307

Kubrick, Stanley 276
Kyteler, Dama Alice 111

L

Lactantius 77
Lamastu 21
Lambe, John 204
Lamia, rainha 84
Lamiis et Pythonicis Mulieribus, De 125, 126, 308
Lamont, Marie 126, 195, 196, 247, 304, 307
Land Beyond the Forest, The 270
Languedoc 97, 98, 99, 100
La Reynie, Nicolas de 237, 238
Lauder, Margret 126
Laud, William (arcebispo) 205, 206, 207, 217
LaVey, Anton 291
Lawes Against Witches and Conjuration 211
Lay of the Werewolf 149
leão, rugido 19, 21, 54, 154, 166, 167, 221
Leão XIII, papa 280
Leão X, papa 152, 157, 158
Lee, Christopher 293, 294
Lei do Teste 220
Lenda, A (filme) 294
Leviatã 88
Levi, Eliphas 271, 278
Libellus de Antichristo 61
liberdade de escolha 77. *Consulte também* livre-arbítrio
Liber Facetiarum 82
Liber Secretum 97, 98
Licet ab Initio 156
Life of Anthony, The 78
literatura protestante 183
Lives of Thirty-Two English Divines, The 181, 303
livre-arbítrio 77, 155
Livro de Enoque 29, 30, 31, 36, 38, 53, 88
Livro dos Jubileus 22, 26, 29, 30
Livro dos Reis 239
lobisomens 150, 151, 186, 211, 214, 216

lobo 103, 148, 149, 150, 151, 154, 228
lógica 213, 232
Londres Depois da Meia-Noite 293
Long-heads 206
Lúcifer 32, 33, 83, 201, 218, 219, 246, 254, 283, 287, 294
Lugosi, Bela 293
Luís VIII, rei da França 101
Luís XIV, rei da França 227, 229, 234, 236, 237, 247
Lutero, Martinho 152, 153, 157, 158, 159, 174, 177, 180, 184

M

Macbeth 200
maçons 279, 286
magia 8, 65, 66, 68, 70, 73, 74, 84, 91, 103, 108, 109, 111, 112, 132, 136, 156, 179, 180, 186, 194, 196, 197, 198, 200, 204, 212, 229, 242, 253, 262, 263, 271, 273, 288, 289. *Consulte também* exorcismo, bruxaria
  amuletos 21, 68, 124
  Antigo Testamento 7, 11, 17, 18, 21, 22, 23, 24, 26, 27, 28, 29, 30, 31, 32, 34, 42, 43, 44, 48, 67, 73, 77, 85, 88, 99, 150, 211, 214, 218, 219, 239, 273, 274
  cura 66, 162, 211
  magia negra 73, 109, 186, 196, 200, 204, 253, 263
  magia sexual (Crowley) 273, 288
  Novo Testamento 7, 11, 17, 24, 25, 26, 27, 28, 33, 34, 37, 47, 48, 49, 50, 51, 57, 59, 66, 74, 78, 90, 95, 97, 142, 149, 166, 182, 223, 264, 272
  obra do Diabo 66, 250, 251
  punição 40, 41, 70, 95, 105, 156, 169, 170, 175, 198, 251, 270
  talismãs 68
magia sexual 273, 288
magos 25, 68, 74, 111, 119, 177, 187, 195, 201, 234, 237
Maistre, Comte Joseph le 260
mal 9, 10, 14, 17, 18, 20, 22, 23, 24, 26, 33, 39, 40, 50, 52, 53, 56, 74, 75, 76, 77, 89, 120, 142, 146, 147, 156, 157, 159, 163, 165, 178, 191, 192, 195, 225, 236, 237, 241, 246, 248, 251, 254, 255, 259, 261, 262, 264, 267, 275, 276, 277, 283, 285, 291, 292, 298, 299. *Consulte também* bem e mal
maleficia 105, 111, 115

Malleus Maleficarum 133, 135, 136, 137, 138, 139, 140, 143, 146, 147, 150, 187, 190, 236, 307
Mancini, Anne-Marie 238
mandrágora 128
Manuscritos do Mar Morto 22, 27, 51, 56, 273
mão esquerda 8, 125, 126
Map, Walter 80, 82, 307
maquiagem 178
Marburg, Conrad of 102, 262, 305, 306
Marcas, do Diabo 163
Maria I, rainha 163
Maria, Virgem 4, 129, 163, 164, 167, 180, 186, 187, 191, 201, 204, 225, 234, 259, 289, 305
Marie de France 149, 307
Marlowe, Christopher 182, 183, 189, 261
Marschner, Heinrich 265
Marten, Anthony 167, 307
Martinez, don Fernando 130
máscaras, bailes 124, 125, 271, 299
Mastema 22, 23, 26, 33
Masticatione Mortuorum, De 256, 259
Mateus, evangelho de 11, 17, 33, 36, 44, 48, 50, 61, 69, 87, 149
Maximiliano, sacro imperador romano 137
Médici, Catarina de 158, 168, 227, 228
Médici, Giovanni de, veja papa Leão X 158, 168, 227, 228
Mefistófeles 182, 261, 262
Memoirs of an Ex-Palladist 279
Messe Noire, La 282, 283, 307, 308
metáfora 56, 89
metamorfose 76, 124, 149
Meurin, Lèon (arcebispo) 278
México 132
Michelangelo 26, 157, 158, 185, 190
milagres divinos 73, 229
Miller, Arthur 96, 239, 268, 308, 309
Milton (de Blake) 26, 32, 33, 217, 218, 219, 220, 233, 248, 261, 274, 302, 308, 312
Milton, John 26, 32, 33, 217, 218, 219, 220, 233, 248, 261, 274, 302, 308, 312
missa 9, 72, 169, 179, 227, 228, 229, 236, 252, 281, 282, 283, 284

misticismo 67
mitologia grega 18, 34, 84, 172, 215
moda 247, 260, 299
Molay, Jacques de 109, 110
Molitor, Ulrich 125, 126, 308
Monk, The 263, 307
Montagu, John 253
Montespan, Marquês de 227, 237, 238
Moonstone, The 268
Moral Maze, The (BBC4) 295
morcegos 169, 225, 274
More, dr. Henry 194, 308
Morro dos Ventos Uivantes, O 265
morte 10, 21, 25, 33, 34, 35, 39, 44, 57, 64, 65, 74, 75, 81, 83, 85,
    101, 103, 105, 109, 110, 113, 114, 117, 118, 120, 131, 133, 136,
    157, 162, 166, 167, 169, 173, 174, 177, 182, 184, 188, 203, 207,
    210, 214, 216, 226, 230, 234, 236, 237, 253, 256, 258, 259, 267,
    276, 279, 292
Morte (Ceifadora) 8, 113, 114, 117, 182, 216, 277
mortos-vivos, os 9, 212, 214, 215, 216, 257, 258, 259, 264, 275, 293
"Moses Apocalypse" 45
mulheres 21, 29, 30, 36, 38, 50, 59, 61, 67, 75, 82, 89, 92, 93, 94, 95,
    96, 101, 111, 112, 113, 118, 120, 121, 122, 123, 126, 134, 137,
    138, 139, 140, 151, 159, 163, 165, 166, 178, 185, 187, 191, 192,
    194, 199, 209, 211, 212, 221, 222, 223, 224, 225, 227, 228, 229,
    230, 234, 237, 238, 239, 241, 247, 248, 254, 265, 281, 285, 289.
    Consulte também misoginia
  culpa 93, 106, 118, 134, 136, 139, 156, 174, 196, 198, 213, 229,
    241, 258, 291
  deusas 81, 127, 238
  devassidão 101, 198, 236, 253, 263, 282, 289
  Egéria 74
  e o Diabo 9, 42, 45, 57, 78, 82, 97, 104, 140, 164, 169, 181, 190,
    202, 207, 244, 250, 266, 277, 291
  inquisidores 101, 102, 103, 106, 109, 110, 111, 115, 126, 129, 130,
    132, 133, 134, 135, 137, 142, 149, 150, 151, 154, 164, 173, 186,
    225, 233, 262, 263, 275, 289, 292, 297
  Joana d'Arc 115, 116, 117, 186
  Le Champion des Dames 112, 307
  mau comportamento sexual 39

na Igreja 94, 117, 179
parteiras 187, 212
possuídas 50
Valdense 112
vestimenta 178
música 170, 178, 276
Mysteries of the Freemasons Revealed, The 279
Mysteries of Udolpho, The 263, 310

N

nahash 40, 41, 42, 43, 45. Consulte também serpente
Nazarius 97
nephilim 29, 30, 47
Newburgh, William of 215
News From Hell 206
Newton, Isaac 220, 230
Nicolau, papa 75, 105, 125, 164
Nider, Johannes 120, 121, 308
nobreza 59, 112, 190, 238, 274
Nodier, Charles 265
Noite do Demônio, A 293
Nome da Rosa, O 105
Nome da Rosa (U. Eco) 105
nomes, do Diabo 25, 26, 33, 36, 37, 53, 54, 123, 145, 194, 212, 226, 279
 Abadom 53, 219, 220, 221
 Adversário 57
 Apoliom 53, 220, 221
 Beemot 88, 89
 Belial 26, 27, 33
 Belzebu 17, 33, 34, 122, 228
 Filho de Deus 49, 93
 Leviatã 88
 Lúcifer 32, 33, 83, 201, 218, 219, 246, 254, 283, 287, 294
 Maligno 13, 14, 17, 61, 63, 72, 86, 153, 168, 174, 183, 206, 227, 248, 255, 260, 262, 277, 286, 295, 296, 298
 Mastema 22, 23, 26, 33
 Pai das Mentiras 128
 Príncipe das Trevas 99, 132, 146, 185, 213, 218, 267, 291
 Príncipe do Mundo 73, 97, 233

Príncipe do Poder do Ar 251
Satanás 7, 8, 9, 10, 12, 13, 14, 15, 17, 18, 22, 23, 24, 25, 26, 28, 29,
31, 32, 33, 34, 35, 36, 37, 38, 39, 41, 42, 44, 45, 46, 47, 48, 49,
52, 53, 54, 56, 58, 59, 61, 63, 66, 69, 75, 77, 78, 80, 81, 83, 84,
85, 86, 89, 90, 91, 92, 97, 98, 99, 100, 101, 103, 104, 105, 108,
110, 111, 112, 113, 119, 120, 121, 125, 126, 127, 128, 132, 135,
140, 143, 145, 146, 150, 152, 154, 157, 159, 161, 163, 164, 165,
166, 167, 168, 169, 173, 175, 176, 177, 178, 181, 182, 183, 184,
185, 190, 191, 192, 193, 194, 196, 197, 202, 204, 206, 211, 212,
213, 214, 218, 219, 222, 224, 230, 236, 237, 238, 240, 242, 243,
244, 245, 246, 247, 248, 249, 251, 257, 260, 263, 264, 266, 267,
268, 272, 273, 274, 275, 276, 277, 278, 279, 282, 283, 287, 290,
291, 292, 293, 294, 295, 296, 297, 298
Velho Nick (Nicolas) 125, 145
Northanger Abbey 265
Nosferatu 293
Nosferatu: Uma Sinfonia de Horror 293
Novo Mundo, América do Norte 132, 240. *Consulte também* América
do Norte
  Ann Hibbins 241
  Bradford, William 240
  bruxaria 66, 67, 74, 75, 76, 105, 112, 115, 119, 120, 121, 122, 125,
    126, 127, 128, 129, 132, 133, 136, 137, 138, 139, 149, 150, 153,
    154, 156, 161, 162, 164, 169, 170, 173, 174, 177, 178, 179, 180,
    186, 190, 191, 192, 195, 197, 198, 199, 200, 203, 208, 210, 212,
    223, 226, 228, 229, 234, 235, 239, 241, 242, 244, 247, 251, 254,
    255, 258, 290, 291
  Carver, John 240
  Cotton Mather, Ensaios 223, 240, 242, 243, 244
  feitiçaria 67, 70, 73, 74, 75, 82, 94, 102, 105, 115, 117, 118, 131,
    132, 135, 140, 143, 151, 156, 162, 165, 187, 192, 200, 203, 210,
    212, 229, 230, 234, 236, 240, 244, 253, 254, 262
  Jones, Margaret 96, 241, 306
  Marca do Diabo 142
  Mather, Cotton 223, 240, 241, 242, 243, 244, 307
  Mayflower 239, 240
  New England 230, 241, 242, 302, 304, 305
  Peregrinos 240
  Salem, Massachussetts 223, 239, 242, 243, 244, 245, 302, 305, 308
  Standish, Myles 240

The Wonders of the Invisible World 241, 242
William Hibbins 241
Novo Testamento 7, 11, 17, 24, 25, 26, 27, 28, 33, 34, 37, 47, 48, 49, 50, 51, 57, 59, 66, 74, 78, 90, 95, 97, 142, 149, 166, 182, 223, 264, 272
Nugis Curialium, De 80, 307

O

ocultistas 229, 246, 247, 271, 275, 287, 288, 295
Olde, John 176, 177
O Peregrino 220, 221, 222
oração 106
Oraculis Ethnicorum, De 235, 313
Oráculos Sibilinos, Os 26
orgias demoníacas 89
Orígenes de Alexandria 46, 77, 94, 218
Orléans, Dama de 89, 115, 116, 117, 168, 195
osculum infame 192
Ossenfelder, Heinrich August 264

P

Pã 18, 81
pacto com o Diabo 85, 108, 112, 117, 121, 151, 152, 197, 236, 250
paganismo 70, 238
  deuses e deusas 127
  deuses pagãos 161
  fraternidades 129, 189, 278
  máscaras de animais 124
  rural 80, 171, 261
Palud, Madeleine de la 196
panfletos 169, 181, 183, 190, 207, 260
Paraíso 25, 32, 34, 38, 86, 108, 128, 136, 214, 217, 218, 219, 233, 248
Paraíso Perdido 32, 217, 218, 248
Paraíso Reconquistado 219, 233
para-raios 251, 252
Parris, Rev. Samuel 243, 244
parteiras 187, 212
Paulo III, papa 156, 159
Paulo VI, papa 296

Pazuzu 20, 21, 25, 294
Pecado Original 14, 39
pedofilia 294
Penitência, Sacramento da 85, 86
pentagrama, ilustração 81, 271, 291
perdão 58, 85, 86, 151, 156, 176, 218, 248
Peregrinos 240
Perkins, William 176, 177, 252, 309
Peru, Lima no 132
pesadelos 82, 150
peste bubônica 113
Peste Negra. *Consulte também* bubônica
Picard, Mathurin 198
Pike, Albert 278, 279
Plantagenet, guerra 82, 83, 115
poções 76, 80, 91, 113, 128, 162, 187, 200, 227, 239
poder da Igreja 72
Polanski, Roman 191, 293, 294
Polidori, John 265
Political History of the Devil, The 248, 304
pornografia 294
Portões de Abadom 219
portões do inferno 36
possessão demoníaca 69, 180, 231, 243, 255
Potts, Thomas 199, 310
Powder Treason, The 190
Practica Inquisitionis Heretice Pravitatis 105
Practice of Prelates, The 167
prata 64, 107, 151, 259
Praxis Rerum Criminalium 115
predestinação 155
Prentice, Joan 165
Prescription Against Heretics 91, 92
Príncipe das Trevas 99, 132, 146, 185, 213, 218, 267, 291
Príncipe dos Diabos. *Consulte também* Belzebu
Principiis, De 218
Prisciliano de Ávila 74
Procter & Gamble 297
Profecia, A 63, 294
promiscuidade sexual 233, 289

Protestantismo 49, 152, 157, 158, 160, 206. *Consulte também* Puritanismo
  caça às bruxas 49, 63, 152, 162, 195, 208, 224, 226, 233, 247, 289
  igreja 69, 71, 94, 104, 118, 120, 124, 126, 145, 152, 178, 179, 214,
    243, 251, 252, 282, 291
  líderes 24, 50, 188, 240
  Reforma 9, 112, 140, 142, 146, 147, 152, 153, 156, 186
  visões 50, 75, 116, 136, 139, 193, 249
Prudêncio 89
Prynne, William 204, 207, 310
Purgatório 108
Puritanismo
  Diabo interno 9, 166
  John Olde 176, 177
  na Inglaterra 79, 112, 124, 140, 144, 159, 164, 170, 180, 184, 189,
    199, 207, 212, 222, 225, 234, 239, 241, 248, 249, 254, 255, 268,
    290, 294
  oposição 17, 23, 24, 26, 56, 79, 97, 105, 186, 203, 206, 218, 238, 252
  William Perkins 176, 177

Q

queimar nas fogueiras
  Inglaterra 79, 105, 107, 111, 112, 113, 115, 116, 121, 124, 125, 140,
    144, 146, 153, 154, 159, 161, 163, 164, 167, 170, 171, 180, 184,
    188, 189, 199, 202, 205, 206, 207, 212, 215, 221, 222, 225, 226,
    230, 234, 237, 239, 240, 241, 243, 248, 249, 251, 253, 254, 255,
    256, 261, 262, 264, 268, 276, 279, 284, 290, 292, 294, 306
  Jacques de Molay 109, 110
  Joana d'Arc 115, 116, 117, 186
  Johannes Junius 142, 143
  Prisciliano de Ávila 74
  Templários 106, 107, 108, 109, 110, 272, 273
  Valdenses 95
Qumran, Pergaminho da Guerra 22, 25, 27, 29, 30, 90, 128

R

Radcliffe, Ann 263, 310
Rafael 157, 158
Rais, Gilles de 117, 118, 301, 306. *Consulte também* Retz, Gilles de

Raleigh, *sir* Walter 189, 190, 302
Razão, Era da 213, 217, 220, 229, 232
Recordi, Pierre 111
reflexo no espelho 258
Reforma Protestante 112, 140, 142, 146, 152, 156, 186
Refutation of all Heresies 92
Regino de Prum 75
Reign of the Devil, The 178
reis de Roma, os sete 140
Relation de ce qui s'est passe a Saint-Erini Isle de l'Archipel 215
relíquias sagradas 69, 96
relógio de bolso 182
Reminiscences of Henry Irving 269
Renard 281
Renard, Maurice 158, 167, 185, 191
renúncia ao Diabo 59
ressurreição de Cristo 129
Retz, Gilles de 117, 118
Revelação 50. *Consulte também* Apocalipse
Revolução Francesa 260
Revolução Industrial 261
Richard, François 79, 81, 101, 150, 163, 178, 183, 215, 219, 225, 226, 241, 249, 294, 300, 301, 302, 303, 304, 306
rituais de New Forest 290
Rituais Sádicos Abusivos 295
rituais satânicos 227, 289, 294
Rituais Satânicos Abusivos 295
Rivera, Giraldo 294
Robert le Bougre 102
Rohr, Philip 256
romance gótico 263, 285
Romano 152, 156, 157, 213, 270
Rosário, sagrado 67, 192
Ruthven, lorde 265
Rymer, James Malcolm 265, 310

S

Sabás 25, 80, 87, 90, 131, 151, 161, 172, 201, 290, 292. *Consulte também covens*

bode 10, 18, 37, 38, 42, 77, 78, 81, 121, 124, 133, 143, 147, 192,
    193, 195, 218, 228, 233, 238, 267, 271, 272, 273, 281, 284, 293
costumes 25, 80, 87, 90, 131, 151, 161, 172, 290, 292
de bruxas 8, 9, 75, 76, 80, 89, 113, 114, 120, 122, 126, 128, 138,
    140, 142, 143, 150, 162, 163, 166, 170, 172, 173, 178, 185, 186,
    194, 199, 203, 207, 208, 209, 210, 212, 218, 222, 223, 226, 229,
    230, 234, 235, 254, 262, 275, 276, 289, 292, 294
Grão-Mestre, O 109, 179, 193, 278, 279
locais 11, 34, 96, 100, 121, 144, 170, 177, 178, 185, 205, 206, 209,
    222, 223, 226, 231, 234, 258, 261, 293
Roda das Bruxas 290
sinagogas de Satanás 113
Saccho, Reinerius 96, 97, 310
Sacramento da Penitência 85, 86
sacrifícios 18, 23, 67, 119, 253
Saint-Saëns, Camille 277
Salem, Massachussetstts 223, 239, 242, 243, 244, 245, 302, 305, 308
Salpêtrière, La 247
salvação 41, 55, 66, 70, 86, 113, 125, 136, 152, 156, 174, 176, 177,
    183, 214, 218, 222, 230, 257, 259, 277, 288
salvação por dinheiro 152
Sampson, Agnes 179
Santa Claus 38, 124, 125, 133, 311
Santo Ofício 101, 119, 131, 156, 263, 296, 297
Santos 165
São Paulo 4, 26, 49, 62, 66, 67, 90, 99, 182, 251, 264
Satanael 18, 31. *Consulte também* Satanás
Satanás 7, 8, 9, 10, 12, 13, 14, 15, 17, 18, 22, 23, 24, 25, 26, 28, 29, 31,
    32, 33, 34, 35, 36, 37, 38, 39, 41, 42, 44, 45, 46, 47, 48, 49, 52,
    53, 54, 56, 58, 59, 61, 63, 66, 69, 75, 77, 78, 80, 81, 83, 84, 85,
    86, 89, 90, 91, 92, 97, 98, 99, 100, 101, 103, 104, 105, 108, 110,
    111, 112, 113, 119, 120, 121, 125, 126, 127, 128, 132, 135, 140,
    143, 145, 146, 150, 152, 154, 157, 159, 161, 163, 164, 165, 166,
    167, 168, 169, 173, 175, 176, 177, 178, 181, 182, 183, 184, 185,
    190, 191, 192, 193, 194, 196, 197, 202, 204, 206, 211, 212, 213,
    214, 218, 219, 222, 224, 230, 236, 237, 238, 240, 242, 243, 244,
    245, 246, 247, 248, 249, 251, 257, 260, 263, 264, 266, 267, 268,
    272, 273, 274, 275, 276, 277, 278, 279, 282, 283, 287, 290, 291,
    292, 293, 294, 295, 296, 297, 298. *Consulte também* Diabo com
anjo caído 7, 18, 28, 31, 32, 36, 47, 56, 77, 125, 157, 218, 232, 274

aparição 11, 24, 47, 57, 279, 293
epítome do mal 17
filho de Deus 12, 17, 18, 22, 48, 219, 275
na ficção 292
no palco 200
planos 251, 253
sexo 89, 93, 111, 133, 137, 153, 194
trapaceiro 65, 73
viciado em sexo 133
Satan Claus 125, 144
satanismo 14, 48, 119, 137, 196, 233, 254, 278, 285, 288, 289, 295, 297
sátiros 17, 18, 19, 290
Sawyer, Elizabeth 200, 201
Scholomance 270
Schonfield, dr. Hugh 272, 273, 311
Schram, Dominic 69
Scott, Kettie 126
Scott, Reginald 117, 173, 306, 311
Scott, Ridley 294
Scudder, Isobell 211
Seabrook, William 281, 311
se'irim 18, 19
Select Cases of Conscience Touching Witches and Witchcraft 209
Semjaza 36, 37, 38
sentido, bem e mal 18, 38, 40, 41, 67, 68, 147, 217, 218, 228
Septuaginta, Bíblia 29, 30, 32
serpente 8, 13, 39, 40, 41, 42, 43, 45, 46, 52, 53, 56, 57, 82, 83, 84, 92, 93, 149, 154, 178
Seventeenth Century Demonological Neurosis, A 289
sexualidade 187, 191, 264
Sha-bat-um 114
Shaitãn 57, 58
shedim 19
Shelley, Mary 262, 265
Shelley, Percy Bysshe 262, 265
Sheol 34, 35
Sicília 132
Signoret, Simone 285
simbolismo 52

Simon de Montfort 100
sinal da cruz 105, 169
Sinistrari, Ludovico Maria 225
Sínodo de Toulouse 87, 94, 101
Sisto IV, papa 130, 250
Southernes, Elizabeth 199
Southey, Robert 264
Spee, Friedrich von 195, 196, 312
Spina, Alphonsus de 120, 300
Spirituum Apparitione, De 193
Sprenger, Jakob 133, 134, 135, 136, 137, 138, 139, 143, 150, 187, 307
Stevenson, Robert Louis 275, 312
Stewart, Francis 179, 229, 304
Stock, John Christian 259
Stoker, Bram 266, 267, 268, 269, 270, 271, 274, 293, 312
Stubbes, Philip 178
súcubo (súcubos) 83
Suécia 213, 234
Suíça 114, 153, 234
Summa Theologica 94, 95, 300
Summers, rev. Montague 69, 71, 90, 105, 118, 121, 124, 133, 170, 179, 191, 193, 195, 198, 225, 228, 256, 283, 284, 305, 307, 312
Summis Desiderantes Affectibus 133
Super illis Specula 111
superstição 74, 80, 96, 145, 180, 211, 234, 243, 258, 259, 285, 297
Symphonie Fantastique 276

T

Talmude 25
Taxil, Léo 278, 279, 280, 286, 287
temas góticos 266
Templários 106, 107, 108, 109, 110, 272, 273
Templo de Set 291
Tertuliano de Cartago 35, 46, 91
Tessalonicenses, segunda epístola aos 62
testemunhas, problema das 100, 103, 109, 134, 143, 194, 244, 289

testemunhos 82, 117, 163, 165, 197, 199, 223
Tetzel, Johann 151
Teufelsbucher 153
Thalaba 264
Thelema 288
Thomasius, Cristian 236
Thyraus, Hermann 193
Titian 185
tolerância religiosa 202
Tolstoy, Alexei 265
Tomás de Aquino, Santo 86, 88, 94
Torquemada, Tomás 131, 262
tortura 61, 64, 74, 75, 76, 87, 103, 105, 109, 113, 115, 117, 122, 123, 136, 138, 139, 144, 164, 173, 179, 198, 209, 212, 234
  extração de confissões 164
  ferramentas 228
  na Inglaterra 79, 112, 124, 140, 144, 159, 164, 170, 180, 184, 189, 199, 207, 212, 222, 225, 234, 239, 241, 248, 249, 254, 255, 268, 290, 294
  técnicas 105, 119, 142, 241
tóxicos 239
Tractatus de Hereticis et Sortilegiis 228
Transubstanciação, Doutrina de 95
Transylvanian Superstitions 270
traseiro, beijo no 105, 192, 201
Treatise of Civil Power in Ecclesiastical Causes 217
Trindade, Santíssima 18, 97, 129
Tryal of Witches 224, 243
Tyndale, William 37, 167

U

Último Portal, O (filme) 191, 294
unguentos, magia 111
upires 264
Upney, Joan 165
Upyr 265

V

vaidade 14, 39, 178, 204
Vain Observance 281
Valdenses 95
Valdès, Pierre 95, 96, 97
Vallin, Pierre 122
Vampir, Der (poema) 264
Vampire, Le 215, 256, 257, 258, 265, 266, 268, 271, 274, 293, 308, 310, 312
Vampire, Le (Dumas) 215, 256, 257, 258, 265, 266, 268, 271, 274, 293, 308, 310, 312
Vampire, or the Bride of the Isles, The 215, 256, 257, 258, 265, 266, 268, 271, 274, 293, 308, 310, 312
Vampire, The 215, 256, 257, 258, 265, 266, 268, 271, 274, 293, 308, 310, 312
Vampiros
  morcegos 169, 225, 274
  temas góticos 266
Vampyre, Der (Opera) 265
Vampyre, The 265
Vampyre, The (conto) 265
Van Dale, Anton 313
Van Helsing, Abraham 268, 269
Varney, *sir* Francis 265, 266, 310
Varney the Vampire 265, 310
Vaticano 14, 46, 55, 95, 100, 107, 109, 130, 151, 152, 156, 158, 159, 228, 280, 281, 296, 297
Vaughan, Diana 279, 280, 313
veados 81
Velho Nick 125, 145
ventríloquos 186
Vênus (estrela d'alva) 32, 33, 81, 191, 218, 254
Vergentis in Senium 84
verrugas 224
Verstegan, Richard 150
vestimentas 189
vícios, número de 153, 157, 174, 261, 285
Vinci, Leonardo da 190
Virgem Maria 180, 289

visões calvinistas. *Consulte também* Presbitarianismo
Visum et Repertum 256
Vlad II 268
Vlad III 269
vodu 200
Voltaire 230, 236
Voragine, Jacopo de 104, 306
vrykolakas 215, 216, 255, 256, 264
Vulgata, Bíblia 26, 27, 32, 33, 44, 95, 120, 128

W

Waite, Arthur E. 272, 279, 287, 288, 313
Walpole, Horace 253, 254, 262, 263, 313
Waterhouse, Agnes 165
Wesley, John 255
Wheatley, Dennis 111, 179, 196, 208, 226, 228, 237, 243, 272, 294, 313
Whitgift, John 181
Whittle, Ann 199
Wicca 114, 290
Widman, Matthias 140
Wilkes, John 252
Wilkinson, William 268
Wishart, Janet 211
Witchcraft: Its Power in the World Today 281, 311
Witch of Edmonton, The 200
Wittenberg, University of 152
Wonders of the Invisible World, The 223, 241, 242, 307
Wren, Christopher 220

Z

Ziarnko, Jan 247
Zoroastro 24. *Consulte também* dualismo persa

Este livro foi composto em Times New Roman PS, corpo 12/13.
Papel offset 75g 150g
Impressão e Acabamento
Única Gráfica e Editora
Rua João Ranieri, 742 – Bonsucesso – Guarulhos
CEP 07177-120 – Tel/Fax: 3333 2474